高等职业教育系列教材

现代企业管理实务

主　编　汪　洋
副主编　田　舒　张惠华　江　烨

东南大学出版社
·南京·

内 容 提 要

本书定位于高职院校管理类专业的入门课和非管理专业的管理基础课。本教材在编写上秉承"实用、适用"的编写原则,力求言简意赅,学用相结合,这是本书最主要的特点。

在具体编写结构上,本书分为上下两篇。上篇为管理职能篇,第一章主要介绍了企业类型和管理者技能;第二章至第五章则围绕管理活动的四大职能(计划、组织、领导、控制)展开论述。下篇为管理实务篇,根据企业所从事的经济活动不同将所有企业分为3种类型,不同专业学生可以根据自己的专业选择相应模块进行学习,为将来所从事的职业奠定基础。

图书在版编目(CIP)数据

现代企业管理实务 / 汪洋主编. —南京:东南大学出版社,2011.2(2015.2 重印)
ISBN 978-7-5641-2621-6

Ⅰ. ①现… Ⅱ. ①汪… Ⅲ. ①企业管理 Ⅳ. ①F270

中国版本图书馆 CIP 数据核字(2011)第 019667 号

现代企业管理实务

主　　编	汪　洋
责任编辑	陈　跃　　E-mail:chenyue58@sohu.com
出版发行	东南大学出版社
出 版 人	江建中
社　　址	南京市四牌楼2号
邮　　编	210096
网　　址	http://www.seupress.com
经　　销	全国各地新华书店
印　　刷	南京雄州印刷有限公司
开　　本	700mm×1000mm　1/16
印　　张	19.75
字　　数	430千字
版 印 次	2011年2月第1版　2015年2月第2次印刷
书　　号	ISBN 978-7-5641-2621-6
定　　价	39.00元

(凡因印装质量问题,请与我社读者服务部联系。电话:025-83792328)

前　言

本书定位于高职院校管理类专业的入门课和非管理专业的管理基础课，通过本书的学习，读者会对企业经营管理有个整体的把握，对企业经营管理的基本问题有个清晰的认识。

"面向企业，立足岗位；优化基础，注重素质；强化应用，突出能力"，这是各类高职院校教学改革的方向。职业院校的学生最需要的就是将学校所学的技能和就业岗位所要求的技能零距离结合，要实现这一目标，我们必须坚持以教学改革为中心，以实践教学为重点，不断提高教学质量，突出高职特色的指导思想。

出于以上考虑，本书在体系安排上分为上下两篇，既保证了体系的完整性，又突出了内容的重点性。上篇为管理职能篇，以管理职能为线索，重点介绍了管理学的基础知识和基本原理，是全书的核心；下篇为管理实务篇，根据企业所从事的经济活动不同将所有企业分为3种类型，不同专业学生可根据自身专业选取相对应的章节进行学习，各章相对独立，同时在编撰过程中以工作过程为导向，突出实用性和可操作性，紧贴专业岗位，具有一定前瞻性和指导性。

本书借鉴了很多流行经典教材的编排体例，在每章的开始以"重点知识要求"的形式，给读者一个清晰的思路，能够把握全章的重点；"重点能力要求"则凸显高职院校能力本位的特点，更加注重实践能力的培养；课后的"复习思考题"供读者课后练习。企业管理是一门实践性很强的课程，因此我们在每章开篇加入了"案例导入"，在每章后又加入了"案例分析"，既可以帮助读者深入理解所学内容，又能使读者在分析具体案例时提高认识；课后的"延伸阅读"材料可以帮助读者开阔视野，随时补充新知识;最后的"实训"项目则希望读者能将理论和实践有机地结合起来,实现以就业为导向的目标。

本教材由江苏广播电视大学(江苏城市职业学院)公共管理系汪洋老师担任主编,田舒老师、张惠华老师和江烨老师担任副主编,教材的统稿、修改和定稿由汪洋、纪河共同完成。汪洋编写第一、二、三、四、五章;田舒编写第六章;江烨编写第七章;张惠华编写第八章。

教材编写过程中,除参考、选取了列举于书后的"参考文献"外,还参考和引用了其他的著述、书报刊物和来自于网上的文章、案例等,由于篇幅所限,未能一一注明,在此向已注明和未注明的作者一并表示诚挚的感谢。

由于编写水平有限,书中缺点、疏漏甚至错误在所难免,恳请同行专家及读者批评指正,以便我们在今后的教学过程中不断改进。

编 者
2011 年 2 月

目 录

上篇 管理职能篇

第一章 企业管理实务基础 ………………………………………… 3
第一节 企业管理知识 …………………………………………… 4
一、企业的概念与特征 ……………………………………… 4
二、现代企业类型 …………………………………………… 5
三、企业管理的概念与性质 ………………………………… 9
四、企业管理职能 …………………………………………… 10
第二节 管理者概述 …………………………………………… 13
一、管理者的概念与分类 …………………………………… 13
二、管理者应该掌握的技能 ………………………………… 14
三、管理者的素质 …………………………………………… 16
第三节 管理实务操作 ………………………………………… 17
一、管理者如何进行企业管理 ……………………………… 17
二、如何做一个有效的管理者 ……………………………… 18
三、管理中应注意的问题 …………………………………… 19

第二章 计 划 …………………………………………………… 27
第一节 计划职能概述 ………………………………………… 27
一、计划的概念 ……………………………………………… 28
二、计划的特征 ……………………………………………… 28
三、计划的作用 ……………………………………………… 29
第二节 计划的分类 …………………………………………… 30
一、按计划涉及的时限的长短划分 ………………………… 30
二、按计划的形式划分 ……………………………………… 31

三、按计划的层次划分 ………………………………………… 32
　　四、按计划所涉及的范围划分 ………………………………… 32
　　五、按计划内容的明确性划分 ………………………………… 32
第三节　计划编制的程序 …………………………………………… 33
　　一、认识机会 …………………………………………………… 33
　　二、确立目标 …………………………………………………… 34
　　三、确定计划的前提条件 ……………………………………… 34
　　四、拟订可供选择的方案 ……………………………………… 35
　　五、比较备选方案 ……………………………………………… 35
　　六、选择方案 …………………………………………………… 35
　　七、编制派生计划 ……………………………………………… 35
　　八、编制预算 …………………………………………………… 36
第四节　计划编制的方法 …………………………………………… 36
　　一、甘特图法 …………………………………………………… 36
　　二、滚动计划法 ………………………………………………… 36
　　三、网络计划技术法 …………………………………………… 38
　　四、投入产出分析法 …………………………………………… 39
第五节　目标管理 …………………………………………………… 40
　　一、目标管理的概念 …………………………………………… 40
　　二、目标管理的意义 …………………………………………… 41
　　三、目标管理的过程 …………………………………………… 42
　　四、目标管理的评价 …………………………………………… 43

第三章　组　织 ……………………………………………………… 49
第一节　组织职能概述 ……………………………………………… 50
　　一、组织的概念 ………………………………………………… 50
　　二、组织的原则 ………………………………………………… 50
　　三、组织的类型 ………………………………………………… 51
第二节　组织结构设计 ……………………………………………… 53
　　一、组织结构的概念 …………………………………………… 53
　　二、组织结构设计的原则 ……………………………………… 53
　　三、组织结构的部门化 ………………………………………… 54
　　四、组织结构的层次化 ………………………………………… 56

目 录

- 第三节 组织结构的基本类型 …………………………………… 59
  - 一、直线型组织结构 …………………………………………… 59
  - 二、职能型组织结构 …………………………………………… 60
  - 三、直线职能型组织结构 ……………………………………… 61
  - 四、事业部型组织结构 ………………………………………… 61
  - 五、矩阵型组织结构 …………………………………………… 62
  - 六、委员会组织 ………………………………………………… 63
- 第四节 人员组合与团队建设 …………………………………… 63
  - 一、团队的概念 ………………………………………………… 63
  - 二、群体和团队的区别 ………………………………………… 64
  - 三、团队建设的意义 …………………………………………… 65
  - 四、团队的类型 ………………………………………………… 66

第四章 领 导 …………………………………………………… 73

- 第一节 领导职能概述 …………………………………………… 74
  - 一、领导与领导者的含义 ……………………………………… 74
  - 二、领导权力及其权力来源 …………………………………… 76
  - 三、领导者及其类型 …………………………………………… 77
  - 四、领导的作用 ………………………………………………… 78
- 第二节 领导方式及其理论 ……………………………………… 79
  - 一、领导特质理论 ……………………………………………… 79
  - 二、管理方格理论 ……………………………………………… 80
  - 三、领导行为的连续体理论 …………………………………… 82
  - 四、生命周期理论 ……………………………………………… 84
- 第三节 激 励 …………………………………………………… 85
  - 一、激励的概念 ………………………………………………… 85
  - 二、激励的意义 ………………………………………………… 86
  - 三、激励的过程 ………………………………………………… 87
  - 四、激励理论 …………………………………………………… 88
- 第四节 沟 通 …………………………………………………… 93
  - 一、沟通的概念 ………………………………………………… 93
  - 二、沟通的意义 ………………………………………………… 93
  - 三、沟通的过程 ………………………………………………… 94

四、沟通的类型 ………………………………………… 94
　　五、组织内部的沟通渠道 ……………………………… 96

第五章　控　制 ……………………………………………… 105
　第一节　控制职能概述 …………………………………… 106
　　一、控制的概念 ………………………………………… 106
　　二、控制的特点 ………………………………………… 106
　　三、控制的必要性 ……………………………………… 107
　　四、控制工作的目的和作用 …………………………… 108
　第二节　控制过程 ………………………………………… 109
　　一、拟定标准 …………………………………………… 109
　　二、根据标准评定活动成效 …………………………… 113
　　三、纠正偏差 …………………………………………… 115
　第三节　控制的类型 ……………………………………… 117
　　一、负馈控制与正馈控制 ……………………………… 117
　　二、前馈控制、反馈控制和现场控制 ………………… 117
　　三、集中控制、分散控制和分层控制 ………………… 119
　　四、战术控制和战略控制 ……………………………… 120
　　五、外在控制与内在控制 ……………………………… 120
　第四节　控制的方法 ……………………………………… 121
　　一、预算控制 …………………………………………… 121
　　二、会计技术控制 ……………………………………… 121
　　三、内部和外部审计 …………………………………… 121
　　四、质量控制 …………………………………………… 122
　　五、生产控制 …………………………………………… 122
　　六、存货控制 …………………………………………… 122
　　七、人事管理控制 ……………………………………… 122

下篇　管理实务篇

第六章　生产型企业管理实务 ……………………………… 129
　第一节　生产型企业管理概述 …………………………… 130
　　一、生产型企业的特征 ………………………………… 130

二、生产型企业发展战略 …………………………………………… 134
　　三、构建生产型企业 ………………………………………………… 138
第二节　生产型企业流程设计与管理 ………………………………………… 143
　　一、生产企业流程 …………………………………………………… 143
　　二、再造流程的过程 ………………………………………………… 146
　　三、生产企业先进的生产组织形式 ………………………………… 149
第三节　生产型企业运行管理 ………………………………………………… 154
　　一、生产企业产品开发 ……………………………………………… 154
　　二、企业生产计划及管理 …………………………………………… 158
　　三、企业供应链构建与管理 ………………………………………… 161
第四节　生产企业质量管理与成本控制 ……………………………………… 167
　　一、生产企业质量管理 ……………………………………………… 167
　　二、企业生产成本监控 ……………………………………………… 171
　　三、生产企业产品营销管理 ………………………………………… 177

第七章　流通型企业管理实务 …………………………………………………… 190
第一节　流通型企业管理概述 ………………………………………………… 191
　　一、流通概述 ………………………………………………………… 191
　　二、现代流通管理 …………………………………………………… 192
　　三、流通流程构成 …………………………………………………… 193
第二节　流通型企业与交易方式 ……………………………………………… 199
　　一、流通型企业中的交易主体和客体 ……………………………… 199
　　二、流通型企业的交易方式 ………………………………………… 201
第三节　流通运营管理 ………………………………………………………… 214
　　一、流通型企业的组织管理与作业流程 …………………………… 214
　　二、流通型企业人力资源管理 ……………………………………… 217
　　三、流通型企业客户关系管理 ……………………………………… 220
　　四、流通型企业的信息化 …………………………………………… 223

第八章　服务型企业管理实务 …………………………………………………… 235
第一节　服务型企业管理概述 ………………………………………………… 237
　　一、服务的概念 ……………………………………………………… 237
　　二、服务的特性 ……………………………………………………… 237

三、服务的分类 ………………………………………………… 240
　　四、服务、服务产品、服务型企业、服务业、第三产业概念辨析 ……… 245
　　五、服务在国民经济中的作用 …………………………………… 246
　第二节　构建服务型企业 ………………………………………… 246
　　一、服务传递系统设计 …………………………………………… 246
　　二、服务设施的设计与选址 ……………………………………… 259
　第三节　服务运营管理 …………………………………………… 267
　　一、服务接触 ……………………………………………………… 267
　　二、服务质量 ……………………………………………………… 274
　　三、服务补救 ……………………………………………………… 280
　　四、排队管理 ……………………………………………………… 287
　第四节　向世界级的服务发展 …………………………………… 293
　　一、信息技术与服务 ……………………………………………… 293
　　二、服务扩张 ……………………………………………………… 295

参考文献 ………………………………………………………………… 304

上 篇

管理职能篇

上篇

菅野祝郎著

第一章

企业管理实务基础

【重点知识要求】

1. 了解企业的概念与特征
2. 了解企业类型
3. 理解管理与企业管理的含义
4. 能解释管理者的内涵
5. 了解管理者分类

【重点能力要求】

1. 理解企业管理的职能
2. 掌握管理实务操作流程

案例导入

美国福特公司的创始人亨利·福特有着精明强干的头脑和丰富的经验,于1896年制造出第一辆福特汽车,1903年成立福特汽车公司,开始生产"A"型到"R"和"S"型汽车。1908年该公司开始生产"T"型车,"T"型车的特点是结构紧凑、设计简单、坚固、驾驶容易、价格较低。1913年福特公司采用了汽车装配的流水生产法并实现汽车零件的标准化,形成了大量生产的体制,当年产量增加到13万辆,1914年增加到26万辆,1923年增加到204万辆,在美国汽车生产中居垄断地位。

福特建立起一个世界最大和盈利最多的制造业企业,他从利润中积累了10亿美元的现金储备。可是,福特坚信企业所需要的只是所有的主管和一些"助手",只需"主管"、"助手"的汇报由他发号施令即可运行。他认为公司组织只是一种"形式",企业无需管理人员和管理。随着环境的变化,其他竞争者兴起,汽车有着不同档次的需要,科技、产供销、财务、人事等管理日趋复杂,个人管理难以适应这种要求。只过了几年,到了1927年,福特公司已丧失了市场领先的地位,以后20年,逐年亏本。

到 1944 年,福特的孙子——福特二世接管公司时已濒临破产。当时 26 岁的福特二世一方面向他的对手"通用汽车"学习,另一方面创建了一套福特的管理组织和领导班子,强化管理职能,五年后重新获得了发展和获利的力量,成为通用汽车公司的主要竞争者。

(摘自 http://www.docin.com/p-3066127.html)

思考题:通过上述案例,你认为管理职能在企业中具有什么样的地位?

第一节 企业管理知识

一、企业的概念与特征

(一)企业的概念

企业是向社会提供商品或劳务,通过满足社会需要来达到获取盈利的目的,从事生产、流通和服务等经济活动,进行自主经营,实行独立核算、自负盈亏、自我约束、自我发展的经济组织。企业必须是盈利性组织,盈利是企业生存的基础、发展的动力。

企业是企业管理的研究对象,管理的发展与企业的发展密不可分。任何一种管理理论与方法的诞生,都是围绕当时企业的发展现状而展开的。

(二)企业的特征

1. 企业的组织性

企业不同于个人、家庭,它是一种有名称、组织机构、规章制度的正式组织。

2. 企业的经济性

企业是经济组织,它以经济活动为中心,实行全面的经济核算,追求并致力于不断地提高经济效益,它是直接从事经济活动的实体。

3. 企业的合法性

企业依照法律和法定程序成立,拥有自己经营的财产,有明确的组织机构、名称和场所。

4. 企业的盈利性

企业作为商品经济组织,它是市场经济的基本单位,以赢取利润为直接、基本目的,利用生产、经营某种商品的手段,追求资本增值和利润最大化。

5. 企业的独立性

企业在法律和经济上都具有独立性,它拥有独立的、边界清晰的产权,实行独立的经济核算;它在社会上完全独立,依法独立享有民事权利,独立承担民事义务、民事责任。

二、现代企业类型

(一) 按企业所从事的经济活动的不同

(1) 生产型企业:主要指从事生产的工业企业、农业企业和建筑安装企业等。
(2) 流通型企业:主要指交通运输企业、邮政电信企业和贸易型企业等。
(3) 服务型企业:主要指金融、饮食、旅游、咨询、信息服务等企业。

(二) 按照企业组织形式划分

现代企业按其组织形式可以分为单一企业、多元企业、经济联合体和企业集团。

1. 单一企业

单一企业指一厂一店的企业。这类企业的经营领域往往比较专业,比较单一,但也必须承担财产责任和经营责任,独立核算,自负盈亏。

2. 多元企业

多元企业是指由两个以上不具备法人资格的工厂或商店组成的企业,它是按照专业化、联合化以及经济合理的原则由若干个分散的工厂或商店所组成的经济法人组织。如由两个以上分公司组建的公司,由一些分店组成的连锁企业等。

3. 经济联合体

经济联合体是指经济组织之间按照一定的章程或协议,在生产、技术、科研和贸易等领域的经济合作。经济联合体是指由两个以上的企业在自愿互利的基础上,打破所有制、行业、部门和地区的界限,本着专业化协作和合理分工的原则,进行部分和全部统一经营管理所形成的经济实体。它是一个具有法人资格的经济组织,主要形式有专业公司、联合公司、总公司和各类合资经营企业。

4. 企业集团

企业集团是企业联合组织中最成熟、最紧密和最稳定的企业运作模式,是由两个或两个以上的企业以资产为纽带而形成的有层次的企业联合组织,其中的成员企业都是相对独立的企业法人。其特点是规模大型化、经营多元化、资产纽带化。

企业集团常分为4个层次:第一层为核心层,通常由一个或几个大公司构成,如集团公司、商业银行、综合商社等,它们对集团中其他成员企业有控股或参股行为;第二层为紧密层,它一般由核心层的控股子公司构成;第三层为半紧密层,它由紧密层的子公司或核心层的参股公司构成;第四层为松散层,主要由与前三层的企业有协作或经营关系的企业构成,彼此之间不是资产纽带关系,但可以有资金融通关系。

(三) 按照企业规模划分

(1) 大型企业。
(2) 中型企业。
(3) 小型企业。

表 1-1　大、中、小型企业划分标准

行业名称	指标名称	计算单位	大　型	中　型	小　型
工业企业	从业人员数 销售额 资产总额	人 万元 万元	2 000 以上 30 000 以上 40 000 以上	300～2 000 3 000～30 000 4 000～40 000	300 以下 3 000 以下 4 000 以下
建筑业企业	从业人员数 销售额 资产总额	人 万元 万元	3 000 以上 30 000 以上 40 000 以上	600～3 000 3 000～30 000 4 000～40 000	600 以下 3 000 以下 4 000 以下
批发业企业	从业人员数 销售额	人 万元	200 以上 30 000 以上	100～200 3 000～30 000	100 以下 3 000 以下
零售业企业	从业人员数 销售额	人 万元	500 以上 15 000 以上	100～500 1 000～15 000	100 以下 1 000 以下
交通运输业企业	从业人员数 销售额	人 万元	3 000 以上 30 000 以上	500～3 000 3 000～30 000	500 以下 3 000 以下
邮政业企业	从业人员数 销售额	人 万元	1 000 以上 30 000 以上	400～1 000 3 000～30 000	400 以下 3 000 以下
住宿和餐饮业	从业人员数 销售额	人 万元	800 以上 15 000 以上	400～800 3 000～15 000	400 以下 3 000 以下

(四) 按照现代产业概念划分

(1) 农业企业。
(2) 工业企业。
(3) 服务企业。

【小资料】 三次产业划分规定

一、根据《国民经济行业分类》(GB/T 4754—2002),制定本规定。

二、三次产业划分范围如下:第一产业是指农、林、牧、渔业。第二产业是指采矿业,制造业,电力、燃气及水的生产和供应业,建筑业。第三产业是指除第一、二产业以外的其他行业。第三产业包括:交通运输、仓储和邮政业,信息传输、计算机服务和软件业,批发和零售业,住宿和餐饮业,金融业,房地产业,租赁和商务服务业,科学研究、技术服务和地质勘查业,水利、环境和公共设施管理业,居民服务和其他服务业,教育、卫生、社会保障和社会福利业,文化、体育和娱乐业,公共管理和社会组织,国际组织。

(摘自:国统字〔2003〕14号文《三次产业划分规定》)

(五) 按照企业内部生产力各要素所占比重划分

(1) 劳动密集型企业,又称为劳动集约型企业,是指生产需要大量的劳动力的企业,也就是说产品成本中活劳动量消耗占比重较大、平均每个工人的劳动装备不高的企业。如纺织业、服务企业、食品企业、日用百货等轻工企业以及服务性企业等。

(2) 资金密集型企业,指产品成本中物化劳动消耗所占比例较大或资金有机构成较高的企业。如钢铁、石油化工等重工业企业。

(3) 技术密集型企业,指技术装备程度比较高,所需劳动力或手工操作的人数比较少的企业。技术密集型企业的主要特点是:技术装备先进,工艺过程复杂,原材料消耗量大,劳动生产率高。

(4) 知识密集型企业,指综合运用先进的、现代化的科学技术成就的工业企业,也有人称之为知识技术密集型企业。在这类企业中,集中了较多的中高级技术人员,多数是属于需要花费较多的科研时间和产品开发费用,能生产高精尖产品的部门。如电子计算机、飞机和宇宙航空工业、大规模和超大规模集成电路工业、原子能工业等。也有人把从事电子计算机软件设计、技术和管理的咨询服务业也归入其中。

(六) 按照企业所有制关系划分

按照企业所有制关系,企业可以分为以下6类。

1. 国有企业

我国的国有企业是生产资料归全民所有,并且代表全民的国家作为所有者的一种企业形式。它的基本特点是:国家作为全体人民的代表拥有企业的财产所有权。国有企业规模较大,技术装备较先进,技术力量强,是我国国民经济的主导力量,也是我国社会主义经济的决定性因素。

2. 集体所有制企业

集体所有制企业是生产资料归群众集体所有的一种企业形式。集体所有制是社会主义公有制的重要组成部分。我国集体所有制企业存在着多种具体形式。农村有生产、供销、信用、消费等各种合作经济组织、股份合作经济组织和股份经济组织,从事农、林、牧、副、渔生产和工业、建筑业、运输业以及其他服务型劳动生产经营活动;城镇主要有手工业合作社或股份合作社、合作或股份合作工厂、街道工业生产或生活服务组织以及机关、学校、部队等单位举办的集体经济组织等。乡镇企业是集体所有制的典型代表。

集体所有制企业的特点有：

(1) 生产资料归集体所有。

(2) 坚持自愿结合、自筹资金、自负盈亏的原则，具有较大的经营管理自主权。

(3) 实行民主管理，企业干部由企业全体成员民主选举或罢免。

3. 个体私营企业

个体私营企业是指生产资料归私人所有，且主要依靠雇工从事生产经营活动的企业。在我国现阶段，私营企业的产生和存在是由当前生产力发展水平决定的，是国家政策法令所允许的，它是我国社会主义经济的重要组成部分。目前我国私营企业有3种形式：独资企业、合伙企业、有限责任公司。

4. 中外合资经营企业

中外合资经营企业，是把国外资金引入国内，同国内企业合股经营的一种特殊形式的企业。这种企业的特点是：共同投资、共同经营、共负盈亏、共担风险。

5. 中外合作经营企业

中外合作经营企业是由中外双方根据平等互利的原则建立的契约式经营企业。中外双方的权利、义务、责任，由共同签订的合同、协议加以确定，而不是根据出资额来确定，合作经营一般由中方提供场地、厂房、设备、设施和劳动力等，由外方合作者提供资金、技术、主要设备、材料等，合作双方根据商定的合作条件，进行合作项目或其他经济活动，确定产品分成、收入分成或利润分成比例。

6. 外资企业

外资企业是指除土地外，全部由外方投资经营的企业，其全部资本都是外国资本，企业所有权、经营权及利润全部归外方投资者所有，但这种外国资本企业，必须遵守我国有关政策和法律，并依法缴纳税金。

(七) 按照企业财产组织形式分类

按照企业财产组织形式，企业可分为以下3类。

1. 独资企业

一个人出资，一个人所有，自己经营，享有全部经营收益，对债务完全负责，即承担无限责任，这类企业属于"自然人企业"。其长处是：设立程序简单，产权自由转让；经营灵活，决策迅速；出资者精打细算。其弱点是：财力有限，信用不足，难以经营需要大量投资的工商业；企业存在系于业主一身，如果业主无意经营或死亡，企业的业务也将中断。

独资企业至今仍普遍存在，而且在数量上占大多数。在美国，独资企业约占企业总数的75%。独资企业一般只适用于零售商业、服务业、家庭农场、个人诊所等。

2. 业主合伙制企业

两个人以上共同出资、共同经营、共担风险、共享收益,这类企业属于业主合伙制企业。合伙人要以其家庭财产对企业债务负无限连带责任,这类企业仍属于"自然人企业"。其特点是:企业依据合伙人之间协议建立;合伙人共同参与经营,重大决策需一致同意,容易造成决策延误;合伙人对企业债务负无限连带责任,风险很大,不利于保护投资者。

在现代经济生活中,合伙企业所占比重较少,不如独资企业那样普遍。在美国,合伙企业只占全部企业的7%左右。合伙企业一般适用于资本规模较小、管理不复杂、经营者对经营影响较大、个人信誉因素相当重要的企业,如会计师事务所、律师事务所、广告事务所、零售商业、餐饮业等。

3. 公司制企业

公司制企业是由众多投资者建立的在法律上具有独立人格的经济组织,拥有自己的法人财产,享有民事权利,承担民事责任,它不再是"自然人企业"而是"法人企业"。其优点是:其一,股东以投资额为限对公司负有限责任,公司以全部法人财产对债务负有限责任,这样,股东投资风险比合伙制企业的合伙人小很多,因而能有效筹集大量资本;其二,具有独立的生命,不依附自然人,除了破产停业,不会因股东死亡或股权转让而终止;其三,企业依靠一套科学的治理结构进行经营管理,排除个别股东对企业随意直接干预,保证了经营管理的有效性。公司制企业的弱点是:设立程序复杂,不像业主制和合伙制那样方便灵活;股东购买股份只是为了获利,缺乏所有者同企业血肉相连的关系。

我国《公司法》规定的公司制企业包括有限责任公司和股份有限责任公司两种。

(1) 有限责任公司

有限责任公司指由两个以上股东共同出资,每个股东以其认缴的出资额为限对公司承担有限责任,公司以其全部资产对其债务承担责任的企业法人。

(2) 股份有限责任公司

股份有限责任公司指其全部资本由等额股份构成,股东以其所认购股份对公司承担责任,公司以其全部资产对公司债务承担责任的企业法人。

三、企业管理的概念与性质

(一) 企业管理的概念

何谓管理?管理就是在一定的内外部环境中,通过计划、组织、领导和控制,协调以人为中心的组织资源与职能活动,以有效实现组织目标的过程。

在现代社会,管理具有普遍意义,每一个组织都离不开管理,企业同样如此。

企业管理就是根据企业发展客观规律的要求,有效地进行企业的生产经营活动,以达到企业既定目标的过程。

企业管理的定义包含以下4层含义：

(1) 管理的核心内容是协调。协调就是使企业中的各个部门、每一成员、各种资源、各项活动之间有机结合,和谐地开展活动。

(2) 协调的中心是人。企业中协调的是人与人、人与物的关系,但最终表现为人与人的关系,因为任何资源的分配都是以人为中心的。

(3) 管理的目的是为了实现企业预期的目标。管理本身并不是目的,它只是人们用以实现目标的一种手段。

(4) 管理的作用在于它的有效性。人们之所以需要管理,是因为管理得好可以有助于有效地实现企业目标。所谓有效的管理,就是既要讲究效率,又要讲究效益。

(二) 企业管理的性质

企业管理的性质就是管理的二重性。它是指管理一方面具有与生产力、社会化大生产相联系的自然属性;另一方面又具有与生产关系、社会制度相联系的社会属性。企业管理是社会化大生产的必要条件,是社会化劳动的一般要求,具有与生产力、科学技术、市场规律相联系的自然属性;同时,它又是社会生产关系的一种表现,是所有者维护其权益的重要手段,从而又具有与生产关系、社会制度相联系的社会属性。

任何制度下的企业管理都具有二重性。企业管理的自然属性表明,任何企业都必须根据市场规律、社会化大生产的规律组织生产经营活动。这是企业管理的共性。企业管理的社会属性表明,不同企业,因其社会制度、社会文化、所有者性质不同,管理的目标和方式也不一样。这是企业管理的个性。因此,我们在学习其他企业的管理经验,特别是学习外国企业的管理经验时,既不能全盘吸收,又不能全盘否定,要借鉴和吸收其他企业合理组织生产力方面的经验,摒弃那些不利于企业发展的管理思想和方法。

四、企业管理职能

企业管理活动在日常生活中随处可见,管理者管理企业生产经营活动所采取的基本步骤和手段称为管理职能。许多管理学者对管理职能的划分说法不一,但一般认为企业管理必须具备计划、组织、领导、控制4种职能,这些职能贯彻到企业生产经营活动的各个方面。

(一) 计划职能

计划职能是指为适应社会需要,通过企业外部环境和内部条件的调研、预测,对企业的目标、经营方针和战略做出决策,制定长期和短期计划,确定实现计划的措施和方法,并将计划指标层层分解并落实到各个部门和各个环节的职能。

计划是企业管理的首要职能,是实现组织、领导、控制职能的前提,它使企业的经营活动具有方向性、目的性和自觉性。没有计划的管理是无序的、盲目的管理。计划职能运用得当可以获得最大的成效;若运用不当,则会导致极大的浪费和损失。

计划职能有以下4个方面的作用:

(1)在企业管理诸职能中处于主导地位,为组织、领导、控制职能提供目标、要求和标准。

(2)使企业员工明确奋斗目标,起到统一人心的作用。

(3)正确地把握未来,使企业的生产经营与整个社会的需要协调一致。

(4)有利于企业合理地开展经营活动。

(二)组织职能

组织职能是指为实现企业的目标,把企业生产经营活动的各个要素、各个环节和各个方面,从劳动的分工和协作上,从纵横交错的相互关系上,从时间和空间的相互衔接上,合理地组织起来,以形成一个有机整体,从而有效地进行实现企业目标的各项活动。

组织职能属于执行性职能,它是完成计划目标的手段,是实现计划目标的组织保证,并为领导、控制职能的实施创造条件。

组织职能有以下4个方面的作用:

(1)根据企业的基本任务和计划目标,确定企业管理体制,建立合适的组织结构,设置和完善相应的经营管理机构。

(2)确定全体员工的职务、职责、职权及其相互间的协作关系,从而使组织群体具有较高的生产力和工作效率。

(3)把企业的基本任务及各种物质要素具体落实到不同的部门和个人,保证企业目标的实现。

(4)根据计划职能所形成的目标和方案建立相应的规章制度,使企业管理有章可循。

(三)领导职能

领导职能又称为指挥职能,是指带领和指导企业成员去实现企业共同目标的各种活动的整个过程。领导职能有两个要点:一是对企业各层次、各类人员的领导、沟通或指导;二是协调企业内部各部门、组织成员,以及企业同外部各类利害关系集团之间的关系。

领导工作的核心和难点是调动企业成员的积极性,这就需要领导者学会运用科学的激励理论和领导方式。

领导职能属于执行性职能,它是实现企业目标和计划的必要条件。因为计划职能为企业经济活动确定了目标和实现目标的途径,组织职能为实现计划目标建立了有机联系的整体结构,这些都是企业生产经营管理的必要前提。但是,如果没有集中的指挥,没有一个统一的意志,即使有周密的计划、完善的组织,也不能使企业按既定目标良性运行。

领导职能有以下3个方面的作用:

(1) 传递信息。领导者通过传达各种信息,有效地引导被领导者实现目标计划。

(2) 提供动力。领导者运用多种领导方式,使企业上下团结一致,人际关系和谐,员工心情舒畅。

(3) 排除故障。领导者对企业在生产经营过程中出现的困难、矛盾及问题予以及时的指导、处理和解决。

(四) 控制职能

控制职能是指检查、监督、确定企业生产经营活动的进展情况,纠正偏差,从而确保总的计划及目标得以实现的过程。控制工作一般涉及3个基本问题:确定目标、衡量业绩和纠正偏差。控制职能属于保障性职能。没有计划、组织、领导,也就无从实行控制;没有控制,则无法保障计划、组织、领导职能的实施。

因为实现控制的前提是要有明确、完整的计划,否则就没有衡量的标准;要有组织机构,即确定由哪个部门或哪个人来采取检查、监督和调节措施,由谁来承担产生偏差的责任,否则就没有人履行控制职能;要有关于控制对象的及时而准确的信息,否则就无从控制。另一方面,实施控制职能,可以纠正计划、组织、领导职能在实践工作中的偏差,从而确保管理职能的实施及其成果与预期目标一致。

控制职能有以下3个方面的作用:

(1) 反馈信息。通过控制系统的信息反馈,不断接受企业内外部各方面的信息,使企业同经营环境相适应。

(2) 纠正偏差。综合性的管理控制,可以随时发现决策与计划中存在的问题,以便采取补救措施或进行必要的调整,从而可能减少损失,并为新决策与计划提供资料和依据,最终实现企业的经营目标。

(3) 提高效益。通过各种专项控制,使生产经营成本降低、质量改善,从而提高企业的经济效益。

第二节　管理者概述

一、管理者的概念与分类

(一) 管理者的概念

管理者是从事企业管理活动的人,是全权负责企业或其子机构的人,管理者被授予这个企业的正式权力,在企业中指挥他人完成具体任务。管理者虽然有时也承担一定的具体事务性工作,但他们的主要职责是指挥下属工作,下属向其汇报工作。

(二) 管理者的分类

1. 按管理层次划分

按管理者在组织中所处的层次不同,可将管理者分为高层管理者、中层管理者和基层管理者。

高层管理者处于组织的最高层,是对组织的发展负有全面责任的人,主要负责组织的战略管理,制定组织的总目标,掌握组织的大政方针并评价整个组织的绩效。在对外交往中,他们代表组织以"官方"的身份出现。如学校校长、医院院长、公司总裁等等。

中层管理者也称"中层干部",他们是处于高层和基层管理者之间的管理人员,他们的主要职责是贯彻高层管理者制定的大政方针,指挥和协调基层管理者的工作。与高层管理者相比,中层管理者更注重日常的管理事务,在组织中起承上启下的作用。如工厂里的车间主任、大学里的系主任、商店里的部门经理等。

基层管理者也称第一线管理人员,他们的主要职责是管理作业人员及其工作,负责把组织的各项计划和措施准确地传递给下属员工,直接指挥和监督现场作业活动,保证各项任务的顺利完成。如工厂里的班组长、大学里的教研室主任、商店里的柜组长等。

作为管理者,不论他在组织中处于哪一个管理层次,其工作的性质和内容基本上是一样的,都包括计划、组织、领导、控制等几个方面。不同层次管理者工作上的差别,不是管理职能本身不同,而在于各项管理职能履行的程度和重点不同。一般来说,高层管理者花在计划、组织、控制职能上的时间要比基层管理者多,而基层管理者花在领导职能上的时间要比高层管理者多。即使是同一职能,不同层次管理者所从事的具体管理工作的内涵也不完全相同。如计划工作,高层管理者关心的是组织的整体、长远战略规划;中层管理者偏重的是中期、内部的管理性计划;基层管理者则更注重短期的业务和作业计划。

2. 按管理者的职责（权力）划分，分为领导者和参谋人员

按管理者的职责（权力）划分，分为领导者和参谋人员。凡参加管理工作的人员都是管理者，而只有在组织中拥有一定的职务和权力，肩负一定的责任，直接指挥下属，实现既定目标的人才能称作领导者。平时我们所见的董事会主席、首席执行官、总裁、总经理、厂长、部门经理、车间主任等都是领导者。参谋人员是指在管理活动中协助领导者从事管理工作的人员，参谋人员担负着大量的具体管理工作，通过这些具体工作，帮助领导者更加有效地管理组织。

领导者和参谋人员都从事管理工作，他们的差别在于：领导者对下级拥有直线权力，参谋人员只拥有建议权力，领导者对组织目标负有直接责任，而参谋人员一般不负有直接责任。

3. 按管理领域划分

根据管理者管理范围的大小、所处领域和所起作用的不同，可将管理者分为综合管理者和专业管理者两类。

综合管理者是负责管理整个组织或组织中某个部门的全部活动的管理者，如工厂厂长、大型企业的地区经理等。他们是一个组织或部门的主管，对组织中包括生产、营销、人事、财务、研发等活动负有全部管理责任。

专业管理者是组织中只负责管理某一类活动或职能的管理者。如企业的财务处长、营销部主任、人事处长以及研发部门的管理者等，他们只负责单一职能的管理，只在本职能或专业领域内行使职权、指导工作。专业管理者大多具有某种专业或技术专长。

二、管理者应该掌握的技能

管理者技能是指企业管理者根据企业所处环境、企业本身的实际情况，为了达到企业管理的目标而使用的各种管理方法、工具及技巧。企业管理者仅有管理知识还不够，还必须拥有解决管理中出现的实际问题的技能，做到理论与实践相结合，这样才能使管理更加有效，从而更好地实现企业管理的目标。

每个企业都有不同于其他企业的自身特点，这就拓宽了企业对于管理者技能的要求，这些要求既有大部分企业管理者必须掌握的基本技能，又有特殊企业所需要的特殊技能。随着企业的发展、环境的变化，管理技能要求也是变化的。企业管理技能是一种实践性的能力，需要广大管理者在实践中不断创新、不断发展。总体来说，管理者需要具有以下几项基本技能。

1. 计划管理能力

计划管理能力是企业管理者在企业管理中预测未来，设立目标，决定政策、方案，以期能够使现有的资源优化配置，有效地把握未来发展，最大限度地实现企业

目标的能力。可以说,计划管理能力是企业管理者需要具备的最基本技能。计划管理关系到企业的发展方向,是一种主动降低风险、提高效益的管理行动。

2. 沟通协调能力

沟通协调能力是指企业管理者在企业管理活动中,对企业成员之间及企业内部与外部之间进行信息传递、交换、控制的能力,以及对其产生的不和谐进行协调的能力。作为企业的管理者,必须要在企业管理活动中,建立起正常有效的沟通渠道、信息传播渠道、冲突解决及协调机制,使得企业的经营信息,以及人员思想动态,在企业中及时有效地进行传递。只有建立正常的沟通渠道,才能树立良好的企业风气。在协调好企业内部关系的同时,企业还需要面对外部公共关系,包括顾客、供应商、销售商、政府机关、新闻界、教育科研机构、社区等公共关系对象。企业管理者也同样应拥有相应的沟通和协调能力,与其建立起和谐的关系。企业管理者除了应拥有良好的沟通协调能力外,自身还必须起到做好沟通协调的榜样作用:率先在企业中树立信息沟通、人际交往的榜样形象。

3. 激励能力

在企业中,存在着组织利益和员工个人利益。如何正确地处理好两者关系,用各种方式调动人员的积极性,提高劳动生产率,为企业做出更多的贡献,都需要管理者掌握激励。激励是一门艺术,激励员工发挥潜力,是企业的财富。激励员工的方式有精神激励和物质激励,企业管理者必须有效掌握激励的原则和激励的方法,将物质激励和精神激励、外在激励和内在激励、正激励和负激励有效结合起来,在企业中创造生动活泼的氛围。

4. 组织能力

团队作业已成为当前企业管理者在实践中使用非常广泛的管理方式。当今企业的组织形态中,团队已是一种重要的组织形式。企业管理者在管理中必须掌握团队建立、协调、评价方式,使用团队的管理方式提升管理水平和管理效率。每个管理者具有不同的管理风格,有的倾向于集权、专权,要求下属绝对听命、服从;有的愿意倾听下属意见,愿意员工参与管理;有的以专业或知识树立权威,对员工施加影响;有的主动地与员工沟通,辅导员工心理或专业知识、技能。优秀管理者的管理风格通常表现为亲和、民主、辅导、权威等特征,而不是命令、强制等。管理者的管理风格直接影响到一个部门或团队的氛围,不同的管理者会形成截然不同的组织氛围,或沉闷、混乱、松散,或活跃、明晰、凝聚,或士气低落、消极,或士气高昂、积极向上,而最终则决定了组织的绩效和目标的实现。因此,管理者应不断自我修炼,优化自身管理风格,以利于建设和营造良好的组织氛围。

5. 领导能力

领导能力是指企业管理者为企业确立目标和实施目标所进行的活动施加影响的能力。作为企业管理者,必须在管理活动中,充分、正确地运用企业所赋予自己的惩罚权、奖赏权、合法权、模范权、专长权,积极地影响下级的管理行动,推进组织目标的实现。有效领导能力来源于企业管理者自身的管理能力、基本素养、人格魅力,企业管理者一定要在强化自身修养的基础上积极地推进企业目标的实现,体现出良好的、有效的领导能力。

6. 创新能力

创新是企业取得竞争优势的基石。企业管理者必须拥有良好的创新意识和创新能力,及时在工作中进行观念创新、管理创新和产品创新。在管理中,企业管理者要不断对前面的工作进行总结,利用获得的管理经验不断进行管理意识、管理观念、管理方式、管理方法的创新,提升管理水平。在面对市场竞争时,企业管理者要正确地分析竞争环境和竞争形势,不断地对产品、服务、企业形象进行创新,使企业借此优势在激烈的竞争中处于不败之地。

7. 危机处理技能

企业管理面临着各种不同的因素,存在着很多不可预测的风险。有风险的存在就会有危机,包括市场、政策、法律、经营、人员等方面的危机。企业管理者在危机管理方面必须拥有两方面的能力:一是处理危机的能力,危机出现后企业管理者必须面对压力,认真分析企业所面对的整体形势,危机发生的原因、影响,及时果断地采取措施,及时控制其发展势态,有效地消除危机或最大限度地减少危机的影响。二是企业管理者要善于利用危机方式进行管理。对危机进行预测,并把危机作为一种压力和激励,在危机出现之前便有效地避免危机,促进企业的健康发展。

三、管理者的素质

1. 作为管理者应有其特殊的心智模式

所谓心智模式是指由于过去的活动、知识素养、价值观等形成的基本固定的思维认识方式和行为习惯。管理者的心智模式,一是要有远见卓识;二是要有健全的心理;三是要有优秀的品质。

2. 作为管理者必须具备一定的能力才可能完成管理过程

管理者的能力可分为3个层次:核心能力、必要能力和增效能力。核心能力突出地表现为创新能力;必要能力包括将创意转化为实际操作方式的能力和从事日常管理工作的各种能力;增效能力则是应变能力和控制协调能力。

3. 作为一个管理者还必须具备必要的管理技能

管理者必要的管理技能主要包括技术技能、人际技能和概念技能,即THC技能。

第三节 管理实务操作

一、管理者如何进行企业管理

管理者对企业进行管理的过程,实际上包括以下活动:明确企业目标,制定企业长期和短期计划;设立或完善企业组织结构,划分各部门、各岗位的职责分工与合作关系,选聘管理人员,明确责权,制定和完善考核等各项管理制度;选用有效的激励机制,激发员工工作积极性;科学制定各项工作标准,进行绩效衡量,实施监督和控制,及时纠正偏差,提高企业生产经营效益和效果,达到企业目标。

(一)制定企业发展计划

企业的生存和发展,离不开科学有效的计划。制定企业的发展计划,主要工作有:

1. 分析企业内外部环境因素

通过企业的外部环境分析,找出环境为企业提供的机会和潜在威胁,发现并利用机会,同时,发现并规避威胁。外部环境分析包括一般环境和任务环境分析。在环境分析中,主要涉及社会经济环境分析、科技环境分析、人口环境分析、法律与政策环境分析等;在任务环境分析中,主要涉及顾客、竞争者、供应商、相关压力集团等。

企业内部环境分析主要包括企业营运因素分析、企业文化分析、企业组织机构分析等。在这些分析的基础上,找出企业的竞争优势和隐患。

通过企业的内外部环境因素分析,找出企业的经营优势和隐患,发现企业外部的机会和威胁,然后综合这4种因素,为企业计划的制订打下基础。

2. 制定企业目标

通过企业内外部环境分析,基于此制定企业的长期、中期和短期目标。在企业具体目标的指导下,将目标层层分解,落实到各个部门,甚至具体人员。

3. 设计与抉择方案

在制定完清晰的目标体系后,要针对每一个目标制定可供选择的多个方案,然后找出可行且最优的方案。

4. 编制计划

在目标与方案确定以后,还需编制企业与各部门的具体计划,这就是企业与各部门的工作目标和今后的考核依据。

5. 反馈计划执行情况

在计划编制完成后,企业要对计划执行情况进行跟踪并及时反馈总结。如有问题,需分析存在问题,并纠正或修订计划。

(二)设立或完善企业组织结构

1. 设计、建立组织结构

无论企业成立时间多久,若是要建立或完善组织结构,都需要根据组织结构设计的原则和方法,对组织结构的横向和纵向进行设计或调整,明确各部门分工和责权关系,确认管理者的责权范围。

2. 选聘人员

组织结构设立或调整后,企业需要根据管理岗位选聘相应的管理人员,并根据企业岗位职责要求,配备相关的工作人员。

3. 建立和完善组织制度

人员配备工作完成后,需要制定相应的企业制度,进行制度化管理。比如员工考核制度、薪酬制度等。通过反复修改完善,将制度形成企业文件,并严格执行各项制度。

(三)有效激励员工

1. 正确运用权力,采取不同的领导方式

管理者在管理企业过程中,不能滥用权力。要学会根据不同的情况,分别采用指挥、命令、激励、沟通等不同的领导手段。

2. 实施有效激励

根据员工不同的需要、个性特点、能力等实际情况,采取有效的激励方式,比如物质激励或者精神激励,最大化地激发员工工作热情与积极性。

(四)科学有效的监控

1. 确定控制标准

科学的控制体系能保证企业目标的有效实现。企业监控有效与否,关键在于控制标准的选定。控制标准的主要依据就是计划目标。在实践中,还要对目标进行细化分解,制定出具体、可行、便于衡量的指标体系。

2. 衡量绩效

根据控制标准,企业管理者对控制对象进行监测,以便及时发现问题,采取纠正措施。

3. 纠正偏差

当发现偏差时,要分析产生偏差的原因,并采取有效措施纠正偏差,以保证企业目标的实现。

二、如何做一个有效的管理者

具有特别经验的管理队伍和关键性人物的职业道路是什么?他们具有什么样

的管理技巧？他们具有什么样的专业经验？组织结构如何？谁将出任小组或个人的上级？在一些特别的地区，是否应该加强管理队伍？惩奖制度是怎样的？哪个目标顾客群已经和你的公司建立长期的关系？

这些问题实际上是管理有效性的问题，管理有效性的组成因素包括领导、激励、交际的技巧等。

（1）领导——管理者至少是能够行使职权的人。从理想状态看，下属跟随管理人员的指导做事，是因为管理人员人格的完美和职业上的成功，而不仅仅是外在的官衔。从这个意义上来说，最优秀的管理人员依靠榜样来领导，要为他的下属提供示范。让下属在想到"我为他而工作"，或者"我和他一起共事"时，一种特殊的感觉就会涌上心头。下属由衷地尊敬、佩服他们的上级，以至于当他们极漂亮地完成工作，只要有一点不足，他们也会立刻想到对他们的上级会有什么影响。

（2）激励——最优秀的管理人员深知下属的工作动力来自什么，然后设法激励他们，使下属尽可能地提高工作效率。这就要求管理人员在不同的时间、场合，对不同的员工采用不同的管理方式。因此，管理人员参与决策、员工培训和能力开发就显得日益重要起来。能力开发对于企业来说是必要的，甚至可以成为员工再就业时的条件或权利。具有讽刺意味的是，管理人员由于担心下属学多了就会威胁到他们的工作，因而可能阻止培训工作。而头脑清醒的员工将可能会降低工作效率，或者离职去寻找更有前景的工作。这些都反映出管理人员的不良行为。

（3）交际的技巧——交际和"魅力"都是很重要的。在相互合作的社会里，风格和气质一样重要。被提升到上层的人，未必都是最优秀、最聪明的人。他们常常在名义上是胜任的，但是，他们善于与人相处，不会疏远任何人。

三、管理中应注意的问题

一方面，管理是一门科学，是在总结管理工作的客观规律基础上形成的，用以指导人们从事管理实践。掌握系统化的科学管理知识有助于对组织中存在的管理问题提出正确可行的解决办法，管理工作不能仅仅依赖于运气和经验。

另一方面，管理还只是一门不精确的科学，是正在发展中的科学。管理科学并不能为管理者提供解决一切问题的标准答案，管理学只能提供给管理者管理的理论原则和基本方法，为解决问题、实现组织目标，管理者务必要结合实际，具体问题具体分析。因此，管理又是一门艺术。把管理仅当作科学，排斥管理的艺术，完全按照管理原理和原则去刻板地解决管理问题，则必然处处碰壁，不能取得成功。

企业管理者在实施管理活动过程中，应该"艺术"地对待各种问题，因地制宜、因时制宜、因人而异、因时而异。比如中式餐饮的复杂性与多样性使得该行业企业难以实现标准化生产，同样的原料与加工流程，不同的厨师很可能会做出两种味道。因此，中餐企业的标准化运营，最困难的部分就是菜品生产加工方面的标准化。这也成为导致国内绝大多数中餐企业还不具备像麦当劳、肯德基那样的西式快餐连锁加盟的管理能力的原因之一,要实现稳健扩张,还是要依赖直营店的方式。在管理上,显然也不能够以他们的现成经验来套用。

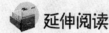复习思考题

1. 什么是企业?企业的基本特征有哪些?
2. 现代企业都有哪些类型?
3. 企业管理的职能有哪些?
4. 什么是管理者?管理者如何分类?
5. 管理者应该掌握哪些技能?
6. 你认为应该怎样才能成为一个优秀的管理者?

延伸阅读

【材料一】

企业管理创新的八大趋势

在商业环境的稳定性、确定性、可预测性已经被变革性、不确定性、不可预测性所代替的同时,国内外企业在管理理念的指导下,顺应时代变化进行了许多管理变革,呈现出了八大趋势:

一、企业由追求利润最大化转向追求企业可持续成长

研究表明,把利润最大化作为管理的唯一主题,是造成企业过早夭折的重要根源之一。在产品、技术、知识等创新速度日益加快的今天,成长的可持续性已经成为现代企业所面临的一个比管理效率更重要的课题。

坚持可持续成长管理观,在管理中就会注重整体优化,讲求系统管理,实行企业系统整体功能优化,注重依靠核心竞争力,不断提高市场竞争优势,注重夯实基础管理,讲求管理精细化、科学化、程序化、规范化和制度化,注重以人为本,不断提高员工素质,充分调动员工积极性,发挥其能动作用等。

企业是一个人造系统,其内部系统是可以改造的,这是企业能够实现可持续成长的客观条件。与可能会枯竭的物质资源不同,企业文化、企业家精神等是支撑企业可持续成长的支柱。

二、企业竞争由传统的要素竞争转向企业运营能力的竞争

企业从大量市场产品和服务标准化、寿命期长、信息含量少、简单的一次性交易的竞争环境,向产品和服务个性化、寿命期短、信息含量大,并与顾客保持沟通关系的全球竞争环境转变。提升企业的运营能力,就要使企业的生产、营销、组织、管

理等方面都"敏捷"起来,使企业成为一个全新的"敏捷性"经营实体,实现向"敏捷管理"方式的转变。一个企业要适应激烈的竞争,必须在以下各层面具备敏捷性的特点:在生产方面,敏捷管理意味着具有依照顾客订单,任意批量制造产品和提高服务的能力;在营销方面,敏捷管理要求企业具有以顾客价值为中心、丰富顾客价值、生产个性化产品和服务组合的特点;在组织方面,敏捷管理要求能够整合企业内部和外部与生产经营过程相关的资源,通过与供应商和顾客的互动合作,创造和发挥资源杠杆的竞争优势;在管理方面,敏捷管理由强调指挥和控制的管理思想,转而重视领导、激励、支持和信任。

三、企业间的合作由一般合作模式转向供应链协作、网络组织、虚拟企业、国际战略联盟等形式

现代企业不能只提供各种产品和服务,还必须懂得如何把自身的核心能力与技术专长恰当地同其他各种有利的竞争资源结合起来,以弥补自身的不足和局限性。许多成功企业形成了不少互利合作的竞争方式:供应链式,主要是企业与供应商之间的合作。在企业的增值链中,供应过程所占成本很多,所以供应链的动态互联至关重要。战略网络型,主要是指企业通过建立与供应商、经销商以及最终用户的价值链形成一种战略网络,竞争已不是单一的公司之间的竞争,而是战略网络间的竞争。协作联营型,表现为企业通过有选择地与竞争对手,以及与供应商或其他经营组织分享和交换控制权、成本、资本、进入市场机会、信息和技术等,形成联营组织,从而在市场竞争中创造更多的价值。虚拟组织型,是指利用信息技术把各种资源、能力和思想动态地连接起来,成为一种有机的企业网络组织,以最低的成本、最快的速度创造价值。

四、员工的知识和技能成为企业保持竞争优势的重要资源

企业将主要通过管理员工的知识和技能,而不是金融资本或自然资源来获取竞争优势。企业的知识被认为是和人力、资金等并列的资源,并将逐渐成为企业最重要的资源。

出现在资产负债表上的资产,如厂房、设备等,虽然很容易估价和进行管理,但它们已经越来越难以决定企业的价值。相反,企业的价值更取决于无形资产,如品牌、专利、特许经营、软件、研究项目、创意以及专长等。国外机构的研究表明,在企业的市场价值中,6/7都取决于这些"知识"资产。管理这些资产中的任何一种都是很难的,但最难的还是怎样对待员工的思想和知识。企业需要更多地通过组织学习、知识管理和加强协作能力来应对知识经济的挑战,将现有组织、知识、人员和流程与知识管理和协作紧密结合起来。

五、从传统的单一绩效考核转向全面的绩效管理

传统的绩效考核是通过对员工工作结果的评估来确定奖惩,以期实现对员工的激励,其致命的问题在于:从目标到绩效结果的形成过程缺乏控制;不是封闭的,

没有改善绩效的组织手段作为保证；在推行绩效考核时会遇到员工的反对。

把绩效管理与公司战略联系起来，变静态考核为动态管理，是近年来绩效管理的显著特点。信息技术的发展使更为精细的绩效管理成为可能，绩效管理的工具也由单一向多维发展，主要包括目标管理、关键绩效指标(KPI)、360度打分、平衡计分卡和EVA价值管理等。

六、信息技术改变企业的运作方式

信息技术的发展和应用，几乎无限制地扩大了企业的业务信息空间，使业务活动和业务信息得以分离。在订单的驱动下，原本无法调和的集中与分散的矛盾得以解决。通过整合能够实现企业内部资源的集中、统一和有效配置；借助信息技术手段，如"协同设计"、"协同制造"和"客户关系管理"等，企业能够跨越内部资源界限，实现对整个供应链资源的有效组织和管理。

为了应对挑战，出现了许多如PDM、ERP、CRM、SCM等企业信息化产品，在不同层次、不同方面为企业管理与技术水平的提升提供了解决方案。

七、顾客导向观念受到重视并被超越

近十几年来，以微软、英特尔为首的部分高科技企业放弃了"顾客导向"，采用以产品为中心的经营战略，取得了巨大成功，由此产生了超越"顾客导向"的竞争新思维。这种现象的出现，主要是因为随着知识经济时代的到来，企业面对的已不仅仅是现有的份额，更重要的是未来的市场和挑战。要提高企业的预见性，抢占产业先机，仅着眼于顾客导向已经不够，因为顾客导向的效力会随着竞争条件的变化而逐渐丧失。

八、由片面追求企业自身利益转变为注重履行社会责任，实现经济、环境、社会协调发展

越来越多的消费者关注跨国公司在推行市场全球化过程中的社会责任表现，同时更多的公司认识到，良好的企业社会责任策略和实践可以获取商业利益，社会责任表现良好的企业不仅可以获得社会利益，还可以改善风险管理，提高企业的声誉。

近十几年来，管理体系方面最重要的发展应该是SA 8000社会责任国际标准。在目前的商业环境下，问题已经不是"是否应该"实施社会责任政策，而是如何有效实施，大多数商业发展计划都要进行道德评估和环境影响分析。在ISO 9000和ISO 14000之后，SA 8000标准是一个最新的管理体系标准。大多数公司意识到，消费者在选择商家时越来越多的考虑公司的道德表现，商业行为符合道德标准已经变成一件头等大事。

（摘自中华工商时报，2004年2月25日）

【材料二】

企业管理的十大误区

我们谈论管理已这么多年了,但时至今日,对管理问题的理解和把握模糊者有之,偏颇者有之,曲解者有之,这在很大程度上制约和干扰了我们正确地从事管理实践活动。具体地说,有以下 10 种误区需要我们在今后的管理工作中加以警惕和避免。

1. 狭义论

狭义论认为,管理就是制定和执行规章制度,加强制度建设就是加强管理,并认为管理是少数人的事情,而与组织中的其他人员无关。实际上,管理是包括组织、决策、控制、领导、激励等基本职能和预测、调研、计划、策划、咨询、协调、沟通、指导、执行、制度、监督、考评、培训、任用、选拔及竞争、公关、广告、营销等主要功能相互结合、相互影响的有机体系和过程,制定并执行规章制度只是管理的一个重要方面。另外,管理也不是组织中某几个人的事,而是组织中全体人员的事。管理者是管理的主体,被管理者是管理的客体,只有两者相互作用和影响,才会形成一个完整的管理过程。当然,笔者在此并无意将管理的内涵"泛化",但可以肯定的是,对管理内涵的片面理解,必然会误导管理实践。

2. 阶段论

阶段论认为,管理只是阶段性工作,只有在组织运转出现问题后才涉及管理问题。实际上,管理工作贯穿于组织内外整体运作的全过程,可以说,一个组织无事不涉及管理,无处不体现着管理,无时不进行着管理。管理是"饭"而不是"药",药可在有病时吃,而饭却一日不可或缺。

3. 唯"物"论

唯"物"论认为,管理只是涉及组织中有关成本、预算、财务、质量等与"物"有关的方面,不知道管理首先是人的管理,进而明白人的管理不仅仅体现在一切管理活动都是围绕着人来进行并通过人来实现,而且从更本质的意义上讲,人不仅是管理的手段和载体,同时也是管理的最终目的(人的自身进步和利益的满足)。

4. 先后论

先后论认为,只有在各项业务正常开展之后才涉及管理问题。比如在不少人的心目中,只有在上了项目以后才谈得上管理,只有在"三改"以后才会顾及"一加强",不知道上项目前的产品调研、市场分析、营销预测等也是管理的重要组成部分;不知道从广义上讲"三改"也是"一加强"的题中应有之义,即"改革、改组、改造"乃是管理过程中的一种调控行为,"三改"与"一加强"之间一开始就不存在谁代替谁和谁先谁后的问题。

5. 自然论

自然论认为,管理的知识、艺术、技能和方法并没有什么奥妙,可以自然而然地学会。不知道管理作为一门实践性、综合性、横断性极强的学科,有其特定的历史沿革、理论体系和基本方法,否则它就不会成为一门真正的科学了。管理乃是理论与实践、科学与艺术、观念与方法的有机统一,提高管理能力和水平并非轻而易举之事。

6. 内部论

内部论认为,管理的着眼点只限于组织内部,不加条件地提倡所谓的"眼睛向内",忽视了"现场"与"市场"乃是一个不可分割并相互影响的有机整体这一客观事实,致使管理者缺乏"大管理"的眼光、意识和思路,从而造成管理决策或短期行为,或内外脱节,或主观武断。

7. 照搬论

照搬论认为,管理可以走捷径,可以"超常规",忽视了我国生产力发展的不平衡性和特殊性给管理带来的差异性和多样性,盲目照搬发达国家的管理理论和方法,片面地搞"拿来主义",导致或急功近利,食"洋"不化;或方榫圆卯,南辕北辙;或只图时髦,装潢门面等。与此相联系,对中国古代管理精华重视不够、研究不够、借鉴不够,甚至采取鄙视态度的现象也十分突出。

8. 经验论

经验论认为,管理主要靠经验和实践,管理是"无师自通"或"存乎一心"、"神而明之"的事,轻视先进管理理论对管理实践的指导作用。因此,在实际管理过程中既不注重学习新知,也不注意及时将经验升华为理论,造成管理粗放、经营短视,多凭主观决策、靠运气行事。其实,如果"想管好"便"能管好",那么就无法解释现实中有那么多的企业管理效率不高、绩效不佳,甚至"朝花夕拾"了。

9. 外在论

外在论认为,管理游离于社会生产力系统之外,不知道管理是社会生产力系统的内在要素,并对其他要素起整合、驱动、配置、调控和转换作用。因而导致一说"发展社会生产力"就大提"上项目"、"引资金"、"搞开发",唯独不提或很少提"强管理"。不知道如果离开了对社会生产力系统中最活跃、最关键和最终起决定作用的因素——人的管理,究竟靠什么来"生产","力"的源泉又从何而来?

10. 悲观论

悲观论认为,我国经济欠发达、市场不成熟、管理底子薄、改变管理落后的现状不是一朝一夕的事,因此对建设有中国特色的社会主义管理信心不足,进而对即将到来的新一轮管理革命或视而不见,或准备不足,或消极逃避。

(摘自:企业管理的十大误区,中华企管网,2006年5月30日)

第一章　企业管理实务基础

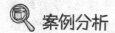 案例分析

贾厂长的无奈

　　江南某机械厂是一家拥有职工2 000多人,年产值约5 000万元的中型企业。厂长贾明虽然年过50,但办事仍风风火火。可不,贾厂长每天都要处理厂里大大小小的事情几十件,从厂里的高层决策、人事安排,到职工的生活起居,可以说无事不包,人们每天都可见到贾厂长骑着他那辆破旧的自行车穿梭于厂里厂外。正因为这样,贾厂长在厂里的威信很高,大家有事都找他,他也是有求必应。不过,贾厂长的生活也的确过得很累,有人劝他少管些职工的鸡毛蒜皮的事,可他怎么说?他说:"我作为一厂之长,职工的事就是我自己的事,我怎能坐视不管呢!"贾厂长这么说也这么做。为了把这个厂办好,提高厂里的生产经营效益,改善职工的生活,贾厂长一心扑在事业上。每天从两眼一睁忙到熄灯,根本没有节假日,妻子患病他没时间照顾,孩子的家长会他也没时间出席,他把全部的时间和心血都花在了厂里。正因为贾厂长这种勤勤恳恳、兢兢业业的奉献精神,他多次被市委市政府评为市先进工作者,市晚报还专门对他的事迹进行过报道呢!

　　在厂里,贾厂长事必躬亲,大事小事都要过问,能亲自办的事决不交给他人办;可办可不办的事也一定是自己去办;交给下属的一些工作,总担心下面办不好,常要插手过问,有时弄得下面的领导不知如何是好,心里憋气。但大家都了解贾厂长的性格,并为他的好意所动,不便直说。有一次,厂里小王夫妇闹别扭,闹到了贾厂长那里,当时他正忙着开会,让工会领导去处理一下,工会主席在了解情况后,做双方的思想工作,事情很快就解决了。可贾厂长开完会后又跑来重新了解情况,结果本来平息了的风波又闹起来了。像这样的例子在厂里时有发生。

　　虽然贾厂长的事业心令人钦佩,可贾厂长的苦劳并没有得到上天的赏赐。随着市场环境的变化,厂里的生产经营状况每况愈下,成本费用急剧上升,效益不断下滑,急得贾厂长常常难以入眠。不久,贾厂长决定在全厂推行成本管理,厉行节约,他自己以身作则,率先垂范。但职工并不认真执行,浪费的照样浪费,考核成了一种毫无实际意义的表面形式。贾厂长常感叹职工没有长远眼光,却总也拿不出有力的监管措施,就这样,厂里的日子一天天难过起来。最后,在有关部门的撮合下,厂里决定与一家外国公司合作,由外方提供一流的先进设备,厂里负责生产。当时这种设备在国际上处于先进水平,国内一流,如果合作成功,厂里不仅能摆脱困境,而且可使厂里的生产、技术和管理都跃升到一个新台阶,因此大家都对此充满着信心。经多方努力,合作的各项准备工作已基本就绪,就等双方领导举行签字仪式。

举行仪式的前一天,厂里一个单身职工生病住院,贾厂长很可怜他,亲自到医院陪他。第二天,几乎一夜未合眼的贾厂长又到工厂查看生产进度,秘书几次提醒他晚上有重要会议,劝他休息一下,但他执意不肯。下午,贾厂长在车间听取职工反映情况时病倒了。晚上,贾厂长带病出席签字仪式,厂里的其他许多领导也参加了,但贾厂长最终没能支撑下去,中途不得不被送进医院。外方领导在了解事情的经过后,一方面为贾厂长的敬业精神所感动,同时也对贾厂长的能力表示怀疑,决定推迟合作事宜。

贾厂长出院后,职工们都对他另眼相看,他在厂里的威信也从此大为下降。对此,贾厂长有苦难言,满脸的无奈。

(余敬主编. 管理学案例. 中国地质大学出版社,2000)

思考题:
1. 从管理层次的角度,你认为贾厂长属于哪个层次的管理人员?
2. 在工作中,贾厂长为什么常常会感到无奈?
3. 假如你是贾厂长,你应该如何对该厂进行管理?

实 训

【内容一】

调查与访问

1. 以自愿为原则,6~8人组成一组。利用课余时间,选择1~2个中小企业进行调查与访问。
2. 调查访问之前,各小组根据所学内容,设计调查问卷。
3. 访问调查结束后,各小组对调查结果进行汇总分析,写一份调查报告。
4. 课堂上组织一次交流与讨论,各小组交流调查与访问情况。
5. 由教师根据各成员的调查报告与在讨论中的表现打分。

【内容二】

组建模拟公司

1. 以自愿为原则,6~8人组成一组,各小组根据自己的兴趣与所学知识组建模拟公司。
2. 各模拟公司进行职位分配,确定每个职位的职权与职责,并将该公司管理者进行分类。
3. 写出书面报告,该公司各层管理者应具备哪些应有的管理技能。
4. 由教师与学生对各公司组建情况进行评估打分。

第二章

计 划

【重点知识要求】
1. 了解计划的概念与特征
2. 了解计划的分类
3. 掌握编制计划的方法
4. 理解目标管理的含义
5. 知道如何确立目标

【重点能力要求】
1. 掌握计划编制的程序
2. 培养编制计划的能力

案例导入

两组人分别有个小玻璃缸,每张小桌子有不同大小形状的物品如苹果、鸡蛋、小石块、沙和水。一组人员先将沙和水注入缸内,再放鸡蛋和苹果,结果桌子上剩下的东西最多;而另一组先将体积较大的苹果、鸡蛋放入缸内,再放体积较小的物品和水,结果缸子被填得非常满。

透过这个小案例,我们或许可以受到一些启发:人生短暂,如何善用时间是一门学问,如果我们先将没有价值的沙和小石块填满了我们有限的时间与精力,则我们一生必将碌碌无为,得不到我们认为更有价值的苹果与鸡蛋了。同时,如果我们先去办理无关紧要的琐碎事项,意味着可能无法处理更为重要的事务。

思考题:通过上述案例,你认为计划职能在企业管理中具有什么样的地位?

第一节 计划职能概述

哈罗德·孔茨曾经说过,计划工作是一座桥梁,它把我们所处的这边和我们要去的对岸连接起来,以克服这一天堑。这一格言体现了计划职能在管理工作中的重要性。管理者要面对未来,把握未来,通过切实的努力去实现自己的理想,而做好这一切,计划工作是极其重要的。

一、计划的概念

在管理学中,计划可以从两个方面去理解:① 计划作为一项最重要的管理职能是制定目标工作的过程,并确定为达成这个目标所必需的行动,即干什么和怎么干的问题;② 计划也是指在制订计划的工作中所形成的方案,它可以是目标、策略、政策、程序和预算方案等。

计划有广义和狭义之分。广义的计划工作包括制订计划、执行计划、检查计划执行情况3个紧密衔接的工作过程。狭义的计划工作则是指制订在未来一定时期内要达到的目标,以及实现目标的途径。计划工作还是一种需要运用智力和发挥创造力的过程,它要求高瞻远瞩地制定目标和战略,严密地规划和部属,把决策建立在反复权衡的基础之上。

西方管理学将计划工作的内容归纳为"5W1H",即计划必须清楚地确定和描述这些内容:

What:做什么?明确所进行活动的内容和要求。
Why:为什么?确定计划工作的原因和目的。
Who:谁去做?规定由哪些部门和人员来负责实施计划。
When:何时做?规订计划中各项工作的起始和完成的时间。
Where:何地做?规订计划的实施地点。
How:怎么做?制订计划实施的手段和措施。

这种观念认为,任何一项计划都要包含以上几个要点,即组织的计划必须准确地提出未来行动的目的、原因、内容、负责人及实施的时间、地点和方法。

二、计划的特征

在了解计划概念的同时,还要熟悉计划的特征。计划的特征如下:

(一)目的性

任何组织或个人制订计划都是为了有效达到预期目标。在计划开始之前,这种目标可能还不十分具体,计划就是起始于这种不具体的目标。例如,某软件公司老总希望下个季度销售额和利润额有较大幅度增长,这是不明确的目标,为此就要制订计划,根据过去的情况和现在的条件确定一个可行目标,比如,销售额增长40%,利润增长25%。这种不具体的目标不是单凭主观愿望就能确定的,它要符合实际情况,要以许多预测和分析工作为基础。

第二章 计 划

（二）首位性

计划在管理职能中处于首要地位，主要有两个原因：① 在有些情况下，计划职能是唯一需要完成的管理职能。有时候，计划的最终结果可能导致一种结论：没有采取进一步行动。例如原打算在某地创建一个房地产公司，首要工作室进行可行性分析，若分析结果表明不合适，那么所有工作告一段落，无需进行其他管理职能。② 管理过程中的其他职能都是为了支持、保证计划目标的实现。组织、领导、控制职能都是依照计划而转移的。

计划和控制是分不开的，它们是管理的一对孪生兄弟。未经计划的活动是无法控制的，因为控制就是纠正脱离计划的偏差，保持活动的既定方向。控制职能的有效行使，往往需要根据情况的变化拟订新的计划或修改原定计划，同时又被作为控制工作的基础，计划—控制—计划，就这样循环往复。

（三）普遍性

任何管理者或多或少都有制订计划的权利和责任。高层管理者不可能也没必要对组织内部的一切活动作出确切说明，这是有效管理者必须遵循的原则。高层管理者仅对组织活动制订结构性计划，即只负责制订战略性计划；而中低层管理者负责制订战术性计划或生产作业计划。这种情况的出现主要是由于人的精力有限，这样做可以减轻高层管理者的负担，同时授予下级某些权利，有助于调动员工的积极性，挖掘下级的潜在能力。因此，计划是各级主管人员的一个基本职能，具有普遍性。

（四）效率性

计划的目的就是促使组织的活动获得良好的经济效益和社会效益。不仅要确保实现目标，而且要从众多方案中选择最优方案，以求得合理利用资源和提高效率。所谓计划效率指的是实现目标所获得的利益与执行计划过程中所有消耗之和的比率。换句话说，计划效率是指制订计划与执行计划时所有的产出与投入之比。如果一个计划能够达到目标，但它需要的代价太大，这个计划的效率就很低，因此不是一份好的计划。只有能够实现收入大于支出，并且顾及国家、集体和个人三者利益的计划才是一个完美的计划，才能真正体现出计划的效率。

（五）创新性

计划总是针对需要解决的新问题和可能发生的新变化、新机会而作出的决定，因而计划是一个创新性的管理过程。有点类似于一个产品或工程的设计，产品销售的成功都需要创新，成功的计划也依赖于创新。

三、计划的作用

1. 为组织稳定发展提供保证

计划工作使人们就组织的目标、当前的现状以及由现实过渡到目标状态的途径作出事先的安排,由此明确组织的发展方向,使各方面行动获得一种明确的指示和指导。同时,计划工作可促使各级主管人员去思考未来的种种复杂情况,从而使环境中发生的变化有可能在多方面系统思考和预测中被事先估计到,这样组织就能事先做出应变的准备,由此提高组织的适应能力并降低经营中可能的风险。

2. 明确组织成员行动的方向和方式

组织的活动通常是由数量众多的成员在不同的时间、空间里进行的。为了使不同成员在不同时空进行的活动能够相互支持、彼此协调,为使组织总体目标的实现做出共同的、一致的贡献,故他们对所从事的活动就必须事先得到明确的安排和部署。而计划的通过则须将组织活动在时间和空间上进行合理的分解,规定组织的不同部门在不同时间应从事的各种活动,从而使各方面的人员获得明确的工作指示和指导。另一方面,计划的编制也同时为组织成员的分工和协作配合提供了基本依据,从而使各方面的行动得到了规范和约束,促进了组织活动的落实和协调。

3. 为有效筹集和合理配置资源提供依据

组织活动进行的目的是对一定的资源进行加工和转换。为了使组织的目标活动以尽可能低的成本顺利地进行,必须在规定的时间提供组织活动开展所需要的规定数量的各种资源。

4. 为检查、考核和控制组织活动奠定基础

组织在不同环节的活动能力可能并不是平衡、衔接的;组织的各个部分在活动中所面对的环境与事先的预计也可能不完全吻合。这些原因就使组织各部分在决策实施中的活动与目标的要求不完全相符,甚至可能出现较大的偏差。这种偏差,如果不能及时发现并针对原因采取纠正措施,则会导致组织决策执行的局部或全部失败,从而危及组织的生存和发展。计划的编制为及时地对照标准检查实际活动情况提供了客观的依据,从而也就为及时发现和纠正偏差奠定了可靠的基础。

第二节 计划的分类

由于目标以及实现目标的方案有不同的类型,所以计划工作也有不同的种类。常见的分类标准有:按计划的时限、按计划的形式、按计划的层次、按计划所涉及的范围、按计划内容的明确性等。

一、按计划涉及的时限的长短划分

按计划涉及的时限的长短划分,可分为长期计划、中期计划和短期计划。

长期计划是指计划期限在 5 年或 5 年以上的计划。长期计划主要是解决组织的长远目标和发展方向是什么以及怎样实现组织的长远目标这样两个问题。近年

来,计算机技术的运用给资料信息的统计和处理带来了方便,而线性规划、计划评审技术等新方法的不断出现为解决计划中的复杂问题提供了帮助,使得计划制定的精确度、可信度大大提高。

中期计划是指一年以上 5 年以下的计划。中期计划的编制,要以长期计划为基础,根据经济和社会发展情况,使长期计划的各项任务、指标进一步明确,因此中期计划是长期计划的具体化。同时,中期计划又是短期计划的依据,是联结长期计划和短期计划的纽带。

短期计划是指月、季、年度计划,它比中期计划更加详细具体,能够满足具体实施的需要。短期计划可以是综合性的,也可以是单一性的。短期计划由于对各种活动有了非常详细的说明或规定,因此在执行过程中选择范围很小,有效地执行计划成为最重要的要求。

长期计划、中期计划和短期计划的区分是相对的。对不同规模的组织来源,其标准是不一样的,比如一项载人航天飞机发射的短期计划可能要 5 年,而一家服装厂的长期计划则可能只有 1 年。长期、中期和短期计划之间的关系是:长期计划起主导作用,中期计划、短期计划以长期计划为基础,是逐步落实长期计划的计划。

二、按计划的形式划分

按计划的形式划分,可分为宗旨、目标、策略、政策、程序、规则、方案、预算。

(1) 宗旨(purpose)表现为组织的目的或使命,这种目的或使命,是社会对该组织的基本要求。换句话说,宗旨即表明组织是干什么的,应该干什么。如一个工商企业的基本宗旨是向社会提供有经济价值的商品或服务,著名的日本 SONY 公司的宗旨便是:索尼是开拓者,永远向着那未来的世界探索。

(2) 目标(objective)是在宗旨指导下提出来的,具体规定了组织及其各个部门的经营管理活动在一定时期内要达到的具体成果。目标不仅是计划工作的终点,而且也是组织工作、人员配置、指导与领导工作和控制活动要达到的结果。

(3) 策略(strategy)常常表现为一种总的方案,工作的布置重点、人财物的巧妙利用、市场的竞争方法等。策略是指导全局和长远发展的方针,旨在指明方向、重点和资源分配的优先秩序。

(4) 政策(policy)是组织为了达到目标而制定的一种限定活动范围的计划,是为实现目标制定的行动准则。政策涉及一切工作领域,政策的级别同组织机构的层次一样多,它被广泛用来指导具体决策、计划实施和处理问题。

(5) 程序(procedure)也是一种应用广泛的计划。它指导人们如何行动,详细说明必须完成某种活动的准确方式,行动规定的时间顺序。程序最显著的特征,是一系列相互联系的活动必须按时间顺序进行。在管理活动中,到处都存在程序问题。

(6）规则（rule）是对在某种场合和具体情况下，允许或不允许采取某种行动的规定。规则与程序的区别在于规则不规定时间顺序，可以把程序看成是一系列规则；规则可以是，也可以不是程序的组成部分。

(7）规划（programme）是为实施既定方针所必需的目标、政策、程序、任务分配、执行步骤、使用的资源而制定的综合性计划。

(8）预算（budget）作为一种计划，是用数字规定组织未来所有资源的分配情况的一种报告书。它可以称为"数字化"的计划。预算可以帮助组织的上层和各级管理部门的主管人员，从资金和现金收支的角度，全面、细致地了解企业经营管理活动的规模、重点和预期成果。

三、按计划的层次划分

按计划的层次，可划分为战略计划和行动计划。

对企业而言，其战略计划是它的总目标的表现形式，它涉及一定时期内带动全局的方针、主要政策与任务的运筹谋划，它决定着一个企业在一定时期内经营活动的方向和所要达到的水平。战略计划是企业高层领导根据对企业主观、客观条件的分析，确定企业未来时期的指导方针、规划目标、行动策略，以及调动、分配相应的资源。

行动计划是企业各项具体业务活动的作业计划，十分细致而具体。它是把企业经营计划的内容落实到每一个具体执行单位和每一个成员中去的计划。在时间上可分为月、旬、日、小时的计划；在单位上可分为科室、车间、工段、班组和个人的计划。

四、按计划所涉及的范围划分

对应于组织结构体系，不同层级管理岗位和管理人员的性质、任务、责任和职能不一样，所涉及的管理范围也不一样，他们的计划制定内容与要求也不一样，据此可将组织计划按层次划分为上层管理计划、中层管理计划和基层理计划。

五、按计划内容的明确性划分

按计划内容的明确性划分，可分为具体性计划和指导性计划。

具体性计划具有明确的目标，而指导性计划只规定一般的方针和行动原则，给予行动者较大的自由，它指出重点但不把行动者限定在具体的目标上或特定的行动方案上。相对于指导性计划而言，具体性计划虽然易于计划的执行、考核及控制，但缺少灵活性，且它要求的明确性和可预见条件往往很难得到满足。

第三节 计划编制的程序

计划的类型与表现形式各种各样,但科学地编制计划所遵循的步骤具有普遍性,可遵循8个步骤,即:认识机会、确立目标、确定计划的前提条件、拟订可供选择的方案、比较备选方案、选择方案、编制派生计划、编制预算。

一、认识机会

对机会进行估量,要在实际的计划工作开始之前去做,但尽管如此,它还是计划工作中一个真正的起点。对未来可能的机会进行初步的了解并进行清楚的、全面的掌握是很重要的。所有的管理人员都根据自己的优势和不足清楚自己所处的地位,明白希望解决什么问题以及为什么要解决这些问题,并且应当了解希望获得什么。制定切合实际的目标取决于对所有这些内容的估计。企业计划要求对机会及其环境做出切合实际的分析诊断。

在计划过程中,一个企业必须实事求是地评估自己的优势和劣势。若计划建立在错误的评估基础上,那么将会导致灾难性的打击。当一个企业集中注意自己的弱点的时候,同时也应当看到自己的优势,根据自己的优势制定适宜的战略。对自己拥有的资源如财务状况、现有技术、有形设备、原材料等进行评估将是一个很好的起点。这些项目的库存将表明企业实现其目标的能力。

评估外部环境的第一步是界定企业的市场。在界定市场时,通常进行市场研究和历史分析,分析市场的历史可以明确顾客购买产品的原因,研究市场可以分辨潜在的顾客以及他们的需求。接着必须考虑行业状况,确定竞争性质及战胜竞争对手的战略。企业应当了解主要的竞争对手及他们的优势和劣势。无论是长期计划还是短期计划都必须考虑技术的发展。企业如果忽略了环境中技术的发展而生产产品,最终可能会发现该产品已经过时,因为在市场上可能已出现了一种应用现代技术的新产品。

经济状况也是一个重要的方面。如果由于经济状况恶化而引起货币市场银根紧缩,那么在市场上投放一种产品可能会使销售和利润下降。多数计划人员通常都进行经济趋势分析。在进行外部环境分析时,根据企业和行业的性质,以及其他相关方面进行统一估算。

分析外部环境的一个重要目的是寻找和分辨新机会。抓住新机会将使企业获得扩张和多样化经营的可能。分析外部环境及寻找机会意味着收集大量的数据,没有这些数据和可靠的信息,就不能采取任何行动。

二、确立目标

在制定重大计划时,第二个步骤是要确定整个企业的目标,然后为其所属的下级单位确定计划工作目标,包括长期目标和短期目标。目标要设定预期结果,并且指明要达到的终点和重点,以及依据战略、政策、程序、规则、预算和规划来完成预期的任务。目标是计划的主要组成部分。目标指明了个体或企业想要前进的方向,是未来某个时期的预期结果。

目标对于企业来讲至关重要,因为所有的努力和活动都是为了实现目标。目标有许多作用,它指明了企业前进的方向,并作为行为的标准与实际行动进行比较,因此,它也是控制过程的一个重要方面。目标决定了在既定环境中企业应当扮演的角色。由于目标的存在,可以很好的协调和激励企业员工努力工作。通过为企业员工制定目标可以使他们保持高度的积极性,去为实现这些目标而努力。

总体目标规定了企业在今后几年的基本宗旨。具体目标应与总体目标一致,并且不能与总体目标相冲突。在一个企业中通常会由高层决策者首先制定出企业在一定时间内的总体目标,然后再在总体目标确认的基础上,确定各项具体目标,具体量化指标。当具体目标全部确认完毕后,接着就需对其优先顺序进行排列,形成具体目标间一定的层次性。例如,管理层必须决定"投资回报率提高 6%"和"市场占有率提高 10%"究竟哪个更重要。

三、确定计划的前提条件

计划工作的第三步是确定一些关键性的计划前提条件,并加以宣传和取得一致意见。这些前提条件可以是说明事实的预测资料,也可以是使用的基本政策或者企业现行的计划等。计划工作的前提条件就是计划工作的假设条件,换言之,即计划实施时的预期环境。但企业的外部环境是非常复杂的,即使是企业的内部环境,有时在草拟计划时也需慎重考虑。所以,在计划工作中必须执行这样一个重要的程序:负责计划工作的人员对计划前提了解得越细越透彻,并能始终如一地运用它,那么,组织的计划工作也将更加协调。

在制订计划时,预测是非常重要的,而且企业所需预测的内容很多,包括:未来市场的情况如何;销售量多大;价格会如何;产品怎样;技术开发如何;成本多高;什么样的工资率;税率及税收政策如何;新建工厂情况会如何;采取什么样的股息政策;政治和社会环境怎样;长期趋势将怎样;等等。

由于计划的未来环境是如此复杂,所以要想对未来环境的每一个细节都进行假设是不现实的,也是不经济的。因此,我们所要确定的计划前提实际上是指那些对计划来说是关键性的、有战略意义的要素,也就是对计划的贯彻落实具有最大影响的那些因素。

此外,由于全体管理人员对计划前提的一致性认同对于计划工作的有效进行显得尤为重要,所以,使下级主管人员了解什么是他们制订计划所依据的前提,就成为组织中各级主管人员的重要职责。

四、拟订可供选择的方案

计划工作的第四步是寻找和检验可供选择的方案,特别是那些不是一下子就能明显识别的方案。很少有计划只存在唯一的选择方案,通常那些最初并不起眼的备选方案常常最终被证明是最好的。

在这个步骤中,常见的难题并不是寻找可供选择的方案,而是减少可供选择方案的数量,以便能够着重分析最有希望的方案。即使我们可以采用数学方法和电子计算机进行辅助分析,但由于成本和时间等因素的影响,实际上真正能够分析的备选方案数量仍是极有限的。计划人员通常必须做一次初选,以便发现最有利的方案。正确的方案必须建立在对内部和外部条件充分估量的基础上,并与其目标保持一致。

五、比较备选方案

在拟订出备选方案并权衡了各个方案的优缺点之后,接着就是按照前提条件和目标对方案进行评估和比较。或许一个方案表明获利程度最大,但需要大量现金支出而且投资回收期较长,而另一个方案获利较小但风险也较小,可是第三个方案似乎更适合企业的长期目标,这就需要对各个方案进行评价。

如果企业唯一的目标是在某一行业迅速实现最大利润,假如未来情况是确定的,现金状况和资金的可获得性无须担心,多数因素能被归纳成一些确定的数据,那么这种评价就会变得非常容易。但是计划人员通常面临着许多不确定性,如资金短缺问题以及各种无形的因素,评价工作往往非常困难,甚至对一些简单的问题也是如此。如一家公司希望引进一条新生产线来提高声誉,但是预测表明这将导致资金损失,那么公司在选择方案时所需考虑的问题也就是所提高的声誉是否能完全弥补资金方面的损失。在评价方案时可以运用成本效益分析法,即用所选方案的成本与所得收益进行比较,以此来评价备选方案的优劣。

六、选择方案

选择方案就是在备选方案中做出选择,选择最优的或最令人满意的方案。当然,在选择最优方案时应以企业的资源、优势、劣势和环境的不确定性因素作为指南。选择方案就是确定计划,即进行实质性决策。

七、编制派生计划

在做出决策之后,计划工作还没有完成,还有第七步的工作要做。通常来说,一个基本计划的执行总是毫无例外地需要一系列派生计划的支持。例如,某航空公司在做出购买一个编队新式飞机的计划决策后，就会自然而然地产生一系列派生支持计划，如招聘和培训各类人员、购买各种配件、扩建维修设施、编制飞机时刻表等。

八、编制预算

最后一步是把决策和计划转化为预算，使之数字化，通过数字来反映整个计划。这主要有两个目的：第一，计划必然涉及资源的分配，只有将其数字化后才能汇总和平衡各类计划，分配好各类资源；第二，预算可以成为衡量计划完成的标准。

第四节 计划编制的方法

计划效率的高低在很大程度上取决于所采用的计划方法。计划方法有以下几种：

一、甘特图法

甘特图是在 20 世纪初由亨利·甘特开发的。它是一组线条图，横轴表示时间，纵轴表示要安排的活动及其进度。甘特图直观地表明计划定在什么时候进行和完成，并可对实际进展与计划要求对比检查。这种方法虽然简单，但却是一种重要的作业计划与管理工具。它能使管理者很容易搞清一项任务或项目还剩下哪些工作要做，并评估出某项工作是提前了还是拖后了或者按计划进行着。例如图 1-1 所示的甘特图是某小型机床厂的生产工作计划表。

图 1-1 甘特图法示意图

二、滚动计划法

（一）滚动计划法的含义

滚动计划法又称连续性计划，就是按照"远粗近细"的原则制定一定时期内的计划,然后根据计划的执行情况和环境情况的变化,调整和修订未来的计划,并逐期向前推移,使计划不断向前延伸,形成一个连续的过程,把短期计划与中期计划有机结合起来的一种方法。滚动计划法使长期计划、中期计划和短期计划相互衔接,而短期计划则须将内部各阶段相互衔接。这样,就保证了即使环境变化出现某些不平衡时也能即时地进行调节,使各期计划能基本保持一致。

(二) 滚动计划法的编制方法

(1) 先编制出第一个一定时期的完整计划,例如企业编制出 2011—2015 年的五年经营战略计划。

(2) 当第一个计划期(如一年)结束后,结合计划实际完成情况,分析实际完成情况与计划的差异,找出差异发生的原因。

(3) 分析本计划期内外部环境条件的变化以及企业经营方针的调整,确定计划的修正因素。

(4) 本期计划向前推进一年到 2016 年,编制出第二个完整的五年计划(即 2016—2020 年)。

(5) 如此不断向前滚动,不断延伸,使企业始终保持一个完整的五年计划。

(6) 考虑到计划的适用性,编制滚动计划可采用"近细远粗"的办法,即在整个长期计划内,近期的计划可编制得详细、具体,第一个计划期的计划可以详细到作为年度计划使用;离编制期较远的计划以编制得概括和抽象为好。

(三) 滚动计划法示意图(图 1-2)

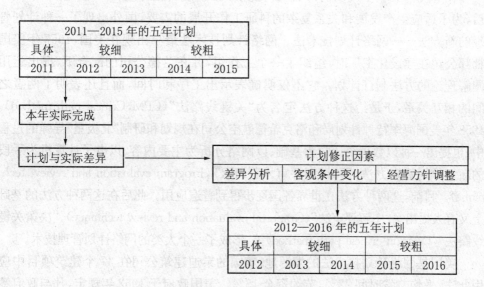

图 1-2 滚动计划法示意图

(四) 滚动计划法的评价

滚动计划法虽然使得计划编制工作的任务量加大,但在计算机已被广泛应用的今天,其优点十分明显。

(1) 把计划期内各阶段以及下一个时期的预先安排有机地衔接起来,而且定期调整补充,故从方法上根本解决了各阶段计划的衔接和符合实际的问题。

(2) 较好地解决了计划的相对稳定性和实际情况的多边性这一矛盾,使计划更好地发挥其指导生产实际的作用。

(3) 采用滚动计划法,使企业的生产活动能够灵活地适应市场需求,把供产销密切结合起来,有利于企业自身目标的实现。

需要指出的是,滚动间隔的选择,要适应企业的具体情况,如果滚动间隔期偏短,则计划调整较频繁,好处是有利于制定的计划符合实际,缺点是降低了执行计划的严肃性。一般情况是,生产比较稳定的大量大批生产型企业宜采用较长的滚动间隔期,生产不太稳定的单件小批量生产型企业可考虑采用较短的滚动间隔期。

采用滚动计划法,可以根据环境条件变化和实际完成情况,定期对计划进行修订,使组织始终有一个较为切合实际的长期计划做指导,并使长期计划能够始终与短期计划紧密地衔接在一起。

三、网络计划技术法

在20世纪50年代以前,人们都是凭经验编制实施计划。20世纪50年代以后,为了适应生产发展和关系复杂的科研工作开展的需要,国外出现了一种计划管理的新方法——网络计划技术法。网络计划技术法最早出现在美国,1957年美国杜邦公司在建设化工厂时,组织了一个工作组,并在兰德公司的配合下,提出运用图解理论的方法制订计划。它不仅明确表示出工序和时间,而且还表明了两者之间的相互关系,于是给这种方法定名为"关键线路法"(CPM, Critical path method)。1958年美国海军特种计划局和洛克希德航空公司在规划和研制"北极星"导弹的过程中,也提出一种以数理统计学为基础、以网络分析为主要内容、以电子计算机为手段的新型计划管理方法,即"计划评审术"(PERT, Program evaluation and review technique)。目前,这两种方法在世界各国逐步得到普遍应用。此后在这两种方法的基础上又有人提出了"图解评审法"(Graphical evaluation and review technique)、"决策关键线路法"(Decision critical path method)等,形成了一个大类的网络计划管理技术。

美国是网络计划技术法的发源地,美国的泰迪建筑公司在47个建筑项目中应用此法,平均节省时间22%,节约资金15%。美国政府于1962年规定,凡与政府签订合同的企业都必须采用网络计划技术,以保证工程进度和质量。1974年麻省理工学院调查发现绝大部分美国公司采用网络计划技术编制施工计划。目前,美国在机画、计算、机编、机调等许多方面实现了计划工作自动化。

日本、俄罗斯、德国、英国也普遍在工程中应用了网络计划技术法,并把这一技术应用在建筑工程的全过程管理之中。

我国对网络计划技术法的推广与应用也较早。20世纪60年代初期,著名科学家华罗庚、钱学森相继将网络计划技术方法引入我国。华罗庚教授在综合研究各类网络方法的基础上,结合我国实际情况加以简化,于1965年发表了《统筹方法评估》,为推广应用网络计划技术方法奠定了基础。近几年,随着科技的发展和进步,网络计划技术的应用也日趋得到工程管理人员的重视,且已取得可观的经济效益。如上海宝钢炼铁厂1号高炉土建工程施工中应用网络法,缩短工期21%,降低成本9.8%。广州白天鹅宾馆在建设中运用网络计划技术法,工期比外商签订的合同提前4个月,仅投资利息就节约1 000万元。

网络计划法的特点:

(1) 能把整个工程各项任务的时间顺序和相互关系清晰地表示出来,能直观、明确地反映项目全貌及项目中各项工作的进度安排,通过网络计划和网络分析,找出计划中的关键作业和关键线路以明确项目活动的重点,抓住主要矛盾,便于对项目活动的资源优化分配和重点管理。

(2) 可对工程的时间进度与资源利用实行优化。通过网络计划的优化,调动非关键路线上的人力、物力、财力加强关键作业,加速关键作业进程,缩短项目工期、降低成本并求得资源的合理利用。

(3) 可事先评价达到目标的可能性,指出实施中可能发生的难点及其对整个任务产生的影响,以便采取相应措施以减少完不成任务的风险。

(4) 简单易懂,便于组织和控制,特别对于复杂的大项目,可分成许多子系统分别控制。

四、投入产出分析法

投入产出分析法是20世纪40年代由美国经济学家列昂节夫(Wassily Leontief)首先提出的。它的主要根据是各部门经济活动的投入与产出之间的数量关系。所谓投入就是将人力、物力投入生产过程中,并在其中被消耗,这是生产性的消费;所谓产出就是生产出一定数量和种类的产品。

投入产出分析作为一种综合计划方法,首先要根据某一年份的实际统计资料求出各部门之间的一定比例,编制投入产出表;然后计算各部门之间的直接消耗系数和间接消耗系数(合计便是完全消耗系数);进一步根据某些部门对最终产品的要求,算出各部门应达到的状况,据此编制综合计划。

这种方法的主要特点:

(1) 反映了各部门的技术经济结构,可用以合理安排各种比例关系,该方法是进行综合平衡的一种有效工具。

(2) 在编表过程中不仅能充分利用现有统计资料,而且能建立各种统计指标之间的内在关系,使统计资料系统化,编成的投入产出表则是一个比较全面地反映经济过程的数据库,可以用来做多种经济分析和经济预测。

(3) 由于通过表格形式反映经济现象,涉及的数学知识不深,因而易于理解,并易于为计划工作者所接受。

(4) 适用范围较广,不仅可用于国家、部门或地区等宏观层次的计划制定,而且可用于企业的计划安排。

第五节 目标管理

一、目标管理的概念

目标管理是以目标的设置和分解、目标的实施及完成情况的检查、奖惩为手段,通过组织中的上级和下级一起共同制定组织的目标,并由此决定上下级的责任和分目标,然后把这些目标作为经营、评估、奖励每个单位和个人贡献的标准的一种管理方法。

目标管理通常包括以下 4 个方面的特点:

(1) 组织目标是共同协商的,而不是上级下达指标,下级提出保证。

在传统管理中,组织目标的制定是组织中最高管理者的特权,下级管理者和一般职工只有执行的义务,目标的制定和目标的执行是相分离的。目标管理则强调目标的制定要由上下级共同协商制定,目标的制定方式是"由上而下"和"由下而上"的结合,目标的执行也是上下级共同努力的结果。

(2) 根据组织的总目标决定每个部门和个人的任务、责任及应达到的分目标。

下级的目标必须与上级的目标一致,而且必须是根据上一级的目标分解而来的。所有的下级目标合并起来应等于或大于上一级的目标。需要注意的是,目标的一致并不是十分容易的事情,因为在目标向下分解的过程中,有可能出现目标的错位、变形、偏离。

(3) 通过反馈和指导,确保一切活动都围绕既定目标展开。

没有反馈和指导就没有目标管理。反馈就是将下属的工作状况与设定的目标进行比较,并将比较的结果告诉下属,使下属自己纠正偏离的行为。指导就是上级帮助下属提高工作能力及在工作中指明前进的方向。

目标管理过程中,上级在下属实现目标的过程中不再是下命令、做指示,而是劝告、指导、建议。

(4) 将目标作为对部门和个人的考核依据。

以目标作为考核各级人员的标准和依据。传统的绩效考核主要是以被考核对象的品质、态度等为依据来进行的,考核是上级单方面的权利,下级并无发言权;目标管理则强调考核要以工作实绩为依据,职工自己首先对照目标进行实绩的自我检查,然后上下级共同确定考核结果,并以此作为奖惩的依据。

二、目标管理的意义

（一）导向作用

目标管理的导向作用,也就是为组织的管理工作指明方向。从某种意义上说,管理是一个为了达到同一目标而协调集体所做努力的过程,如果不是实现一定的目标,就无须管理,组织目标对组织活动具有导向作用,为管理指明了方向。

（二）凝聚作用

组织是一个社会协作系统,它必须对其成员有一种凝聚力。组织凝聚力的大小受到多种因素的影响,其中的一个因素就是组织目标。当组织目标充分体现了组织成员的共同利益,并能够与组织成员的个人目标取得最大限度的和谐一致时,就能够极大地激发组织成员的工作热情、献身精神和创造力。如果组织能确立科学有效的总目标,然后进行层层分解,在工作中各单位及相关人员根据总目标要求,进行合理调整,就可以知道本部门的工作定位,合理安排自己的进度,同时也可以有效地与其他部门配合,从而产生组织目标的凝聚作用。

（三）激励作用

组织目标的激励作用主要体现在提供鼓舞、支撑和满足感等方面。组织目标设定之后,该目标就可以成为员工自我激励引导的标准。一方面个人只有明确了目标才能调动起潜在能力,创造出最佳成绩;另一方面个人只有达到了目标后,才会产生成就感和满意感。组织目标也可以成为组织团队激励的基础,激发员工的合作意识。组织确立目标之后,就使组织团队人员有所遵循,当所有的团队人员皆在同一目标下共同工作时,团队人员的凝聚力必然加强,就会产生团队激励的效果,培养团队的合作意识与团队精神。

（四）考核评价作用

组织目标为单位、个人工作绩效的考评提供正确的标准和准绳。大量管理实践表明,以上级的主观印象和对下级上级人员的价值判断作为对员工绩效的考核依据是不客观、不科学的,因而不利于调动员工积极性。正确的方法应当是根据明确的目标进行考核。当工作完成后,有关人员即可依据原定目标加以考核,看其工作成果是否与原定目标相符。这种考核比较客观公正,考核结果也较具有说服力。

三、目标管理的过程

目标管理是通过目标网络,层层分解下达目标,使任务到人、责任到岗的一种管理方法;目标管理中的目标不是上级强加的,而是由员工和下属部门在上级的协助下自己制定的;目标的完成是员工自我管理的结果,上级只通过和员工一起协商制定的目标完成标准来检查、控制目标的完成情况;目标管理的核心是让员工自己当老板,自己管理自己。

因此,目标管理的工作过程包括 5 个程序:

(一)制定目标

制定目标包括制定组织的总目标、部门目标和个人目标,同时要制定完成目标的标准,以及达到目标的方法和完成这些目标所需要的条件等多方面的内容。

(二)目标分解

建立企业的目标网络,形成目标体系,通过目标体系把各个部门的目标信息显示出来,就像看地图一样,任何人一看目标网络图就知道工作目标是什么,遇到问题时需要哪个部门来支持。

(三)目标实施

要经常检查和控制目标的执行情况和完成情况,看看在实施过程中有没有出现偏差。

(四)检查实施结果及奖惩

对目标按照制定的标准进行考核,目标完成的质量可以与个人的升迁、报酬等挂钩。

(五)信息反馈及处理

在考核之前,还有一个很重要的问题,即在进行目标实施控制的过程中,会出现一些不可预测的问题,如:目标是年初制定的,年尾发生了亚洲金融危机,那么年初制定的目标就不能实现。因此在实行考核时,要根据实际情况对目标进行调整和反馈。

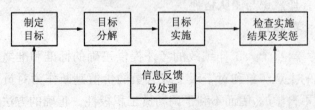

图 1-3　目标管理流程图

四、目标管理的评价

目标管理在全世界产生很大影响,但实施中也出现许多问题。因此必须客观分析其优劣势,才能扬长避短,收到实效。

(一) 目标管理的优点

(1) 目标管理对组织内易于度量和分解的目标会带来良好的绩效。对于那些在技术上具有可分性的工作,由于责任、任务明确,目标管理常常会起到立竿见影的效果,而对于技术不可分的团队工作则难以实施。

(2) 目标管理有助于改进组织结构的职责分工。由于组织目标的成果和责任力图划归一个职位或部门,容易发现授权不足与职责不清等缺陷。

(3) 目标管理促动了自觉,调动了职工的主动性、积极性、创造性。由于强调自我控制,自我调节,将个人利益和组织利益紧密联系起来,因而提高了士气。

(4) 目标管理促进了意见交流和相互了解,改善了人际关系。

(二) 目标管理的缺点

在实际操作中,目标管理也存在许多明显的缺点,主要表现在:

(1) 目标难以制定。组织内的许多目标难以定量化、具体化;许多团队工作在技术上不可解;组织环境的可变因素越来越多,变化越来越快,组织的内部活动日益复杂,使组织活动的不确定性越来越大。这些都使得组织的许多活动制定数量化目标是很困难的。

(2) 目标管理的哲学假设不一定都存在。Y理论对于人类的动机做了过分乐观的假设,实际中的人是有"机会主义本性"的,尤其在监督不力的情况下。因此在许多情况下,目标管理所要求的承诺、自觉、自治气氛难以形成。

(3) 目标商定可能增加管理成本。目标商定要上下沟通、统一思想是很费时间的;每个单位、个人都关注自身目标的完成,很可能忽略了相互协作和组织目标的实现;滋长本位主义、临时观点和急功近利倾向。

(4) 有时奖惩不一定都能和目标成果相配合,也很难保证公正性,从而削弱了目标管理的效果。

鉴于上述分析,在实际中推行目标管理时,除了掌握具体的方法以外,还要特别注意把握工作的性质,分析其分解和量化的可能;提高员工的职业道德水平,培养合作精神,建立健全各项规章制度,注意改进领导作风和工作方法,使目标管理的推行建立在一定的思想基础和科学基础之上;要逐步推行,长期坚持,不断完善,从而使目标管理发挥预期的作用。

复习思考题

1. 什么是计划职能?
2. 计划职能具有哪些特征?
3. 计划编制的基本程序包括哪些步骤?
4. 什么是滚动计划法?它有什么优缺点?
5. 什么是目标管理?
6. 目标管理具有什么特点?

延伸阅读

【材料一】

松下电器公司的成长

松下电器公司自1918年由松下幸之助创立以来,经历80多年的奋斗,现在已成为世界著名的综合性大型电子企业,在2005年《财富》杂志的世界500强企业排名中位居第25位。目前松下电器在全世界设有260多家公司,员工总数超过25万人。

松下幸之助认为,做任何事情要成功,必先确立崇高的目标,然后一步一步脚踏实地向前迈进,除此之外,别无他法。松下公司非常重视计划和向员工揭示公司发展目标。1932年,松下幸之助曾组织全体员工集会,宣布松下电器的使命,并做出250年的远景规划,每25年作为一个时间段。

从20世纪50年代中期开始,日本经济开始高速增长,日立、三菱、东芝等大厂商开始进入家电市场,家电行业的竞争愈演愈烈。松下公司确立了占领美国电视机市场的目标,与其他日本电视机制造商组成了一个卡特尔(垄断组织形式之一,由生产同类产品的企业联合组成),将进攻的焦点集中在美国市场上。在20年时间里,松下公司通过不懈努力,将它在美国的竞争对手从25个削减到6个,最终,所有的美国竞争对手不是破产就是被外国同行所兼并。

在实现了这个计划以后,松下公司开始了一个更宏伟的长期计划,将松下打造成为世界消费电子产业中的巨人。松下公司管理层更是将公司看作长盛不衰的企业,不给竞争对手留下任何可乘之机。

在松下公司的发展计划中,一个重要的发展战略就是走高科技发展之路。随便列举几个松下公司的产品,我们可以发现它们都代表了当时最先进的科技产品。从彩电、单放机、游戏机、智能洗衣机、液晶电视,到笔记本电脑、数码产品、机器人等。松下电器总是处于科技产品的前沿,它的产品处处体现了最新科技的发展成果,引领着科技时代消费的潮流。松下公司的这一发展计划,舍弃了低端产品,专注于高端产品,紧握着核心技术,享受着最大化的利润。这一发展战略,使松下公司取得了巨大成功,令其他的一些电器企业只能望其项背。

现在,松下电器公司又制定了2006—2010年的发展规划和经营目标。松下电器公司的发展轨迹证明:优秀的企业计划和对计划实施的严格控制,是关系到企业兴衰成败的一个重要因素。

[摘自松下电器(中国)有限公司网站]

【材料二】

滚动计划为东方公司插上成功的翅膀

每逢岁末年初,各企业的领导者都会暂时放下手中的其他工作,与自己的核心团队一同踏踏实实地坐下来,专门花些时间制定来年的工作计划,以求为下一年插上希望和成功的翅膀,让企业各项事业在当年业绩的基础上更上一层楼。但外部环境千变万化,内部条件变数难料,怎样"高明"的计划才能让企业来年12个月的"漫长"计划科学合理、高效务实,所有的工作都能按部就班、一帆风顺呢?

东方公司是中国东部地区一家知名企业,原有的计划管理水平低下,粗放管理特征显著,计划管理与公司实际运营情况长期脱节。为实现企业计划制订与计划执行的良性互动,在管理咨询公司顾问的参与下,东方公司逐步开始推行全面滚动计划管理。

首先,东方公司以全面协同量化指标为基础,将各年度分解为4个独立的、相对完整的季度计划,并将其与年度紧密衔接。在企业计划偏离和调整工作中,东方公司充分运用了动态管理的方法。

所谓动态管理,就是东方公司年度计划执行过程中要对计划本身进行3次定期调整:第一季度的计划执行完毕后,就立即对该季度的计划执行情况与原计划进行比较分析,同时研究、判断企业近期内外环境的变化情况。根据统一得出的结论对后3个季度的计划和全年计划进行相应调整;第二季度的计划执行完毕后,使用同样的方法对后两个季度的计划和全年计划执行相应调整;第三季度的计划执行完毕后,仍然采取同样方法对最后一个季度的计划和全年计划进行调整。

东方公司各季度计划的制订是根据近细远粗、依次滚动的原则开展的。这就是说,每年年初都要制订一套繁简不一的四季度计划:第一季度的计划率先做到完全量化,计划的执行者只要拿到计划文本就可以一一遵照执行,毫无困难或异议;第二季度的计划至少要做到50%的内容实现量化;第三季度的计划也至少要使20%的内容实现量化;第四季度的计划只要做到定性即可。同时,在计划的具体执行过程中对各季度计划进行定期滚动管理:第一季度的计划执行完毕后,将第二季度的计划滚动到原第一计划的位置,按原第一季度计划的标准细化到完全量化的水平;第三季度的计划则滚动到原第二季度计划的位置并细化到至少量化50%内容的水平,依次类推。第二季度或第三季度计划执行完毕时,按照相同原则将后续季度计划向前滚动一个阶段并予以相应细化。本年度4个季度计划全部都执行完毕后,下年度计划的周期即时开始,如此周而复始,循环往复。

其次,东方公司以全面协同量化指标为基础建立了3年期的跨年度计划管理模式,并将其与年度计划紧密对接。

跨年度计划的执行和季度滚动计划的思路一致。东方公司每年都要对计划本身进行一次定期调整:第一年度的计划执行完毕后,就立即对该年度的计划执行情况与原计划进行比较分析。同时研究、判断企业近期内外环境的变化情况,根据统一得出的结论对后3年的计划和整个跨年度计划进行相应的调整;当第二年的计划执行完毕后,使用IN样的方法对后3年的计划和整个跨年度计划进行相应的调整,依次类推。

东方公司立足于企业长期、稳定、健康地发展,将季度计划—年度计划—跨年度计划环环相扣,前后呼应,形成了独具特色的企业计划管理体系,极大地促进了企业计划制定和计划执行相辅相成的功效,明显提升了企业计划管理、分析预测和管理咨询的水平,为企业整体效益的提高奠定了坚实的基础。

(摘自 http://baike.baidu.com/view/1359753.htm)

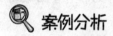 案例分析

Swan 公司自行车市场计划与决策

Swan 于1895年在芝加哥创办了 Swan 自行车公司,后来成长为世界最大的自行车制造商。在20世纪60年代,Swan 公司占有美国自行车市场25%的份额,不过,过去是过去,现在是现在。

小 Swan 是创始人的长孙,1979年他接过公司的控制权,那时,问题已经出现,而糟糕的计划和决策又使已有的问题雪上加霜。

在20世纪70年代,Swan 公司不断投资于它强大的零售分销网络和品牌,以便主宰10挡变速车市场。但是进入20世纪80年代,市场转移了,山地车取代了10挡变速车成为销量最大的车型,而且轻型的、高技术的、外国生产的自行车在成年的自行车爱好者中日益普及。Swan 公司错过了这两次市场转型的机会。它对市场的变化反应太慢,管理当局专注于削减成本而不是创新。结果,Swan 公司的市场份额开始迅速地被更富有远见的自行车制造商夺走,这些制造商销售的品牌有特莱克、坎农戴尔、巨人和钻石。

或许,Swan 公司最大的错误是没有把握住自行车是一种全球产品,公司迟迟

未能开发海外市场和利用国外的生产条件。一直拖到20世纪70年代末，Swan公司才开始加入国外竞争，把大量的自行车转移到日本进行生产，但到那时，不断扩张的台湾地区的自行车工业已经在价格上击败了日本生产厂家。作为对付这种竞争的一种策略，Swan公司开始少量进口中国台湾省制造的巨人牌自行车，然后贴上Swan商标在美国市场上出售。

1981年，当Swan公司设在芝加哥的主要工厂的工人举行罢工时，公司采取了也许是最愚蠢的行动。管理当局不是与工人谈判解决问题，而是关闭了工厂，将工程师和设备迁往中国台湾省的巨人公司自行车工厂。作为与巨人公司合伙关系的一部分，Swan公司将所有的一切，包括技术、工程、生产能力都交给了巨人公司，这正是巨人公司要成为占统治地位的自行车制造商所求之不得的。作为交换条件，Swan公司进口和在美国市场上以Swan商标经销巨人公司制造的自行车。正如一家美国竞争者所言："Swan将特许权盛在银盘上奉送给巨人公司。"

到1984年，巨人公司每年交付给Swan公司70万辆自行车，以Swan商标销售，占Swan公司销售额的90%。几年后，巨人公司利用从Swan公司那里获得的知识，在美国市场上建立了他们自己的商标。

到1992年，巨人公司和中国大陆的自行车公司，已经在世界市场上占据了销售统治地位。巨人公司销售的每10辆自行车中就有7辆是以自己的商标出售的，而Swan公司怎么样了？当它的市场份额1992年10月跌到5%时，公司开始申请破产。

(摘自http://sinass.blog.edu.cn/2010/586905.html)

问题：

1. 按上述影响计划的权变性因素，该公司在20世纪的60、70、80年代的计划应该是怎样的？

2. 应当制订怎样的长期计划来挽救该公司？

 实 训

【内容一】

活 动 策 划

1. 教师讲授如何撰写计划书，并举例说明促销活动计划书撰写要领。
2. 以自愿为原则，6~8人组成一组，可以去商店、商场进行调研分析。
3. 根据调研情况撰写一份"五一"节日促销活动计划书。
4. 将请被调研的商店、商场对该计划书进行评价。

【内容二】
为模拟公司制定合理的规划

1. 各模拟公司根据计划编制的程序,为本公司设计一个目标管理方案。
2. 选择一种编制计划的方法对该公司目标进行分解,形成部门目标和个人目标,组成目标体系,并制定绩效考核方案。
3. 各模拟公司相互探讨,评价哪个公司制定的目标体系更好,绩效考核方案更完善。
4. 由教师与学生对各公司所制定的计划和目标进行评估打分。

第三章

组 织

【重点知识要求】
1. 了解组织的概念与特征
2. 了解组织类型分类
3. 了解组织结构设计的基本原则
4. 理解管理层次和管理幅度之间的关系
5. 理解团队与群体之间的区别

【重点能力要求】
1. 掌握部门划分的方法
2. 掌握每种组织结构设计的优缺点

案例导入

东原公司是一家新兴企业,6年前以房地产开发业务起家,公司初创时只有几个人,资产1 500万元,发展到现在的1 300余人,5.8亿元资产。业务拓展以房地产开发为主,集娱乐、餐饮、咨询、汽车维护、百货零售等业务的多元化经营格局。

随着公司的不断发展,人员开始膨胀,部门设置日益复杂。如总公司下设5个分公司及1个娱乐中心,娱乐中心下设嬉水、餐饮、健身、保龄球、滑冰等项目。另外,总公司所属的房屋开发公司、装修公司、汽车维修公司和物业公司又自成体系。管理层次也不断增加,总公司有3级,各分公司又各有3级以上的管理层,最突出的是娱乐中心,管理层次多达7级。职能部门重叠设置,总公司有人力资源部,而下属公司也相应设立人力资源部门,管理混乱。事实表明,多角化经营的复杂业务格局,原有的直线职能制已不适应公司的发展了。此外,财务管理也很混乱,各个分部独立核算后,都有自己的账户,总公司可控制的资金越来越少。因此,有必要在财务上实行集权。

但是,组织变革意味着利益的重新分配,可能引起管理层的震荡。因此,东原公司的领导层面临考验。

(冯国珍主编.管理学习题与案例.复旦大学出版社,2008)

思考题：假如你是东原公司的领导,你会怎么做？

第一节 组织职能概述

一、组织的概念

组织是为了达到特定目标,在分工合作基础上构成的人的集合。组织作为人的集合,不是简单的毫无关联的个人的加总,它是人们为了实现一定的目的,有意识地协同劳动而产生的群体。根据巴纳德的观点,所有正式组织不论级别和规模差别多大,均包含共同的目标、协作的愿望和信息的沟通3个基本要素。所以,一般意义上的组织包括3层含义：① 组织必须具有目标。② 组织内部必须有分工与合作。③ 组织要有不同层次的权力与责任制度。

在管理学中,组织含义可从动态和静态两个方面进行理解。① 静态方面：组织是一个实体,是反映人、职位、任务以及它们之间特定关系的网络。② 动态方面：组织是一个过程,指维持与变革组织结构,以完成组织目标的过程,是管理的一项基本职能。

二、组织的原则

根据国内外有关理论,为了最有效地配置资源,降低成本,提高企业竞争力,组织一般应遵循以下几个原则：

（一）目标任务原则

企业组织设计的根本目的,就是实现企业的战略任务和经营目标。组织结构的全部设计工作必须以此作为出发点和归宿点。企业的管理组织结构及每一部分的构成,都应当有特定的任务和目标,并且这些任务和目标应当服从企业整体经营目标的要求。

（二）责权利相结合的原则

责任、权力、利益三者之间是不可分割的,必须是协调、平衡和统一的。权力是责任的基础,有了权力才可能负起责任；责任是权力的约束,有了责任,权力拥有者在运用权力时就必须考虑可能产生的后果,不至于滥用权力；利益的大小决定了管理者是否愿意担负责任以及接受权力的程度。

（三）分工协作及精干高效原则

企业任务目标的完成，离不开企业内部的专业化分工和协作，因为现代企业的管理，工作量大、专业性强，分别设置不同的专业部门，有利于提高管理工作的效率。而随着管理分工的深入，则会增加组织结构的单位或人员，拓宽管理组织的横向幅度，使管理的协调任务加重且协调难度加大，所以，企业在设置管理组织结构时，既要有分工又要有协作，既要保持组织精干又要使组织高效。

（四）统一指挥原则和权力制衡原则

统一指挥是指无论对哪一件工作来说，一个下属只应接受一个领导的命令。权力制衡是指无论哪一级领导人，其权力运用必须受到监督，一旦发现某个机构或者职务有严重损害组织利益的行为，可以通过合法程序，制止其权力的运用。

（五）集权与分权相结合的原则

集权是大生产的客观要求，它有利于保证企业的统一领导和指挥，有利于人力、物力、财力的合理分配和使用；而分权则是调动下级积极性、主动性的必要组织条件。没有绝对的集权，也没有绝对的分权。

三、组织的类型

（一）按组织的人数多少划分

（1）大型组织，指组织人数较多、规模较大的组织。
（2）小型组织，指人数较少、规模较小的组织。

（二）按组织的目标性质以及由其所决定的基本任务划分

（1）政治组织，指以完成各种政治任务，实现一定的政治目的为主要目标的组织，如各种党派、政治团体等。
（2）经济组织，指参与市场交换，通过生产经营活动获取利润的组织，主要是各类企业。
（3）军事组织，指保卫国家安全，维护社会治安、秩序的各种武装力量，如军队、警察等。
（4）学术组织，指以从事科学研究，推动科学技术发展为目的的组织，如各种学术研究机构、学术团体、协会和学会等。
（5）教育组织，指从事文化教育、培养人才、传授知识的组织，主要是各类学校。
（6）宗教组织，指从事宗教活动的各种组织。

（三）按组织的营利性分类

（1）营利性组织。所有的企业组织都是营利性组织，它们经营运作就是为了实现营利的目标。通常根据投资报酬率来确定企业每年的利润额，利润是一个企业组织的主要目标之一。一个企业组织如果无法营利,那么它就不可能改善员工的近况,也就不可能投资进行更进一步的研究和发展活动,因此也就无法为顾客提供更好的产品,也就无法向政府纳税。所以,利润在很大程度上对组织和社会都有益处。利益动机不应当被看成是组织自私的动机。另外,企业组织必须与那些帮助它们实现目标的组织和个人共享利润。

(2)非营利性组织。它们的主要宗旨是向社会提供服务,比如提供教育、医疗服务等。这些组织提供的服务可能要收取一定的费用,这些费用主要用于维持组织的生存。这些组织通常不必向政府纳税。有时一些非营利性组织也从事营利性活动,这些活动迫使政府加强对所有非营利性组织的控制。对非营利性组织施加控制可能会妨碍他们的运营效率,因此组织必须遵守一定的规章制度。

(四)按组织形成原因进行分类

(1)正式组织。正式组织是为了有效地实现组织目标,规定组织成员之间职责范围和相互关系的一种结构。正式组织具有以下特征:① 不是自发形成。正式组织是根据社会的需要,经过设计、规划、组建而成,不是自发形成,其组织结构的特征反映出一定的管理思想和信念。② 有明确的目标。正式组织具有十分明确的组织目标,并且为实现组织目标制定组织规范,以最经济有效的方式达到目标。③ 以效率为标准。在正式组织中,以效率为其行动标准,为提高效率,组织成员之间保持着形式上的协作。④ 强制性。正式组织通过方针、政策、规则、制度等对组织成员发挥作用,通过建立权威,约束组织成员的行为,因而对组织成员具有强制性作用。

(2)非正式组织。非正式组织是人们在共同工作或活动中,由于抱有共同的社会情感和爱好,以共同的利益和需要为基础自发形成的团体。非正式组织具有以下特征:① 自发性。如果正式组织不能满足其成员获得友谊、帮助和社交的需要,成员就会在正式组织之外自发地组成一些非正式组织,以满足个人不同需要。② 内聚性。非正式组织没有严格的规章制度约束其成员,成员之所以能够集合在一起,是由于他们有相近的价值观或共同的兴趣爱好或有切身的利害关系等,这些都会使其成员产生较为一致的"团体意识",起着内聚和维系成员的作用。③ 不稳定性。由于非正式组织是自发产生、自由结合而成的,因而呈现出不稳定性,它往往随环境的变化、观念的更新、新的人际关系的出现、活动范围的改变而发生变化。④ 领袖人物作用较大。非正式组织中往往有自然形成的领袖人物,它们在组织中起着诸如提出权威性意见、负责维系其组织的相对稳定、提供行为模式等的作用,对其组织成员的行为影响较大。

通常来说,各种俱乐部、团队、协会和类似的其他群体就是非正式组织;所有的商业组织、工业组织和教育机构都是正式组织。非正式组织可能存在于正式组织之中,也可能独立存在和运行。

非正式组织对正式组织来讲,具有正反两方面的功能。非正式组织的正面功能主要体现在:非正式组织混合在正式组织中,容易促进工作的完成;正式组织的管理者可以利用非正式组织,来弥补成员间能力与成就的差异;可以通过非正式组织的关系与气氛,来获得组织的稳定;可以运用非正式组织作为正式组织的沟通工具;可以利用非正式组织来提高组织成员的士气等。非正式组织的负面效应主要体现为可能阻碍组织目标的实现。

第二节 组织结构设计

一、组织结构的概念

组织结构是指对于工作任务的分工、分组和协调合作。现代组织如果缺乏良好的组织结构,没有一套分工明确、权责清楚、协作配合、合理高效的组织结构,其内在机制就不可能充分发挥出来。一个组织如果不能根据外部环境的变化,及时调整、创新和优化组织结构,就会影响管理效能和组织效率的提高。因此,建立合理高效的组织结构是十分必要的。

二、组织结构设计的原则

由于不同的组织有不同的目标和特点,所以设计的组织结构也就不同。但在进行组织结构设计时,有一些基本原则是相同的,是必须遵循的。

(一)目标任务原则

组织结构设计的根本目的,就是为了保证组织的战略任务和经营目标的实现,为此,组织结构的设计就必须以此作为出发点和归宿点。设计组织结构应首先分析企业的任务和特定的目标。设置组织机构要以事为中心,因事配备适宜的管理人员,做到人人有事做,事事有人负责。

(二)有效管理幅度的原则

有效管理幅度是指一个主管直接有效管理指挥下属的人数。由于管理者的个人精力、知识、经验等是有限的,所以任何一个主管所管辖的人数都是有一定限度的。同时,从管理效率的角度看,每一个企业不同管理层次的主管,其管理幅度也不同。

由于管理幅度的大小同管理层次的多少成反比关系,因此在确定企业的管理层次时,必须考虑到有效管理幅度的制约。

(三) 统一指挥的原则

所谓统一指挥,是指一个下属人员只应接受一个领导人的命令。统一指挥可以说是组织设计原则中最古老的原则。任何人当他接到两个或两个以上相互冲突的命令时都将无所适从,不仅为谁都来命令而烦恼,而且为选择哪一个人的命令而苦恼。他不仅可能因为没有执行某个上级领导的命令而得罪了这位上级,而且这位上级的命令也因此而难以执行。无形之中,就会架空了这位上级。

(四) 责权利相结合的原则

责任、权力、利益三者之间是不可分割的,必须是协调的、平衡的和统一的。权力是责任的基础,有了权力才可能负起责任;责任是权力的约束,有了责任,权力拥有者在运用权力时就必须考虑可能产生的后果,不至于滥用权力;利益的大小决定了管理者是否愿意担负责任以及接受权力的程度,利益大责任小的事情谁都愿意去做;相反,利益小责任大的事情人们很难愿意去做。有责无权,有权无责,或者责权不对等,或者责权利不协调、不统一等等,都会使组织结构不能有效运行,难以完成自己的任务目标。此外,这种不合理的组织结构既不利于激励员工,也无益于管理监督。

(五) 专业分工协作原则

现代企业的管理工作量大,专业性强,应分别设置不同的专业部门,才有利于提高管理工作的效率。但随着分工的深入,会增加组织结构的单位或人员,增加管理组织的横向幅度。因此,在设置管理组织结构时,既要有分工又要有协作,既要保持组织精干又要使组织高效,才能保证各项专业管理工作顺利开展,从而达到组织的整体目标。

(六) 集权与分权相结合的原则

在进行组织设计或调整时,既要有必要的权力集中,又要有必要的权力分散,两者不可偏废。集权是大生产的客观要求,它有利于保证统一领导和指挥,有利于人力、物力、财力的合理分配和使用,而分权则是调动下级积极、主动性的必要组织条件。合理分权有利于基层根据实际情况迅速而准确地作出决策,也有利于上层领导摆脱日常事务,集中精力抓大事情。因此,集权与分权是相辅相成的,是矛盾统一体。

三、组织结构的部门化

组织结构的部门化,就是按照职能相似、任务活动相似性或关系紧密型的原则把组织中专业技能人员分类集合在一个部门内,然后配以专职的管理人员,并授予相应的职权来协调领导,统一指挥。因此,部门设计,实质上是对管理业务的组合。

划分部门的方法主要有以下几种：

1. 按人数划分部门

由于某项工作必须由若干人一起劳动才能完成，则采用按人数划分部门的方法。其特点是部门内的人员在同一个领导人领导下做同样的工作。

这种方法主要适用于某些技术含量低的组织。

2. 按时间划分部门

这是指将人员按时间进行分组，即倒班作业。在一些需要不间断工作的组织中，或由于经济和技术的需要，常按时间来划分部门，采用轮班作业的方法去处理。其特点是可以保证工作的连续性。这种方法通常用于生产经营一线的基层组织。

3. 按职能划分部门

按职能划分部门就是把相似的工作任务或职能组合在一起形成一个部门。按职能划分部门的优点是：① 有利于强化各项职能。② 可以带来专业化分工的种种好处。③ 有利于工作人员的培训与技能提高。

这种结构形态的弊端是：长期在一个专业部门工作，容易形成思维定势，产生偏见；可能导致整个组织对于外界环境变化的反应较慢。

这种方法较多地应用于管理或服务部门的划分。

4. 按产品划分部门

这是指按产品分工划分部门，组成按产品划分的部门（或事业部）。其优点是：① 能使企业将多元化经营和专业化经营结合起来。② 有利于企业加强对外部环境的适应性，以市场为主导，及时调整生产方向。③ 有利于促进企业的内部竞争。

其缺点是：必须有较多的全面管理能力的人员；由于职能部门重叠设置而导致管理费用的增加；各产品部门的负责人可能过分强调本部门的利益，而影响企业的统一指挥。

这种方法主要适用于制造、销售和服务等业务部门。

5. 按区域划分部门

这是将一个特定地区的经营活动集中在一起，委托给一个管理者或部门去完成。其优点是：① 可以根据本地区的市场需求情况自主组织生产和经营活动，更好地适应市场。② 在当地组织生产可以减少运费和运送时间，降低成本。③ 分权给各地区管理者，可以调动其参与决策的积极性，有利于改善地区内各种活动的协调。

按地区划分部门也有与按产品划分部门类似的缺点。即需要很多具有全面管理能力的人员，使管理费用增加，增加总部的控制难度。

这种方法主要适用于空间分布很广的企业的生产经营业务部门。

6. 按工艺过程（设备）划分部门

这种方法是指把完成任务的过程分成若干阶段，以此来划分部门，或按大型设备来划分部门。在制造业企业,可按不同的工艺过程、生产过程进行分解。其优点是:符合专业化的原则,可充分利用专业技术和特殊技能,简化培训。其缺点是:各部门之间沟通协作困难,同时不利于全面管理人才的培养。

这种方法主要用于生产制造业企业、连续生产型企业、交通运输企业等。

7. 按服务对象划分部门

这是按照企业的服务对象进行部门划分。其最大优点是可以对顾客提供针对性更强、更高质量的服务。缺点是加大成本,并增加协调的难度。

一个组织在划分部门时,应尽量做到少而精。部门的设置应有弹性,并随组织业务额变化而不断调整。当然,部门的划分最终还要以最有效率地实现组织目标为原则。

四、组织结构的层次化

所谓组织结构层次化,是指组织在纵向结构设计时需要确定层次数目和有效的管理幅度,需要根据组织集权化的程度,规定纵向各层次之间的权责关系,最终形成一个能对内外环境要求做出动态反应的有效组织结构形式。

(一) 管理幅度与管理层次的概念

(1) 管理幅度。管理幅度亦称管理跨度,是指一名管理者直接管理的下级人员的数量。上级直接管理的下级人员多,称之为管理幅度大或跨度宽;反之,则称为管理幅度小或跨度窄。管理幅度的大小,实际上反映着上级管理者直接控制和协调的业务活动量的多少。它既同人(包括管理者和下属)的状况有关,也同业务活动的特点有关。

(2) 管理层次。管理层次亦称组织层次,是指社会组织内部从最高一级管理组织到最低一级管理组织的各个组织等级。管理层次实质上反映的是组织内部纵向分工关系,各个层次将担负不同的管理职能。因此,伴随层次分工,必然产生层次之间的联系与协调问题。

(二) 管理幅度与管理层次的关系。

法国管理咨询专家格拉丘纳斯(V. A. Graicunas)从上下级关系对管理幅度的影响的各方面进行深入研究。他指出,管理幅度以算术级数增加时,管理者和下属间可能存在相互交往的人际关系数将以几何级数增加。其公式为:

$$R = N(2^{N-1} + N - 1)$$

式中:R——需要协调的人际关系数;

N——下属人员人数。

按照这个公式计算,如果一名上级有 2 名下属,那么该上级需要协调的人际关系数为 6;如果下级人数为 10,则人际关系数为 5 210。格拉丘纳斯设想的这许多关系,在现实生活中由于种种原因不一定全都发生,但管理幅度加大会引起上下级关系增多,导致管理工作复杂化,却是肯定无疑的。因此,传统的管理理论认为每一个上级领导所直接领导的下级人员不应超过5~6人。当然,有效管理幅度不存在一种普遍适用的固定人数,它的大小受许多因素的影响。

管理层次亦称组织层次,是指组织中最高一级管理组织到最低一级管理组织的各个组织等级。每一个组织等级即为一个管理层次。管理层次受到组织规模和组织幅度的影响,它与组织规模成正比,组织规模越大,包括的人员越多,组织工作也越复杂,则管理层次也就越多。

管理幅度与管理层次之间的关系十分密切。首先,它们具有反比例的数量关系。同样规模的组织,加大管理幅度,管理层次就少;反之,管理层次就多。其次,管理幅度与管理层次之间存在互相制约的关系,其中起主导作用的是管理幅度,即管理幅度决定管理层次,管理层次的多少取决于管理幅度的大小,则是由于管理幅度的有限性所决定的。产生这种有限性的原因在于:① 组织领导者的知识、经验和精力都是有限的,因而能够有效领导的下级人数比较有限,超过一定限度,就不可能进行有效的领导。② 下级人员受其自身知识、专业、能力等素质条件及分工条件的限制,需要上级领导直接指导其工作,这样下级人员对上级领导的管理幅度也提出了限制。

(三) 管理幅度设计的影响因素

一名管理者,能够有效管理的下级人数取决于一些基本因素的影响。综合不同学者的观点,这些因素主要包括:

(1) 管理工作的内容和性质。管理工作的内容越多、越是复杂多变,上下左右之间的联系就越多,管理人员需要耗费的工作时间和精力也就越多,组织就越是需要缩小管理幅度。另外,下属人员工作的相似性越大,管理的指挥和监督工作就越容易,扩大管理幅度就越有可能。

(2) 人员素质状况。管理人员和下级人员的素质状况,都会对管理幅度产生影响。如果管理人员和下属人员的素质较高、工作能力较强,管理人员就能够准确而迅速地把握问题的关键,及时提出指导性的建议和方法,而下属也同样能够准确而迅速地领会上级的命令和意图,从而减少协调和沟通的频率,有效扩大管理幅度。因此,加强管理者的素质修养和下属的培训,提高双方的工作能力,是使上下级接触的频率降低、时间减少,从而扩大管理幅度的有效措施。

(3) 授权的明确程度。如果管理者对规定的任务明确授权,那么受过良好培训的下级能够在花费管理者最少时间和精力的情况下完成这项任务。但是如果下级的任务是不可执行的,或任务没有明确说明,或者下级没有职权来有效地执行任务,那么有两种结果,一种是任务没有完成,另一种是管理者不得不花费大量时间监督和指导下级的工作,这样就必然导致管理幅度的缩小。

(4) 计划的明确程度。下属的任务多数是由计划规定并依据它来实施的。如果这些计划很周密而且切实可行,对执行计划所需要的职权也进行了授权,并且下属明白所期望的结果,那么上级只需要花费较少的时间,这样管理幅度就可以扩大。负责大量重复作业的生产管理者就属于这种情况。因此,在大量生产工作服的工厂里,生产管理者可以管理30名下级人员。相反,如果计划制定得不明确,下级不得不按自己的计划来行事,那么他们可能需要大量的指导。但是,如果上级制定了清晰的政策来指导决策,并且确保他们与部门的业务和目标一致,此时下级也了解这些政策,那么上级只需要花费较少的时间。如果这些政策不清晰、不完整或者无法理解,那么仍需要花费上级较多的时间。

(5) 信息沟通的方法和效率。如果每一个计划、指示、命令或指令都要通过个人接触来沟通,以及组织的每一个变化或人员问题都需要进行口头处理,那么管理者的时间很明显将不够用。许多管理者聘用助理或参谋人员作为一种沟通工具,来帮助解决主要与下属有关的问题。下级人员的书面建议以及对重要议事的总结常常可以加速决策,因而也可以拓宽管理人员的管理幅度。清晰、简洁的沟通计划和指示,可以提高沟通效率,有助于提高管理者的管理幅度。而如今许多组织借助网络信息技术,彻底改变了组织的信息沟通方式,使沟通效率大大提高,因此管理者的管理幅度也有了极大的扩张。

(6) 组织变革的速度。组织不是一成不变的,但是各个组织由于其具体条件不同,变化速度却有快慢之分。变化速度慢,意味着组织的政策比较稳定,措施比较详尽,组织成员对此也较为熟悉,能够按既定程序和要求妥善处理各种问题,从而减轻上级人员的负担,扩大管理幅度。然而,每一个组织都必须根据环境的变化及时进行调整,环境变化越快,组织遇到的问题就越多,组织变革的速度也就越快,主管人员对下属的指导时间和精力耗费也就越多,组织也就越不容易扩大管理幅度。

(7) 下级人员和单位空间分布的状况。如果下级人员和单位在空间上的分布比较分散,就会增加上下左右之间协调和沟通的困难,尽管现代通讯手段提供了较为便捷的联系渠道,但是这多少会影响上级主管增加管理幅度的主动性。

以上7个因素在不同组织及不同时期,对管理幅度的影响是不同的。由于这些因素的影响,极易产生两种不同的组织形态:随着管理幅度的增加,组织形成一种"扁平式"的组织结构(见图3-1);与此相反,狭窄的管理幅度使组织形成"高耸式"的组织结构(见图3-2)。

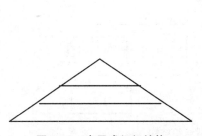
图3-1 扁平式组织结构

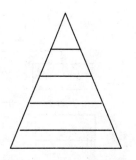
图3-2 高耸式组织结构

高耸式组织结构的优点是：由于管理的层次比较多，管理幅度比较小，每一个管理层次上的主管都能对下属进行及时的指导和控制；另外，层次之间关系也比较紧密，这有利于工作任务的衔接，同时也为下属提供了更多的提升机会。其缺点是：过多的管理层次往往会影响信息的传递速度，从而使组织的反应速度降低；信息在传递过程中可能会出现扭曲，这会增加高层主管与基层之间的沟通与协调成本，增加管理工作的复杂性；组织通常需要雇用较多的管理者，从而增加管理费用。像IBM和通用汽车这样的大公司每年要支付给管理者数十亿美元。正是由于高耸式组织结构存在以上缺点，并且由于组织内外部环境的变化，在当今时代，大多数组织有向扁平化发展的趋势。

扁平式组织结构的优点是：由于管理层次比较少，信息的传递速度比较快，因而信息的失真度也比较低，同时，上级主管对下属的控制也不会太呆板，这有利于发挥下属的积极性和创造性。其缺点是：过大的管理幅度增加了主管对下属的监督和控制难度，同时下属也缺少提升的机会。

第三节 组织结构的基本类型

一、直线型组织结构

直线型组织结构是使用最早、形式最简单的一种组织结构。它的特点是组织中的各级管理者都对下级进行管理，指挥和管理职能由各级主管领导直接行使，不设专门的职能管理部门，层次分明；命令的传达和信息的沟通只有一条直线渠道，完全符合命令的统一原则，是一种集权式的组织结构模式。其结构如图3-3所示。

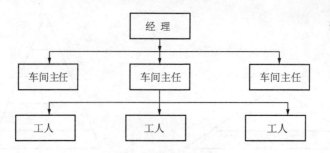

图 3-3 直线型组织结构

直线型组织结构的优点是结构比较简单,权利集中,责任分明,命令统一,联系便捷。其缺点是由于不设参谋或职能部门,所有的管理职能都集中由一个人管理,这就要求管理者是全能型的,他必须具有与下级一切工作有关的知识和经验才能应付工作。在组织规模较大的情况下,由于个人知识、经验和能力的限制而难以胜任,容易导致顾此失彼,造成失误。这种组织结构适合于产品单一、工艺技术比较简单、业务规模较小的企业。

二、职能型组织结构

职能型组织结构与直线型组织结构形式恰好相反,其特点是各级主管都配有通晓各种业务的专门人员和职能机构,并由职能机构按照各自的任务需要直接向下发号施令。其形式如图 3-4 所示。

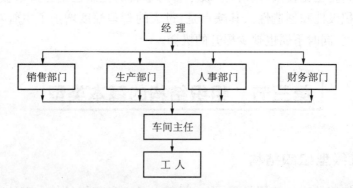

图 3-4 职能型组织结构

职能型组织结构的优点是有利于对整个企业实行专门化的管理,发挥企业各方面专家的作用,减轻各级主管领导的工作负担。其突出缺点是:由于实行多头领导,容易出现政出多门、指挥和命令不统一的现象,妨碍企业生产经营活动的集中统一指挥,造成管理混乱,不利于管理责任制的推行,也不利于工作效率的提高。因此,这种组织结构在实践中应用较少。

三、直线职能型组织结构

直线职能型组织结构以直线型结构为基础,并将职能型结构的优点融入其中,既设置了直线主管领导,又在各级主管人员之下设置了相应的职能部门,分别从事职责范围内的专业管理。其结构如图3-5所示。在这种组织结构中,两类人员的职权必须是十分清楚的,即一类是直线主管领导人员,他们拥有对下级的指挥和命令权力,承担者实现所管理的部门的业务目标的任务;另一类是职能部门的职能管理人员,他们只能起参谋和助理的作用,对下级机构可以进行业务指导、提出建议,但无权向下属机构及其管理人员发布命令。

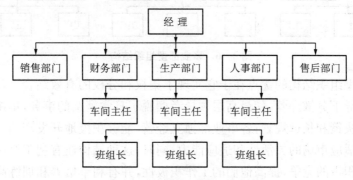

图3-5 直线职能型组织结构

直线职能型组织结构的优点是:整个组织既保证了命令的统一,又发挥了职能专家的作用,有利于优化各主管的决策。因此,它在企业组织中被广泛采用。其主要缺点是:① 各职能部门在面临共同问题时,容易从本部门利益出发,从而导致意见和建议的不一致,甚至可能发生冲突,这些加大了上级管理者对各职能部门之间的协调负担。② 职能部门的作用受到了较大的限制,下级业务部门会忽视职能部门的指导性意见和建议。为了克服这个缺点,可以有限制地扩大职能部门的权力,如授予职能部门强制性磋商权,要求直线指挥人员在重大决策问题上必须与职能部门讨论和商量。

四、事业部型组织结构

事业部型组织结构又称"联邦分权制",它是一种分权运作的形式,最初由美国通用汽车公司总裁斯隆于1924年提出,所以也称为"斯隆模式",目前已成为大型企业、跨国公司普遍采用的一种组织结构。事业部型组织结构是在总公司领导下设立多个事业部,各事业部都有各自独立的产品和市场,实行独立核算;事业部内部在经营管理上拥有自主性和独立性。其突出的特点是集中决策,分散经营,即总公司集中决策,事业部独立经营,它是一种分权式的组织结构。事业部在大多数情况下可以按产品、地区来划分,其基本结构形式如图3-6所示。

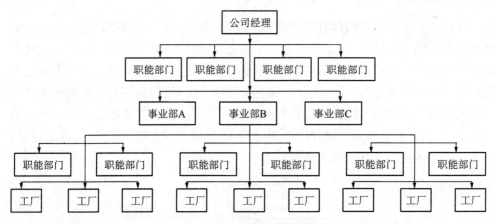

图3-6 事业部型组织结构

事业部型组织结构的优点在于它实现了集权和分权的有效结合。各事业部在总公司的领导下分散经营,使最高层领导者摆脱了日常繁杂的事务,集中精力做好企业的战略决策和长远规划;各事业部独立经营,能够积极地开发产品、开拓市场,增强了组织适应市场的灵活性和适应能力;同时,这种结构还有利于组织内各事业部之间开展积极的竞争,提高他们的工作积极性,并有利于培养和训练高层管理人员。事业部型组织结构的不足是内部机构重复,使机构庞大,人员编制过大;此外,由于各事业部在产品和市场上具有较大的经营独立性,容易产生本位主义,各事业部之间协调困难。

五、矩阵型组织结构

矩阵型组织结构又称规划—目标结构,是为了适应在一个组织内同时有几个项目需要完成,每个项目又需要具有不同专长的人在一起工作才能完成这一特殊要求的结构。矩阵型组织结构是一种纵横交错的双重指挥链的组织形式,它将纵向职能专业化的优势与横向按项目划分的部门对最终结果的责任感结合起来,这样在横向的每个项目部门都加入纵向各个职能部门的坐标,最终形成职能部门化和项目部门化的因素交织在一起的矩阵。在这种结构中的员工受双重领导,既受职能部门领导又受项目部门的管辖。因此,为了使矩阵结构能有效运作,纵向部门和横向部门的管理者必须经常沟通,并协调处理他们共同所属的员工所提出的要求。矩阵型组织结构如图3-7所示。

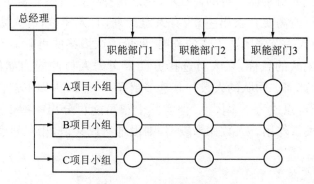

图 3-7 矩阵型组织结构

六、委员会组织

委员会组织是组织结构中的一种特殊类型,它是执行某方面管理职能并以集体活动为主要特征的组织形式。实际中的委员会常与上述组织结构相结合,可以起决策、咨询、合作和协调作用。

委员会组织的突出优点是集体领导和决策,有效避免了个人水平能力有限造成的各种失误;缺点是决策速度慢,不利于个人负责,责任不清。

这种组织形式主要适用于需要集体领导或专项职能的组织。

上述介绍的各种组织形式,各有利弊。组织应依据目标与实际情况进行灵活选择。必要时也可将集中形式有机结合起来,以更有效地保证目标实现。

第四节 人员组合与团队建设

一、团队的概念

团队是指由少数具有互补技能的人员组成,为了实现共同的目的、业绩目标而自觉合作、积极努力且勇于承担责任的一个凝聚力很强的社会群体。

团队通常由以下 5 个主要因素构成:

1. 目标

团队应该有一个既定的目标,为团队成员导航,知道要向何处去,没有目标这个团队就没有存在的价值。团队除了服从组织的大目标外,也应有自己的小目标,但是团队目标不能偏离组织的目标。

2. 人

人是构成团队的最核心力量。3 个(包含 3 个)以上的人就可以构成团队。

目标是通过人员具体实现的,所以人员的选择是团队中非常重要的一个部分。在一个团队中可能需要有人出主意,有人定计划,有人实施,有人协调不同的人一起去工作,还有人去监督团队工作的进展,评价团队最终的贡献。不同的人通过分工来共同完成团队的目标,在人员选择方面要考虑人员的能力如何,技能是否互补,人员的经验如何。团队的人数并非越多越好,10~12人以下较合适。数量较多的人群,理论上可以成为一个团队,但实际上很可能再分出一些下级团队,而不是作为一个团队发挥作用。人数如果较多,则很难达成共识,相互间也难以配合而采取有效的行动。

3. 团队的定位

团队的定位包含两层意思:

(1) 团队自身的定位,即团队在组织中处于什么位置,由谁选择和决定团队的成员,团队最终对谁负责,团队采取什么方式激励下属。

(2) 个体的定位,即作为成员在团队中扮演什么角色。是订计划还是具体实施或评估。

4. 权限

团队当中领导人的权利大小跟团队的发展阶段相关,通常,团队越成熟领导者所拥有的权利相应越小,在团队发展的初期阶段领导权相对比较集中。

团队权限关系的两个方面:

(1) 整个团队在组织中拥有什么样的决定权。比方说财务决定权、人事决定权、信息决定权。

(2) 组织的基本特征。比方说组织的规模多大,团队的数量是否足够多,组织对于团队的授权有多大,它的业务是什么类型。

5. 计划

计划也包含两层面含义:

(1) 目标最终的实现,需要一系列具体的行动方案,可以把计划理解成目标的具体工作的程序。

(2) 提前按计划进行可以保证团队的顺利进度。只有在计划的操作下团队才会一步一步地贴近目标,从而最终实现目标。

二、群体和团队的区别

人们常常把团队和群体混为一谈,但它们之间有根本性的区别。

团队是一种特定的正式群体,是属于群体的一种特定类型,具有群体的一些特征。团队与群体的区别可以通过图3-8来表示。

1. 在领导方面

作为群体应该有明确的领导人;团队可能就不一样,尤其团队发展到成熟阶

第三章 组 织

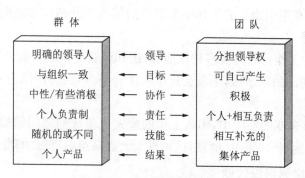

图3-8 群体和团队的区别

段,成员共享决策权。

2. 目标方面

群体的目标必须跟组织保持一致,但团队中除了这点之外,还可以产生自己的目标。

3. 协作方面

协作性是群体和团队最根本的差异,群体的协作性可能是中等程度的,有时成员还有些消极,有些对立;但团队中是一种齐心协力的气氛。

4. 责任方面

群体的领导者要负很大责任;而团队中除了领导者要负责之外,每一个团队的成员也要负责,甚至要一起相互作用,共同负责。

5. 技能方面

群体成员的技能可能是不同的,也可能是相同的;而团队成员的技能是相互补充的,把不同知识、技能和经验的人综合在一起,形成角色互补,从而达到整个团队的有效组合。

6. 结果方面

群体的绩效是每一个个体的绩效相加之和;团队的结果或绩效是由大家共同合作完成的产品。

三、团队建设的意义

从20世纪80年代开始,团队被引入一些公司的管理过程。现在,"团队"一词已经非常盛行,在许多著名的、出色的企业中,团队都是其重要的组织结构和管理方式。团队在当今企业界如此盛行,其原因在于,它在组织的经营管理活动中具有以下意义。

(一)可以充分利用组织资源

(1)任何组织现存的各种资源都往往存在着不平衡,其部分冗余不可避免。实行团队制,可以在组织原有的工作不受影响的情况下开拓许多新的工作领域、完成更多的工作任务。

(2) 当某种工作任务需要多种技能、渠道和经验时,显然,由若干成员组成各有特色并集思广益的团队来做,通常会比个人干得更好,因为团队有助于组织更好地利用雇员的才能。

(3) 在复杂多变的环境中,团队工作的模式比传统的部门结构更灵活、反应更迅速,它能快速地组合、重组、解散,这可以大大提高组织资源的利用率。

(二)能够增强组织效能

团队有利于改善组织的沟通状况,使团队成员加强交流,这有利于弥补组织的一些缺陷。而且,团队及其成员有对整体组织的共同承诺,鼓励个体把个人目标升华为团队和组织的目标,共同为组织的目标而努力,强化整体组织的结构和战斗力。所以说,团队能够增强组织的灵活性,有利于组织在操作层次上的应变。

(三)能够增强组织的凝聚力

每个团队都有特定的团队任务和事业目标,团队鼓励每个参与者把个人目标融入和升华为团队的目标并作出承诺,这就使企业文化建设中的核心问题——共同价值观体系的建立,变成可操作性极强的管理问题。同时,团队的工作形式要求其参加者只有默契的配合才能很好的完成工作,促使他们在工作中有更多的沟通和理解,共同应付工作的压力。

(四)充分体现出"人本管理"思想

团队鼓励其成员一专多能,并对团队成员进行工作扩大化训练,要求团队成员积极参与组织决策。由于团队工作形式培养了团队成员的技术能力、决策和人际处理能力,使团队成员从机器的附属中解放出来,所以,团队充分体现了以人为本的管理思想。

(五)能多方面促进组织效益提高

团队这种形式有产生正向协同作用的功能,它可以大大提高局部组织的生产效率和整体的经济效益。当工作任务和日常决策权交给团队后,团队可以自动运转起来,管理层就能够摆脱日常事务管理而去思考和处理更重要的问题。同时,决策权下放给团队,团队就能够根据环境的变化灵活处理问题,有利于组织的目标和决策较好的实现,从而达到促进组织绩效提高和组织发展的目的。

四、团队的类型

团队的类型多种多样,规模有大有小,每种类型的团队都有明显的特征。通常根据团队存在的目的和拥有自主权的大小可将团队分成4种类型。

(一)问题解决型团队

在团队出现的早期,大多数团队属于问题解决型团队,就是由同一个部门的若干名员工临时聚集在一起而组成的团队,这些团队每周用几个小时碰头,讨论如何提高产品质量、增加生产效率、改善工作环境、改进工作程序和工作方法,互相交换看法或提供建议。在问题解决型团队里,团队的主要责任是通过调查研究,集思广益,厘清组织的问题、挑战和机会,拟订策略计划或执行计划。

(二)自我管理型团队

自我管理型团队也称作依靠自我或者是自我指导的团队。这些团队与许多其他类型的团队迥然有别,他们拥有广泛的自主权和自由以及可以像经理般的行事能力,可以亲自执行解决问题的方案,并且对工作承担全部责任。这种类型的团队通常由 10~16 人组成,他们的工作是聚集在一起解决一般性的工作问题,承担以前是由自己的上司所承担的一些责任。自我管理型团队也被称为高绩效团队、跨职能团队或者超级团队。目前,像我们所熟知的通用汽车公司、百事可乐、惠普公司和施乐公司等,实行的都是自我管理型的团队。

(三)多功能型团队

多功能型团队是团队形式的进一步发展。由来自同一等级、不同工作领域的成员组成,他们来到一起的目的是完成一项任务。可以说,盛行于今的项目管理与多功能团队有着内在的联系。

(四)学习型团队

美国麻省理工学院彼得·圣吉教授于 1990 年提出了学习型组织理念,在圣吉理念的引导下,许多企业都提出了建立学习型团队的目标。

学习型团队代表的是一个团体,更多的是强调团队的学习力,在代表团队学习的同时,也包括了个人学习力,培养团队的学习气氛,进而形成一种符合人性的、有机的、扁平化的团队——学习型团队。

复习思考题

1. 什么是组织职能?企业的基本特征有哪些?
2. 组织结构设计的原则是什么?
3. 组织结构有哪些类型?
4. 影响管理幅度的因素有哪些?
5. 管理幅度与管理层次之间有什么关系?
6. 什么是团队?团队和群体有什么区别?

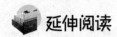
延伸阅读

【材料一】

电子商务对企业管理组织现代化的影响

传统的组织是基于信息流通和控制以及分工细化而产生的,无论是直线式、直线职能式,还是事业部制,都是一种自上而下的垂直结构。传统组织强调专业分工、顺序传递等,在电子商务迅速发展的信息时代显得臃肿且运行效率低下。传统分工细化的企业组织已经不能适应电子商务发展的需要,在竞争日益激烈的信息时代,电子商务正以深刻的方式改变着传统组织结构,促进企业管理组织现代化,这也是企业为了提高运行效率,以便具有较强的竞争力参与激烈的市场竞争的必然结果。电子商务正在使企业组织趋向结构扁平化、决策分散化、运作虚拟化。

一是组织结构的扁平化。电子商务影响下的扁平化结构是指利用电子商务技术,通过减少中间管理层次,从而减少决策与行动之间的时间延滞,加快对市场和竞争的动态反应,使组织的能力变得柔性化,反应更加灵敏。

电子商务以信息传递速度快、传递量大的特点,给传统的企业组织形式带来了猛烈的冲击。它打破了传统职能部门依赖于分工与协作完成整个任务的过程,从而形成了并行工程的思想。电子商务正在改革组织内部的信息沟通方式,提高沟通效率,减少组织层次。高层决策者可以与基层执行者直接联系,基础执行者也可以根据实际及时进行决策,中层组织原来意义上的上传下达作用的重要性逐渐削弱,而转向深入科研、管理、生产、营销一体的市场第一线,使企业建立扁平化结构的组织模式。美国近几年企业的中间管理层减少三分之一,管理幅度原则为信息沟通幅度原则所取代。电子商务使企业可以打破部门的界限,任命跨职能的任务团队,进行企业的联网,每个人都成为网络上的一个节点。例如爱立信公司为了使自己成为一种全球同步的研究整体,将分布在全球20多个国家的40多个研究中心的1.7万名工程师连成一个单一的网络,使他们能够及时地交流。

二是组织的决策分散化。电子商务的发展,使企业过去高度集中的决策中心组织改变为分散的多中心决策组织。单一决策下容易形成的官僚主义、低效率、结构僵化、沟通壁垒等,都在多中心的组织模式下逐渐消失了。企业决策由跨部门、跨职能的多功能型的组织单元来制定。决策的分散化增强了员工的参与感和责任感,从而提高了决策的科学性和可操作性。管理大师彼得·德鲁克认为,未来的典型企业将是以知识为基础的,一个由大量根据来自同事、客户和上级反馈信息进行自主决策、自我管理的各类专家构成的组织。

三是企业组织的运作虚拟化。电子商务改变了个人与组织的工作方式以及跨

第三章 组　织

越组织边界进行商务的方式。因特网技术也将改变各种规模组织的边界,在改变边界的过程中,无论对于组织还是个体来说,运用电子商务均能使其重新定义自己的角色,电子商务使企业有可能把那些不可预知的需求处理得更好。因此,电子商务使得企业的经营活动打破了时间、空间的限制,从而产生了一种类似于无边界的新型企业——虚拟企业。它打破了企业之间、产业之间、地域之间和所有制之间的各种界限,把现有资源整合成为一种超越时空、利用电子手段传输信息的经营实体。虚拟企业可以是企业内部几个要素的组合,也可以是不同企业之间的要素组合,各参与方充分发挥各自的资源优势,围绕市场需求组织生产经营,做到资源共享、风险共担、利益共享。电子商务将使虚拟企业的运作效率越来越高,优势也会越来越明显。

(肖祥伟主编.企业管理理论与实务.中山大学出版社,2010)

【材料二】

分而不乱的摩托罗拉公司

摩托罗拉公司是一个由两个产品体系所构成企业集团,一个是通讯器材,一个是半导体产品,集团底下又分成很多部门。这样一个庞大的企业集团组织,从高层主管到生产线,权力全部分散,公司整体只有一个不足30人组成的公司总部统帅。出乎意料的是公司运转井然有序,效率非常高,公司发展速度惊人。而摩托罗拉公司达到如此境界,是付出半个多世纪苦心经营的结果。

实际上摩托罗拉公司自诞生之日便打下了家族影响力的痕迹,它是由公司现任董事长劳勃·盖尔文的父亲在1928年创立的。

劳勃·盖尔文的父亲是一个彻头彻尾的个人主义者,他创立摩托罗拉公司时,资本很少,一共只有565美元,一直到1930年,摩托罗拉公司才成功地制造了汽车收音机,到1967年摩托罗拉的营业额也仅为4.5亿美元。

劳勃·盖尔文于1964年担任公司的董事长之后,事实上公司权力集中在他一个人的手上。1968年,该公司的半导体产品集团主管李斯特·何根跳槽到加州一家对立公司出任总裁。当时,李斯特·何根带走了8名重要职员。大约一个月以后,前前后后一共走了20个人。两年之后,摩托罗拉公司竟然有80名员工投靠何根,主要原因是公司权力过于集中,自主权太小,因而缺少对员工的有效激励。

尽管盖尔文否认这是一次惨痛的教训,但他也不得不承认,何根的叛变已经严重地伤害到整个公司。他补充说:"一旦一个机构受到打击而元气大伤的时候,一定会有很多人觉得自己也不得不另谋出路。"这次背叛事件发生后,他意识到经营管理方针上必须要做一些改变,也就是把权力及责任分散。1970年盖尔文让位于威廉·卫斯兹,但他仍留在董事会。

威廉·卫斯兹接任了公司董事长兼营业部经理,并进行大幅度管理改革。他说："通常，我们都只保持一些公司的大目标及原则，至于一般权力与责任我们都尽量把他们分散到各个阶层。"他还说："当然，我也承认，就像遛狗一样由于我们用来管束各部门经理的皮带放得太长，所以我们的脚也经常给石头碰伤。"从此，摩托罗拉公司致力于把权力分散到各盈利单位。现在公司内的各单位对资源分派及预算编列方面都已经有相当可观的财务控制权，同时，他们也有权力决定加入或退出哪些营业项目。

专门负责公司企划、行销、设计及维持公司与政府公共关系和广告事务的高级职员史蒂芬·李威说，摩托罗拉公司似乎已有一种趋势，要把公司内的各个部门当作个别事业来处理。他说："一直到最近，说老实话，我们都没有一个明显而确定的整体政策，你绝对看不到任何有关这方面的记载，而且，他也绝对不可能从不同的人的描述中去猜测它究竟是些什么东西。"

摩托罗拉公司之所以有逐渐把权力分散的趋势，一个主要原因是公司有不少服务多年的老经理，同时由于它仍然保留家族经营形态，受家族的影响很深，因此公司里有不少家长主宰式的暗流存在。公司愈大，员工愈渴望变成股东。在比较大一点的公司，每一个人显然都希望能感觉到自己就是老板。

基本上，公司现在所做的，正是要把整个公司分成很多智囊团，因为只有这样，才能使大部分的人都分享到当年盖尔文家族各分子所拥有的权力与责任。统率公司整体发展方向的上层组织采明三头马车制，由威廉、劳勃和米歇尔组成一个非正式的董事会核心。米歇尔也是摩托罗拉公司的元老，他们三大巨头加起来，在该公司整整做了89年之久。公司内所有的部门主管如果有事情，可以直接向他们三大巨头组成的三头马车报告。不过，大概一年以前，他们之间第一次有了改变，每一个巨头开始专门负责4~5种事务，在这些事务方面，他将拥有较大的决定权。不过，尽管每一巨头都有自己的专责，但对于公司的所有决策他们每一个人仍然有全部的决定权力及责任。卫斯兹说："通常，我不会越权去管波比及约翰在他们的专责方面的什么事，但如果碰到情况十分紧迫时，我也常毫不犹豫的越俎代庖。我义不容辞地处理这件事情，是因为我知道他们一定会同意我的办法。"

事实上，只有在他们三大巨头对同一问题意见相左的时候，才会产生"谁来决定"的问题，不过这种决定只限于几种情形。这几种情形通常都是关系到全体利益的敏感问题，像管理发展、人事管理、组织规划、年度预算的拟定以及对员工及工作成效的考核等等。

董事会每个星期一主持一次例会，先花两个小时与公司的高级职员接触，然后再花两个小时来单独讨论问题。除此之外，每隔4周一次的工作会议上，他们也花几个小时来讨论一些有关公司长期发展的战略。公司总部人员十分精简，主要负责与海外分公司高级主管联络，代表公司与外国政府或海外机构建立业务关系，包括人事部门及法律会计部门只有30人。

第三章 组 织

一般而言,公司内各部门间的目标及方针大致上都很协调,正因为如此,总公司在营运方面长期不加干涉也不致造成问题。公司职员大部分的工作只是要确保每一个关系集团及部门都能够彻底了解公司五年计划的基本规定,同时及时地把它们付诸行动。任何计划在提到董事长办公室之前都必须经过三人核心审查,五年计划的第一年实绩将作为第二年预算实施的主要参考。

如果某一个关系集团在自己的预算内想推动一项工程计划,那么他大可以放手去做而不必把详细情形报告总公司或向上级请示。通常,只有在计划进行到最后阶段而突然发生重大修正时,总公司才会警觉而加以过问。

(摘自 http://jpk.dqpi.net/glx/E_nzx3.asp?id=296&class=84&lei=10)

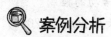 案例分析

通用公司的组织结构变革

当杜邦公司刚取得对通用汽车公司的控制权的时候,通用公司只不过是一个生产小轿车、卡车、零部件和附件的众多厂商组成的"大杂烩"。这时的通用公司由于不能达到投资人的期望而濒临困境,为了使这一处于上升时期的产业为它的投资人带来应有的利益,公司在当时的董事长和总经理皮埃尔·杜邦以及他的继任者艾尔弗雷德·斯隆的主持下进行了组织结构的重组,形成了后来为大多数美国公司和世界上著名的跨国公司所采用的多部门结构(Multidi Visional Struclture)。

在通用公司新形式的组织结构中,原来独自经营的各工厂,依然保持各自独立的地位,总公司根据它们服务的市场来确定其各自的活动。这些部门均由企业的领导,即中层经理们来管理,他们通过下设的职能部门来协调从供应者到生产者的流动,即继续担负着生产和分配产品的任务。这些公司的中低管理层执行总公司的经营方针、价格政策和命令,遵守统一的会计和统计制度,并且掌握这个生产部门的生产经营管理权。最主要的变化表现在公司高层上,公司设立了执行委员会并把高层管理的决策权集中在公司总裁一个人身上。执行委员会的时间完全用于研究公司的总方针和制定公司的总政策,而把管理和执行命令的负担留给生产部门、职能部门和财务部门。同时在总裁和执行委员会之下设立了财务部和咨询部两大职能部门,分别由一位副总裁负责。财务部担负着统计、会计、成本分析、审计、税务等与公司财务有关的各项职能;咨询部负责管理和安排除生产和销售之外的公司其他事务,如技术、开发、广告、人事、法律、公共关系等。职能部门根据各生产部门提供的旬报表、月报表、季报表和年报表等,与下属各企业的中层经理一起,为该生产部门制定出"部门指标",并负责协调和评估各部门的日常生产和经营活动。同时,根据国民经济和市场需求的变化,不时地对全公司的投入—产出做出预

测,并及时调整公司的各项资源分配。

公司高层管理职能部门的设立,不仅使高层决策机构——执行委员会的成员们摆脱了日常经营管理工作的沉重负担,而且也使得执行委员会可以通过这些职能部门对整个公司及其下属各工厂的生产和经营活动进行有效的控制,保证公司战略得到彻底和正确的实施。这些庞大的高层管理职能机构构成了总公司的办事机构,也成为现代大公司的基本特征。

另外,在实践过程中,为了协调职能机构、生产部门及高级主管三者之间的关系和联系,艾尔弗雷德·斯隆在生产部门间建立了一些由三者中的有关人员组成的关系委员会,加强了高层管理机构与负责经营的生产部门之间广泛而有效的接触,实际上这些措施进一步加强了公司高层管理人员对企业整体活动的控制。

(胡君主编.新编管理学原理.北京理工大学出版社,2009)

问题:
1. 事业部制为什么能够帮助通用公司成功?
2. 我国什么样的组织能应用事业部制?在应用事业部制时应注意什么问题?

 实 训

【内容一】

角色扮演

1. 由于公司规模扩大,各公司需要进行员工招聘,模拟一个人才招聘的情景。
2. 每个公司确定招聘人员的目的、岗位要求、聘用条件等。
3. 每个应聘者要有演讲稿。
4. 每名学生可应聘不同公司。

【内容二】

为模拟公司设置组织结构

1. 各模拟公司根据组织结构设计原则,设计本公司的组织结构并画出该组织结构图。
2. 说明本公司组织结构优缺点,并说明如何改进其缺点。
3. 各公司将自己的组织结构图进行比较,评估哪个公司的组织结构最有效。

第四章

领 导

【重点知识要求】
1. 了解领导的概念
2. 了解领导者与管理者之间的区别
3. 理解领导权力的构成
4. 理解激励的方法与艺术
5. 理解沟通的方法与艺术

【重点能力要求】
1. 掌握领导的方式及其理论
2. 掌握激励的理论及其特点

案例导入

1963年,泰德·特纳24岁时,中止了在布朗大学的学业,开始经营家中濒临倒闭的广告牌企业。仅短短几年,特纳就使企业有了明显转机。随后,他购买了亚特兰大一家独立的小型电视台,并自负地为其取名为"超级电视台"。一年之后,他又买下了亚特兰大的勇敢者棒球队,当时这是一支屡战屡败的球队,但这使他自己的电视台除了重播那些早已过时的影片之外,还有了一些可以实况播出的内容。此后,他把最新的卫星转播技术与尚未开发的有线电视市场相结合,从而使超级电视台获得了极大成功。而勇敢者棒球队也于1992年跻身于世界强手之列。

发现别人看不到的机遇和大胆"追求成功"的能力,使泰德·特纳明显区别于一般的企业经理。在他所领导的企业,职员们都认为泰德·特纳像一位舵手,领导着大家走向富裕。

同样也是一位企业领导,天津市红卫化工仪表厂厂长张怀志,从1965年起一直在该厂当干部,历任统计、调度、车间副主任、科长、党支部书记等职。1982年初,他被上级任命为厂长。因为张厂长是从基层岗位提拔上来的干部,他擅长生产作业管理,对生产过程中存在的问题十分了解。上任之初,他狠抓产品质量这一关键问题。在任4年,他勤勤恳恳、不辞劳苦,对生产过程中的每一项工作都要过问,可以讲,生产管理耗费了他大部分的精力。每天总是最先到厂,最后离开,为了企业置家于不顾。但是他工作方法简单,态度生硬,主观武断,考虑问题缺乏全局意识,忽视了新产品的研发、市场的开拓,只知道"管"职工。职工努力地工作,但每年收益增长不明显,而且张厂长不喜欢下基层,不了解下属、职工有什么要求。他总是这样说,他以共产党员的标准要求自己。在他自己做到的同时,也用同样的标准去要求群众。他看见青年人打乒乓、下棋,也要皱眉头。渐渐地他把自己封闭起来,摆在了职工的对立面。

为了深化企业改革,上级主管部门决定试行企业招标承包责任制的办法,这样厂长势必通过投票表决产生。投票结果是如此出人意料,投张怀志不信任票者竟高达2/3以上。

(吴志清主编.管理学基础.机械工业出版社,2007)

思考题：你认为什么原因导致了两位领导人不同的领导结果？

第一节 领导职能概述

一、领导与领导者的含义

1. 领导

对于领导(leadership)的定义,美国管理学家哈罗德·孔茨和海茵茨·韦里奇(HeinZ & Weihrich)认为,领导是一种影响力,是引导人们行为,从而使人们情愿地、热心地实现组织或群体目标的艺术过程。

对这个定义可以分3个层次理解：

(1) 它揭示了领导的本质,即影响力。这种影响力能够引导人们的行为。

(2) 它明确指出了领导是一个过程,是引导人们行为的过程,也是一个艺术过程。领导者面对千变万化的组织或群体的内外环境,特别是面对着各种各样,有着不同的身份、不同的教育、文化和经历背景的人,他们进入组织或群体的目标和需要各不相同,而且人们的需要、目的等又都处在动态的变化之中。越是高层的领导行为,其面对因素的复杂性和不确定性越高,领导的艺术成分也就越多。

(3) 它指出了领导的目的。领导是一种目的性非常强的行为过程,他的目的在于使人们心甘情愿地而非无奈地、热情地而非勉强地为组织或群体的目标而努力。

2. 领导者

领导者(leaders)指的是那些能够影响他人并拥有管理权力的人。美国管理学家彼得·F·德鲁克则认为,领导者的唯一定义就是其后面有追随者。在领导工作中,领导者是领导行为的主体,但领导者和被领导者并不是对立的。领导者和被领导者是互相依存的,领导是一种双向的动态过程,即除了领导者通过指导、激励等影响被领导者之外,被领导者也给领导者以信息来修正领导者现在和未来的行动。人们的感受、能力和心态是在不断变化的,领导者与被领导者的关系也在不断修正,行动必须持续调整。

3. 领导者与管理者的区别

领导者与管理者是不同的,不能将他们混为一谈。

管理者是被任命的,他们拥有合法的权力进行奖励和处罚,其影响力来自于他们所在的职位所赋予的正式权力。相反,领导者则可以是任命的,也可以是从一个群体中产生出来的,领导者可以不运用正式权力来影响他人的活动。

在理想情况下,所有的管理者都应是领导者。但是,并不是所有的领导者必然具备完成其他管理职能的潜能,有效地进行领导的本领是作为一名有效管理者的必要条件之一,一个人能够影响别人这一事实并不表明他同样也能够计划、组织和控制。从事其他一些必不可少的管理工作对于保证一名管理者成为有效的领导者具有重大影响。

在组织中人们常把领导者和管理者混为一谈,但其实他们之间有着明显的区别,是两个不同的概念。

领导者对他人的影响,从本质上来说是一种追随关系。人们往往去追随那些供满足其需要的人,也正是由于人们愿意追随,才使他成为领导者。因此,领导者既可以存在于正式组织中,也可以存在于非正式组织中。而管理者则只存在于正式组织中,是组织中具有一定的职位并担负责任的人。具体看来,领导者与管理者有如下区别:

(1) 领导者发挥作用的方式不同。管理者是被任命的,在现有的职位上他们有权对下属进行奖惩,这种影响力是由其职位所赋予的正式权力。而领导者则可能是组织正式任命的,也可能不是正式任命的,有些情况下领导者是在群体中自然产生出来的,他可以不运用正式权力来影响他人的活动,而是以其自身的魅力来影响下属。

(2) 管理者强调理性及控制,采用有组织的规范的方法来解决问题,主要依靠规章制度、规范和标准约束下属的行为;而领导者除了依据制度和规范等对下属进行领导外,更多的则是采用灵活的方法和运用领导艺术,影响和激励下属朝某个方向努力。领导者和管理者的具体区别如表4-1所示。

表 4-1 管理者与领导者的区别

管 理 者	领 导 者
强调的是效率	强调的是结果
接受现状	强调未来的发展
注重系统	注重人
强调控制	培养信任
运用制度	强调价值观和理念
注重短期目标	强调长远发展方向
强调方法	强调方向
接受现状	不断向现状挑战
要求员工顺从标准	鼓励员工进行变革
运用职位权力	运用个人魅力
避免不确定性	勇于冒险

二、领导权力及其权力来源

领导者之所以能够实施领导,其基础是领导权力,即领导者影响或改变被领导者心理及行为的能力,是使人信服的力量和威望。领导权力主要来自两个方面:一是职位权力;二是非职位权力。

(一)职位权力

职位权力是指领导者在组织中担任一定的职务而获得的权力,它由组织正式授予管理者并受法律保护。这种权力与特定的个人没有必然联系,只同职位相联系,个人的权力随着任职职位的变动而变动。职位权力是管理者实施领导行为的基本条件,职位权力主要包括以下权力。

(1) 法定权,指组织赋予组织等级体系中各管理职位的合法性权力。这种合法性权力又可以分为由国家相关法律规定的法定权力和由组织内部规定的正式权力。如我国有限责任公司和股份有限公司的董事长职权就是由公司法明确规定的。而公司总经理的职权一方面由公司法规定,即经理对董事会负责,行使公司法所规定的职权,如主持公司的生产经营管理工作,组织实施董事会决议;组织实施公司年度经营计划和投资方案;拟订公司内部管理机构设置方案等各项职权。另一方面总经理还具有公司法中规定的"公司章程和董事会授予的其他职权"。公司章程是公司根据公司法的规定另行起草形成的本公司的章程。

(2) 强制权,指领导者对下属进行各种惩罚的权力,这种权力的基础是下属的惧怕。在组织中,当下属人员意识到违背上级的指示或意愿将会导致某种惩罚,如降薪、扣发奖金、降级、调任、免职等,就会被动地服从其领导,这种权力对那些认识到不服从命令就会受到惩罚或承担其他不良后果的下属比较有效。

(3)奖励权,指决定对下属给予还是取消奖励报酬的权力。这种奖励包括物质的,如奖金、晋职等,也包括精神的,如表扬等。奖励权建立在利益性遵从的基础上,当下属认识到服从领导者的意愿能带来更多的物质或非物质利益的满足时,就会自觉接受其领导,领导者也因此享有了相当的权力。

(二)非职位权力

非职位权力是由领导者自身的素质和行为造就的影响力。这种影响来源于下属服从的意愿,有时会比正式权力显得更有力量。当下属或追随者对其领导产生崇拜心理时,这种非正式权威的影响力是比较大的。非职位权力主要来源于以下4个方面:

(1)专长权,指领导者具有各种专门知识和特殊技能或学识渊博而获得同事及下属的尊敬与佩服,从而在各项工作中展现的对下属的影响力。

(2)感召权,指领导者由于具有优良的领导作风、思想水平、品德修养,而在组织中树立德高望重的影响力,这种权力建立在下属对领导者承认的基础之上。

(3)背景权,指领导者由于以往的经历而获得的权力。

(4)感情权,指领导者由于与被影响者感情比较融洽而获得的权力。

总之,作为一名领导者,应该注意将职位权力和非职位权力有机地结合起来,以达到有效实现领导的目的。领导只关注职位权力而不注重非职位权力的建立,会在下属心目中失去亲和力,使下属惧而远之,职位权力也难以长久。同时,非职位权力也必须与前者结合起来,没有职位权力支持的非职位权力必然使领导者在下属中失去威信,组织领导涣散。

三、领导者及其类型

领导者就是致力于实现组织目标并在行动过程中施加影响的人。根据在工作中表现出来的比较固定的和经常使用的行为方式和方法,领导可以划分为不同类型。这里有一种比较具有代表性的划分方式,即勒温(P. Lewin)根据行使权力和发挥影响力方式的不同,提出了专制型、民主型和放任型3种领导类型。

(1)专制型领导。这种领导者依靠个人的能力、经验、知识和胆略来指挥组织的活动。一切由领导者决定,下属只能执行,由领导者去监督执行情况。这种领导者大多数独断专行,对下属缺乏应有的尊重。

(2)放任型领导。这种类型的领导者只布置任务,既不监督执行,也不检查完成情况,对下属放任自流或无为而治。一切活动方式都任由组织成员自我摸索,组织的方针和计划也由下属自行决定。

（3）民主型领导。这种类型的领导者平易近人,平等待人,尊重下属,使下属由衷地愿意追随并愿意接受其领导。组织内的成员在很大程度上能参与决策,通过集体讨论,可以在一定范围内自己决定工作内容和工作方法,工作有一定的自主权。

3种领导者类型孰优孰劣,关键是看环境条件。如果遇到紧急情况,采用专制型领导方式或许更有效;在组织平稳运行时期,可能民主型领导方式更受欢迎。因此不能简单地说哪种领导方法有效,关键在于依据具体情况选择合适的领导者类型。

四、领导的作用

领导意味着组织成员的追随与服从。领导者在组织中的地位只有通过下属和组织其他成员的追随与服从才得以确立。下属和组织的其他成员之所以追随和服从其领导者,是因为他们的领导者能够满足他们的愿望和需求。在领导过程中,领导者正是通过巧妙地将组织成员个人愿望和需求的满足与组织目标的实现相结合来达到领导的目的的。这种巧妙的结合过程,即领导者对被领导者进行指挥引导、激励鼓舞和沟通协调的过程,也就是领导工作的基本内容。这些内容也正是本章及后面两章所要讲的内容。

领导活动对组织绩效具有重要作用。研究表明,在管理过程中管理者仅通过行使计划、组织和控制等管理职能,也可以取得工作效果,实现组织目标,但员工的才智只能发挥60%;如果管理者能够有效地履行领导职能,则可以引发员工其余40%的才智并且能够更充分地调动组织成员的积极性,使员工的工作更加顺利,组织目标将更容易实现。具体来讲领导的作用表现在以下方面:

（1）有利于组织目标的实现。管理工作中的各项职能,如计划的制定和实施,组织机构的设立和运行,以及实行有效控制等等,都要靠组织中的各级、各类人员来完成。离开了人,就不可能有管理活动的存在。但由于组织成员个人知识、能力、信念等方面的差异以及外部各种因素的影响,容易对组织目标、技术和客观情况等方面产生不正确的理解和认识,从而发生偏离组织目标的现象。领导工作就是要引导组织中的全体人员有效地领会组织目标,协调组织中各个部门、各类人员的各项活动,从而确保实现组织目标。

（2）有利于调动人的积极性。组织中的每一个人都具有不同的需求、欲望和态度。组织成员之所以选择参加某一组织,根本动因在于组织能够满足个人的需要和欲望,以实现其个人目标。但大量事实证明,在组织活动过程中,大多数组织成员并不能以持续的热情与信心去追求个人的目标,或者在原个人目标达到后不能自觉树立更高目标,从而出现工作积极性不高的现象。领导工作就是围绕组织目标的实现,将组织成员对满足各种需求和欲望的追求作为个人目标激发出来,不断地转化为强烈的工作动机和积极的工作行为,使组织成员在追求个人目标的过程中为实现组织目标作出贡献。所以,领导工作的作用在很大程度上表现为调动每一个组织成员的积极性,使之以高昂的士气自觉地为组织作出贡献。

(3) 有利于个人目标与组织目标相结合。组织运行状况如何,一个很重要的决定因素就是组织目标同组织成员业已存在的和被激发出来的个人目标的结合程度。当一个组织目标和个人目标紧密结合在一起时,该组织运行状况是良好的,组织是高效率的。反之,则不利于组织目标的实现。通过领导工作,使组织成员明白,个人的利益与组织的利益密切相关,只有组织利益的最大化才能实现个人利益的最大化。所有组织成员对组织承担必要的义务,自觉地让个人目标服从组织目标,放弃一些不符合客观实际的目标。同时,领导者也要创造一种环境,在实现组织目标的前提下,在条件许可的范围内,满足个人的需求,使组织成员对组织产生一种信任感,从而为实现组织目标作出更大的贡献。把个人目标与组织目标有机结合起来的过程,正是领导工作作用的体现。

第二节 领导方式及其理论

在管理实践中要进行有效的领导,领导者还必须选择恰当的领导方式。20世纪50年代以来,人们从不同的角度对领导方式进行了探讨,形成了很多有价值的理论。

一、领导特质理论

领导特质理论是研究领导者的心理特质与其影响力及领导效能关系的理论。心理学家们首先研究了领导者个人素质与领导成败的关系,他们根据领导效果的好坏,找出好的领导者与差的领导者在个人素质方面的差异,然后由此确定成功的领导者应具备哪些素质,进而再根据成功领导者的素质要求,考察并选拔领导者,这就是对领导者特质(素质)的研究。领导特质理论按其对领导特性来源所作的不同解释,可以分为传统领导特质理论和现代领导特质理论。

(一) 传统领导特质理论

20世纪50年代以前,学者们试图分析领导者的个人品质、特性,并以此描述和预测其领导成效,认为领导者与被领导者之间存在着个性品质的明显差异,并且提出领导者的品质是与生俱来的,只要是领导者就一定具备超人的素质。传统的特质理论把着眼点放在领导者所具有的生理特性上,认为素质主要是由先天遗传决定的。

吉普(Gibb)提出,天才的领导者应具备下列品质:善言谈、外表潇洒、智力过人、具有自信心、心理健康、较强的支配欲望和外向而敏感。

斯托格第(Stogdill)比较了成功的领导者与被领导者的特质差异,指出有几项特质与有效领导相关,包括较高的智力水平、主动性、人际交流能力、自信、愿意承担责任及诚实正直。

(二) 现代领导特质理论

现代领导特质理论认为领导者的基本素质是在社会实践中形成的,能够通过教育训练培养形成并得到提升。

美国管理学家、经验主义学派的代表人物德鲁克认为,有效的领导者应具备五方面的素质:① 善于处理和利用自己的时间。② 努力方向明确,注重贡献。③ 善于发现别人的长处,并能用人所长。④ 能分清工作主次,集中精力于主要工作。⑤ 能听取不同意见,做出准确判断并果断进行决策。

美国管理协会对在事业上取得成功的 1 800 名管理人员进行了调查,发现成功的领导者一般具有以下 20 种能力:① 工作效率高。② 主动进取,总想不断改进工作。③ 逻辑思维能力强,善于分析问题。④ 有概括能力。⑤ 有很强的判断能力。⑥ 有自信心。⑦ 能帮助别人提高工作能力。⑧ 能以自己的行为影响别人。⑨ 善于用权。⑩ 善于调动别人的积极性。⑪ 善于利用谈心做工作。⑫ 热情关心别人。⑬ 能使别人积极而乐观地工作。⑭ 能实行集体领导。⑮ 能自我克制。⑯ 能自行做出决策。⑰ 能客观地听取各方面的意见。⑱ 对自己有正确估价,能以他人之长补自己之短。⑲ 勤俭。⑳ 管理人员还必须具有技术和管理方面的知识。

日本企业界把领导者的素质归纳为 10 项品德和能力,10 项品德是指使命感、信任感、依赖感、积极性、忠诚老实、进取性、忍耐力、公平、热情、勇气;10 项能力包括思维决策能力、规划能力、判断能力、创造能力、洞察能力、劝说能力、对人的理解能力、解决问题能力、培养下级能力和调动积极性能力。

领导特质理论强调了良好的个人品质对于开展领导工作与提高领导效能的重要意义,有助于选拔和培养领导人才。但该类理论也存在一定局限性,一些学者认为领导者的特性与非领导者的特性没有本质差别,同时领导者的特性与领导效果之间的相关性并不大。

二、管理方格理论

管理方格理论(Management Grid Theory)是由美国德克萨斯大学的行为科学家罗伯特·布莱克和简·莫顿在 1964 年出版的《管理方格》一书中提出的。

管理方格理论是研究企业的领导方式及其有效性的理论,这种理论倡导用方格图表示和研究领导方式。他们认为,在企业管理的领导工作中往往出现一些极端的方式,或者以生产为中心,或者以员工为中心,或者以 X 理论为依据而强调监督,或者以 Y 理论为依据而强调相信人。为避免趋于极端,克服以往各种领导方式理论中的"非此即彼"的绝对化观点,他们指出,在对生产关心的领导方式和对员工关心的领导方式之间,可以有使两者在不同程度上互相结合的多种领导方式。为此,他们就企业中的领导方式问题提出了管理方格法,使用自己设计的一张纵轴和横轴各九等份的方格图,纵轴和横轴分别表示企业领导者对员工和对生产的关心程度。第一格表示关心程度最小,第九格表示关心程度最大。全图总共 81 个小方格,分别表示"以员工为中心"和"以工作为中心"这两个基本因素以不同比例结合的领导方式(见图 4-1)。

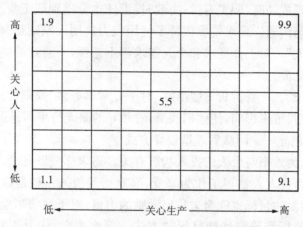

图 4-1 罗伯特·布莱克的管理方格理论

(1) 1.1 型领导——贫乏型领导方式

这类领导的目标在于保住职位,敷衍了事。在沟通上只做信息的传递者,绝不在上级指示中添枝加叶,不以决策者身份出现。在人员选择上的态度是"管他是谁,给我就要"。对于冲突,他们采取不介入的中立态度。从不迟到早退,还常常把休息时间让给别人,在关键时刻他们总是首先跑到前面,但在那里却无法提出有效的解决办法。对事情还常常拖延不办,脚踏两只船。这种领导适合日常单调、重复又无挑战的工作,在某些天时地利的情况下才会有些成绩。

(2) 9.1 型领导——任务型领导方式

这类领导喜欢监督、处罚别人,喜欢把自己的意志强加于人,意志力强,做出决策绝不改变,喜欢充硬汉,喜欢能力强的下属,但要求他们不能对自己的权威提出挑战。在失败时常常发怒,把失败的责任归于他人。不喜欢冲突,认为冲突与矛盾意味着控制被打破。

这类领导在竞争激烈的有限时间内领导效果显著,但时间长了,领导者与被领导者关系疏远,会造成生产效率的下降。

(3) 1.9型领导——乡村俱乐部型领导方式

这类领导自己渴望被认可,被拥戴。乐于创造愉快气氛,与所有职工打成一片。很少发表不同意见,在不得不做决定时,也先去下面摸清情况,看大家意见。对下属表扬得过多,而对上级唯唯诺诺。对他人的思想行为过分敏感,常常道歉,乐于调解下属中的不和。如果下属大发雷霆,他会说:"他是被逼成这样的。"对下属过于宽容忍让,懒散气氛使组织严重失控。一部分人工作满意度高,一部分人会失望地离开。

(4) 5.5型领导——中间型领导方式

这类领导乐于弄清多数人的意见,以他人所想为自己所想,显得通情达理。乐于接受忠告;管理成功时,职工有份;失败时,责任也分摊到职工身上。反对命令和指导,喜欢激励与沟通。恳求说服代替了使用权力。用人原则是"能合得来的人"、"能配合自己的人"。对工作需求和个人需求都不忽视,不喜欢冲突,喜欢宽大的办公室,人人可以见面。

5.5型领导比1.9型和9.1型都好,对于日常事务多、规则方式多的组织较适合。给下属的成长带来影响,使他们圆滑,看领导的眼光行事。易退回1.1型。

(5) 9.9型领导——团队管理型领导方式

这类领导认为效率与个人的投入状态有关。追求那些既是个人需求又是组织需求的目标,努力使人人都视工作为享受,喜欢而且投入。越是成功,职工喜悦感越强。对于无激励的目标也能努力找出激励的力量,对下属清晰地解释目标,不掩饰其难度,具体分析和研究达到目标的方法。喜欢冲突,认为冲突有助于提高效率,关键是看如何处理冲突。

布莱克认为这5种类型从优到劣排列顺序为团队管理型领导方式、任务型领导方式、中间型领导方式、乡村俱乐部型领导方式、贫乏型领导方式。应当指出,管理方格论中的团队型领导方式只能是一种理论上的理想模式,现实中要达到这样一种理想状态并不容易。但该理论把对人的关心和对任务的关心应当结合起来的观点在实际工作中具有重要的指导意义。作为领导者,既关心任务的完成,又关心组织成员的正当利益,才能使领导工作卓有成效。

三、领导行为的连续体理论

领导方式是多种多样的,从专权型到放任型,存在着多种过渡形式。根据这种认识,美国学者坦南鲍姆(R. Tannenbaum)和沃伦·施密特(Warren H. Schmidt)于1958年提出了领导行为连续体理论。他们认为,经理们在决定何种行为(领导作风)最适合处理某一问题时常常产生困难。他们不知道是应该自己做出决定还是授权给下属做决策。为了使人们从决策的角度深刻认识领导作风的意义,他们提出了下面这个连续体模型(见图4-2)。

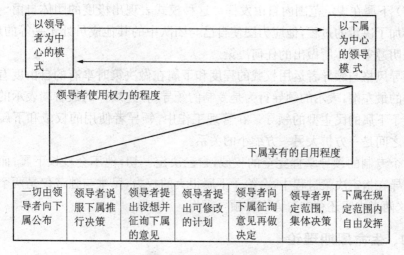

图4-2 连续体理论

(1) 一切由领导者向下属公布。在这种模式中领导者确定一个问题,并考虑各种可供选择的方案,从中选择一种,然后向下属宣布执行,不给下属直接参与决策的机会。

(2) 领导者说服下属推行决策。这种模式同前一种模式一样,领导者承担确认问题和做出决策的责任。但他不是简单地宣布实施这个决策,而是认识到下属中可能会存在反对意见,于是试图通过阐明这个决策可能给下属带来的利益来说服下属接受这个决策,消除下属的反对。

(3) 领导者提出设想并征求下属的意见。在这种模式中领导者提出了一个决策,希望下属接受这个决策,同时他向下属提出一个有关自己的计划的详细说明,并允许下属提出问题。这样,下属就能更好地理解领导者的计划和意图,领导者和下属能够共同讨论决策的意义和作用。

(4) 领导者提出可修改的计划。在这种模式中下属可以对决策发挥某些影响作用,但确认和分析问题的主动权仍在领导者手中。领导者先对问题进行思考,提出一个暂时的可修改的计划,并把这个暂定的计划交给有关人员征求意见。

(5) 领导者向下属征询意见再做决定。在以上几种模式中领导者在征求下属意见之前就提出了自己的解决方案,而在这个模式中下属有机会在决策做出以前就提出自己的建议。领导者的主动作用体现在确定问题,下属的作用在于提出各种解决的方案,最后领导者从他们自己和下属所提出的解决方案中选择一种他认为最好的解决方案。

(6) 领导者界定问题范围,集体决策。在这种模式中,领导者已经将决策权交给了下属的群体。领导者的工作是弄清所要解决的问题,并为下属提出做决策的条件和要求,下属按照领导者界定的问题范围进行决策。

(7)下属在规定范围内自由发挥。这种模式表现出极度的团体自由。如果领导者参加了决策的过程,他应力图使自己与团队中的其他成员处于平等的地位,并事先声明遵守团体所做出的任何决策。

领导风格与领导者运用权威的程度和下属在做决策时享有的自由度有关。在连续体的最左端,表示的领导行为是专制的领导;在连续体的最右端表示的是将决策权授予下属的民主型的领导。在管理工作中,领导者使用的权威和下属拥有的自由度之间是一方扩大另一方缩小的关系。

一个专制的领导掌握完全的权威,自己决定一切,他不会授权下属;而一位民主的领导在指定决策过程中,会给予下属很大的权力,民主与独裁仅是两个极端的情况,这两者中间还存在着许多种领导行为。

四、生命周期理论

领导生命周期理论是由美国学者科曼于1966年首先提出,后由美国学者赫西和布兰查德进一步予以发展的。该理论认为有效的领导应根据下属的成熟程度以及环境的需要采取不同的领导方式。

这一理论认为,领导的有效性应按照下属成熟程度的具体情况具体分析。图4—3中,横坐标表示以任务为主的工作行为,纵坐标代表以关心人为主的行为,第三个坐标则为成熟度。根据下属的成熟度(从 M1 到 M4),有4种不同的情况。成熟度、工作行为及关系行为间有一种曲线关系。随着下属成熟程度的提高,领导方式(从 S1、S2、S3 至 S4)应按顺序逐步转移。这4种不同的领导方式主要有:

S1——高工作,高关系(指示型的领导方式);
S2——高工作,低关系(推销型的领导方式);
S3——低工作,低关系(参与型的领导方式);
S4——低关系,高工作(授权型的领导方式)。

对于低成熟度(M1)的职工,他们通常由于缺少工作经验,因此不能也不会对工作自觉承担责任,这时应使用 Sl 的领导方式,领导者可以明确规定其工作目标和工作规程,告诉他们做什么,如何做,在何地、何时去完成。

对于较不成熟(M2)的下属,虽然他们已开始熟悉工作,并愿担负起工作责任,但由于他们尚缺乏工作技能,不能完全胜任工作,这时,S2 的领导方式更为有效,领导者应对他们的意愿和热情在感情上加以支持。这种领导方式通常仍由领导者对绝大多数工作作出决定,但领导者需把这些决定推销给下属,通过解释和说服以获得下属心理上的支持。此时的领导者应对其下属充分信任,并不断地给予鼓励。

当下属比较成熟(M3)了,他们不仅具备了工作所需的技术和经验,而且也有完成任务的主动性并乐于承担责任。由于他们已能胜任工作,因此不希望领导者对他们有过多的控制与约束。这时,领导者应减少过多的工作行为,鼓励下属共同

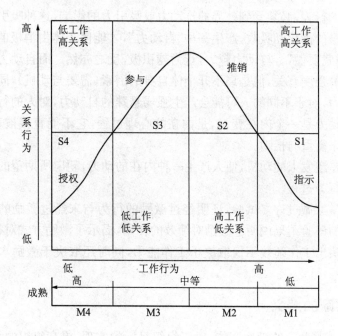

图4-3 领导生命周期模型图

参与决策,继续提高对下属感情上的支持,不必再去具体指导下属的工作。因此,低工作、低关系的领导方式(S3)是恰当的。

而授权型领导(S4)则适用于高度成熟(M4)的下属。由于下属已具备了独立工作的能力,也愿意并具有充分的自信来主动完成任务和承担责任。此时,领导者应充分授权下属,放手让下属"自行其是",由下属自己决定何时、何地和如何完成任务。

第三节 激 励

一、激励的概念

激励本来是心理学的概念,它是表示某种动机所产生的原因,即发生某种行为的动机是如何产生的?又是在什么环境中产生的?

人们通常把激励理解为单纯的外力刺激作用,如精神鼓励、物质鼓励、提职、加薪等外部的刺激,这种理解是不全面的。一般情况下,激励表现为外界所施加的推动力或者吸引力,与个体自身的需要与动机结合,转化为自身的动力,使得组织目标变为个人行为目标。

一个人的行为,必须受到外界的推动力或吸引力的影响,这种吸引力和推动力通过个体自身的消化和吸收,产生一种"自动力",才能使个体由消极的"要我做"转化为积极的"我要做"。自动力越大,行为越积极,反之亦然。而自动力的大小固然与外力作用的强度有关,但是离不开个体自身的因素(需要与动机),同样强度的推动力与吸引力,对于不同的人可能会产生强弱悬殊的自动力,对人的行为产生不同的影响。自动力是一个内在变量,是内在的心理过程,它不能直接被观察,只能通过行为表现来衡量与推动。

激励就是激发人的动机,使人产生一种内在的动力,朝向所期望的目标前进的心理活动和行为过程。

行为科学家做过许多试验,证明经过激励的行为与未经过激励的行为效果大不一样。有的试验结果说明了激励对绩效的作用,揭示了激励方式对行为的影响;有的研究反映出工作绩效不仅取决于工作能力,同时还取决于激励水平或激励的方式。

二、激励的意义

激励是一项重要的管理职能,对于组织目标的实现、提高组织的绩效水平、增强组织的凝聚力、提高员工的积极性等都有十分重要的作用。

(一)激励有助于实现组织的目标

管理是通过他人达到目标的行为,所以管理的效益就取决于他人的行为。有效的激励能提高员工的自觉性、主动性、创造性,从而使员工积极主动而不是消极被动地向目标努力,因此有助于组织目标的实现。

(二)激励有助于凝聚人心

通过适当的激励,可以吸纳组织所需要的人才,它既可以使员工自愿参加组织,也可以使员工愿意留在组织中;激励可以使员工忠于组织目标,从而增加组织的凝聚力与向心力。

(三)激励可以调动员工的积极性、创造性

员工工作的目的,是为了满足自己的各种需要。通过激励可以激发人的需求欲望,想要获得满足的强烈动机,就会激励员工积极的行为。这种动机作用到事业上就是工作积极性。激励是努力工作的"发动机"。

(四)激励有助于引导规范员工的行为

提倡什么、反对什么,可以通过奖、惩这两种手段体现出来,这样可以引导员工向提倡、奖励的方向努力,从而达到规范员工行为的目的。

(五)激励有助于提高员工的绩效水平

美国哈佛大学的威廉·詹姆斯教授在对员工激励的研究中发现,按时计酬的

分配制度仅能让员工发挥 20%～30% 的能力,如果受到充分激励的话,员工的能力可以发挥出 80%～90%,两种情况之间 60% 的差距就是有效激励的结果。管理学家的研究表明,员工的工作绩效是员工能力和受激励程度的函数。如果把激励制度对员工创造性、革新精神和主动提高自身素质的意愿的影响考虑进去的话,激励对工作绩效的影响就更大了。

三、激励的过程

心理学家认为,所有人的行为都是打算达到一定的目的和目标。这种"目标—导向"行为又总是围绕着满足需求的欲望进行的。可以说某种未满足的需求是调动积极性的起点,是引起一系列导向的初始动机。由于这一活动是针对某一目的的,目的达到时需求满足,激励过程即告结束。因此,激励过程以未能得到满足的需求开始,以需求得到满足结束,这是一种比较简单的关系。

而事实上人的需求不仅具有多样性,并且人的需求也不会因为上一次的满足而终止,那么新的需求又会产生,并且反馈到下一循环过程中去。

行为科学家认为,个体行为的一般规律是:需求引起动机,动机支配行为,行为的方向则是寻求目标以满足需求。所以,动机是行为的直接原因,它驱动和诱发人们从事某种行为,规定行为的方向。动机是指引起与维持人的行为并将行为导向一定的原因或条件。当动机产生之后便会采取一定的行为达到所追求的目标。但并不是说通过某种行为就一定能达到目标。在完成"行为"向"目标"的转化之后,个体的行为还会延续,会有两种情况出现——达到目标或未达到目标。① 当个体达到目标,即满足需要之后,又会产生新的需要。② 个体未达到目标,即因未满足需要而受到了挫折,人们通常会采取两种反应,即采取积极行为和消极行为。但是,不论个体需要是否得到满足,都会返回到下一次循环的起点,即又会产生新的需要。这个过程构成了基本激励过程,见图 4-4。

图 4-4 反映了需求、动机、行为、目标之间的基本关系,同时也说明了得到满足和受到挫折之后采取相应的积极行为和消极行为,可以增强管理人员对有关激励过程的了解。

由图 4-4 可见,激励具有一般规律:一切行为都是受到激励而产生的,而未满足的需求是产生激励的起点。人的需要总是处于一个周而复始的过程中,因而没有一个永恒的、一劳永逸的管理措施。作为一个领导者和管理者,应该是一个清醒的、对于人的心理处于唤醒状态的激励者。尤其是个人的一些行为表现往往比较复杂,不一定能轻易被推测和窥探到真正的动机。所以组织的管理者要对人的需求、动机、行为进行深入细致的研究,采用适当的激励方法,以收到管理的最大效果。

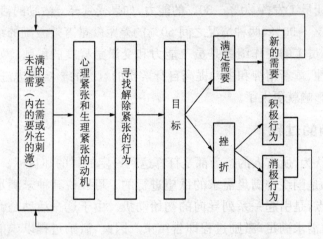

图 4-4 激励的基本过程

四、激励理论

(一)需要层次理论

亚伯拉罕·马斯洛是一位人本主义心理学家,他在 1943 年出版的《人的动机理论》一书中提出了需要层次理论,随后于 1954 年出版的《动机与人格》一书中作了进一步阐述,经过不断地补充和修正,该理论成为西方最有名的激励理论。

1. 需要层次理论的主要内容

马斯洛把人的需要归纳为 5 个层次,由低到高依次为生理需要、安全需要、社交需要、尊重需要和自我实现需要(见图 4-5)。

(1) 生理需要是指一个人对维持生存所需的衣、食、住等基本生活条件以及性、生育等延续后代的需求。这是任何动物都有的需要。在一切需要中,生理需要是最基本、最优先的,人类的这种需要如果得不到满足,生命都可能受到威胁,也就谈不上别的需要了。因此,生理需要是最强烈而且是必须得到满足的需要。

(2) 安全需要是指对人身安全、就业保障、工作和生活的环境安全、经济保障等的需求。它包含两方面的内容,一类是现在的安全需要,即希望自己目前生活的各个方面都可以得到满足,要求自己在目前社会生活的各方面均有所保障,如人身安全、职业安全、劳动安全、生活稳定等;另一类是未来的安全需要,希望未来的生活得到保障,如职业稳定、老有所养等。

(3) 社交需要是指人希望获得友谊、爱情及归属的需要,希望得到别人的关心和爱护,希望成为社会的一员,在他所处的群体中占有一个位置。社交需要得不到满足,人就会感到孤独,郁郁寡欢。

(4) 尊重需要是指自尊和受人尊重的需要。自尊是在自己取得成功时获得的一种自豪感,受人尊重是指当自己获得成功,取得成绩时希望受到别人的认可和赞赏。尊重需要的满足,能使人对自己充满信心,对社会满腔热情,体会到人生的社会价值。

(5) 自我实现需要是指促使自己的潜在能力得以实现的愿望,即希望成为自己所期望的人。这是最高层次的需要。当人的其他需要得到基本满足以后,就会产生自我实现的需要,它会产生巨大的动力,使人尽可能地去实现自己的愿望。

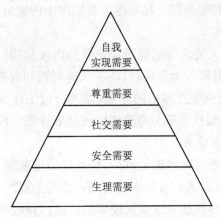

图4-5 马斯洛需要层次理论

2. 马斯洛需要层次理论的基本观点

(1) 人的需要是分层次等级的,一般按照由低层次到高层次循序发展。生理需要是人最基本、最优先的需要,自我实现是最高层次的需要。大多数情况下,人们首先追求满足较低层次的需要,只有在低层次的需要基本满足以后,才会进一步追求较高层次的需要,而且低层次需要满足的程度越高,对高层次需要的追求就越强烈。

(2) 人在不同的时期、发展阶段,其需要结构不同,但总有一种需要发挥主导作用。因此,管理者必须注意当前对员工起主要作用的需要,以便有效地加以激励。

(3) 各种需要相对满足的程度不同。实际上,绝大多数人的需要只有部分得到满足,同时也有部分得不到满足,而且随着需要层次的升高,满足的难度相对增大,满足的程度逐渐减小。

(二) ERG 理论

ERG 理论是美国耶鲁大学教授克雷顿·奥尔德弗在马斯洛需要层次理论基础上提出的。奥尔德弗认为,在管理实践中将员工的需要分为3类较为合理,即生存需要(Existence needs)、相互关系需要(Relatedness needs)和成长需要(Growth needs),因此这一理论也被称为 ERG 理论。

1. ERG 理论的主要内容

(1) 生存需要是指人生理和安全方面的需要，也是最基本的需要，如衣、食、住、行等各个方面。组织中的报酬、工作环境和工作条件等都和这种需要有关。这一类需要相当于马斯洛需要层次中的生理需要和部分安全需要。

(2) 相互关系需要是指在工作环境中对人与人之间的相互关系和交往的需要。在人的生存需要得到满足之后，自然就会要求通过与他人分享和交流感情来满足相互关系的需要，这种需要类似于马斯洛需要层次中的部分安全需要、全部社交需要和部分尊重需要。

(3) 成长需要是指人要求得到提高和发展的内在欲望。成长需要的满足要求充分发挥个人的潜能，有所作为和成就，并不断地创新和前进。这类需要的满足要求个人所从事的工作能充分发挥他的才能，以及通过工作能培养新的才能。成长需要相当于马斯洛需要层次中部分尊重需要和全部自我实现需要。

2. ERG 理论的基本观点

(1) 某个层次的需要得到的满足越少，则这种需要就越为人们所渴望。比如，满足生存需要的工资越低，人们就越渴望得到更高的工资。

(2) 较低层次的需要越是能够得到较多的满足，对较高层次的需要就越渴望。比如，满足生存需要的工资越是得到满足，人们对人与人关系的需要和工作成就的需要就越强。

(4) 较高层次的需要越是满足得少，对较低层次需要的渴求也越多。比如，成长需要得到的满足越少，则对人与人的关系需要渴求就越大。

(三) 双因素理论

双因素理论也称激励—保健因素理论，是美国的行为科学家弗雷德里克·赫茨伯格提出来的。19 世纪 50 年代末期，赫茨伯格在企业中进行了广泛的调查，调查对象主要是工程师、会计师等"白领"。赫茨伯格设计了很多问题，如"什么时候你对工作特别满意"、"什么时候你对工作特别不满意"、"满意与否的原因是什么"等。调查发现职工感到不满意的因素大多与工作环境或工作关系有关，使职工感到满意的因素主要与工作内容或工作成果有关。赫茨伯格提出"双因素理论"，认为应从人的内部，要用工作本身来调动人的积极性，工作对人的吸引力才是主要的激励因素。

1. 双因素理论的主要内容

(1) 保健因素是指与工作环境有关的因素，包括工资水平、工作环境、福利、安全和适当的政策等。这类因素不具备或强度太低，容易导致员工不满意，但即使充分具备、强度很高也很难使员工感到满意，因此赫茨伯格将这类因素称为"保健因素"，又称作"维持因素"，因为这些因素类似卫生保健对身体健康所起的作用；卫生保健不能直接提高健康状况,但有预防效果。同样,保健因素不能直接起激励员工的作用,但能预防员工的不满情绪。

(2) 激励因素是指与工作本身或工作内容有关的因素,包括成就、赞赏、工作所带来的挑战性、责任和进步等。这类因素具备后,可使员工感到满意,但员工感到不满时却很少是因为缺少这些因素,因此赫茨伯格将这类因素称为"激励因素",因为只有这些因素才能激发起人们在工作中的积极性、创造性,产生使员工满意的积极效果。激励因素和保健因素见表4-2。

表4-2 保健因素和激励因素的内容

保健因素	激励因素
公司政策与管理	成就
上级监督	赞赏、认可
工作环境	工作本身
工资	责任
与同事的关系	进步
个人生活	成长
个人职务地位	
安全	

2. 双因素理论的基本观点

(1) 保健因素不能直接起到激励人们的作用,但能防止人们产生不满的情绪。保健因素改善后,人们的不满情绪会消除,但并不会导致积极后果。只有激励因素才能产生使职工满意的积极效果。

(2) 和传统观点不同,满意的对立面不是不满意,而是没有满意;不满意的对立面也不是满意,而是没有不满意。也就是说,有了激励因素,就会产生满意;而没有激励因素,则没有满意,但也没有不满意。有了保健因素,不会产生满意;但没有保健因素,则会产生不满意。

(四) 公平理论

公平理论是由美国心理学家斯戴西·亚当斯于1956年提出的,又称为社会比较理论,其目的是研究在社会比较中个人所做出的贡献与他所得到的报酬之间如何平衡的问题,研究报酬的公平性对人们工作积极性的影响。

公平理论认为,当一个人作出了成绩并取得报酬以后,他不仅关心自己所得报酬的绝对量,而且关心自己所得报酬的相对量。也就是说,每个人都会自觉不自觉地把自己所获的报酬与投入的比率同他人的收支比率或本人过去的收支比率相比较。其中,报酬是指如工资、奖金、提升、赏识、受人尊敬等,包括物质方面和精神方面的所得;投入是指如工作的数量和质量、技术水平、努力程度、能力、精力、时间等。参照对象通常是自己的同事、同行、邻居、亲朋好友(一般是与自己状况相当的人)等,也可能是自己的过去。付出与报酬的比较方式有两种:① 横向比较:通常称员工将自己的所得、付出比与他人的所得、付出比的比较称为横向比较。② 纵向比较:员工会将自己目前所得、付出比与自己的过去进行比较,这种比较称为纵向比较。

$$\frac{个人所得报酬}{个人付出劳动} = \frac{他人(或历史上个人)所得报酬}{他人(或历史上个人)付出劳动} \rightarrow 公平的感受$$

$$\frac{个人所得报酬}{个人付出劳动} > \frac{他人(或历史上个人)所得报酬}{他人(或历史上个人)付出劳动} \rightarrow 不公平的感受$$

由上述公式可知,如果员工感觉自己在工作中的所得、付出比,与其他人是等同的,则为公平状态,他的积极性和努力程度一般不变;如果员工感觉自己在工作中的所得、付出比,较其他人高,员工一般不会要求减少报酬,而有可能会自觉地增加自己的付出,但过一段时间他就会因重新过高估计自己的付出而对高报酬心安理得,于是付出又会回落到以前的水平;还有另外一种情形,当事人可能担心这种不公平会影响工作伙伴对自己的评价,从而影响自己在正式组织或非正式组织中的人际关系,因此会在以后的工作中谨慎小心,同样不利于调动其积极性。如果自己所得、付出比,比其他人要低,员工则会要求加薪,或减少付出以达到心理上的平衡。

总之,当事人会采取多种方法来减小和消除与参照对象比较的差异,使之相等。

(五)强化理论

强化理论是由美国心理学家斯金纳首先提出的。该理论认为人的行为是对其所获刺激的函数。如果这种刺激对他有利,则这种行为就会重复出现;若对他不利,则这种行为就会减弱直至消失。因此管理者要采取各种强化方式,以使人们的行为符合组织的目标。根据强化的性质和目的,强化可以分为正强化和负强化两大类型。

1. 正强化

正强化就是奖励那些符合组织目标或为达到组织目标而做出贡献的行为,以便使这些行为得到进一步加强。正强化的刺激物不仅仅包含奖金等物质奖励,还包含表扬、提升、改善工作关系等等精神奖励。为了使强化能达到预期的效果,还必须注意实施不同的强化方式。有的正强化是连续的、固定的,譬如对每一次符合组织目标的行为都给予强化,或每隔一固定的时间给予一定数量的强化。尽管这种强化有及时刺激、立竿见影的效果,但久而久之,人们就会对这种正强化有越来越高的期望,或者认为这种正强化是理所应当的。管理者要不断加强这种正强化,否则其作用会减弱甚至不再起刺激行为的作用。另一种正强化的方式是间断的,时间和数量都是不固定的,即管理者根据组织的需要和个人行为在工作中的反映,不定期、不定量实施强化,使每一次强化都能起到较大的效果。实践证明,后一种正强化更有利于组织目标的实现。

2. 负强化

负强化就是惩罚那些不符合组织目标的行为,以使这些行为削弱直至消失,从而保证组织目标的实现不受干扰。实际上,不进行正强化也是一种负强化,譬如,过去对某种行为进行正强化,现在组织不再需要这种行为,但基于这种行为并不妨碍组织目标的实现,这时就可以取消正强化,使行为较少或不再重复出现。同样,负强化也包含着减少奖酬或罚款、批评、降级等。实施负强化的方式与正强化有所差异,应以连续负强化为主,即对每一次不符合组织的行为都应及时予以负强化,消除人们的侥幸心理,减少直至完全避免这种行为重复出现的可能性。

第四节 沟 通

一、沟通的概念

沟通是指可理解的信息或思想在两人或两人以上的人群中传递或交换的过程,整个管理工作都与沟通有关。

一般来说,沟通由以下4个主要因素构成:

(1) 信息。在沟通过程中,需要传递一定的信息内容,它包括事实、情感、价值观、意见、个人观点等。信息需要被转化为信号形式才能发送出去。

(2) 发送者。即信息源,它是信息发送的主动方,代表了沟通的主体意图。

(3) 沟通渠道。即沟通载体,它是信息传递的媒介物,是由发送者主动选择的。不同的沟通渠道会产生不同的沟通效果。

(4) 接收者。作为信息的接收者,在沟通的过程中,一方面需要接收发送过来的信息,并将其转化理解;另一方面也要及时将信息反馈给发送者,从而实现双向交流,最终使理解达成一致。

二、沟通的意义

(一) 沟通是实现组织目标的重要手段

组织中的个体、群体为了实现一定的目标,在完成各项具体工作的时候需要相互交流、统一思想、自觉地协调。信息沟通使组织成员团结起来,把抽象的组织目标转化为组织中每个成员的具体行动,从而实现组织目标。

(二) 沟通是正确决策的必要前提

正确地收集、处理、传递和使用信息是科学决策的前提。在决策过程中利用信息传递的规律,选择一定的信息传播方式,可以避免延误决策时间而导致的失败。管理者通过一定的方式推行决策方案,赢得上级的支持和下级的合作,没有有效的沟通是不会达到这一目标的。

(三)沟通是组织协调的重要途径

由于现代组织是建立在职能分工基础上的,不同职能部门之间不易相互了解和协调配合。通过有效的沟通,可以使组织内部分工合作更为协调一致,从而保证整个组织体系的统一指挥,统一行动,实现高效率的管理。

(四)沟通是改善人际关系的重要条件

组织中每个成员都有受人尊重、社交和关爱的需要,人与人之间的沟通和交流可以使这些需要得到满足。经常性的沟通和交流也可以使人们彼此了解,消除彼此的隔阂和误会,消除和解决矛盾和纠纷,从而有利于良好人际关系的形成。

三、沟通的过程

沟通实际上是信息从发送者到接收者的传递和理解的过程。沟通过程中,发送者首先选择需要发送的信息,然后将信息编码,并选择一定的渠道发送给接收者,接收者将收到的信息解码理解后,将反馈信息传递给发送者,再由发送者组织下一次的传递。信息的发送和接收过程都可能受到一定的干扰。这是一个不断持续的过程。(见图4-6)

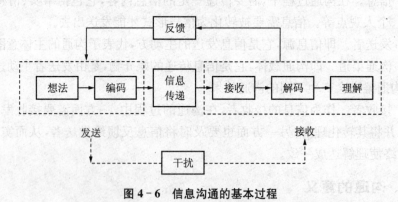

图4-6 信息沟通的基本过程

四、沟通的类型

(一)按照沟通的方法划分

1. 口头沟通

借助口头语言进行的沟通称为口头沟通。如演讲、讨论、会谈等。在一个管理者的工作中,与下属谈话、向上司请示及汇报工作、与外单位谈判等,是再常见不过的沟通。口头沟通是一个极为普遍又十分重要的管理技巧和沟通活动。

口头沟通的优点：快速传递、快速反馈和信息量大。在这种方式下，信息可以在最短的时间内被传递，并在最短的时间内得到对方的回复。如果接收者有疑问，也可以通过迅速反馈使发送者对发送的信息进行及时的修正和明确，避免误解的产生。但是，这种方式也有局限性。信息在传递的过程中不易保存，转瞬即逝，不易核实。另外，每个人在传递信息的过程中会对信息进行不同的解释和加工，其最终的内容常常与最初大相径庭。

2. 书面沟通

书面沟通是指采用各种书面文字形式进行的沟通。如报告、备忘录、信件、文件、内部期刊、布告等。

书面沟通的优点：严肃、准确、不易歪曲、长久、可核实。信息发送者对要传递的信息内容可以认真推敲，并用最好的方式表达出来，信息接收者也可反复阅读以增强理解。书面沟通的信息可以长期保存，以便核实信息。但是，书面沟通也有其不足之处。书面沟通方式更为精确，但耗费了更多的时间，效率较低。另一个缺陷是缺乏反馈，无法保证所发出的信息能被接收到；即使被接收到，也无法保证接收者能够理解发送者的本意。一旦误解，其影响的时间更为长远。

3. 非语言沟通

一些沟通既非口头形式也非书面形式，而是通过非语言的形式加以传递。当与人沟通时，特别是面对面交流时，会伴随大量的非语言形式，这些非语言比语言本身更有意义，甚至有时无需语言就可以从对方的表情、姿势、态度、动作等非语言信号中得到很多有价值的信息并作出评价。但是，非语言信息传递距离有限，而且"只可意会、不可言传"的特点也易造成误解。

（二）按照沟通的组织系统划分

1. 正式沟通

正式沟通是通过组织机构明文规定的渠道而进行的沟通，如组织之间人员的往来、请示性汇报制度、会议制度等，都属于正式沟通。正式沟通所传递的信息一般具有计划性、目的性、系统性和权威性。其基本目的在于有效确立和实施组织目标，实现组织的经济效益和社会效益。

正式沟通的优点是：沟通效果好，严肃可靠，约束力强，易于保密，沟通信息量大，并且具有权威性；其缺点在于对组织机构依赖性较强而造成速度迟缓，沟通形式刻板；如果组织管理层次多，沟通渠道长，容易形成信息损失。

2. 非正式沟通

非正式沟通是指以组织中的非正式系统或个人为渠道的信息沟通。这类沟通不受组织监督，是由组织成员自行选择途径进行的，比较灵活方便。员工中的人情交流、生日聚会、工会组织的文娱活动、走访、议论某人某事、传播小道消息等都属于非正式沟通。

非正式沟通的优点是：传递信息的速度快，形式不拘一格，并能提供一些正式沟通所不能传递的内幕消息。缺点是：传递的信息容易失真，容易在组织内引起矛盾，且较难控制。

（三）按照信息传递的方向划分

1. 下行沟通

下行沟通是指信息从上级管理者流向下级成员的沟通。例如，组织和群体的领导者对职工进行的信息沟通。下行沟通可以使下级明确工作任务、目标和要求，增强其责任感和归属感，协调企业各层次的活动，增强上下级之间的联系等。但在逐层向下传达信息时应注意防止信息误解、歪曲和损失，以保持信息的准确性和完整性。

2. 上行沟通

上行沟通是指信息从下级成员流向上级管理者的沟通。例如，下级主动向上级传递信息，汇报思想、反映意见、提出建议等。上行沟通是管理者了解下属和一般员工意见和想法的重要途径。上行沟通畅通无阻，各层次管理者才能及时了解工作进展的真实情况，了解员工的需要，体察员工的不满和怨言，从而加强针对性地管理。

3. 平行沟通

平行沟通是指同级成员之间的沟通。平行沟通是组织中更为大众化的沟通形式。通过平行沟通，有助于加强成员间的相互了解，有利于各种关系的平衡和协调，和谐群体成员的心理气氛，提高工作效率，改善工作态度。

4. 斜向沟通

斜向沟通是指处于不同层次的没有直接隶属关系的成员之间的沟通。这种沟通方式有利于加强信息的流动，促进理解，并为实现组织的目标而协调各方面的努力。

五、组织内部的沟通渠道

组织内部的沟通渠道可以分为正式沟通渠道和非正式沟通渠道。

（一）正式沟通渠道

正式沟通渠道是指组织明文规定的信息沟通方式，它与组织结构紧密相关，有5种典型的信息沟通网络，即链式、轮式、Y式、环式和全通道式。假定一个组织由5个成员组成，图4-7给出了这5种信息沟通网络。

（1）链式。信息链条式地顺序传递，并且传递速度较快，正确性较高，领导者的

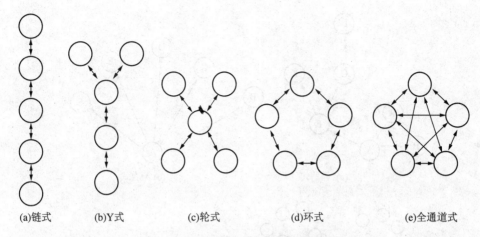

(a)链式　　(b)Y式　　(c)轮式　　(d)环式　　(e)全通道式

图4-7　正式沟通基本的信息交流网络

地位较突出,但其他成员的士气较低。这种方式能缓慢地形成相当稳定的组织。

(2) Y式。信息交流也有一个中心人物,但其集中程度没有轮式高。这种方式兼有链式和轮式沟通的优点和缺点,信息传递速度较快,成员的满意度较低。

(3) 轮式。信息交流的中心人物居中,其他成员围绕着中心人物来联系。信息传递速度快、正确性高,领导地位非常突出,其他成员士气很低。这种方式能迅速地形成稳定的组织。

(4) 环式。没有一个中心人物,允许每一个成员与邻近的成员联系,但不能跨越这一层次与其他成员联系。传递速度慢,正确性低,但成员的满意感较高。这种方式不易形成固定的组织。

(5) 全通道式。允许团体中每个成员与其他成员直接进行信息交流,传递速度快,正确性较高,没有领导者,团体成员的满意感较高。这种方式不易形成固定的组织。

(二) 非正式沟通渠道

群体中的信息传播,不仅有正式沟通渠道,而且也有非正式沟通渠道。非正式沟通渠道是由于组织成员感情上的需要而形成的,是通过组织内部的各种社会关系来进行的,这种社会关系超越了部门、单位及层次的限制。在组织中,有4种非正式沟通渠道,即单线式、偶然式、流言式和集束式,如图4-8所示。

(1) 偶然式是按偶然的方式传播小道消息。每一个人都是随机地将信息传递给其他人,道听途说就是其中的一种形式。

(2) 流言式是指由一个人主动把小道消息传播给所有其他人。这种传播往往带有一定的目的性。

(3) 集束式是把小道消息有选择地告诉与自己亲近的人或有关的人,而这些对象在获得信息后又传递给自己的亲近者。集束式又称葡萄藤式沟通系统。

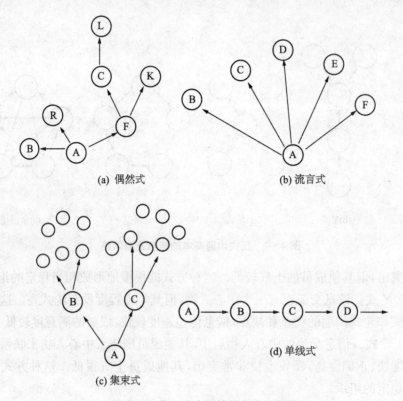

图 4-8 非正式沟通的信息交流网络

(4) 单线式是通过一连串的人把消息传播给最终的接收者,而这一连串的人之间并不一定存在着正规的组织关系。

在非正式沟通中,谁是信息发送者取决于所传递的信息内容。如果某个人对这一信息内容感兴趣,他就会忍不住要告诉别人;如果不感兴趣,他就不会再进一步传播这一信息。戴维斯的研究结果证明,小道消息传播的最普通形式是集束式。小道消息的传播者往往只把消息告诉经过选择的对象,即按集束式传播消息。一般来说,集束式传播速度最快、面最广,而单线式和偶然式传递速度最慢,失真可能性也最大。

小道消息的传播者往往是固定的一些人。在任一群体中,总有这么一些喜欢闲聊并发布"新闻"的人。其他人不是从领导,而是从这些人口中得知群体中将要发生的事情,许多重要信息就是通过这一渠道传播的。

关于小道消息的传播存在着不同的观点。一些人认为传播小道消息是散布流言飞语,应加以禁止。另一些人认为通过非正式沟通渠道散布小道消息,也能在组织中有一定的积极作用。应该说,非正式沟通是客观存在的,关键是管理者能否利用它为组织的目标服务。

第四章 领导

复习思考题

1. 什么是领导职能?
2. 领导者与管理者有何不同?
3. 领导者权力基础构成是什么?
4. 什么是领导特质理论?它的特点是什么?
5. 什么是管理方格理论?它的特点是什么?
6. 谈谈你对马斯洛需要层次理论的理解。

延伸阅读

【材料一】

青岛双星集团汪海的领导方式

青岛双星人至今仍记忆犹新的一段往事是:5年前,一个对大陆企业抱有很深成见的台商气冲冲地来找双星总经理汪海,他要看看汪海用什么绝招,把一个和他做了20多年生意的美国大客户抢走了。他在双星一个车间一个车间地连转了3天,怒气慢慢变成了服气,最后他抓住汪海的手,发自内心地说道:"真没想到双星规模这么大,真没想到你领导双星那么好!"不光台商没想到,就是美国的大鞋商到双星看后也感到惊讶,但惊讶过后,则把他们在韩国、菲律宾的订货单拿到了双星。

纽约《世界鞋报》记者从美国鞋商口中知道了双星的情况,在双星举办的新闻发布会上,他问总经理汪海:"请问您是怎样领导这样大规模企业的?采取了什么先进的管理办法?"对美国人的疑问,汪海的回答简单明了:"我们针对制鞋业劳动密集型、手工操作的特点,提出'人是兴厂之本,管理以人为本',坚持管理以人为本,采取了'超微机的管理',并且形成了一整套自己的管理理论和管理哲学,创造了具有鲜明特色的'双星九九管理法'。"

对管理,汪海曾在字面上做过这样的诠释:"管",就是对人的管理。双星公司总经理曾专门研究了日本松下公司的管理,他发现松下公司取得成功,除了得力于组织机构、管理技巧、科学技术外,更重要的是得力于其经营理念,一种"繁荣、幸福、和平"的企业文化功能。它把人的历史传统、价值标准、道德规范、生活观念等统一于企业内部共同目标之下,使企业像大家庭般忠诚和谐。他更发现松下的这套东西不过是秉承中国的"诚意正心、修身齐家、治国平天下"的儒家思想。汪海开始琢磨:徒尚如此,况师乎?社会主义市场经济,必然要受传统文化的影响,而传统文化又必然要接受现代市场经济意识的洗礼。经过认真思考和分析,汪海紧紧抓住了"人"这个决定因素,以对人的9项管理为纵轴,以对生产经营的9项管理为横轴,为双星的管理勾画出一个直角坐标,提炼出物质文明与精神文化互相促进的"双星九九管理法"。

在人的管理上,双星人要达到"三环、三轮"原则。他们继承传统并借鉴国外的经验以创造自己的,以此三环来刻意求新;他们把思想教育当前轮,经济手段、行政手段做后轮,同步运行,共同提高效能。

在生产经营上,双星人要实现"三分、三联、三开发"。他们分级管理、分层承包、分开算账,以此增加了企业的活力;他们搞加工联产、销售联营、股份联合,进一步扩大了企业的实力;他们进行人才、技术产品和市场的全方位开发,使双星在市场上提高了竞争力。

汪海在实施九九管理法的纵横交叉中,终于找到了把人与物的管理相结合的最佳结合点。

现在,双星集团公司总经理汪海又在积极探索新的领导方式,力争把双星集团公司带入国际大公司行列,实现"世界的鞋业在中国,中国的鞋业在双星"的宏伟战略目标。

(陈建萍主编.企业管理学.中国人民大学出版社,2008)

【材料二】

迪斯尼公司对人员的培训与激励

自1983年以来,世界著名的迪斯尼公司经过艰苦卓绝的尝试,终于在1988年使每股股票股利由1984年的0.69美元上升到3.8美元。而且,迪斯尼王国的规模也不断扩大:拥有了沃尔特迪斯尼制片厂、沃尔特迪斯尼世界以及东京迪斯尼乐园。

迪斯尼公司在短短的几年间取得如此大的成功,除其最高主宰沃尔特迪斯尼慧眼定位的产品——欢乐具有特殊价值外,更重要的一点是迪斯尼公司在对人力资源的培训与激励上具有独到之处。让成千上万的游客心甘情愿付出高额代价,去享受迪斯尼的超值服务是该公司的宗旨,因此精心规划、培养训练有素的员工成为公司的首要任务。

随着迪斯尼公司兼并旅馆及其他休闲设施事业的发展,新员工来源更加广泛,这些人员有两种分配方向:计时员和支援专业人员的员工。前者从事身着传统服饰扮演美国拓荒英雄以及各种卡通人物以吸引游客的工作,后者则可能成为设计师或构想新计划的理财专家等职务的管理者。

由于员工的需要不同,对其培训方式也应不同。为此,在60年代,沃尔特先生创办了迪斯尼大学。该大学负责研究与分析公司员工的需要,并提出训练计划来满足这些要求。大学根据各个营业点面临的不同问题,成立了众多训练基地,针对不同的工作人员设计训练课程。例如,对"卡通人物"的要求,他们强调"这不是在

第四章 领　导

做一项工作,而是在扮演一个角色"。对前往应聘的人,他们首先要求其做自我估价,找到合适自己的位置;之后会放一段影片给应聘者看,详细介绍工作纪律、训练过程及服饰;然后才能进入面谈;最后再经过评选,被选中的卡通人物方能由穿着全套角色服饰的教师带领进入受训阶段。迪斯尼大学的教师大多由各相关单位指派的杰出卡通人物担当,这类杰出人物的主要工作与其他卡通人员一样,但每周有一部分时间要承担上课任务。

迪斯尼大学的课程之一是 8 小时的新人指导课,目的是让新人了解公司的历史、哲学和对顾客的服务标准。这一时期是他们接受无形产品——欢乐的时候。课程之二就是让他们了解自己所要担任的角色,并学习如何扮演。训练目的是使新人更加敏锐。接下来就是老手带新手的"配对训练",时间长短视参与的节目而定,大约是 16～48 小时。在这期间,新手可以向备受尊敬的优秀员工直接学习,同时培养以迪斯尼为荣的理念,使他们能更有热情地投入工作,并努力自我要求。在完成这一部分的学习,并熟练掌握训练单上所列的项目之后,新手才能单独接待游客。

迪斯尼的干部有 25％ 是从内部提升的,为此,公司制定了"迪斯尼乐园实习办法"作为主要的人力规划手段。对新人的指导课包括密集训练和主管介绍,以了解公司的产品和历史。之后再对各部门高级主管访谈,以了解各部门的目标及其在组织结构中所扮演的角色,例如,如何从销售或财务的角度为游客创造欢乐。最后,是参加一个正式的训练课程,了解公司策略及节目的制作过程。这些来自各部门具有管理才能发展潜力的人,在接受 6 个月的在职训练(他们每天要穿上卡通人物服饰)之后要通过期末考试才算结业,但结业并不保证晋升。受训目的不只是训练在职干部,更是训练储备干部,及早发掘人才。对初级管理者进行密集训练,一旦晋升到中级阶层,他们对公司的期望已经完全了解,并且具备了必要的专业技能,其后的训练就没有那么密集了。

迪斯尼的卡通人物日复一日、年复一年,天天回答同样的问题、干同样的工作,这也是重复枯燥的。而迪斯尼始终将"面带微笑,服务顾客"视为宗旨,期望所有的卡通人物都遵守公司高标准的要求。因此,为使卡通人物每天都能设法翻出一些新花样,让游客在这里看米老鼠时会感受到神奇的滋味,迪斯尼公司提供了各种奖励措施,包括服务优良奖、同仁表扬活动、全勤奖以及服务期满 10 年、15 年及 20 年的特别奖励会餐。此外,公司餐厅提供免费啤酒以助于提高士气,公司还辅助进行各种社团活动。

另外,为了更好地激励员工,公司还在各类节日期间,以各种方式感谢卡通人物及其家属。例如,在圣诞节期间,园区为其开放,干部则穿上各种角色的服装,取代卡通人物的工作,向员工庆贺;迪斯尼乐园中,管理者充当售货员,贩卖汉堡包和热狗。所有活动的共同目标是:激发员工的活力、热忱、投入和荣耀,使他能在适合自己的工作岗位上:自我要求,认同公司,与管理者一起,为顾客提供更好的服务。

(摘自 http://www.51test.net/show/998170.html)

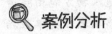案例分析

王嘉廉的领导风格

  1998年5月13日,"北京高新技术产业周"拉开帷幕。会上,美国CA有限公司和日本富士通有限公司联合宣布,共同推出两者合作开发的中文Jasmine。CA公司年营业额达45亿美元,是全球第四大软件公司;富士通是年销售额逾360亿美元的信息技术产业巨人。两者联袂亮相,自然给会议带来不小的轰动。然而,这其中更为引人关注的,却是一位以往在国内并不声名显赫的美籍华人——王嘉廉先生。

  如果用业绩来衡量,王嘉廉应在当今最成功的企业家之列。1976年,王嘉廉抱着"技术必须服务于商业"的信念,赤手空拳与3位员工创建了CA公司。21年后,CA已成为在43个国家拥有11 000名员工,市场资本近300亿美元,年营业额达45亿美元的大型软件公司。CA曾被美国《财富》杂志评为美国最有价值的100家公司之一。他的成功让羁旅异乡的华人感到骄傲,像20世纪80年代叱咤美国电脑界的王安一样,王嘉廉在办高技术企业上的非凡成就,证明了华人在海外除了开饭店、洗衣房外,在其他事情上也能超人出众。

  一个成功企业的成长过程,是一个渐渐形成自身独有风格的过程。而这一风格,又往往与领导者的作风与独特的领导方式有着最直接的联系。

  王嘉廉的个性非常突出,有着过人的精力,动作麻利,工作效率高,说话心直口快不拐弯抹角,因而也就有了"积极进取"、"坚定不移"、"温和"、"桀骜不驯"、"激情"、"冷静"、"斗志高昂"等描述他的词汇不断在众多报刊上出现。美国广播公司曾标榜他是"最具独创性和最有效率的主管之一"。

  王嘉廉最讨厌也最怕官僚系统,视其为腐蚀人心、摧毁企业的罪魁祸首,因而在他身上,你看不到老板架子。他要员工有话直说,有困难直接找他。为了破除官僚系统,CA公司每年四月有一次"大地震"——人事组织的变动。你今年在某一部门工作,明年就会被调到另一个部门工作,今年你在这个国家任职,明年又会被换到另一个国家。这种岗位的互换制,不仅使员工总是在面对挑战的环境中自我成长为精英,更重要的在于激发出员工个人的潜能与才智,使他们自觉地体会到团队精神和整体表现才是把握成功的关键。

  王嘉廉建立的CA是一个没有等级观念的公司,这里的工作方式是追求高效而不是拘于形式。CA的每一个部门都有自主权,做决策可以直通最高主管而无需

第四章 领　导

浪费在写报告上。像许多大公司一样，CA也有大大小小开不完的主管会议。但这些会议并非是例行或事先安排好的，而是根据实际需要随时召开。在CA的一次重要会议现场，看到的是在其他公司看不到的情景：一大群高级主管正准备开会，有的人手持咖啡、早点；有的人交头接耳；有的人忙着把笔记本电脑连接在大电视屏幕上。这里没有传统和正规的会议规则，会议的气氛时而轻松，时而激烈。他们可以声嘶力竭地争论，毫无顾忌地彼此交换意见。在碰到意见不同时，任何人都可以打断董事长、上司的话而不会被视为冒犯。讨论的过程不是单向的，王嘉廉的话亦不会被员工奉为圣旨。双方一来一往的激辩，其他人有不同的意见也不时地切入，没有所谓的发言次序。两个多小时的会议上，只有嗓门提高的声音，却见不到有人打盹儿、打哈欠，一个生硬的电脑议题便在轻松的气氛中，找出了一个完善的解决方案，而这一方案很可能会给CA增添一大笔收益。

王嘉廉提拔人才不看重学位，而是看他的工作热诚与能力。他认为拥有硕士学位或名校出身者，并不一定就是最适合在CA工作的人。CA最迫切需要的是具有自发精神、不畏挑战而又善于因地制宜的人。CA最重要的哲学之一是"有失败的权力"。王嘉廉告诉员工，犯错误没有关系，但谁都没有权力掩饰过失，因而相互指责、推卸责任的现象不会在CA出现。员工敢于冒险、独立思考、不怕发表自己的看法，每一个人都不会忙着掩饰自己的过失，这是CA和许多大公司不同的地方。"我们并不比其他公司的人聪明，但不同的是，我们节省下许多相互指责的时间来从错误中学到教训，不断成长。在CA工作的人，多是自动自发，希望共同为CA闯出一番天地的人。"王嘉廉以此为傲。

在美国电脑界大公司工作，员工们能得到很高的薪金待遇，而CA给员工的薪金报酬甚至比世界头号电脑公司IBM还高出三分之一。"你必须给予他们报偿，而且重重地报偿他们。当你找到一个全心投入的工作者时，付他两倍的代价，因为他可以顶3个人的工作。"王嘉廉认为，尽可能地向员工提供丰厚的薪金与福利待遇，是CA一直在努力做的，因为只有为员工提供一个轻松愉快、"大家庭"式的温馨环境，才能激励他们热爱公司，并以主人翁的态度对待工作。在美国的大公司中，CA这种以人为本的企业文化，使人感到是中国传统文化的影响，因而有人称CA公司是"颇具东方色彩的西方公司"。

尽管在规模与待遇上CA颇显大公司实力，但在经营上却把自己当小公司来经营，这是他们一直努力保持的心态。"因为一旦你将自己视为大公司，你就会失去工作的积极性与乐趣，因而尽管我们的确是电脑软件界规模最大的公司之一，但在思考及工作的方式上，都是以小公司为基准的。"王嘉廉说。

（徐小平等主编．管理学．科学出版社，2010）

问题：
1. 请概括王嘉廉的领导风格。

2. 王嘉廉的领导风格对于他的成功有什么作用?
3. 如果把王嘉廉的领导风格与领导方式直接移植到劳动密集型的服装生产加工业与玩具制造企业中,可能会产生什么样的结果?为什么?

 实 训

【内容一】

情景模拟

1. 情景设计:一位同学扮演陌生人,另一位同学则主动与其交流某个问题,并动员其与你共同做一件事情。
2. 运用沟通的理论与艺术,实现以上情景,并做进一步精心的策划。
3. 实训结束后进行总结,试分析你成功或失败的原因。

【内容二】

突发事件管理

1. 教师进行情景设计,设计几个突发事件的场景。
2. 各公司抽签选择突发事件场景,并现场制订应急预案。
3. 就该事件以及该公司在处理过程中的表现进行交流与讨论,作为一个公司的领导者,在突发事件的处理过程中,应该担任起什么样的角色?

第五章

控 制

【重点知识要求】
1. 了解控制的概念与特征
2. 了解控制的目的与作用
3. 掌握控制类型的分类方法
4. 掌握各种类型控制的优缺点
5. 了解控制的7种方法

【重点能力要求】
1. 掌握控制的基本程序
2. 掌握各种类型控制的运用技巧

案例导入

经过长达15年的精心准备，耗资15亿美元的哈勃太空望远镜最后终于在1990年4月发射升空。但是，美国国家航天局却发现望远镜的主镜片存在缺陷。由于直径达94.5英寸的主镜片的中心过于平坦，导致成像模糊。因此望远镜对遥远的星体无法像预期那样清晰地聚焦，结果造成一半以上的实验和许多观察项目无法进行。

更让人觉得可悲的是，如果事先进行更好的控制，这些是完全可以避免的。镜片的生产商珀金斯—埃默公司，使用了一个有缺陷的光学模板生产如此精密的镜片。具体原因是，在镜片生产过程中，进行检验的一种无反射校正装置没设置好。校正装置上的1.3mm的误差导致镜片研磨、抛光成了误差形状。但是没有人发现这个错误。具有讽刺意味的是，与其他许多美国国家航天局的项目所不同的是，这一次并没有时间上的压力，而有足够充分的时间来发现望远镜上的错误。实际上，镜片的粗磨在1978年就开始了，直到1981年才抛光完毕。

美国国家航天局（NASA）中负责哈勃项目的官员，对望远镜制造中的细节根本不关心。事后航天管理局中一个6人组成的调查委员会的负责人说:"至少有3次明显的证据说明问题的存在,但这3次机会都失去了。"

(单凤儒主编.管理学基础(第二版).高等教育出版社,2004)

思考题:哈勃望远镜出现问题的根源是什么?

第一节 控制职能概述

一、控制的概念

控制与我们的工作、学习甚至生活息息相关。例如,我们在去上班或上课的路上、赴朋友约会的途中,经常会抬起手腕看看手表;医生给患者量完血压后,会告知血压正常,或血压偏高,或血压偏低;汽车、飞机、轮船的驾驶和机器的操作等等都是"控制"原理在起作用;生产的调度、战争的指挥也是一种控制;党纪国法的约束、良心的谴责,目的在于调节人们的社会行为,是一种内容更复杂的控制。

从广义的角度来理解,控制工作实际上应包括纠正偏差和修改标准两个方面的内容。这是因为,积极、有效的控制工作,不能仅限于针对计划执行中的问题采取纠偏措施,它还应该能促使管理者在适当的时候对原定的控制标准和目标采取适当的修改,以便把不符合客观需要的活动拉回到正确的轨道上来。就像在大海中航行的船只,一般情况下船长只需对照原定的航向调整由于风浪和潮流作用而造成的航线偏离,但当出现巨大的风暴和故障时,船只也有可能需要整个改变航向,驶抵新的目的地。我们将管理中的控制职能定义为:由管理人员对组织市级运行过程中是否符合预定的目标进行测定并采取确保组织目标实现的过程。

二、控制的特点

控制具有不同于一般机械控制系统的特点,具体如下:

(1) 目的性。管理控制无论是着眼于适应环境的变化,还是纠正执行中的偏差,都要保证组织的各项活动按计划或标准进行,最终保证组织目标的实现。

(2) 整体性。其含义包括:一是从控制的主体看,组织的全体成员都参与管理控制;二是从控制的对象看,管理控制对象覆盖组织活动的各个方面。因此,要了解掌握各部门和单位的工作情况并予以控制,使各方面工作能协调一致,达到整体最优。

(3) 动态性。由于组织的内部条件和外部环境是动态变化的,因此控制标准和方法也需要不断调整,以保证控制工作的有效性和灵活性。管理控制不是简单的把管理活动维持在一个平衡点上,而是在实现组织目标的过程中不断提高控制过程的适应性和有效性。

(4) 人本性。管理控制本质上是对人的行为进行控制并由人来执行控制工作,因此管理控制工作中具有更明显的人为因素干扰,控制应努力降低人为因素所产生的负面影响。管理控制的纠偏工作只有被员工认识并具备矫正能力时,偏差才会真正被纠正。另外,控制不仅仅是监督,更重要的是指导和帮助员工分析偏差产生原因,指导其采取纠偏措施并提高员工的管理能力、业务能力和自我控制能力。

三、控制的必要性

控制是日常生活中的常见现象。如球队教练在赛前给球队确定的赛场战术,赛中利用暂停指示队员改变战术,比赛时经常换人等,这些措施都是为了确保球队取得预期的成绩。控制更是管理工作过程中不可缺少的环节。管理者可以制订周密详实的计划,如果计划从来不需要修改,而且是在一个全能领导人的指导之下,由一个完全均衡的组织完美无缺地来执行,那么就没有控制的必要了。但现实中这样的理想状态几乎不存在,这是因为:

(一) 组织环境的不确定性

任何组织的目标和计划都是在特定的时间、特定的环境下制定的,变化是亘古不变的规律,组织不可能面对完全静态的环境。实际上现代组织所面临的环境大多是复杂多变和不确定的。在计划的实施过程中,外部环境和内部条件都可能发生变化,导致实际执行结果和预期目标不完全一致。这种内外部相关因素总是发生着变化,甚至是重大变化,必然要求组织通过控制对原定的计划和目标进行有效的调整和修正。

(二) 组织协调的复杂性

现代各种组织的规模和内部结构日趋庞大与复杂,每一个组织要实现自身的目标,都必须从事一系列极其艰巨的活动或工作,而每一项活动又都可能涉及组织的各个部门,这就需要进行大量的组织协调工作。同时,由于管理层次的形成,企业的管理权限都制度化地分散在各个管理部门和层次,管理人员需要经常检查下属的工作,以保证被授予的权力得到正确利用,使利用这些权力组织的业务活动符合计划与组织目标的要求。如果没有控制,没有为此建立的相应的控制系统,管理人员就不能定期或者不定期地检查下级的工作,即使出现权力不负责任地滥用,或活动不符合计划要求,抑或部门间的本位主义等其他情况,管理人员也无法发现,更谈不上采取及时的行动保证各部门的活动紧紧围绕组织目标,从而保证每一项具体活动或工作的顺利进行。

(三) 管理失误的不可避免性

任何组织在其发展过程中,都不可避免地会犯一些错误、出现一些失误。因为即使组织制定了全面完善的计划,经营环境在一定时期内也相对稳定,但由于不同组织成员的认识能力和工作能力有差异,对计划要求的理解可能发生偏差,成员的实际工作未必能完全按照计划进行,实际工作结果可能在质和量上与计划要求不符。某个环节可能产生的这种偏离计划的现象,势必使组织产生一些错误或失误。而控制是任何组织发现错误、纠正错误的有效手段。通过对实际活动的反馈,管理者可以及时发现失误;通过对产生的偏差进行原因分析,可以使管理者明确问题所在,从而监视组织各方面的活动和环境的变化,以采取措施纠正偏差。因此,控制是改进工作、推动工作不断前进的有效手段。

四、控制工作的目的和作用

(一) 控制工作的目的

1. 维持现状

在早期的管理活动中,往往是通过财务审计来进行控制工作的。那时的组织规模不大,涉及的范围较小,业务活动种类也比较简单,所以进行财务审计的目的是防止有限的资金在使用过程中出现浪费和流失,并保证能获得最大的收益。随着社会和科学技术的进步,组织的活动规模越来越大,活动内容也增加并日益复杂,因而控制工作的内容也越来越多,已不仅仅是财务审计所能概括得了的。但尽管如此,财务审计仍不失为一种重要的控制方法。在现代管理活动中,无论采用哪种方法来进行控制工作,要达到的第一个目的,也就是控制工作的基本目的,是要"维持现状",即在变化的内外环境中通过控制工作,随时将计划的执行结果与标准进行比较,若发现有超过计划容许范围的偏差时,及时采取必要的纠正措施,以使系统的活动趋于相对稳定,实现组织的既定目标。

2. 打破现状

控制工作要达到的第二个目的是要"打破现状"。在某些情况下,变化的内、外部环境会对组织提出新的要求。如主管人员对现状不满,要改革,要创新,要开拓新局面。这时,就势必要打破现状,即修改已定的计划,确定新的现实目标和管理控制标准,使之更先进、更合理。

在一个组织中,往往存在两类问题:① 经常产生的可迅速、直接地影响组织日常经营活动的"急性问题"。② 长期存在的会影响组织素质的"慢性问题"。解决急性问题,多是为了维持现状。而打破现状,就需解决"慢性问题"。在各级组织中大量存在的是慢性问题,但人们往往只注意解决急性问题而忽视解决慢性问题。这是因为慢性问题是在长期的活动中逐渐形成的,产生的原因复杂多样,人们对其已经习以为常,以至于适应了它的存在,不可能发现或者即使是已经发现了也不愿意承认和面对慢性问题所带来的对组织素质的影响。要使控制工作真正起作用,就要像医生诊治疾病那样,重点解决慢性问题,打破现状,求得螺旋形上升。

(二)控制工作的作用

1. 限制偏差的累积

通常任何工作的开展都不免出现一些偏差。虽然小的偏差和失误不会立即给组织带来严重的损害,但在组织运行一段时间后,随着小差错的积少成多和积累放大,最终可能对计划目标的实现造成威胁,甚至给组织酿成灾难性的后果。防微杜渐,及早地发现潜在的错误和问题并进行处理,有助于确保组织按预定的轨迹运行下去。所以有效的管理控制系统应当能够及时地获取偏差信息,采取矫正偏差措施,以防止偏差的累积而影响到组织目标的顺利实现。

2. 适应环境的变化

组织计划和目标在制定出来后总要经过一段时间的实施才能够实现。在这个实施过程中,组织内部的条件和外部环境可能会发生一些变化,如组织内部人员和结构的变化、政府可能出台新的政策和法规等,这些变化的内外环境不仅会妨碍计划的实施进程,甚至可能影响计划本身的科学性和现实性。因此,任何组织都需要构建有效的控制系统,帮助管理人员预测和把握内外环境的变化,并对这些变化带来的机会和威胁做出正确、有力的反应。

第二节 控制过程

控制工作作为管理工作中相对独立的一个环节,也是由若干活动步骤组成的。我们知道,医生看病要以健康人作为标准来对比病人,找到病人和健康人的差别后要设法把病因找到,才能对症下药,开出处方,把病治好。确立标准,发现病情,找出病因,对症下药,这些就是医生看病的过程。同理,管理工作中,无论控制的对象是新技术的研究与开发还是产品的加工制造,或是市场营销宣传,是企业的人力条件,还是物质要素,或是财务资源,控制的过程都包括3个基本环节工作:① 拟定标准;② 根据标准评定活动成效;③ 分析原因,采取措施,消除偏离标准和计划情况,如图5-1所示。

一、拟定标准

控制标准的订立对计划工作和控制工作实际起着承上启下或连接的作用。标

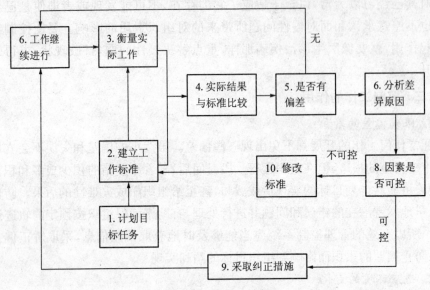

图 5-1 控制的过程

准是人们检查和衡量工作以及结果(包括阶段结果与最终结果)的规范,制定标准是进行控制的基础。没有一套完整的标准,衡量绩效或纠正偏差就失去了客观依据。

(一) 确定控制对象

标准的具体内容涉及需要控制的对象。那么,企业经营与管理中哪些事或物需要加以控制呢? 这是在建立标准之前首先要加以分析的。

无疑,经营活动的成果是需要控制的重点对象。控制工作的最初始动机就是要促进企业有效地取得预期的活动成果。因此,要分析企业需要什么样的结果。这种分析可以从盈利性、市场占有率等多个角度来进行。确定了企业活动需要的结果类型后,要对它们加以明确、尽可能定量的描述。也就是说,要规定需要的结果在正常的情况下应达到的状况和水平。

要保证企业取得预期的成果,必须在成果最终形成以前进行控制,纠正与预期成果的要求不相符的活动。因此,需要分析影响企业经营结果的各种因素,并把它们列为需要控制的对象。影响企业在一定时期经营成果的主要因素有:

(1) 关于环境特点及其发展趋势的假设。企业在特定时期的经营活动是根据决策者对经营环境的认识和预测来计划和安排的。如果预期的市场环境没有出现,或者企业外部发生了某种无法预料和抗拒的变化,那么原来计划的活动就可能无法继续进行,从而难以为组织带来预期的结果。因此,制定计划时所依据的对经营环境的认识应该作为控制对象列出"正常环境"的具体标志或标准。

(2) 资源投入。企业经营成果是通过对一定资源的加工转换得到的。没有或缺乏这些资源,企业经营就会成为无源之水、无本之木。投入的资源,不仅会在数量和质量上影响经营活动按期、按量、按要求进行,从而影响最终的物质产品,而且其费用会影响生产成本,从而影响经营的盈利程度。因此,必须对资源投入进行控制,使之在数量、质量以及价格等方面符合预期经营成果的要求。

(3) 组织的活动。输入生产经营中的各种资源不可能自然形成产品。企业经营成果是通过全体员工在不同的时间和空间上利用一定技术和设备对不同资源进行不同内容的加工劳动才最终得到的。企业员工的工作质量和数量是决定经营成果的重要因素,因此,必须使企业员工的活动符合计划和预期结果的要求。为此,必须明确员工的工作规范、各部门和员工在各个时期的阶段成果的标准,以便对他们的活动进行控制。例如,麦当劳快餐店就制定有非常详尽、具体的工作标准:① 95%以上的顾客进餐馆后3分钟内,服务员必须迎上去接待顾客。② 事先准备好的汉堡包必须在5分钟内热好以供应顾客。③ 服务员必须在就餐人员离开5分钟内把餐桌打扫干净。

(二) 选择控制的重点

企业无力也无必要对所有成员的所有活动进行控制,而必须在影响经营成果的众多成果因素中选择若干关键环节作为重点控制的对象。美国通用电气公司关于关键绩效领域(key performance areas)的选择或许能给我们提供某种启示。

通用电气公司在分析影响和反映企业经营绩效的众多因素的基础上选择了对企业经营成败起决定作用的8个方面,并为它们建立了相应的控制标准。这8个方面主要是:

(1) 获利能力。通过提供某种商品或服务取得一定的利润,这是任何企业从事经营的直接动因之一,也是衡量企业经营成败的综合标志,通常可用与销售额或资金占用量相比较的利润来表示。它们反映了企业对某段时期内投资应获利润的要求。利润率实现情况与计划的偏离,可能反映了生产成本的变动或资源利用效率的变化,从而为企业改进方法指明了方向。

(2) 市场地位。市场地位是指对企业产品在市场上占有份额的要求。这是反映企业相对于其他厂家的经营实力和竞争能力的一个重要标志。如果企业占有的市场份额下降,那么意味着由于价格、质量或服务等方面的原因,企业产品相对于竞争产品来说其吸引力降低了,因此应该采取相应措施。

(3) 生产率。生产率标准可用来衡量企业各种资源的利用效果,通常用单位资源所能生产或提供的产品数量来表示。其中最重要的是劳动生产率标准。企业其他资源的充分利用在很大程度上取决于劳动生产率的提高。

(4) 产品领导地位。产品领导地位通常指产品的技术先进水平和功能完善程度。通用电气公司是这样定义产品领导地位的:它表明企业在工程、制造和市场方面领导一个行业的新产品和改良现有产品的能力。为了维持企业产品的领导地位,必须定期评估企业产品在质量、成本方面的状况以及在市场上受欢迎的程度。如果达不到标准,就要采取相应的改善措施。

(5) 人员发展。企业的长期发展在很大程度上依赖于人员素质的提高。因此,需要测定企业目前的活动以及未来的发展对职工的技术、文化素质的要求,并与他们目前的实际能力相比较,以确定如何为提高人员素质采取必要的教育和培训措施。要通过人员发展规划的制定和实施,为企业及时提供足够的经过培训的人员,为员工提供成长和发展的机会。

(6) 员工态度。员工的工作态度对企业目前和未来的经营成就有着非常重要的影响。测定员工态度的标准是多方面的,比如,可以通过离职率、缺勤率来判断员工对企业的忠诚度;也可通过统计改进作业方法或管理方法的合理化建议的数量来了解员工对企业的关心程度;还可以通过定期调查的评价分析,测定员工工作态度的变化。如果发现员工的态度不符合企业的预期,那么任其恶化是非常危险的,企业应该采取有效的措施来提高他们在工作或生活上的满足程度,以改变他们的态度。

(7) 公共责任。企业的存续是以社会的承认为前提的。而要争取社会的承认,企业必须履行必要的社会责任,包括提供稳定的就业机会,参加公益事业等多个方面。公共责任能否很好地履行关系到企业的社会形象。企业应根据有关部门对公众态度的调查,了解企业的实际社会形象同预期的差异,改善对外政策,提供公众对企业的满意程度。

(8) 短期目标与长期目标的平衡。企业目前的生存和未来的发展是相互依存、不可分割的。因此,在制定和实施经营活动时,应统筹长期与短期的关系,检查各经营时期的经营成果,分析目前的高利润是否会影响未来的收益,以确保目前的利益不是以牺牲未来的利益和经营的稳定性为代价而取得的。

(三) 制定标准的方法

控制的对象不同,为它们建立标志正常水平的标准的方法也不一样。一般来说,企业可以使用的建立标准的方法有 3 种:① 利用统计方法来确定预期结果。② 根据经验和判断来估计预期结果。③ 在客观的定量分析的基础上建立工程(工作)标准。

(1) 统计性标准。统计性标准也叫历史性标准,是以分析反映企业经营在历史上各个时期状况的数据为基础来为未来活动建立的标准。利用本企业的历史性统计资料为某项工作确定标准,具有简便易行的好处。但是,据此制定的工作标准可能低于同行业的作业水平,甚至是平均水平。在这种条件下,即使企业的各项工作都达到了标准要求,但也可能造成劳动力的相对低下,造成成本的相对高昂,从而

第五章 控 制

使经营成果和竞争能力劣于竞争对手。未来在克服这种局限性,根据历史性统计数据制定工作标准时,充分考虑到行业的水平并研究企业竞争的经验是非常必要的。

(2) 根据评估建立标准。实际上,并不是所有工作的质量和成果都能用统计数据来表示,也不是所有的企业活动都保存着历史统计数据。对于新从事的工作,或对于统计资料缺乏的工作,可以通过管理人员的经验、判断和评估来为之建立标准。利用这种方法来建立工作标准时,要注意利用各方面的管理人员的知识和经验,综合大家的判断,给出一个相对先进、合理的标准。

(3) 工程标准。严格地说,工程标准也是用统计方法制定的控制标准,不过它不是对历史性统计资料的分析,而是通过对工作情况进行客观的定量分析来进行的。比如,机器的产出标准是其设计者计算的在正常情况下被使用的最大产出量;工人操作标准是劳动研究人员在对构成作业的各项动作和要素的客观描述与分析的基础上,经过消除、改进和合并而确定的标准作业方法;劳动时间定额是利用秒表测定的受过训练的普通工人以正常速度按照标准操作方法对产品或零部件进行某个(些)工序的加工所需的平均必要时间。

二、根据标准评定活动成效

对照标准衡量实际工作成绩是控制过程的第二步,它又分为两个步骤:一是测定或预测实际工作成绩;二是进行实绩与标准的比较。实际业绩的确定直接关系到控制措施的采取,掌握实绩可以通过两种方式:一是测定已产生的工作结果;二是预测即将产生的工作结果。无论采用哪种方式,都要求搜集到的信息能为控制工作所用。控制工作对信息的要求可以从 5 个方面考虑:① 信息是及时的吗? ② 测量单位是适宜的吗? ③ 收到的信息有多大的可靠性和准确性? ④ 信息是否适用有效,即对所要解决的问题有用处吗? ⑤ 信息是否送给了需要该信息的权力机构? 为了能够及时、正确地提供反映偏差的信息,同时又符合控制工作在其他方面的要求,管理者在衡量工作成绩的过程中应注意以下几个问题:

(一) 通过衡量成效,检验标准的客观性和有效性

衡量工作成效是以预定的标准为依据的,但利用预先制定的标准去检查各部门在各个阶段的工作,这本身也是对标准的客观性和有效性进行检验的过程。

检验标准的客观性和有效性,是要分析通过对标准执行情况的测量能否取得符合控制需要的信息。在为控制对象确定标准的时候,人们可能只考虑了一些次要的因素,或只重视了一些表面的因素,因此利用既定的标准去检查人们的工作,有时并不能达到有效控制的目的。比如,衡量职工出勤率是否达到了正常水平,不足以评价劳动者的工作热情、劳动效率或劳动贡献;分析产品的数量是否达到计划标准,不足以判定企业的盈利程度;计算销售人员给顾客打电话的次数和花费在推

销上的时间,不足以判定销售人员的工作成效。在衡量过程中对标准本身进行检验,就是要找出能够反映被控制对象的本质特征,从而确定最适宜的检验标准。要评价员工的工作热情,可以考核他们提供有关经营或技术改造合理化建议的次数;评价他们的工作效率,可以统计他们提供的产品数量和质量;分析企业的盈利程度,可以统计和分析企业的利润额及其与资金、成本或销售额的百分比;衡量推销人员的工作绩效,可以检查他们的销售额是否比上年或平均水平高出一定数量;等等。

由于企业中许多类型的活动难以用精确的手段和方法加以衡量,建立标准也就相对困难,因此企业可能会选择一些易于衡量,但并不反映控制对象特征的标准。比如,科研人员和管理人员的劳动效果,并不总能用精确的数字表示出来,有关领导可以根据研究小组上交研究报告的数量和质量来判断其工作进展;或根据科室是否整齐划一,办公室是否挂满了各种图表来判断其管理人员的工作努力程度。然而,根据这些标准去进行检查,得到的可能是误导信息:科研人员用更多的时间去撰写数量更多、结构更严谨的报告,而不是将这些精力真正花在科研上;管理人员花更多的精力去制作和张贴更漂亮的图表,而不是用这个时间去扎扎实实地进行必要的管理基础工作。

衡量过程中的检查就是要辨别并剔除这些不能为有效控制提供必需信息,容易产生误导作用的不适宜标准。实绩衡量应该围绕构成好绩效的重要特征项来进行,不可偏废。

(二)确定适宜衡量频度

控制过多或不足都会影响控制的有效性,这种"过多"或"不足",不仅体现在控制对象及需要衡量的标准数目的选择上,而且表现在对同一标准的衡量次数和频度上。影响某种结果的要素或活动过于频繁的衡量,不仅会增加控制的费用,而且可能引起有关人员的不满,从而影响他们的工作态度;而检查和衡量的次数过少,则可能使许多重大的偏差不能及时发现,从而不能及时采取措施。

以什么样的频度,在什么时候对某种活动的绩效进行衡量,这取决于被控制活动的性质。例如,对产品的质量常常需要以小时或日为单位进行,而对新产品开发的控制则可能只需以月为单位进行就可以了。需要控制的对象可能发生重大的变化的时间间隔是确定适宜的衡量频度所需考虑的主要因素。

(三)建立信息反馈系统

负有控制责任的管理人员只有及时掌握反映实际工作与预期工作成效之间偏差的信息,才能迅速采取有效的纠正措施。然而,并不是所有的衡量成效的工作都是由主管直接进行的,有时需要借助专职的检测人员。因此,应该建立有效的信息反馈网络,使反映实际工作情况的信息适时地传递给适当的管理人员,使之能与预定标准相比较,及时发现问题。这个网络还应能及时将偏差信息传递给被控制活动有关的部门和个人,以使他们及时知道自己的工作状况,为什么错了,以及需要怎样做才能有效地完成工作。建立这样的信息反馈系统,不仅更有利于保证预定计划的实施,而且能防止基层工作人员把衡量和控制视为上级检查工作、进行惩罚的手段,从而避免产生抵触情绪。

三、纠正偏差

利用科学的方法、客观的标准对工作成效进行衡量,可以发现计划执行中出现的偏差。纠正偏差就是在此基础上,分析偏差产生的原因,制定并实施必要的纠正措施。这项工作使得控制过程完整,并将控制与管理的其他职能相互联结:通过纠偏,使组织计划得以实施,使组织结构和人事安排得到调整,使领导活动更加完善。

为了保证纠偏措施的针对性和有效性,必须在制定和实施纠偏措施的过程中注意下述问题。

(一)找出偏差产生的主要原因

并非所有的偏差都可能影响企业的最终成果。有些偏差可能反映了计划制定和执行工作中的严重问题,而另一些偏差则可能是一些偶然的、暂时的区域性因素引起的,因而不一定会对组织活动的最终结果产生重要的影响。因此,在采取任何纠正措施以前,必须先对反映偏差的信息进行评估和分析。首先,要判断偏差的严重程度,是否足以构成对组织活动效率的威胁,从而决定是否值得去分析原因,采取纠正措施;其次,要探寻导致偏差产生的主要原因。

纠正措施的制定是以偏差原因分析为依据的,而同一偏差则可能由不同的原因造成:销售利润的下降既可能是因为销售量的降低,也可能是因为生产成本的提高;前者既可能是因为市场上出现了技术更加先进的新产品,也可能是由于竞争对手采取了某种竞争策略,或是企业产品质量下降;后者既可能是原材料、劳动力消耗和占用数量的增加,也可能是由于购买价格的提高。不同的原因要求采取不同的纠正措施。要通过评估反映偏差的信息和对影响因素的分析,透过表面现象找出造成偏差的深层原因;在众多的深层原因中找出最主要者,为纠偏措施的制定指明方向。

(二)确定纠偏措施的实施对象

需要纠正的不仅可能是企业的实际活动,也可能是组织这些活动的计划或衡量这些活动的标准。大部分员工没有完成劳动定额,可能不是由于全体员工的抵制,而是定额水平太高;企业产品的销售量下降,可能并不是由于质量劣化或价格不合理,而是由于市场需求的饱和或周期性的经营萧条等等。在这些情况下,首先要改变的不是或不仅仅是实际工作,而是或者而且是衡量这些工作的标准或指导工作的计划。

预定计划或标准的调整是由两种原因决定的：一是原来正确的标准和计划，由于客观环境发生了预料不到的变化，不再适应新形势的需要。二是负有控制责任的管理者应该意识到，外界环境发生变化以后，如果不对预先制定的计划和行动准则进行及时的调整，那么即使内部活动组织得非常完善，企业也不可能实现预定的目标：消费者的需求偏好转移，这时企业的产品质量再高，功能再完善，价格再低，也仍然不可能找到销路，不会给企业带来期望的利润。

（三）选择恰当的纠偏措施

针对产生偏差的主要原因，可以制定改进工作或调整计划与标准的纠正方案。纠偏措施的选择过程中应注意：

（1）使纠偏方案双重优化。纠正偏差，不仅在实施对象上可以进行选择，而且对同一对象的纠偏也可采取多种不同的措施。所有这些措施，其实施条件与效果相比，经济性都要优于不采取任何行动，使偏差任其发展。有时最好的方案也许是不采取任何行动，如果行动的费用超过偏差带来的损失的话。这是纠偏方案选择过程中的第一重优化。第二重优化是在此基础上，通过对各种经济可行方案的比较，找出其中追加投入最少、解决偏差效果最好的方案来组织实施。

（2）充分考虑原先计划实施的影响。对客观环境认识能力的提高，或者客观环境本身发生了重要变化而引起的纠偏需要，可能会导致原先计划与决策的局部甚至全局的否定，从而要求对企业活动的方向和内容进行重大调整。这种调整有时被称为"追踪决策"，即"当原有决策的实施表明将危及决策目标的实现时，对目标或决策方案所进行的一种根本性修正"。因此，在制定和选择追踪决策的方案时，要充分考虑到伴随着初始决策的实施已经消耗的资源，以及这种消耗对客观环境造成的种种影响。

（3）注意消除人们对纠偏措施的疑虑。任何纠偏措施都会在不同程度上引起组织的结构、关系和活动的调整，从而会涉及某些组织成员的利益。不同的组织成员会因此而对纠偏措施持不同态度，特别是纠偏措施属于对原先决策和活动进行重大调整的追踪决策时，虽然一些原先反对初始决策的人会幸灾乐祸，甚至夸大原先决策的失误，反对保留其中任何合理的成分，但更多的人对纠偏措施持怀疑和反对态度，原先决策的制定者和支持者可能会认为改变决策标志着自己的失败，从而会公开或暗地里反对纠偏措施的实施；执行原决策，从事具体活动的基层工作人员则会对自己参与的已经形成的或开始形成的活动结果怀有感情，或者担心调整会使自己失去某种工作机会，影响自己的既得利益而极力抵制任何重要的纠偏的制定和执行。因此，控制人员要充分考虑到组织成员对纠偏措施的不同态度，特别是要注意消除执行者的疑虑，争取更多的人理解、赞同和支持纠偏措施，以保证避免在纠偏方案的实施过程中可能出现的人为障碍。

第三节 控制的类型

在组织中,由于控制的性质、内容、范围不同,控制可分成许多不同的类型。了解控制的各种类型,根据实际情况选择合适的控制类型,对于进行有效的控制是十分重要的。

一、负馈控制与正馈控制

从控制目的和对象的角度,可以将控制工作划分为纠正执行偏差和调整控制标准的两种类型,用"控制论"的术语来说,它们实际上就是负馈控制和正馈控制。前者是使执行结果符合控制标准的要求,为此需要将管理循环中的实施环节作为控制对象;后者则是为了使控制标准发生变化,以便更好地符合内外现实环境条件的要求,其控制作用的发生主要体现在管理循环中的计划环节,也就是这种控制的对象包括了控制标准本身。这里的"负馈"意味着使偏差得到缩小,"正馈"意味着使控制标准和目标发生变动。正馈控制和负馈控制应该并重使用。

当然,要处理好这两个方面的控制工作的关系,在现实中确实不容易。增进适应性的正馈控制,有时很易于被用来作为无视控制的借口,因为以前的标准不再是合理的,因而就容易说控制是行不通的,不再进行控制(指负馈控制)。而这样做的结果,就会导致系统运行的不稳定、不平衡。但另一方面,平衡不应该是静态的平衡。现代的企业面临复杂多变的环境。环境条件变了,计划的前提与以前不一样了,如果还是僵硬地抱着原先设定的控制标准不放,不做任何调整,那么组织很快就要衰亡。现代意义下的控制,应该持一种动态平衡的观念,应能促进被控制系统在展现朝向目标的行为的同时,适时地根据内外环境条件做出调整、适应和变化。例如,一家公司如果预料到生产所需的原料将出现市场短缺,那现在就可能需要增加储备,提高库存水平;企业在发现产品供大于求、价格大幅跌落时,需要改变原定的生产计划,以减少或停止该产品的生产。这两个例子中,作为控制标准的合理库存量和产品产量均发生了变更,这是适应环境条件的正馈控制。对预期需求的水平做出改变和保证预期水平的达成,这是既相互对立又往往需要得到统一的两种不同的需求。现代企业控制的难点就在于,如何妥善地处理好适应性和稳定性、正馈控制和负馈控制之间的关系。

二、前馈控制、反馈控制和现场控制

根据控制信息获取的方式与时点不同,可以将管理控制划分为前馈控制、现场控制和反馈控制。

（1）前馈控制，是指一个组织在一项活动正式开始之前所进行的管理上的努力。前馈控制旨在获取有关未来的信息，依此进行反复认真的预测，将可能出现的执行结果与计划要求的偏差事先确定出来（此为负前馈），或者事先觉察内外环境条件可能发生的变化（此为正前馈），以便提前采取适当的处理措施预防问题的发生。前馈控制亦称预先控制，未雨绸缪地采取防患于未然的行动，主要是对活动最终产出的确定和对资源投入的控制，其重点是防止组织所使用的资源，在质和量上产生偏差。例如，猎人打飞鸟，总是把瞄准的方向定在鸟儿飞行前方的某一预估距离。而在企业经营管理中，在进厂之前或投入生产过程之前便对原料进行把关检验，要求工作人员持证上岗确保能力素质，以及对设备进行预防维修等，这些都是前馈控制的例子。

（2）反馈控制是在活动完成之后，通过对已发生的工作结果的测定来发现偏差和纠正偏差（此为负反馈），或者是在企业内外环境条件已发生了重大变化，导致原定标准和目标脱离现实时，采取措施调整计划（此为正反馈）。反馈控制实际上是一种事后的控制，故反馈亦称做后馈或事后控制。这是历史最悠久的控制类型，传统的控制方法几乎都属于此类。企业中使用最多的反馈控制包括财务报表分析、产成品质量检验、工作人员成绩测评等。反馈控制的主要特征是，根据事先确定的控制标准对实际工作绩效进行比较、分析和评价，对于本次所完成的活动已不再具有纠偏的作用，但它可以防止将来的行为再出现类似的偏差。亡羊补牢仍然为时不晚，否则，小失误常常会酿成大问题。例如，有一企业采购部门在购买某种稀缺原材料的谈判中没能按标准价格成交，答应了该供应商提价2%的要求。这一让步在单批订单中没造成明显的损失。对大企业来说，10万美元的订货中多付出2 000美元的费用，也许是微不足道的，但是当订货积累到一定数量后，如总订货增加到500万美元时，那么将发生10万美元的损失，这就不再是一个小数目了。但如果该企业及时发现了2%的提价是个"问题"，设法寻求新的货源，则可使企业避免这笔巨额损失。这是反馈控制防微杜渐的作用。

（3）与前馈控制和反馈控制都不同，现场控制则是一种同步、实时的控制，即在活动进行的同时就施予控制。管理者亲临现场进行指导和监督，就是一种最常见的现场控制活动。

现场（同步）控制的方法可分为两种：一是驾驭控制，有如驾驶员在行车当中根据道路情况随时使用方向盘来把握行车方向。这种控制是在活动进展过程中随时监视各方面情况的变动，一旦发现干扰因素介入立即采取对策，以防执行中出现偏差。二是关卡控制，它规定某项活动必须经由既定程序或达到既定水平后才能继续进行下去。如企业中规定，某产品售价是否可以调整或某项投资是否继续都要经过有关主管人员的同意，以及生产过程中对在制品质量进行分段检验等，这些都起着关卡控制的作用。日本汽车业在20世纪70年代末、80年代初以低价质优的产品有力地打击了美国汽车商,一条重要的经验就是充分使用了关卡控制法。在日本的汽车厂中,装配线上的每个工人同时又是产品质量的检查员,负责对其前一道工序产品质量进行检查、筛选、剔除,及时发现不合格品,从而降低成本,提高质量,使其竞争力超过美国本土汽车品牌。生产过程中的进度控制和生产报表、学生的家庭作业和期中考试均属此类控制。

三、集中控制、分散控制和分层控制

根据控制权力集中的程度,可以将控制分为集中控制、分散控制和分层控制。

1. 集中控制

集中控制是指在组织中建立一个相对稳定的控制中心,由控制中心对组织内外的各种信息进行统一的加工处理,发现问题并对组织的重大项目与事务进行直接统一的控制。这种控制方式比较简单,适合于规模不大的组织。

集中控制的具体做法是把各种信息都集中传送到集中控制机构,由集中控制机构进行统一监督、控制与处理,并对整个组织进行控制。在此基础上,集中控制机构根据整个组织的状态和控制目标,直接发出控制指令,控制和操纵所有部门和成员活动,例如,企业中的生产指挥部、中央调度室、汽车公司各线路公交车运行的调度室等都属于行使集中控制的机构。集中控制方式的指标控制统一,便于整体协调,但缺乏灵活性和适应性,机构的变革和创新困难。当组织规模十分庞大,地点分散且距离较远时,就宜采用分散控制方式。

2. 分散控制

分散控制是指组织管理系统分为若干相对独立的子系统,每一个子系统独立地实施内部直接控制。

分散控制的具体做法是由若干分散的部门和岗位及全体员工,根据自己的实际情况,对日常的一般性、常规性事务进行自行控制。例如,大学任课教师在每学期上课之前必须制订该门课程的授课计划,目的是自我控制一学期当中授课的内容与时间进度,这属于比较典型的分散控制。

分散控制适应了组织结构复杂、功能分工较细的特点,由于反馈环节少,故反应快,控制效率高,应变能力强。即使个别控制环节出现了失误或故障,也不会引起整个系统的瘫痪。分散控制的缺点主要是难以使各分散系统相互协调,难以保证各分散系统的目标与总体目标一致,从而危及整体的优化,严重的甚至会导致失控。

3. 分层控制

分层控制是一种把集中控制和分散控制结合起来的控制方式,是指将管理组织分为不同的层级,各个层级在服从整体目标的基础上,相对独立的开展控制活动。

分层控制的主要做法是将整个管理系统分为若干层次,上一层次的控制机构对下一层次各子系统的活动进行指导性、导向性的间接控制。各子系统都具有各自独立的控制能力和控制条件,从而有可能对子系统的管理实施进行自主处理。

四、战术控制和战略控制

这是从问题的重要性和影响程度来划分的。

(1) 战术控制亦称任务控制、运营控制、业务控制,主要是针对基层生产作业和其他业务活动而直接进行的控制。战术控制多是采用负馈控制法,其目的是确保有关人员或机构按既定的质量、数量、期限和成本标准要求完成所承担的工作任务。

(2) 战略控制是对战略计划和目标实现程度的控制。战略控制中不仅需要进行负馈控制,更需要进行正馈控制。也就是说,在战略控制过程中常有可能引起原定战略方案的重大修改或重新制定。也正因为这个缘故,人们倾向于将战略的计划与控制系统笼统的称作战略计划系统,而将任务的计划与控制系统称作战术控制系统。这说明,在较低层次的管理控制中,以负馈为手段的常规控制占主要地位,随着组织层次的提高和考虑环境变化的需要与责任的加重,正馈控制的成分就越来越大。

五、外在控制与内在控制

这是按控制力量的来源分类的。

(1) 外在控制是指一个单位或个人的工作目标和标准的制定,以及为了保证目标和标准的顺利实现而开展的控制工作,由其他单位或个人来承担,自己只负责检测、发现问题和报告偏差。例如,上级主管的行政命令监督、组织程序规则的制约等,都是这种外在强加的控制。

(2) 与之不同,内在控制不是他人控制(它既不是来自上级主管的人治,也不是来自程序规则的法治),而是一种自动控制或自我控制(称为自治)。自我控制的单位或个人,不仅能自己检测、发现问题,还能自己订立标准并采取行动纠正偏差。例如,目标管理就是一种让低层管理人员和工人参加工作目标的制定(上下协商确定目标),并在工作中实行自主安排(自己决定实现目标的方法手段)、自我控制(自己检查评价工作结果并主动采取处理措施)的一种管理制度和方法。目标管理通过变"要我做"为"我要做",使人们更加热情、努力地去实现自己参与制定的工作目标。当然,目标管理只有在个人目标与组织目标差异较小、员工素质普遍较高时采用才容易奏效。而在目标差异较大、员工素质较低时,较多的外在强加控制则是更为必要的。

第四节 控制的方法

控制工作可以按其发生的专业领域进行分类。不同类型组织中所开展的具体专业活动是不一样的,所以控制的内容也不尽相同。从企业来看,其管理控制职能可以通过预算、会计技术、质量控制、生产控制和销售控制等得到应用。下面介绍几种基本的控制方法。

一、预算控制

预算主要是一种计划方法,但是它也履行控制职能,预算使用财务数字或非财务数字来表明预算的结果,以此为标准来控制执行工作中的偏差的一种计划和控制手段。预算有许多种,包括销售预算、生产预算、费用预算、投资预算、现金预算、资产负债预算、资本成本预算等。

预算控制的好处是,它能把整个组织内所有部门的活动用可考核的数量化方式表现出来,以便查明其偏离标准的程度并采取纠正措施。预算控制的缺点是,过度预算,即详细的费用支出预算剥夺了管理者为管理其部门所需的自由;过多的根据预算数字来苛求项目计划无疑会导致控制的不灵活,那么预算的作用将会被削弱或无效,尤其是长期预算。

为了使预算控制良好运行,首先,管理者应牢记:预算仅仅是所设计的工具而不能代替管理,它有局限性;其次,预算的制定和管理必须得到高层管理的全力支持;第三,确保所有与预算有关的管理者都能参与预算的准备和制定,而不仅仅是被迫接受已定的预算。最后,要想使预算控制有效,管理者要关注他的部门在预算内的实际业绩和预测业绩方面的信息。这些信息必须能及时得到,否则避免预算偏差就为时太晚。

二、会计技术控制

会计技术控制包括责任会计、成本会计、标准会计等。例如,在责任会计中每一位管理者的责任都明确,会计记录的设置对于这些责任是合适的。在成本会计中,成本会计的方法主要是对成本进行详细分析,并显示为提供某一产品和运营某一部门所耗费的成本。成本会计使用标准成本为衡量工具,每个产品的标准成本在生产之前已有预先估计,并在生产后与实际成本相比较,这样标准成本成为控制标准。

三、内部和外部审计

审计是对组织中的经营活动和财务记录的准确性和有效性进行检查、监测和审核的一种控制工具。审计的内容很多,财务审计是其中最重要的部分。按其开展的方式,审计可分为外部审计和内部审计两种。前者是指由非本单位的专门审计人员和机构(如注册会计师和国家审计部门)对某一单位的财务程序和财务经济往来进行有目的的综合检查审核,以监督其行为的合法性、真实性等。内部审计则不只考虑合法性的要求,而是更加关注企业的生产经营活动的有效性。执行内部审计的人员主要是本企业的高层经理人员、财务人员,以及专、兼职的审计人员,以便定期开展审计工作,确保组织活动的正常和顺利进行。

四、质量控制

质量是由产品使用目的所提出的各项适用特性的总称。对产品质量特性按一定的尺度、技术参数或技术经济指标规定必须达到的水平就形成了质量标准。它是检验产品是否合格的技术依据。质量控制就是以这些技术依据为衡量标准来检验产品质量的。为保证产品质量符合规定标准和满足用户使用目的,企业需在产品设计试制、生产制造直至使用的全过程中,进行全员参加的、事后检验和预先控制有机结合的、从最终产品的质量到产品赖以形成工作质量的全方位的质量管理活动,即符合 ISO 9000 标准的控制。

五、生产控制

生产控制是生产系统的主要组成部分。生产控制的目标是以最低成本及时生产出数量和质量都符合要求的产品。生产控制中一个最基本的活动就是在生产过程中监督和指导工作。生产控制包括根据订单计划生产的批量,安排产品的生产顺序,进行生产监控直到产品生产完成。

六、存货控制

存货控制是企业运作中一个必不可少的环节。存货过量会积压大量的资金,带来大量的利息支出。但是若不保持充足的存货,生产过程就可能会中断或拖延,从而造成产品不能及时进入市场,将导致销售损失。为了使生产系统的运行有效率并保持高效,必须在这两种情况之间保持一种平衡。存货控制技术就是用来达到这种平衡的。

七、人事管理控制

人事管理控制主要集中在对组织内人力资源的管理上。具体包括两大方面:一是主要人事比率的控制。即分析组织内各种人员的比率,如分析管理人员与职工的比率、后勤服务人员与生产工人的比率、正式职工与临时工的比率以及人员流动率和旷工缺勤率等是否维持在合理的水平上,以便采取调整和控制措施。如果

第五章 控 制

反映调离和调进本单位的职工占职工总数比例的人员流动率太高,就会影响职工队伍的稳定,并增加了培训费用,但如果人员长期不调动,也会使组织缺少新的活力,因此人员流动率需要控制在一定的限度内。二是人事管理控制要对管理人员和一般员工在工作中的成绩、能力和态度进行系统的、周期性的客观公正的考核、评价和分析鉴定,即进行业绩评估。这既有利于激励原来表现好的员工继续保持和发扬下去,也有利于原来表现差的员工向着好的方向转化和发展。

复习思考题

1. 什么是控制职能?它的特点是什么?
2. 企业管理中为什么要进行必要的控制?
3. 简述控制的基本程序。
4. 在控制职能实施过程中,如何纠正偏差?
5. 比较不同类型控制的优缺点。
6. 管理职能有哪些具体的控制方法?

延伸阅读

【材料一】

戴尔公司与电脑显示屏供应商

戴尔公司创建于1984年,是美国一家以直销方式经营个人电脑的电子计算机制造商,其经营规模已迅速发展到当前120多亿美元销售额的水平。戴尔公司是以网络型组织形式来运作的企业,它联结着许多为其供应计算机硬件和软件的厂商。其中有一家供应厂商,电脑、显示屏做得非常好。戴尔公司先是花很大力气和投资,使这家供应商做到每百万件产品中只能有1 000件瑕疵品,在通过绩效评估确信这家供应商达到要求的水准后,就完全放心地让他们的产品直接打上"DELL"商标,并取消了对这种供应品的验收、库存。类似的做法也发生在戴尔其他外购零部件的供应中。

通常情况下,供应商需将供应的零部件运送到买方那里,经过开箱、触摸、检验、重新包装,经验收合格后,产品组装商便将其存放在仓库中备用。为确保供货不出现脱节,公司往往要储备未来一段时间内可能需要的各种零部件。这是一般的商业惯例。因此,当戴尔公司对这家电脑显示屏供应商说道:"这种显示屏我们今年会购买400万台～500万台,贵公司为什么不干脆让我们的人需要时随时提货"的时候,商界人士无不感到惊讶,甚至认为戴尔公司疯了。戴尔公司的经理们则这样认为,开箱验货和库存零部件只是传统的做法,并不是现代企业运营所必需的步骤,遂将这些"多余的"环节取消了。

戴尔公司的做法就是,当物流部门从电子数据库得知公司某日将从自己的组装厂提出某型号电脑××部时,便在早上向这家供应商发出采购相应数量显示屏的指令,这样等到当天傍晚时分,一组组电脑便可打包完毕配送到顾客手中。如此,不但可以节约检验和库存成本,也加快了发货速度。

(摘自 http://www.08.cn/8803259625.html.)

【材料二】

"石油大王"的控制之道

美国得克萨斯州有一位"石油大王"名为保罗·盖蒂。有一次,保罗·盖蒂以高薪聘请一位叫乔治·米勒的人监管洛杉矶郊外的一些油田。这位乔治·米勒先生是美国著名的优秀管理人才,对石油行业很内行,而且勤奋、诚实,管理企业有本领。所以保罗·盖蒂以十分优厚的待遇把他聘请进来。

为了考察乔治·米勒的真正本领,保罗·盖蒂在乔治·米勒上岗一个星期后,到洛杉矶郊外油田去视察,结果发现那里面貌没有多大变化,不少浪费现象及管理不善的现象仍然存在,如员工和机器有闲置现象,工作进度慢。另外,他还了解到乔治·米勒下工地时间很少,整天待在办公室。因此,该油田的很多问题得不到解决,企业的利润上不去。针对这种状况,保罗·盖蒂对乔治·米勒提出了改进的要求。

过了一个月,保罗·盖蒂又突然到那里去检查,结果他发现,改进还是不大,因此有点生气,很想训斥乔治·米勒一顿。但思考后又冷静下来,他相信乔治·米勒是有才干的,但为什么他上任后没有多大建树呢?不妨找他谈谈。

保罗·盖蒂在乔治·米勒办公室坐下,虽然他没有板起面孔说话,但言语间透出严厉。他说:"我每次来这里时间不长,但发现这里有许多地方可以减少浪费、提高产量和增加利润,而你整天在这里竟没有发现。"

乔治·米勒虽然没有不高兴的表情,但亦不隐藏他的看法:"保罗·盖蒂先生,因为那是您的油田。油田上的一切都跟您有切身的关系,那使您眼光锐利,看出了一切问题。"

乔治·米勒的回答使保罗·盖蒂大为震动,他几天都在想着乔治·米勒这番话。他想,人的行为动机、动力和利益是密切相关的,利益连接着动机。动机和利益一致了就会产生动力。据此,保罗·盖蒂决定在用人上做一项大胆的尝试。他再次找乔治·米勒谈话,见面后直截了当地说:"我打算把这片油田交给您。从今天起我不付给您工薪,而付给您油田利润的百分比,这正如您明白的,油田越有效率,利润当然越高,那么您的收入也越多。您看这个做法怎么样?"

乔治·米勒考虑了一下,觉得保罗·盖蒂这一做法确实能调动下属的积极性,

第五章 控 制

对自己虽然是个压力和挑战,但也是一个展示自己才干和谋求发展的机会,于是欣然接受了。从那一天起,洛杉矶郊外油田的面貌一天天地改观了。由于油田的盈亏与乔治·米勒的收入有切身的关系,他对这里的一切运作都精打细算,对员工严加管理。他把多余的人员遣散了,把闲置的机械工具发挥最大效用,把整个油田的作业进行一环扣一环的安排和调整,减少人力和物力的浪费。他自己也改进了工作方法,几乎每天到实地检查和督促工作,改变了过去那种长期坐在办公室看报表的管理办法。

两个月后,保罗·盖蒂又去洛杉矶郊外油田视察,这回他高兴极了,这里已找不到浪费的现象了,产量和利润都大幅度增长。这次尝试,乔治·米勒从中得到潜能的发挥和收入的增加,而保罗·盖蒂的收入更是呈几何级数增大,并探索出一条用人之道。

(陈建萍主编. 企业管理学. 中国人民大学出版社,2008)

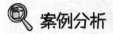 案例分析

客户服务质量控制

美国某信用卡片公司认识到高质量客户服务是多么重要。客户服务不仅影响公司信誉,也和公司利润息息相关。比如,一张信用卡每早到客户手中一天,公司就可获得33美分的额外销售收入,这样一年下来,公司将有140万美元的净利润。及时地将新办理的和更换的信用卡送到客户手中是客户服务质量的一个重要方面,但这远远不够。

公司决定对客户服务质量进行控制的想法,最初是由卡片分部的一个地区副总裁凯西·帕克提出来的。她说:"一段时间以来,我们对传统的评价客户服务的方法不太满意。向管理部门提交的报告有偏差,因为他们很少包括有问题但没有抱怨的客户,或那些只是勉强满意公司服务的客户。"她相信,真正衡量客户服务的标准必须基于或反映持卡人的见解。这就意味着要对公司控制程序进行彻底检查。第一项工作就是确定用户对公司的期望。对抱怨信件的分析指出了客户服务的3个重要特点:及时性、准确性和反应灵敏性。

了解了客户期望,公司质量保证人员开始建立控制客户服务质量的标准。所建立的180多个标准反映了诸如申请处理信用卡发行、账单查询反应及账户服务费代理等服务项目的可接受的服务质量。这些标准都基于用户所期望的服务的及时性、准确性和反应灵敏性,同时也考虑了其他一些因素。

除了客户见解,服务质量标准还反映了公司竞争性、能力和一些经济因素。比如,一些标准因竞争引入,一些标准受组织现行处理能力影响,另一些标准反映了

经济上的能力。考虑了每一个因素后,适当的标准就成型了,公司开始实施服务质量控制的计划。

计划实施效果很好,比如处理信用卡申请的时间由35天降到15天,更换信用卡的时间从15天降到了2天,回答用户查询的时间从16天降到10天。这些改进给公司带来的潜在利润是巨大的。例如,办理新卡节省的时间会给公司带来1 750万美元的额外收入。另外,如果用户能及时收到信用卡,他们就不会使用竞争者的卡片了。

信用卡客户服务质量控制计划的成功,使公司其他部门纷纷效仿。无疑,它对该公司的贡献是巨大的。

(摘自http://blog.myspace.cn/e/404358118.htm)

问题:
1. 该公司的客户服务质量的控制是何种类型的控制?
2. 能否找出该公司对计划进行有效控制的3个因素?
3. 该质量控制计划给公司带来了哪些好处?

实 训

【内容一】

参观走访

1. 参观一家超市,了解其质量保证或库存管理的控制办法,提高对企业管理控制系统的整体认识。
2. 通过此次参观走访,结合自己所学知识和理论加以分析,并找出具体的关键控制点。
3. 写一份关于质量保证或库存管理办法的调查报告。

【内容二】

模拟公司综合评价

1. 经过一段时间的实践,由模拟公司的各个部门经理按工作性质的不同,写出自检评估报告;在此基础上,由总经理写出公司全面的工作总结。
2. 模拟公司每名成员给自己打出自评分数并共同给总经理评分,总经理要给每位成员评分。
3. 召开交流与评估会,每位总经理都要在会上介绍本公司的经营绩效与经验并开展各公司之间的互评,教师要对训练的内容进行总结。

下 篇

管理实务篇

下篇

曾野文念諒

第六章

生产型企业管理实务

【重点知识要求】

1. 了解生产型企业的类型和特征
2. 熟悉生产型企业发展战略的程序与步骤
3. 了解企业生产流程的类型
4. 熟悉再造流程概念和特征
5. 掌握企业先进生产组织形式
6. 了解生产型企业产品开发的内容、方法和策略
7. 掌握生产计划的实施与管理
8. 熟悉生产企业成本控制原则和方法

【重点能力要求】

1. 初步具有流程绘制的知识与技能
2. 初步具有定制生产、灵捷制造和成组技术等先进理论知识的运用能力
3. 初步具有生产企业产品质量管理的能力

案例导入

"小天鹅"的崛起是因为企业内部有一种巨大的精神因素在起作用,这就是"小天鹅"的企业文化和企业精神。"小天鹅"在兼并重组的过程中注重文化重组,不断探索,把握时机,出奇制胜,创造双赢。

"小天鹅"与武汉"荷花"的合作具有中国特色,这种合作是在跨地区的国有企业之间进行,不仅仅是一种经济行为,更有丰富的文化内涵。

"小天鹅"进驻"荷花"的工作组在调研中发现:"荷花"厂缺的是质量文化。要让大家都知道:只有健康的思想才能指导健康的行动,进而保证企业健康发展。如何控制质量,这要求所有人、所有过程、所有工作都必须围绕质量来完成。按"小天鹅"5000次无故障运行的标准,他们对"荷花"产品进行测试,并邀请"荷花"厂的领

导一起考察市场,一起听取客户和用户的意见。"荷花"厂领导终于明白:"荷花"的出路就是在企业内部做好质量基础工作,依法治厂。

"荷花"的员工也在合作中逐步接受"小天鹅"的质量文化:末日理念。倘若有一天,"荷花"没有了"小天鹅"对双缸机的订单,"荷花"厂将面临停产。

由于条件限制,"小天鹅"与"荷花"的产品外观相同,只有区分市场,避免冲突,才能形成一种协同作战、平等竞争的局面。如果市场冲突,同室操戈,势必影响双方合作,"小天鹅"所有的双缸机不在湖北露面。"小天鹅"信守诺言,让出部分国内市场,此举赢得了荷花员工的信任和当地政府的好感,为以后更大的发展打下了坚实的基础。

(摘自 http://sxy.wzu.edu.cn/glx/list_detail.aspx)

思考题:"小天鹅"在进行合并时是如何进行战略性思考的?

生产的实质是投入、产出的转换过程。产品制造业、服务业和知识产品的生产,均是同一的生产过程。现代生产包括实物产品、服务和知识的生产。

本篇主要介绍第一产业和第二产业实物产品生产型企业的管理实务。

第一节 生产型企业管理概述

生产是一个古老的概念。随着社会生产力的发展和科学技术的进步,生产含义随之扩充、调整,日益完善。价值工程创始人劳伦斯·迈尔斯指出:"商品的价值是商品功能与商品成本的比值",即:价值(V) = 功能(F) / 成本(C)。由此可知,生产是将生产要素(投入物)转换为有形和无形的生产财富(产出物)而实现价值增值(增加附加值)并产生效用(功能)的过程。生产的目的是以最低的寿命周期费用,可靠地实现产品的必要功能。

一、生产型企业的特征

现代生产的组织形式是企业。任何产品生产均是在一定的组织形式内实施并完成的。凡实施产品的企业,统称为生产企业。生产企业有广义与狭义之分。广义的生产企业包括产品所有物质和非物质产品的生产企业。狭义的生产企业,仅指实物产品的生产企业,故称生产型企业。

(一) 生产型企业的特征

生产型企业与服务型企业、知识产品创新企业相比,具有以下基本特征:

1. 社会功能性

人们的衣、食、住、行、用等物质产品,由生产型企业生产与制作。物质产品是

第六章　生产型企业管理实务

国计民生的必需品,是人类社会存续与发展的基础。生产型企业为社会创造与积累财富,对人类生存和社会发展起着保障的基础性功能。

2. 行业主体性

生产型企业一般在第一产业和第二产业从事产品的生产。第一产业指农业,包括种植业、林业、牧业、渔业等产品生产。第二产业指工业(采掘业、制造业、自来水、电力、蒸汽、热水、煤气)和建筑业等产品生产。生产型企业有明确的行业主体性。

3. 产品实物性

生产型企业生产、制作的产品,均是有形的实物产品。第一产业所生产的农产品,第二产业所生产的工业制品,投入的原材料、机械设备等是有形的实物,其产出的是有形实物产品,向社会提供以满足人们物质生活的需求。产品实物性是生产型企业的根本特征。

4. 市场导向性

生产型企业以追求利润为目标,而目标是建立在为人们提供所必需的满意的产品基础上的,这是生产型企业存续与发展的前提。为此,生产型企业必须了解不断变化的市场需求,以市场需求为导向,制定适应市场需求与竞争的发展战略。

5. 生产系统性

生产型企业是一个投入生产要素,实施制作、加工转换,再输出(产出)产品的生产过程,即生产系统。这个生产系统由人、资金、机械设备、原材料、能源、知识技术、市场信息、环境、管理等要素构成。这是一个有明确目标的完整的生产系统。

(二) 生产型企业的类型

生产型企业可分为广义生产类型和狭义生产类型。广义生产类型是依据产品生产行业及企业所进行的生产分类,如工业生产企业、农业生产企业、房屋建筑企业等。狭义生产类型是按照产品生产过程及工序流程等专业化程度所进行的生产分类,如机械制造企业、建筑装饰企业等。

1. 生产型企业类别

依据不同标准,可对生产型企业进行不同的分类。

(1) 按生产方法划分

① 合成型生产企业,主要采用加工、装配等工艺,是将不同材料(零部件)合成或装配为一个产品。如服装厂、机械制造厂等。

② 分解型生产企业,主要采用分解、提取等工艺,将原材料加工分解为多种产品。如焦化厂、炼油厂等。

③ 调制型生产企业,主要采用加工、合成、附加等工艺,改变加工对象的性能或形状而制成产品。如冶炼厂、电镀厂等。

④ 提取型生产企业，主要采用挖掘、开采、提取等工艺，从地下、海洋等物体中提取产品。如制酒厂、采煤企业、石油企业等。

(2) 按生产专业化水平划分

① 大量生产型企业，主要采用专一加工、标准化生产等工艺，使用专用设备，进行长期、大量、单一、固定的生产同种产品。如轴承厂、轮胎厂、养鸡场等。

② 批量轮番生产型企业，主要采用多品种、多工序等生产方式，对几种产品进行周期性、成批量、轮番的生产与加工。如农产品生产企业、机械加工厂等。

③ 单件小批生产型企业，主要采用单一生产及加工方式，只生产加工一件或几件产品(零部件)。如造船厂、建筑企业等。

(3) 按生产连续程度划分

① 连续生产型企业，采用固定流程、标准化生产工艺，使用固定专用设备，进行长时间、连续不间断、工序间的无在制品，只生产1种或几种产品的生产。如纯净水生产。

② 间断生产型企业，采用分工序、工艺等加工方式，间断地投入生产要素，工序间有在制品贮存的产品生产。如各零部件加工厂等。

(4) 按生产任务划分

① 订单生产型企业，主要采用按样加工等工艺，依据客户提供的样品(或设计图纸)和加工数量订单，进行按期无库存的产品生产。如包装厂、家具厂等。

② 存货生产型企业，又称备货生产型企业、补充存货生产型企业，主要采用成品生产、库存等工艺，依据产品设计和生产计划生产为成品，并对成品先入库贮存，再出库销售。如粮油企业、家电企业等。

③ 混合生产型企业，是指在一个企业内既有订单型生产，又有存货型生产。大型、综合型企业，一般采用这种形式。

(5) 按加工工艺过程划分

① 加工装配型生产企业，工艺过程由多个分割工序组成，其任务是将零部件等单体物品组合装配成为一个整体产品。如汽车装配厂、家电组装厂等。

② 程序流程型生产企业，其材料单一、设备专一，按一定工艺顺序进行连续加工生产。如冶金企业、化工企业等。

此外，还可以按产品技术和经济特性等，对生产型企业进行分类。

2. 生产类型选择

生产企业及产品生产因素之间存在着相互依存和相互制约的关系，分析其关系，便能从中选择符合企业的生产类型。企业生产产品，一般受企业自身生产条件和生产能力、产品特性和生命周期、市场供求及价格等因素制约。依据上述因素，可制定多个可供选择企业及产品生产类型，对可供选择方案进行逐个分析、评价，在综合、比较后从中优选符合企业自身条件和市场需求的生产类型。

(1) 依据企业自身条件和资金实力选择企业生产类型。企业具备大规模流水线生产设备及生产能力，有雄厚的资金实力，可选择大批量、连续性等生产企业类型及产品生产；反之，则选择小批量、间断性等生产企业类型及产品生产。

(2) 依据产品生命周期选择企业生产类型。产品生命周期是指产品研制上市至退出市场的时间。产品生命周期一般分为研发期、试销期、成长期、成熟期和衰退期等时期。在产品成长期和成熟期，市场需求旺盛，企业及产品的生产一般采用大规模、大批量、连续生产类型。在产品试销期，市场需求情况不明，企业及产品生产，一般采用单件、小批量生产类型。在衰退期，市场需求减少，企业及产品生产，一般采用小批量、间断生产类型。

(3) 依据市场需求选择企业生产类型。产品的市场需求量，随人们需求种类、数量、产品性能及使用寿命、原材料丰缺与加工难易程度等不同而变动，始终处于一个变动状态之中。但市场对某种产品的需求量，总会有一个大体的预期需求量。生产企业在选择生产类型时，必须依据产品的市场需求量预期来选择企业的生产类型，如企业产品是粮食、蔬菜等生活必需品，有持续需求，预期需求量大，则可选择大规模、大批量、连续生产类型。如企业产品是耐用、高档、价高、间断需求、预期需求量小的产品，只能选择小批量、间断生产类型。

(4) 依据产品价格与盈利选择企业生产类型。任何企业均以获取利润为生产经营目标。企业产品价格及收入大于产品成本和销售费用时，企业才能取得盈利；在盈利交纳税金后还有余额，企业才能有利润。为此，产品市场价格、盈利和利润，是企业选择产品及生产类型的重要因素。如产品市场价格稳定、趋涨，有盈利和利润空间，企业可选择大规模、大批量、连续生产类型。如产品市场价格波动、趋跌，无盈利和利润空间，企业只能选择小批量、间断、订单生产等类型。

此外，还应考虑市场竞争等因素。

（三）生产型企业面临的挑战

随着全球经济一体化的加速发展，国内外市场的激烈竞争，科学技术要素在现代企业生产中功能提升，生产型企业面临着诸多挑战。

1. 发展高效低碳经济的需要

世界各国竞相发展低能耗、低排放、低污染的低碳经济。生产型企业要向资源节约、可再生、循环利用、清洁安全的低碳生产发展。生产企业发展低碳经济，要以高新科技为支撑，选用低碳原材料、低能耗机械设备，采用低排放、低污染生产管理模式。

2. 生产系统结构化要素中技术要素比重提高

生产系统结构要素是指构成生产系统的生产技术、生产设备、生产能力、环境联系等物质硬件之间相互关联。这是生产型企业实施产品生产的物质基础。过去的生产型企业,看重的是生产设备及生产能力,而当今世界的现代生产型企业,已转向先进科技要素的投入与运用,注重知识化产品的开发与生产。如何加快向科技型企业转化,是生产型企业面临的挑战之一。

3. 生产系统中非结构化要素功能提升

在生产系统结构化要素中,除结构化要素外,还存在人员组织、计划、控制、管理等非结构化软件要素。特别是生产型企业中的人力资源,是现代科学技术的载体,在企业生产经营中的功能越来越大。如何引进和培植高科技人才,是生产型企业发展所面临的又一次挑战。

4. 柔性自动化发展趋势

人们需求的多样性,要求生产型企业能提供多品种、多规模、多等次、多花色、小批量的产品。这一需要改变原先采用固定专用设备、程序化操纵的大批量自动化生产体系,采用柔性自动化生产模式。柔性自动化是一种适应多元市场需求、可迅即交货的随机应变的自动化生产体系。生产型企业必须主动迎接柔性自动化的挑战。

5. 产品与服务双重性比例提高

当今世界成功的企业,均重视产品的服务。如美国IBM公司,原先只销售硬件产品,销售服务是附带、免费的。随着产品销量扩大,IBM公司组建服务公司,每年服务价值以两位数增长。要么有合作企业提供服务,要么自行成立服务公司,生产型企业必取其一。

6. 生产国际化与国际竞争

全球经济一体化,必然带来生产国际化和标准化,生产型企业采用国际产品标准和技术操作规程,实行规范化、标准化生产。国际市场上激烈竞争,必然依据优胜劣汰市场法则,要么竞而胜之,要么竞而败之,生产型企业及产品面临在竞争中被淘汰的挑战。

二、生产型企业发展战略

企业发展战略是市场竞争下企业经营管理理论发展的产物。

企业发展战略是指企业为适应以市场竞争为主的外部环境,谋求企业存续和发展,对企业总体性发展方向和整体性生产经营管理活动所做出并实施的谋划和决策。

【案例6-1】

亚马逊公司名震全球的战略选择

一、赢得顾客,就赢得未来

亚马逊网络书店已经成为全球电子商务的一面旗帜。创办至今的短短5年中,亚马逊公司的全球客户已达2 000万,是最受欢迎的购物网站;它在网络上销售

第六章 生产型企业管理实务

的商品已达 430 万种;营业额已超过 10 亿美元;其股票市值更超过了 300 亿美元。亚马逊公司几乎一夜成名,也几乎一夜就造就了一批亿万富翁。亚马逊公司成功的秘密到底在哪里?

二、为顾客操心,而非利润

今天的利润与未来的价值,是跨入网络经济时困惑全球的矛盾。贝索斯作为企业经营者,获利当然重要,但和拥有顾客相比,短期的利润在他眼中就成了"二等公民"。贝索斯曾自信地说:"亚马逊可能是有史以来最以顾客为念的公司。"而在一次接受《时代》周刊采访时,他更生动地阐述道:"利润就像是维持生命的血液,但人不会为了血液而生活。"

"亚马逊公司的竞争策略,是将心放在顾客身上,而不是放在竞争对手身上。"贝索斯是这样说的,亚马逊公司在经营的方方面面也是这么做的。

三、让技术在人性化中"隐身"

网络本身的特性,赋予了亚马逊书店从不歇业和上架时间长的优势。因此,在亚马逊书店开张之前,就设计出了种种贴心的人性化服务功能。

当你进入到亚马逊网站的主页,你就能切身感受到无所不能的技术所带给你的无处不在的人情味:① 随心所欲的选择。顾客只要登录亚马逊网站的主页,就可以任意检索、预览、购买任何书籍。② 一劳永逸的"一点通"(1-click)。亚马逊网站通过"一点通"设计,用户只要在该网站买过一次书,其通信地址和信用卡账号就会被安全地存储下来。下回再购买时,顾客只要用鼠标点一下欲购之物,网络系统就会帮你完成以后的手续。这种神奇的购物愉悦,在过去几乎是不可想象的。

四、个性化服务,亚马逊公司的方向

比尔·盖茨在《数字神经系统》中曾提到:"未来的市场营销会随着网络的兴起,而把焦点放在送货的时间、方式上。因为会有更多的网络业者注意到个人化的需求,如果业者可以尽量满足每一个人的特殊爱好与需求,那么这家公司就越有成功的潜力。"

(摘自 http://sxy.wzu.edu.cn/glx/list_detail.aspx? ID=854)

思考题:亚马逊公司在网络时代是如何进行战略性思考的?

(一) 生产型企业发展战略目标与任务

1. 企业发展战略的特点

企业发展战略具有如下特点:① 全局性特点,发展战略涉及的是企业总体性和全局性问题,不是策略性的局部的具体问题。② 指导性特点,发展战略对企业的发展运行具有指导作用。③ 长远性特点,发展战略注重的是企业未来的长远的发展大事。④ 现实性特点,发展战略从企业现在和将来所面临的现实出发,强调其可操作的实现性。⑤ 创新性特点,发展战略要运用创新思维和创新理论,变革并创新企业发展及经营管理模式。⑥ 竞争性特点,企业发展战略出发点立足于创新竞争,其目标在于在市场竞争中获胜。

2. 企业发展战略组成

企业发展战略由企业经营范围、增长向量、竞争态势、协同作用等要素构成。

发展战略构成要素 { 经营范围——企业所处行业、规模、产品项目、经营内容等。
增长向量——企业从现有市场份额向未来市场新增的开发的产品及服务量。
竞争态势——企业产品在现有市场的份额,在未来市场竞争中的优势。
协同作用——企业协同内外部要素的能力及所产生的合力增大效应。

企业发展战略从层次上分,可分为总体战略、经营战略和职能战略。

总体战略是企业制定的全局性、总体性发展战略,主要要素是经营范围和增长向量。

经营战略是企业各经营单位的具体发展战略,主要要素是竞争优势等。

职能战略是企业职能部门的具体发展战略,如产品战略、资源战略、市场营销战略等。

3. 企业发展战略目标与任务

(1) 市场竞争的重点与企业发展战略任务

企业处于激烈的市场竞争之中,市场竞争的重点和焦点,应是企业考虑和制定发展战略的内容。能为企业取得竞争优势的竞争重点和焦点,一般有如下内容:① 成本,降低产品生产成本和销售费用,实现企业盈利目标。② 产品质量与可靠性,包括产品设计质量、工艺质量、销售服务质量的可靠性。③ 交货速度与可靠性,及时交货、可靠送达一般是竞争的首要条件。④ 适应需求变化的应变能力,企业具有预测需求并快速调整产销的应变能力。⑤ 新产品开发速度,采用柔性生产战略,灵活性满足广大顾客对产品的多种需求。⑥ 高新科技创新能力,企业发展战略的竞争核心是运用最新科技研发创新产品,提升经营管理效能的竞争。上述竞争重点和焦点,构成企业发展战略任务。

(2) 企业发展战略目标

企业制定并实施发展战略,其目标是确保企业在激烈残酷的市场竞争中立于不败之地,维持企业生存和持续发展,实现企业盈利目标。

(二) 生产型企业发展战略内容

生产型企业发展战略内容,主要是以顾客需求为核心,构建 C－DPS 导向战略系统;以提请企业市场份额为前提,进行产品整体开发。

C－DPS 导向战略

C－DPS 导向战略是指以顾客(C)需求为核心的产品开发(D)、生产(P)、销售(S)组成协同系统战略。C－DPS 战略系统强调企业在产品开发中,应把开发、产品、销售有机地结合起来,最大限度地发挥企业的整体功能。

(1) C-DPS 系统战略的特点：① 强调企业经营的核心是满足顾客需求，以此为其出发点和落脚点。② 强调产品开发(D)、生产(P)、销售(S)共同面对市场，构建三者关联性的研发、生产、销售整体系统。③ 强调产品开发(D)、生产(P)、销售(S)三者沟通信息，形成共同应对市场的共识及态度。④ 企业经营以顾客为中心，以销售部门为龙头，以此组织开展产品营销活动。

(2) 生产企业"三三三制"战略

众多企业在应用 C-DPS 系统战略理论的实践过程中，明确地提出了企业竞争"三三三制"做法，即将企业经营管理力量分为 3 份：1/3 用于产品销售(流通)；1/3 用于新产品(技术)开发；1/3 用于产品生产。生产企业实施"三三三制"战略，不一定都采用单枪匹马、机械地将企业经营力量分为 3 份，可采取生产企业与销售企业、物流企业"强强联合"，强势开拓并提高市场占有率，实现企业发展战略目标。

(三) 生产型企业发展战略的制定与实施

生产型企业如何制定发展战略，这是一项涉及面广、难度颇大的系统工程。制定与实施企业发展战略，其主要程序及步骤如下：

(1) 开展企业外部发展环境调研。组成以决策层为主的企业发展战略研制工作组，开展国内外市场需求，国家政策、法规，同行科技、生产发展水平和竞争实力等调研，知晓形势，了解差距，身处环境，产生压力，明确企业发展方向。

(2) 展开企业内部发展能力分析。对企业现有市场及需求，顾客对企业产品及服务的满足与满意度；企业由人力、财力、物力、技术、管理、信息等资源构成的生产经营能力，开展分析研究的企业诊断，找出与发展目标任务之间的差距。

(3) 确定企业发展战略目标。在开展企业内外部调研与分析诊断的基础上，依据国内外市场现实需求和预期需求，参照国内外同行先进水平及发展态势，根据本企业历史最好成绩及发展潜力，运用科学预测原理，确定本企业发展战略目标。

(4) 拟定企业发展战略备选方案。发展战略决策在于选择，没有选择便没有决策。按照"整体详尽性"和"互相排斥性"原理，大胆寻找，精心设计各种可能的备选方案，防止遗漏最佳方案及选择。应保证备选方案的数量，以确保备选方案的质量。

(5) 选择企业发展战略方案。采取价值、可行性、"上帝满意"和社会效益等标准，对各备选方案进行分析、比较和评价，在众多备选方案中优选最佳发展战略方案。最佳方案一般是理论方案，实际上只能选择次佳的"令人满意"的方案。

(6) 企业发展战略方案付诸实施。制定企业发展战略的目的，不在于是否制定或有了发展战略方案，而在于将发展战略方案付诸实施。企业要编制实施发展战略计划，配置资源，严密组织，加强监管，确保企业发展战略目标和任务变成现实，以促进企业的发展。

【案例6-2】

中国工商银行的进一步发展

中国工商银行是中国政府于1984年1月1日建立的。它的初始资产、负债、资本、运营设备、系统分支网络及员工均是由中国人民银行工商信贷管理司划拨而来的。工商银行在一开始的角色就被定位为"国有企业和集体企业运营资金贷款的主要来源",而且被要求在国家政策的基础上实行众所周知的政策性贷款。在工商银行的基础资产中存在着巨额的这种贷款。这些贷款利率低,而且偿债情况不良。另一个困难是工商银行作为国有银行有义务用自己存款的一个固定的部分去购买政策性银行债券。

同时,工商银行还面临着各种内部和外部的问题。首先是缺乏受过西方银行业务训练的专业管理人才。从而影响了银行的效率、灵活性,以及满足顾客需要的快速反应能力。

另一个方面的问题是储户正在向其他地方分散。而作为国有银行,工商银行在裁员、培训员工、选择更多的贷款开拓新的金融业务方面的自由度较小。在1996年至1997年间,中国政府对金融部门进行了广泛的改革。这些改革要求中国工商银行在继续作为国有企业运作的同时,向以市场为导向的完全商业银行平稳过渡。尤其需要关注的是允许外国银行更容易地进入市场,这就意味着工商银行将要面临更为激烈的竞争。因此,工商银行高层管理所面临的挑战不仅是如何提高运作,而且当务之急还是如何尽快进行机构改革,如何给顾客更好的服务以及使顾客满意。总之,如果工商银行要保持其竞争能力,就必须进行快速而深刻的改革。

(摘自 http://jpkc2.wzu.edu.cn/coursec/resource_scene9.aspx)

思考题:根据中国工商银行所处的行业竞争性,提供中国工商银行未来发展战略的可行性措施。

三、构建生产型企业

构建生产型企业的内容,涉及面宽广。在宏观方面,主要是构建由市场需求导向的由信息流、物质流、价值流等资源的供产销一体化的生产体系。在微观方面,主要是围绕产品生产过程,进行时间组织和空间组织,设计与布置产品生产线。本节主要介绍流水线生产组织形式。

(一)生产型企业的产品生产过程

企业生产过程是企业劳动者按预定目的运用劳动资料(机器、工具)对劳动对象(原材料等)进行劳作(加工)使之成为产品的过程。

1. 产品生产运行过程

科学合理地组织企业生产过程,是企业实现产品生产目标的前提条件。在市场经济条件下,一项产品生产过程始于根据市场消费需求(消)的经营决策和生产计划;接着,筹集、供应(供)生产资源,组织产品生产(产)加工而产出产品,并将产品销售(销)出去而实现其价值;然后,核算产品生产效益并进行分配,进入新的一个产品生产过程。其生产运行过程如图6-1所示。

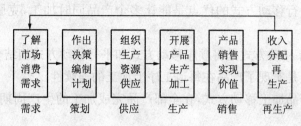

图6-1 产品生产过程运行图

2. **产品生产过程四阶段**

产品生产过程一般可分为生产技术准备过程、基本生产过程、辅助生产过程和生产服务过程4个阶段。

生产技术准备过程,是指生产前的产品等级、规格、质量、安全等标准,商标、包装、服务等开发设计的各项技术准备工作。

基本生产过程,是指从直接完成产品投料加工至产出产品所进行的生产、加工活动。

辅助生产过程,是指保证产品基本生产过程正常进行所必需的各种辅助性生产活动,如设施维护、机械工具维修、电力能源供应等。

生产服务过程,是指为基本生产和辅助生产所提供的各种服务活动,如企业自身组织的生产资料供应、社会化服务组织所提供的服务等。

产品生产过程的4个阶段,是一个相互促进、相互制约的整体,在组织产品生产经营时,要统筹安排,协调配合,不能顾此失彼。基本生产过程是核心,应予以重点保证。

3. **产品生产过程组织**

企业生产过程要求有序、有效地完成产品产出任务,缩短产品生产周期,提高劳动生产率和设备利用率,加快流动资金周转速度,降低产品成本,实现企业盈利目标。这就需要研究设计产品加工的时间组织和空间组织,采用先进的流水线生产组织形式。

(1) 生产过程的时间组织

生产过程的时间组织主要研究加工产品在工序间的移动方式,其目的是用最短时间完成加工任务而生产出产品。

产品在工序间移动,有顺序移动、平行移动和平行顺序3种移动方式。

① 顺序移动方式是指一批产品经多道工序加工时,采用在每道工序加工完成

后,整批地搬运至下一工序去加工的方式。顺序移动方式的生产线布置简便,采用得较普遍。

② 平行移动方式是指一批产品中每个产品在某道工序加工完成后,马上转至下一道工序去加工,由此形成一批产品中每个产品在各道工序间平行地进行加工移动的方式。平行移动方式的优点是能让多个产品同时加工,克服产品加工中停顿现象。

③ 平行顺序移动方式是将顺序移动方式和平行移动方式相结合的产品加工移动方式。其优点是实现了产品在每道工序上加工的连续性。

上述3种产品加工移动方式,在全部产品完成加工的生产周期中,未考虑计算移动所需的时间。

(2) 生产过程的空间组织

生产过程的空间组织的任务是为依据现代企业管理"整分合"和专业化原理,对企业生产过程及生产单位布置科学合适的空间,以保证生产过程的有序有效运行。生产过程的空间组织主要采用工艺专业化和对象专业化2种空间组织形式。

① 工艺专业化形式,又称工艺原则,是按生产过程的工艺特点来设置生产单位的空间组织形式。即:在每个生产单位内布置的工种、设备,配备的工人,采用的加工工艺方法等,基本是相同的。其优点:能提高企业专业化、标准化生产水平;可组织规模化生产,提升企业生产能力;各工位间能互相帮助与监督,协调配合强,能提高企业管理水平等。其缺点:产品生产过程被分割在多个工序、工位上加工,易造成彼此连接、协作的脱节、中断;增加加工产品移动时间,产品生产周期长;加工产品移动运输量大,占用资金量大,增加产品生产成本等。

② 对象专业化形式,又称对象原则,是以加工产品、部件、零件为对象来设置生产单位的空间组织形式。即:在一个生产单位内要集中完成一个产品、部件、零件的加工任务,设置所需的加工工序、工位及工艺方法,并配置各工序、工位及工艺所需的设备、员工等。其优点:产品加工移动时间快,产品生产周期短;产品移动运输量少,节省费用支出;集中于一个空间连续加工,彼此协作,相互监督,内部管理较有效。其缺点:产品单一,机械设备公用性差,适应市场的应变能力差;如某工序出现故障,势必中断生产过程;众多工序及工艺集中于一个单位,难以提高工艺专业化、标准化生产水平。

③ 产品的劳动对象和生产者相对集中安排,实行工种、工艺专业化。

(二) 生产企业流水线生产

流水生产,又称流水线、流水作业,是指加工对象在生产过程中,按规定的工艺路线和速度,有规律地连续不断地从前一道加工工序流到后一道加工工序,最终形成产品的一种先进的生产组织形式。它是对象专业化空间组织形式与平行移动时

第六章 生产型企业管理实务

间组织方式的有机结合的生产组织形式。流水线生产是由美国福特汽车公司于20世纪初发明创造。

1. 组织流水线生产条件与要求

依据流水线生产的特点,组织流水线生产必须满足如下条件与要求:① 产品品种固定,是长期大批量需求的产品。② 适合产品设计、结构、工艺等定型,已实现标准化生产。③ 产品加工工序能合并和分解,按照一定节拍或节奏有规律的连续均衡生产,各工序的时间定额与流水结节拍相等或成倍数关系,即同期化。④ 采用送料制,原材料、半成品和外协件必须保质、保量,及时供应。⑤ 机械设备实行计划预修制,处于完好状态。⑥ 严格质量检测与管理,每道工序废品严禁流入下道工序。⑦ 各工序上的工人不能缺勤、迟到和早退,要有预备顶班人员,实行严格的劳动管理制度。⑧ 加工产品的厂房面积必须可以安装流水线生产设备和运输装置,保障流水线运行等。流水线生产的上述条件与要求,充分体现出流水线的优越性。

流水线生产也存在着如下局限性:① 只产能生产一种或一类产品,对市场需求的适应性差。② 定型、大批量、连续、流水线生产所需设备投资大,一旦停产、转产,将造成巨额损失。③ 工人在流水线上进行的重复劳作,难以换岗,易产生厌恶心态等。

2. 流水线分类

按不同性质,对流水线可作如下分类:

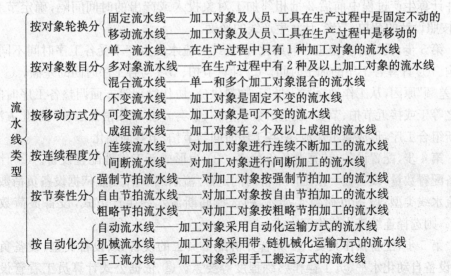

上述流水线类型在实际设计与应用时,均是多种流水线类型的综合设计与应用。

3. 流水线设计

(1) 流水线设计内容

流水线设计内容,一是流水线技术(硬件)设计;二是流水线组织(软件)设计。

流水线技术(硬件)设计内容:① 工艺路线、工艺规程设计。② 专用设备、通用设备设计。③ 专用工艺装备、通用工艺装备设计。④ 运输传送装置设计。⑤ 控制、检测、计量、显示装备。⑥ 硬件与软件配套工程技术设计等。

流水线组织(硬件)设计内容:① 生产节拍、节奏的设计。② 工期同期化设计。③ 加工对象与设备、人员配置设计。④ 运输方式设计。⑤ 生产实地设计与布置。⑥ 流水线产品标准、技术操作规程、工作标准指示图设计等。

(2) 流水线设计程序与步骤

流水线设计包括技术设计(硬件)和组织设计(软件)。技术设计(硬件)主要由技术人员设计完成。本书主要研究管理方面的组织设计。因流水线类型及要素不同,其组织设计也不同。现介绍单一产品流水线的组织设计程序与步骤。

第1步,做好组织设计的准备工作,保证设备顺利进行。① 将产品分解为一个个独立的零件、部件。② 对分解的零件、部件进行分析,确定是自制加工。③ 确定是自制加工的零件、部件,做出流水线生产的决定。④ 决定对上流水线生产的零件、部件,明确上流水线的种类。⑤ 依据流水线加工顺序及相互关系,绘制加工工艺综合流程图。

第2步,设计确定生产节拍或节奏,使产品生产按节拍、有节奏地运行。① 设计并计算生产过程中相邻2个加工对象投入或产出的时间间隔,确定节拍。② 设计并计算生产过程中前后2批相邻加工对象投入或产出的时间间隔,确定节奏。③ 按照设计的节拍、节奏,计算生产线的速度。

第3步,设计并实施工序同期化,使连续的流水线生产不受各工序时间不同的影响。① 计算各工序的加工时间。② 计算节拍、节奏与各工序时间的差额。③ 分析"差额"原因,从工作地、设备、员工、物料供应、协作管理等方面调整各工序时间,使之等于或接近节拍、节奏,或整倍数于节拍、节奏。④ 采用消去法等同期化方法,重新组合工序,形成新工作地,使各工序时间与节拍、节奏同期化。

第4步,配置设备,计算设备负荷率。① 为形成新工作地配置设备。② 计算设备配置数量,设备数=按工序单件时间定额/流水线节拍。③ 依据设备负荷数选择流水线类型,设备负荷数<75%,则选择间断流水线生产方式,设备负荷数>75%,则选择连续流水线生产方式。

第5步,配备操作人员:① 综合分析配备员工的设备数、设备类型、设备负荷率、设备自动化水平、员工操作熟练程度等要素。② 依据公式计算员工看管设备数,"看管设备台数≤设备自动时间/设备手动时间+1"。③ 计算流水线生产所需配备的员工人数。

第6步,确定流水线的输送方式及输送设备:① 分析生产场地,流水线节拍、节奏,加工对象的形状、大小、重量,加工工艺、精度等因素。② 根据流水线生产的不同要求,选择相应的流水线输送方式,如大批量强制节拍,则选用传送带输送方式。③ 配置传送装置设备。

第 7 步,进行流水线平面布置:① 依据设计的生产流水线及设备、传送装置设备、操作人员工位等实际,计算所需的面积和空间。② 根据现有生产场地(厂房)的面积和空间,设计拟订流水线平面布局备选方案(见流水线平面布局形式图)。③ 依据省时、省力、省钱、安全等原则,满足方便流水线设置、便利人员操作、便于管理检修、充分利用生产场地、使加工对象运行路线最短等要求,从而选择最佳流水线平面布局形式。④ 绘制流水线平面布置图。

第 8 步,编制流水线工作标准指示图表:① 依据生产任务、节拍、节奏、看管期、加工顺序、工时定额、人员配备、工作名称及范围、工作进度等要素,编制流水线工作标准指示图表。② 将流水线工作标准指示图表张贴于企业生产地明显位置,使操作者和管理者共同遵守,起指导作用。

第二节 生产型企业流程设计与管理

任何生产企业的产品生产与制作,均是在一定的流程中完成的。将流程运用到现代企业生产经营管理上,特别是企业资源规划(ERP)系统,能把企业管理推向深入、细致的科学层面,提升企业经营管理水平。

一、生产企业流程

流程是指将输入转化为有用输出的一系列任务。企业的产品生产运营过程,是若干项作业的集合。这一系列互相联系的作业集合成为作业链,即流程。每项作业又可分为若干项任务,每项任务可分为若干步骤。流程具有层级结构:步骤组成任务;任务组成作业;作业组成流程。

由上可知,流程有 3 个重要含义:① 作业链,强调各作业之间无缝隙连接的连贯性。② 供应链,强调企业与外部供应商连接供应商、客户连接客户的整体协作以获取最大竞争力。③ 价值链,强调价值的创造,优化作业链和供应链,满足顾客的需要。

(一)企业生产流程的设计

根据生产类型的不同,生产流程有 3 种类型:① 按产品进行的生产流程。② 按加工路线进行的生产流程。③ 按项目组织的生产流程。现介绍按产品进行的生产流程。

按产品进行的生产流程

(1) 产品生产流程的特点

产品生产流程一般有如下特点：① 以提供产品为对象。② 有与产品生产相配套的生产设施设备。③ 形成流水般的连续生产，即流水线生产。④ 适合大批量生产。这类产品生产流程，因为是以产品为对象组织的生产流程，所以又称为对象专业化形式流程。

(2) 产品生产流程设计的影响因素

影响产品生产流程设计，主要有如下因素：① 产品需求及性质、特点。② 产品生产周期、产品成本、企业生产技术等生产能力。③ 产品生产系统适应市场需求的生产柔性。④ 产品质量水平。⑤ 顾客参与程度。⑥ 追求标准、简洁和高效等目标。

(3) 产品生产流程设计要求

产品生产流程设计的要求：产品生产过程的成功与失败与生产过程的组织直接相关。产品生产流程设计，要求使产品生产系统的组织与市场相适应，符合产品—流程矩阵。

产品—生产流程矩阵可以帮助企业经营管理人员选择生产流程，提升制定企业生产发展战略水平。产品—生产流程矩阵的广泛应用须注意：① 根据产品结构性质，沿对角线选择和配置生产流程，可达到最佳技术经济性能；偏离对角线的产品结构—生产流程匹配战略，不能获得最佳效益。② 仅根据市场需求变化调整产品结构的传统战略，因它忽视了同步调整生产流程的重要性，一般不能达到预期效益目标。产品—生产流程矩阵如图6-2所示。

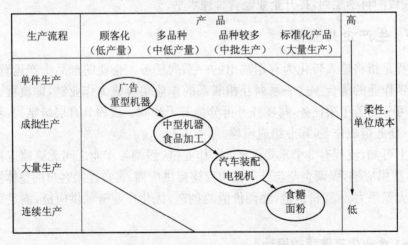

图6-2 产品—生产流程矩阵

(二) 企业生产流程选择

按照不同生产流程构成的生产单位形式有各自不同的特点，生产企业应根据市场需求和自身条件选择最为恰当的一种生产流程。在选择产品生产流程形式时，其最大影响因素：一是品种数量的多少；二是每种产品产量的大小。现介绍生产流程的选择方案。

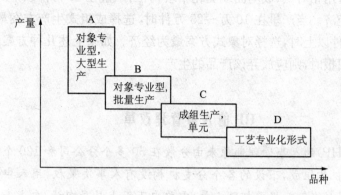

图 6-3 品种—产量水平生产单位的选择方案

1. 不同品种—产量水平生产单位的选择方案

图 6-3 中 A 点至 D 点的变化,单位产品成本与产品品种柔性均不断增加。在 A 点,对应的是单一品种的大量生产,在此极端情况下,可采用高效自动化专用设备组成流水线,这是最佳方案,其生产效率最高,成本最低,但柔性最差。随着品种的增加和产量的下降(B 点),采用对象专业化形式的成批生产较为适合,品种可在有限范围内变化,系统有一定柔性,但操作有一定难度。另一个极端是 D 点,它对应的是单件生产状况,采用工艺专业化形式较为合适。C 点表示多品种中小批量生产,采用成组生产单元和工艺专业化混合形式较好。

2. 不同费用—生产过程方案的选择

图 3-13 给出的是一种定性分析示意图,对确定的生产流程方案不应作经济效益分析。每形成一种生产流程均需投入一定费用,在设计生产流程时,应充分考虑投入费用对设计生产流程的影响,如图 6-4 所示。

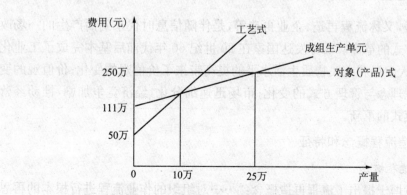

图 6-4 不同费用—生产过程方案选择示意图

在图 6-3 中,纵轴表示费用,横轴表示产量。产量=0,费用为初始投入的固定费用,适合对象式生产方案,生产效率高,单位时间产出量大,劳动时间消耗少,单位产品变动费用相对低(成本曲线变化平缓)。当产量在10万件以下时,选择工艺式方案最为经济。当产量在10万~25万件时,选择成组式生产方案最为经济。当产量在25万件以上时,选择对象式方案最为经济。如果上述几种方案都不能得到满意的投资回报时,则应放弃该产品的生产。

【案例6-3】

HP的人事管理改革

惠普公司(HP)的人事管理部原来由分散在50多个分公司和120个销售办事处50多个分支机构组成,下设的各个分支机构没有人事决策权,用人申请必须经总公司裁定。低层经理如果要招聘人员,需要自下而上层层申请,自上而下层层批复,通过贯穿于公司的整套机构才能完成,互不了解彼此的需要。这种效率低下的人事工作流程不仅对应聘者而言太过烦琐,而且对于需要用人的经理而言也难以忍受。为此,HP的人事管理改革首先着眼于员工求职过程,设立专门的招聘系统(EMS),由"应聘响应中心"统一接收申请人的人事材料。经过初步处理后,发往美国各地的HP人事部门,人事信息就可以通过EMS得到共享,并且可以获得快捷服务。以此为开端的HP人事管理部改革,为HP的人事工作带来了巨大的效益。1990—1995年,减少人员1/3,调整人员比例(人事工作者人数/总员工数)从1/53~1/75。根据HP人事副总裁称,仅人员一项的减少,每年就为公司节省约5 000万美元,同时大大提高了服务质量,显示了明快、高效的工作作风。

(陈荣秋等主编.生产运作管理(第三版).机械工业出版社,2010)

思考题:惠普公司(HP)人事管理改革的核心是什么?

二、再造流程的过程

再造流程,又称流程再造、企业再造等,是伴随信息时代来到而产生的一场改变工业工作方式的革命。西方发达国家在20世纪60年代前后基本完成了工业化进程:生产力大发展和人民物质生活水平的提高带来了价值观的变化;价值观的变化带来了管理理念与管理方式的变化;市场迅速细分化,经济竞争加剧,推动经营观念和经营模式的革新。

(一)再造流程概念和特征

1. 再造流程概念

美国哈默博士提出了流程再造概念:"……对组织的作业流程进行根本的再思考和彻底的再设计,以求在成本、质量、服务和速度等各项至关重要的绩效标准上取得显著改善。"

再造流程含义：① 根本思考，指企业在再造过程中，必须就企业自身及运营方式以及现有做法，提出最根本的思考问题。传统的框框、约束和某些规则往往已落后于时代，不适应当今的顾客导向、竞争激烈、变化快速的经营环境，需要对它们进行根本性的重新思考。企业再造的第一步是向企业提出问题，关心事物的本来面目。② 彻底再设计，指对事物从根本上入手，追根溯源，从一张白纸开始重新设计，而不是在原来业务基础上修补、提高或改善。③ 流程，指企业的业务流程。业务流程是企业以输入各种原料为起点到企业创造出对顾客有价值的产品（或服务）为终点的一系列活动。"再造"着眼于按业务需要的自然顺序来设计"流程"或"程序"，而不是着眼于现有部门、岗位的职能分工。再造后的流程则是"对顾客产生价值的系列活动"。一切不产生价值的活动都应加以删除。④ 显著绩效，再造流程对企业运营方式做了重大改变，而不是渐进性改良，其目的是要取得绩效的巨大飞跃，如大幅度降低成本，减少时间，提高质量等。哈默和钱辟为"显著"改善制定了一个目标："周期缩短70%，成本降低40%，顾客满意度和企业收益提高40%，市场份额增长25%。"

2. 再造流程的特征

再造流程的特征可归纳如下：① 再造流程以顾客需求、面向顾客为出发点。② 再造流程以流程为核心，打破了传统的劳动分工的理论框架。③ 再造流程是对企业业务流程进行根本性反省和彻底的再设计，是建立在对企业现行业务流程"怀疑"的基础上，以最大限度地满足顾客需求为思考的出发点，对现行工作方式即企业业务流程进行根本性反省和革命性创新。从这个意义上讲，再造流程是一场管理革命。④ 给工作人员决策权。再造后的企业在组织上应从纵向与横向两个方向进行压缩，这需要赋予工作人员决策权，把决策作为其工作的一部分。⑤ 工作步骤同步进行。⑥ 流程模式非标准化。⑦ 增加产生附加价值的工作。⑧ 设事件经理与顾客联系。

再造流程的理论尚不成熟，世界各地正在积极实践，成功者仅三成，但成就令人瞩目。

（二）流程再造的过程

流程再造过程包括组建队伍、流程识别、流程图绘制、企业流程分析、流程关键点处置、创新思考、实施等环节。

(1) 再造队伍的构筑。再造流程首要的、关键一步，就是如何选择并组织实际参与再造的人，即组建再造队伍。

(2) 流程的识别。

(3) 流程图的绘制。流程是指不同部门之间的合作，共同完成的工作。对于识别出来的企业各式各样的流程要给予一个不同名称，以便人们一看到这个名称，就能了解它的来龙去脉,以及整个流程的内容。流程是多个活动的集合,活动之间有着特定的流向,它包含着明确的起始活动与终止活动。要给流程起一个好的名字,必须分析这个流程中包含哪些活动,各活动之间是一种什么样的关系,至少要搞清,哪个是起始活动,哪个是终止活动。如对于企业中的产品开发工作,经分析,它是从产品概念的构思开始,再把概念变成产品蓝图,通过工艺将这一蓝图试制成样品,再进行检验、修改等活动,直至将其制成样品。它实际上是由这一系列活动组成的。从流程角度来考虑,可称为构思概念——试制样品流程。对流程进行重新设计,必须有直观的图形,这就是流程图。

(4) 企业流程的分析。企业流程的分析包括关键流程的选择和关键流程的认识。关键流程选择的原则,是要把绩效低下、位势重要和确实可行的流程作为关键流程。关键流程的认识要理解流程与分析流程的差异,掌握流程的具体方法。

(5) 流程关键点的位置。流程关键点是指再造流程的最关键点,是再造流程过程中的最困难点,也就是关键因素。

对于时装生产企业来说,以满足消费者对时尚的追求为己任,因此,缩短时装上市周期,快速满足流行的需要绝对必要。

【案例6-4】

福特汽车公司采购流程

20世纪80年代初,福特汽车公司与美国的其他许多公司一样,想方设法紧缩人员,减少行政管理费用。福特汽车公司的主管人员对包括应付账款部门在内的全部工作流程进行反思。

福特汽车公司终于再造的流程并不是"应付账款",而是"采购工作"。福特汽车公司原先的采购流程,是由采购部门向供应商发出购货订单,并将一份副本送交应付账款部门。供应商发货,货物运到福特汽车公司的收货点后,点上的办事人员填写一份表格,说明收到货物的情况,并将表格发交给应付账款部门。与此同时,供应商将发票送给福特汽车公司的应付账款部门。

现在,福特汽车公司的应付账款部门关于这批货物有三种凭证——购货订单、收货凭证和发票。如果这三种凭证上的数据互相吻合,应付账款部门的办事人员就签字同意付款。

福特汽车公司新的采购流程是:采购部门的一名采购员向供应商发出购货订单,与此同时,将订单上的有关内容输入联机数据库。供应商跟以往一样,将货物发往买方的收货点。货物运到后,收货点的工作人员通过电脑终端机进行核对,查看已经运到的货物同数据库中贮存的已经发出的购货订单的内容记录是否相符。如果相符,收货点的工作人员接收这批货物,并按电脑终端的键,告诉数据库,这批货物已经运到。数据库现在已记下收到这批货物,而且电脑会自动地签发一张支票并在适当时候把它发往供应商。另一方面,如果这批货物同数据库中已经发出的购货订单的内容记录不相符,那么,收货点的工作人员拒绝在运货单上签收,将它退还给供应商。

福特汽车公司应付账款部门的一项规定是,只有收到了发票才能付款。破除这项规定的办法就是取消发票。于是,福特汽车公司不再实行"发票收到后才能付款",改为实行新的规定——货物收到后才能付款。仅仅改一个词,就为企业的一项重大变革奠定了基础。

福特汽车公司在其下属卡车制造厂之一实行了更加新的规定,取代"收到货物后才能付款",实行"货物使用后才能付款"。这一变革使福特汽车公司的采购和收货流程进一步得到简化(此外,这一变革还使该公司得到其他的好处,即从减少刹车的库存到改善现金支出等等好处)。

(摘自 http://wenku.baidu.com/view/b5633a24ccbff121dd3683c3.html)

思考题:福特汽车公司再造的流程为什么选用采购流程?

三、生产企业先进的生产组织形式

采用先进的生产组织形式,能有效提高生产企业的经营管理水平,提升企业经营效益,实现企业生产经营目标。当前世界最新的先进生产组织形式有流水线生产、柔性制造系统、定制生产、灵捷制造、成组技术、现代集成制造系统等。

(一) 定制生产

定制生产,又称大规模定制生产,最初由苏联学者于20世纪50年代提出成组技术(CT)。20世纪80年代美国知名学者毕·约瑟夫·派思创新发展。经过多年实践,充分肯定了这一竞争模式的生命力。

定制生产是一种集企业、客户、供应商、员工和环境于一体,采用整体优化的系统论,充分利用企业现有的各种资源,在标准技术、现代计算方法、信息技术和先进制造技术的支持下,根据客户个性化需求,以大批量生产、低成本、高质量的高效率提供定制品及服务的生产方式。

1. 定制生产的基本原理

定制生产施行的基本原理:① 以大规模生产的质量、成本和速度,为单个顾客或小批量多品种的市场定制生产任意数量的产品。② 将大规模生产与定制生产有机结合起来,对顾客定制个性化产品进行大规模生产和服务。

2. 定制生产的协调工作

(1) 各职能部门的协调

定制生产方式除了要对产品、制造流程和供给网络进行重新设计外,还需要企业在组织管理中具有较高的协调性和灵活性,主要体现在各职能部门的协调、产品和流程的各模块之间协调两个方面。定制生产需要企业各个部门的协作,营销部门负责决定消费者需要定制的产品,研究开发部门需要重新设计产品以使其能在供给网络的最有效的阶段进行定制,生产和分销部门则需要决定最优的生产分销地点和设计合适的制造流程,财务部门需要提供及时的成本信息和财务分析。各个部门具有不同的绩效评估标准,如营销部门的评估标准是销售收入的增长,研究开发部门的评估标准是产品的功能和部件的成本,生产和分销部门的评估标准是制造成本及分销成本。不同的评估标准使得各部门追求的目标各不相同,营销部门希望提供更多的产品以吸引顾客,研究开发部门想以尽可能低的成本提供尽可能多功能的产品,而生产部门却希望大量生产以降低制造成本。各职能部门目标的不一致甚至冲突,要求企业的高层管理人员做好协调工作和信息沟通,最大限度地避免因内部矛盾导致定制生产的高成本和低效率。

(2) 产品和流程的各模块之间协调

定制生产中,不同的产品种类具有不同的模块组合和不同的流程顺序,因此在接到顾客订单后合理安排和协调各模块之间的生产运行是很重要的。定制化程度越高,产品多样化程度也就越高,模块之间的连接和协调也就越复杂。为适应这种生产的多样性和及时对顾客需求作出反应,企业需要灵活的网络式的组织结构而非以金字塔式的机械的组织结构。这种组织结构使得企业可以随时根据顾客的要求组织一个团队来生产,从而实现以最快的速度满足顾客的需要。定制生产对员工有新的要求。产品的多样性和工作内容的丰富多样化,要求员工掌握更多的技能而非专业化的技能,因此企业需要对员工提供更多的培训。

【案例 6-5】

海尔的定制冰箱

根据中国市场调查机构的消息,2007 年 1~10 月国内冰箱市场,中国家电大企业海尔占据 25%,连续 18 年位居国内首位。海尔公司不满足于国内第一,以 2010 年前全球冰箱市场第一为目标,展开了全球化攻势。

海尔是以冰箱起家的家电企业,冰箱是海尔的招牌产品,是支撑企业营业额的中坚事业之一。在竞争激烈的电器制造业,一个增长性已经不再高的行业,海尔不但保持了高速增长,而且踏入世界级品牌行列。海尔成功的秘诀在哪里呢?

如今是个性化的时代,其特征是:个性强的产品备受青睐,同质化的产品遭人冷落,消费行为从"你生产什么我买什么"的被动接受,转向"我需要什么,你生产什么"的主动选择。市场永远青睐超前者,而海尔冰箱率先走进了个性化时代。

定制冰箱,可以说是海尔从制造业向服务业转移的"先行者"。比如,消费者看中了"金王子"的外观、"大王子"的容积、"欧洲型"的内置、"美国型"的线条,设计人员需要对其进行科学合理的搭配,模具要重新制作,生产线要重新调试,配送系统

第六章 生产型企业管理实务

要送对型号,服务系统要清楚这种机型的配置。一台冰箱容易做到,几百万台各不相同的冰箱都能做得丝毫不差,将是一项浩繁的工程!

海尔冰箱出口的国家达100多个,每个国家都有不同的气候、电压状况及消费习惯,所以对冰箱的设计要求也各不相同。而海尔从市场细分以及个性化的角度出发,设计了数千种不同类型的冰箱产品,总是能满足不同国家消费者的需求。如,海尔的冰箱超大容积设计满足了国外消费者"一日购物,六日休闲"的生活习惯;自动制冰、吧台等功能设计,为喜欢"红酒加冰块"的欧洲消费者增添了一份浪漫情调;容积庞大,却达到了 A^+ 级能耗标准的省电功能,使澳洲客户不断追加订单;多路风冷设计的冰箱让地处热带荒漠、气候炎热干燥的中东国家消费者感受到无限凉爽;另外,根据国外消费者喜欢放长假出游的生活习惯,海尔还设计了具有"假日功能"的冰箱,只要用户在外出度假前将冰箱设置在"假日"挡,冰箱内就不会因为长期密封而产生异味,而且耗电量也大大降低。

如今,海尔的定制冰箱,已在全国掀起一股"定制冰箱"热。现在海尔冰箱生产线上的冰箱,有一半以上是按照各大商场的要求专门定制的。

(摘自 http://data.book.163.com/book/section/0000FdHf/0000FdHf29.html)

思考题:定制冰箱为什么受欢迎?

(二)灵捷制造

20世纪50年代苏联最先提出成组技术(CT)以后,世界各国针对大量生产模式的不足,对生产管理模式进行了众多创新,包括准时生产制(JIT)、精益生产(LP)、制造资源计划(MRPⅡ)、最优生产技术(OPT)、灵捷制造(AM)等。灵捷制造是美国为重振其在制造业中的领导地位而提出的一种新的制造模式。1998年美国通用汽车公司(GM)和李海大学的艾柯卡(Iacocca)研究所正式出版的《21世纪制造企业的战略》,标志着灵捷制造战略的诞生。由灵捷制造战略引申出的生产管理模式即灵捷制造模式,综合了JIT(LP)、MRPⅡ等先进的生产管理模式的优点,能系统、全面地满足高效、低成本、高质量、多品种、迅速及动态适应、极高柔性等一个统一生产系统来实现的生产管理目标要求,因而它代表着现代生产管理模式的最新发展。

1. 灵捷制造模式的概念和特点

灵捷制造,又称敏捷制造,"灵捷"是强调企业对市场的灵活、迅速、及时的动态适应。所谓灵捷制造,是指以先进的柔性生产技术与动态的组织结构和高素质人员的集成,采用企业间网络技术,从而形成快速适应市场的社会化制造体系。灵捷制造作为一种现代生产管理模式,其特点是:① 基于以信息技术和柔性智能技术为主导的先进制造技术和柔性化、虚拟化、动态化的组织结构。② 以先进的管理思想、方法、技术,能全面满足现代生产管理目标要求。③ 对市场具有很好的动态适应性的生产管理模式。④ 与JET和MRPⅡ等20世纪末产生的先进生产管理模式相比,灵捷制造更具有灵敏、快捷的反应能力。

2. 灵捷制造的三根支柱

(1) 技术支柱。技术支柱主要采用先进的开发设计技术和制造技术。先进的开发设计技术如CAD、CAM、CAPP等,能运用计算机和制造过程的知识,用数字计算方法设计复杂产品;可靠地模拟产品的特征和状态,精确地模拟产品制造过程。各项工作是同时进行的,而不是按顺序进行的,同时开发新产品,编制生产工艺规程,进行产品销售。从用材料制造产品到产品最终报废的整个产品生命周期内,每一个阶段的代表都要参加产品设计。先进的制造技术如NC、FMC、CIMS等,具有高度柔性的生产设备是创造灵捷制造企业的必要条件之一。

(2) 管理支柱。灵捷制造还要靠先进的组织和管理手段来支撑,如企业组织的有机化、柔性化,企业间组织的虚拟化、动态化、网络化。在管理手段上,主要追求创新,利用外部资源的管理理念,采用先进的、科学的管理方法,以及计算机管理技术、并行工程、业务流程重组、精益管理等。

(3) 人力资源支柱。灵捷制造还要以人力资源为支柱。灵捷制造在人力资源上的基本思想,即在动态竞争环境中,关键的因素是人员。柔性生产技术和柔性管理要使灵捷制造企业的人员能够实现他们自己提出的发明和合理化建议。

【案例6-6】

钱往哪里投?

某股份有限公司是一个上市公司。该公司近几年发展势头很好,每年利润达到7 000多万元。公司董事会为了谋求长远发展,除了考虑股东的分红和员工的收入之外,打算将多余的资金拿去投资。

投资能否成功,关键是要能够找到好的项目。为此,董事会开会讨论。总经理提出若干备选方案。其中包括吸声泡沫陶瓷材料、数控加油机、金属切削刀具、超硬材料、生物制品以及影视节目等。董事会展开了热烈的讨论。有的董事强调壮大主业,不要分散资源;有的看到有些项目前景很好,确实十分诱入,主张走多元化发展道路,把公司做大做强。大家各抒己见,畅所欲言。董事长刚从外面出差回来,带来了不少新消息。他认为现在钢材价格上涨,煤炭紧缺,建议投资钢铁。一位独立董事表示了不同的意见,认为目前钢材紧缺是事实,但被夸大了。大家都来投资建钢铁厂,很快就会过剩,投资钢铁风险太大。也有的董事认为真正的瓶颈并不在煤矿的开采,而是运力不够,山西的煤炭就是运不出来。还有的董事说,即使我们弄清了瓶颈所在,但与我们的资源优势无关,也不应该投资,否则,我们自己资源和能力就成了瓶颈。也有的认为,看问题不能那么机械,我们没有优势,可以借用外部的资源,也可以与其他企业合作,取人之长,补己之短,合作共赢嘛。董事长最后讲,投资本来就是个冒风险的事,等完全看准了,就没有机会了。他决定下次集中几个有希望的项目,讨论一次,做出决策。

(陈荣秋等主编.生产运作管理(第三版).机械工业出版社,2010)

思考题:该公司应选择何种生产方式?

(三)成组技术

成组技术是一门新兴的组织管理技术。成组技术的应用历史不长,但其理论设想的提出有较长历史。至今,成组技术已远远超出了工艺范畴,深入到企业生产活动和管理工作的各个领域,其原理和作用已被世界各国所公认,成组技术有着广阔的发展前景。

1. 成组技术的概念

成组技术,又称群组技术,起初人们把它作为一种工艺组织方法和加工方法。随着零件分类工作的展开和分类系统的不断完善,特别是数控技术、计算机技术的迅速发展,成组技术不仅对扩大零件生产批量、提高劳动生产率具有重大意义,而且它的应用也超出了工艺制造的范围,扩展到产品设计、工艺设计、工艺装备制造、生产计划、劳动组织、设备选择和布置等整个生产系统,提高系列化、标准化、通用化水平,成为改善与提高多品种、中小批量生产类型企业经济效益的重要手段。

2. 成组技术的基本特点

(1)成组技术是多品种、中小批量生产的一种科学的组织管理方法。它是以零件结构形状和工艺上相似性等为标志,把所有的产品零件、部件分类分组,并以组为对象组织和管理生产的方法。它把许多各不相同,但又具有部分相似的事物集中起来统一加以处理,以达到减少重复劳动,节省人力、时间,提高工效的目的。

(2)成组技术的基本思想是用大量大批的生产技术和专业化方法,进行多品种、中小批量生产。因为它通过零件分组,减少每个工作地加工的零件种类,扩大了零件生产批量,提高了专业化程度。这就使单件小批生产企业,能够采用先进的工艺方法、高效率的自动机床和数控机床。机床可以成组布置,使用成组夹具,按成组零件编制工艺,各组零件都在各自的成组生产单元和成组流水线内加工。这样就有利于生产管理和提高经济效益,使复杂的单件小批生产达到简单化、专业化、标准化。所以,它是多品种、中小批量生产的一种科学的组织管理方法。

(3)成组技术的应用可以使生产技术准备工作大大精简,缩短时间。它是一种快速和经济、合理地完成生产技术准备工作的组织方法。它对企业的劳动组织、设备布置、计划管理等都提出新的要求。其实质是零件组(族)专业化生产,也是以零件组(族)为对象的小封闭式生产组织管理的技术和方法。

(4)成组技术由零件成组、工艺成组、机床成组、工艺装配成组、工人成组和计划编制成组等组成为一个整体。

3. 成组技术的应用

成组技术的主要内容有：对所有零件分类编码划分零件组，建立成组机床、成组生产单元和成组流水线，按照成组工艺的分类编码进行产品设计与零件选择等。

成组技术在产品设计、制造工艺和生产管理等方面广泛应用，取得了显著成效。

第三节　生产型企业运行管理

生产型企业以产品生产为核心。生产型企业的运行管理，首位工作是创新、研发符合市场需求的新产品。接着，要根据市场需求和企业生产条件制订生产计划，以生产计划引领企业生产经营活动。尔后，是构建企业物质流、信息流、价值流等供应链，实现产品生产与销售的顺利运行。本节主要介绍企业产品开发、生产计划和供应链构建内容。

一、生产企业产品开发

（一）产品整体及开发

1. 产品构成要素及层次

产品整体由核心产品、形式产品和延伸产品3个层次构成。如图6-5所示。

核心产品，又称产品核心，指提供给消费者的基本效用和利益，即商品的使用价值。

形式产品，又称产品形式，指产品在市场上出现时的物质实体和外观。包括品质、特色、商标和包装等。

延伸产品，又称产品延伸，指顾客购买产品所得到的一系列附加利益。包括服务、保证、运送和维护等。

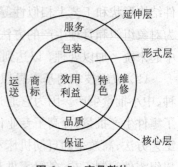

图6-5　产品整体

2. 产品整体开发

产品开发应对3个层次进行整体开发，提高产品的附加值，并延长农产品寿命周期。

（二）产品结构及开发

1. 产品结构

产品结构，又称产品构成，亦称产品组合，是指产品的构成和组合方式。产品

第六章 生产型企业管理实务

结构包括产品类别、品种、品质、规格、等级、花色等核心要素;商标、包装等形式要素;包扎、运送、服务、保证、维修等延伸要素。

企业产品结构,一般由品种构成产品项目,由产品项目构成产品线,由产品线构成生产门类,形成产品结构层次。产品结构开发,一是进行产品结构层次决策;二是进行产品关联性决策。

2. 产品结构开发

(1) 优化产品结构层次

① 选择企业产品项目。产品项目是指具有特定类型、规格等特征的一类产品。如林场的果品项目、家具项目等;机械厂的车床项目、农机项目等。

② 选择企业产品线。产品线,又称产品系列,是指技术上、结构上密切相关,规格不同,具有相同使用功能,能够满足同类需要的一组类似产品项目。如某农业企业有粮食、食油、蔬菜3条产品线;某家用电器厂有空调、彩电、洗衣机、热水器等多条产品线。

(2) 优化产品组合

优化产品组合,主要是围绕产品组合宽度、深度和关联性进行选择。

① 产品组合宽度选择。产品组合宽度是指企业所拥有的产品线的数量,可分为宽产品线(多条产品线)和窄产品线(单一产品线)。

② 产品组合深度选择。产品组合深度是指每个产品线所含有产品项目的数量,可分为深产品组合(一条产品线中有多个产品项目)和浅产品组合(一条产品线中仅有单个产品项目)。

③ 产品组合关联性选择。产品组合关联性是指生产企业各产品线之间、各产品项目之间、各产品之间在产品用途、生产条件和销售渠道等方面的相关性质,可分为产品组合关联性好和产品组合关联性差。

(三) 新产品开发

1. 新产品类型

产品任何部分的创新和改进,都属于新产品的范围。新产品主要有全新型产品、换代型新产品、改进型新产品和仿制型新产品4种类型。

(1) 全新型产品,是指运用最新科学技术成果而研制、发明、创造的首先问世的新产品。如专利新产品等。

(2) 换代型新产品,是在原有产品基础上,部分地采用新技术而研制成功的新产品,它比老产品具有更多的使用价值。如更新换代的新品种等。

(3) 改进型新产品,是采用先进技术,对原有产品进行改良,使其性能、质量有所提高的新产品。如功能、规格等改进的新产品。

(4) 仿制型新产品,是指模仿竞争者的产品,制造出比其性能、质量更优的仿制型新产品。如引种、选育作物新品种,中外合作开发的新产品等。

2. 新产品开发趋向

新产品的开发,向着微型、简易、标准、安全、精美、优质、名牌、奇特、保健、环保、多功能、多型号、多款式、低能耗等趋向发展。

(1) 微型化。产品轻巧,体积小,重量轻。如压缩饼干、袖珍电视机等。

(2) 简易化。产品结构简单,使用方法简便等。如"呆子照相机"、方便面、免淘米等。

(3) 标准化。产品按国家、行业标准生产,质量高。如电器标准、羊毛细度标准等。

(4) 精美化。产品精细、精致、精美,给人们带来美感和愉悦。如品牌服装、精品茶叶等。

(5) 保健化。产品符合保健、环保等要求,如保健食品、绿色农产品等。

(6) 名优化。产品知名,质量优,是名、优商品,如"王麻子刀剪"、通用汽车等。

(7) 多功能。一种产品具有多种功能及使用价值。如 3G 手机、保健食品、复合肥料等。

(8) 多型号。一种产品等级、品位、规格、型号多,能满足多种需求。如各系列产品等。

(9) 低能耗。低能耗、低排放,适合低碳生活。如太阳能电器等。

(10) 安全性。质量可靠,使用与消费安全,如智能电器、安全药品、安全食品等。

3. 新产品的开发策略

新产品的开发策略如下:

(1) 奇特策略。新产品的造型、色彩、包装等奇特,具有特殊用途。

(2) 合并策略。把一些同类产品的优点加以合并,开发出集同类产品之长的新产品。

(3) 节便策略。要求开发出的新产品,能节约能源,结构简单,使用方便。

(4) 差异策略。开发的新产品,与同类产品相比,其性能、包装等有显著差别。

(5) 形象策略。开发的新产品,具有一定外表形象差别,能满足消费者追求商品形象需求。

(6) 专门化策略。开发的新产品,具有专有功能和专用价值,以提高市场占有率。

(7) 快速策略。新产品开发速度快,能"捷足先登"、"先入为主",引起消费者偏爱。

(8) 优质服务策略。新产品开发后有售后服务,使消费者获得新产品时又获得新服务。

第六章　生产型企业管理实务

4. 新产品开发内容

产品是由若干要素、层次构成的整体,包括种类、品种、品质、规格、花色等核心要素,商标、包装等形式要素,包扎、运送、服务、保证和维修等服务要素。新产品开发的主要方向与内容:① 新产品项目(单一产品)。② 新产品线(产品系列)。③ 产品系列中的新产品。④ 新品种(品系)。⑤ 新品质。⑥ 新等次(等级)。⑦ 新规格。⑧ 新款式。⑨ 新商标(牌号)。⑩ 新包装。⑪ 新附赠品。⑫ 新促销。⑬ 新保证。⑭ 新服务等。

【案例 6-7】

张教授接受 MIS 开发任务

某大学企业管理信息系统课题组由张教授负责,课题组还有 2 位副教授、3 位教师和一批研究生。8 年来,他们一直在为企业开发管理信息系统。该课题组过去给水电企业开发的管理信息系统运行很好,受到企业的欢迎。因此,很多水力发电企业以及火力发电企业纷纷找上门来,要求张教授为其开发管理信息系统。

张教授和他的研究团队除了开发管理信息系统之外,还要承担繁重的教学任务。8 年前,他们没有科研课题做,曾想方设法去争取课题。现在课题多了,张教授又感到压力过大。尽管采用模块化设计,减少了不少重复开发的工作量,但毕竟每个企业都有自己的特殊要求,开发管理信息系统的工作量仍然很大。从系统调查、系统分析、系统设计到程序设计,需要投入大量的人力。教师有课,不能集中全力;研究生要完成学位论文,要答辩,找工作,也只能集中一段时间到现场去。张教授本人除了承担本科和研究生的教学工作外,还有很多社会活动,他担任了 3 个学会理事长,又是省政府咨询委员。

今年有 4 个企业来找张教授谈项目,为简便起见,分别称这 4 个企业的项目分别为 A、B、C、D。各项目工作量不同,项目经费也不同。张教授手头还有几个未完成的项目,他估算了一下,今年能够投入新的信息系统开发的有 12 000 人工小时。根据经验,张教授估计 A、B、C、D 这 4 项任务的人工小时数分别为 3 800,4 000,4 500 和 4 200 人工小时。与企业商谈的结果,A、B、C、D 的项目经费分别为 36 万元、30 万元、40 万元和 35 万元。

(陈荣秋等. 生产运作管理(第三版). 机械工业出版社,2010)

思考题:你认为张教授能够接受哪些项目的开发任务?

(四) 产品包装与品牌开发

1. 产品包装开发

产品包装是产品生产的最后一道工序。包装是产品不可分割的重要组成部分。包装追加劳动,增加了产品价值,是生产企业增加经营收入的途径之一。但废弃的包装物越来越多,已成为一大公害。

(1) 开发设计包装的要求：① 包装与产品相符合,做到"金马玉鞍",相得益彰。② 控制包装成本,提升产品竞争力。③ 保护消费者利益,包装安全,降低价格。④ 符合社会公益,节约资源,不污染环境。在设计、制作包装时,应统筹考虑维护社会公共利益等问题。

(2) 包装策略,围绕是否包装、采用哪类包装等进行抉择。包装分类策略如下：① 一次包装。② 二次包装(销售包装)。③ 运输包装。④ 类似包装(同类包装)。⑤ 系列化包装。⑥ 等级包装。⑦ 成套包装。⑧ 双重用途包装(再用包装)。⑨ 附赠包装。⑩ 改变包装等。

2. 产品与商标开发

品牌和商标是产品的标志,表示产品独特的性质,能区别同类产品,便于消费者辨认、选购。生产经营者可借助品牌和商标,提高企业及其产品的信誉,树立良好的企业形象和产品形象,引起消费者的重复性购买,提高市场竞争力,增加产品销售的数量,实现企业的经济效益目标,而且可借助信誉较高的品牌和商标,扩张产品组合,不断推出新产品。

(1) 开发设计品牌和商标的要求：① 能显示产品的功能、结构、外形等特性。② 其文字、图案、符号应简明、易读、易辨认和易记忆,并富有寓意。③ 能从长计议,包容日后推出的新产品。④ 应考虑消费者心理、习惯等特点。⑤ 巧妙运用其促销功能等。

(2) 品牌和商标策略：① 采用同一品牌和商标。② 采用不同品牌和商标。③ 不采用品牌和商标等。

二、企业生产计划及管理

企业生产计划是按照企业经营目标对未来一定时期的生产经营活动及所需资源从时间和空间上做出的具体安排。编制生产计划是企业经营管理的一项职能。企业的一切生产经营管理工作始于计划,又终于计划。生产计划是企业发展战略及经营目标在一定时期的具体体现,是企业及员工的行动纲领,具有激励、引导作用。生产计划以其科学的编制程序与方法,将企业生产任务与生产条件进行综合平衡,具体落实企业生产任务。实行计划管理,能有效配置生产资源,提高企业经营管理水平。

(一) 生产企业的计划体系

生产企业的生产经营是一个由物质流、信息流和价值流等组成的系统。要保证这个系统运行过程中物质、信息、价值等输入与输出的有序有效运行,达到相对平衡,就必须制订各类各种计划,实行计划管理,实现生产经营目标。生产企业的

第六章 生产型企业管理实务

计划体系大致如下:

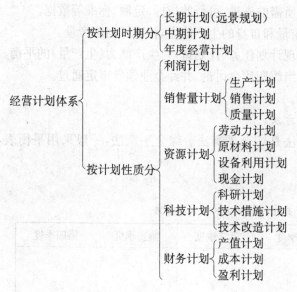

生产企业计划体系的特点

(1) 以利润计划为目标。生产企业以追求利润为目标,将其作为生产经营的出发点和落脚点。

(2) 以生产计划为核心。生产计划包括对劳动力、现金、原材料、设备、生产技术措施等生产要素的筹集、配置和组合进行具体安排,使生产资源量与生产需求量平衡,以确保产品生产经营过程的顺利进行,实现生产经营的预期目标。

(3) 以财务计划为重点。财务管理是现代企业经营管理的重点,加强成本控制和财务核算,从增产和节约两个方面确保实现企业利润目标。

(4) 以销售计划来落实。生产企业的生产经营活动由市场导向,依据市场消费需求,实行以消费定销售,以销售定生产,使销售量与生产量达到平衡。

(5) 以年度计划为基础。长期计划一般在 10 年以上,是一种展示奋斗目标和前景的规划。中期计划一般为 5 年(或 3 年),是一种比较接近实际的发展计划。年度计划是以 1 年为期限而编制的计划。年度计划是生产企业的重点和基础,它既是长期计划和中期计划的具体落实,又是编制长期计划和中期计划的基础。

在生产企业计划体系各计划之间,存在相互联系、相互制约、相互促进的关系,在编制和执行计划时,应注意其相关性,做到通盘考虑,彼此衔接,达到综合平衡,以确保企业整体经营目标的实施。

(二) 编制企业生产经营计划

1. 编制企业生产计划的程序与方法

生产企业编制年度生产计划的程序与步骤如下:

(1) 确定本企业要达到的经营预期目标和要求,即利润目标。
(2) 搜集、编制经营计划所需的先进、可行的指标、定额、标准等数据。
(3) 根据可靠的市场需求量和自身的生产能力,计算计划生产量。
(4) 采用综合平衡法,实现计划任务(计划量)与生产能力(生产量)的平衡。
(5) 编制经营计划草案,组织职代会讨论,并经企业领导审定通过。
(6) 经营计划公布、执行。

2. 编制企业生产计划的方法

编制生产计划的基本方法是综合平衡法。综合平衡法,一般采用平衡表,见表6-1。

(1) 平衡表的基本格式

表6-1 ×××××平衡表

项 目	第一季度	第二季度	第三季度	第四季度
1. 需要量 其中 ⋮ 2. 供应量 其中 ⋮ 3. 余(+) 　缺(-)				

平衡表的"需要量"、"供应量"和"余缺"三部分之间要进行调整,达到相对平衡。

(2) 综合平衡的内容和要求

① 销、供、产之间的平衡。生产企业按照市场需求确定产品销售量,以销售量确定产品生产量,以生产量确定生产资源供应量,使产品销售量、产品生产和资源供应量三者之间实现平衡。

② 计划生产任务与生产能力(条件)之间的平衡。生产企业生产的产品量,要与所需的自然条件、劳动力、机械、能源、原材料、资金等相平衡。

③ 生产企业内部各生产部门、岗位、环节、工序之间的平衡。要求各自满足完成计划任务所需的条件,彼此围绕共同的计划任务做到相互配合,协调平衡。

④ 生产企业与外部环境条件之间的平衡。要与市场环境及供求相平衡;要与国家的政策、法规相平衡;要与社会公众需求、支持相平衡;要与供方、需方相平衡等。

⑤ 生产企业积累与消费之间的平衡。生产企业的利润,要在积累与消费进行安排,既要逐步扩大消费,提高生活水平,又要不断增加积累,以实现持续的扩大再生产。

上述诸方面的综合平衡,是生产企业编制先进性和可行性生产计划的基础。

(三) 生产计划的实施与控制管理

编制经营生产计划只是对一定时期的生产经营活动作一个安排;这是一种手段。其关键在于执行(实施)生产计划,实现企业生产经营目标。生产计划的执行与控制管理的主要工作有:

1. 分解落实计划任务,实行计划目标责任制

生产企业分解落实计划任务的工作,一是将长远规划目标任务,分解并编制为若干3~5年的中期计划;再将本3~5年的中期计划,分解并编制为本年度计划。二是将企业长远规划、中期计划、年度计划的指标任务,分解落实到各部门、各岗位、各人员。

生产企业在分解落实计划目标任务后,必须建立自上而下、自下而上的经济责任制,调动企业决策层、职能管理层和生产操作层的积极性,实行责、权、利相结合的计划管理制度。

2. 按计划任务配置资源,确保计划工作有序有效地运行

生产企业必须依据生产计划任务与资源配备与消耗定额,足额配备所需的人力资源、原材料、机械设备、能源等生产条件,保证企业生产经营活动按计划目标任务有序运行。

在产品生产过程中,企业要做好实施计划的组织调度、生产管理、成本管理和质量监管等工作,严格执行各项定额,控制资源消耗量和产品产出量,加强消耗与产出的核算。

3. 加强计划运行监管,及时纠正计划偏差

生产企业计划运行管理工作,主要是编制并实施计划进度表,按照工时、工日、周、旬、月、季、半年、年等时限,编制时限计划任务,按时限进行对照检查,实行严格的责、权、利相结合的计划管理办法。

发现生产计划与实际情况存在偏差,应立即分析其原因,及时予以调整。小的局部性的偏差,采用边执行边调节的方法予以解决;大的全局性的偏差,要采用修改、调整计划或启用备用计划等方法予以解决。

4. 建立计划管理台账,总结提高计划管理水平

生产企业在计划期内,要建立计划运行台账,加强计划台账管理,为分析计划运行情况及结果提供依据。生产企业在一个计划期终了时,要对计划执行情况进行总结,计算计划与实绩的比率,分析其原因,为下期编制生产计划提供经验教训,以提高企业计划管理的水平。

三、企业供应链构建与管理

供应链(supply)是围绕核心企业,通过对物流、信息流和资金流的控制,从采购

原材料开始,制成中间产品及最终产品,最后由销售网络将产品送到供应商、生产商和最终用户,连成整体供应链网络结构(系统)。

(一) 企业供应链结构

供应链系统包含资金筹措与供应,员工聘用与安排,原材料、设备、能源供应与采购,原材料投入、合成、加工与中间产品及最终产品形成,产成品销售供应与满足市场需求等多个子系统。

1. 供应链的特点

生产企业的供应链,具有如下特点:① 供应链面向客户需求,由最终用户需求拉动。② 供应链不是链型结构,而是一个交叉的网络结构。③ 供应链的每个子系统,是一个供需关系的结点(环节)。④ 供应链的物质流、信息流和资金流,以及结点企业始终处于动态的流动与变换之中。⑤ 供应链的实质是提供物质、能量、技术和服务等资源,加工合成为产品并实现增值目标。

2. 生产企业供应链结构

生产企业供应链,一是向企业输入的各生产要素,二是由企业输出的产品及服务,这个"输入—转换—输出"的过程构成企业供应链结构(系统)。其大体框架如下:

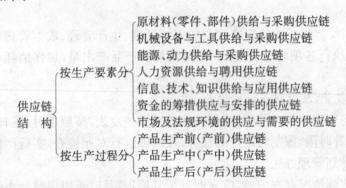

(二) 构建企业供应链

要构建生产企业的供应链,首先要依据产品生产过程及诸环节所需投入的生产要素,列出所需供应的各种生产资源;其次,列出产品生产过程及诸环节产出的中间产品和最终产品;第三,根据生产过程环节和供应链结点,确定各环节和结点的供需关系;第四,构建交叉的动态的网络式供应链结构。

1. 企业供应链构建项目

(1) 产前供应链构建

生产企业在产品生产之前,需要构建供应链如下:① 市场消费需求信息与客户订单等供应链。② 企业厂址、厂房及供电、供水、道路、环境等设施供应链。③ 企业产品生产所需的机械设备、仪表等供应链。④ 开发设计的新产品、新工艺及生产流程等供应链。⑤ 生产企业产品标准、定额等供应链。⑥ 企业生产目标、计划、组织、管理等供应链。

(2) 产中供应链构建

生产企业在产品生产中,需要构建如下供应链:① 原材料(零件、部件)等供应链。② 设备、工具及维修等供应链。③ 能源、供电、供水等供应链。④ 企业人员供应链。⑤ 产品生产操作、检测等技术供应链。⑥ 原材料、在制品等贮运供应链。

(3) 产后供应链构建

生产企业在产品生产完成之后,需要构建如下供应链:① 产品销售市场及客户供应链。② 产成品销售渠道及渠道成员供应链。③ 产品销售运输能力供应链。④ 产品仓贮能力供应链。⑤ 产品广告、公关、营业推广等促销能力供应链。

2. 生产企业主要供应链的构建

(1) 企业人力资源供应链的构建

任何生产经营管理活动,其经营管理的基本原理是"以人为本"。附载知识、科技、经验、体能等的人力资源,是所有生产资源中的核心资源。企业劳动者,既参与生产力的组合,是生产力中最重要的要素;又是生产经营管理的主体,在产品生产中起着配置者、管理者的作用。

① 构建企业人力资源供应链的要求

企业人力资源包括人力资源的数量和质量。企业人力资源的数量是企业员工总数,一般按工位数配备。企业人力资源的质量是指企业员工由智力、体力、职业道德和奉献精神构成的生产能力。利用与配置企业人力资源,构建企业人力资源供应链,其要求如下:a. 依据劳动定额,配备企业员工,确保企业所需员工数量;b. 引起具有高新科学技术的员工,提升企业研发新产品、新工艺等能力;c. 对在岗员工进行培训,提高员工的生产技能和管理水平;d. 通过企业人力资源供应能力的提高,促进企业劳动生产率的提升。

② 企业人力资源供应链的构建

企业人力资源供应链是一个由多个人才环节组成的封闭链环,如图6-6所示。

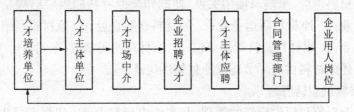

图6-6 企业人力资源供应链示意图

③ 人力资源市场

在构建企业员工供应链的过程中,要充分发挥市场配置人力资源的作用。目前,我国的人力资源市场有人才市场、劳务市场、劳动服务公司和高校毕业生招聘市场等。

人才市场,又称人才交流中心,它一般是由国家各级人事组织部门组建的人才服务性的事业机构。进入人才市场的劳动力,一般是具有专业技术知识和实际技能经验的工程技术人员、科研人员和经营管理人员等。

劳动力市场,又称劳务市场,它一般是由国家各级劳动管理部门组建的劳动力交易的事业机构。进入劳动力交易市场的主要是提供体力劳务或有专项劳动技术的劳动者等。

劳动服务公司(劳务介绍所),是一种经国家工商行政管理部门登记核准、凭照营业、具有法人资格的从事劳动力交易服务的企业。它们均设有固定的场所,一般开展为个体劳动者提供就业咨询、就业介绍、推荐就业等服务业务。

高校毕业生招聘市场是由人力资源和教育部门组织的不定期的人力资源供应市场,其供应的人力资源是大专院校毕业生。

生产企业要主动了解人力资源市场的供求信息,根据优化人力资源结构,提升企业产品开发能力等要求,建立并完善企业的人力资源供应链。

(2) 企业原材料采购供应链的构建

生产企业从事产品生产活动,必须建立起运行畅通的原材料供应链,按原材料定额确保原材料的供应,进而确保产品生产过程的有序有效运行而完成产品生产任务。

① 原材料的性质特征

原材料指合成产品的原料和材料,包括各种原料、材料、零件、部件、备品等。

原材料属于流动资产,应预期转化为现金,这是原材料的变现特性。

原材料参与生产经营周期短,其变现期限为1年或超过1年的一个营业周期。

原材料的资金循环特性,原材料要完成一个从"货币资金→原材料资金→产品资金→货币资金"的资金循环过程,即营业周期。

② 原材料供应链构建关系

分析原材料供应、采购与使用关系,便能知晓原材料的供应结构及环节:a. 原材料生产企业;b. 原材料贩运企业;c. 原材料仓贮企业;d. 原材料经销企业;e. 原材料采购企业;f. 原材料验收管理单位;g. 原材料使用单位(车间);h. 原材料供应反馈等。上述原材料供应环节构成原材料供应链。

③ 原材料供应链管理

生产企业对原材料供应链的管理,其主要内容如下:a. 依据产品生产需要,及时采购原材料,确保生产顺利进行。b. 严格执行原材料消耗定额和储备定额,既不

第六章　生产型企业管理实务

使原材料积压,超量占用资金;又不造成原材料短缺,影响正常生产经营。c. 在产品生产的各个环节,降低原材料消耗,降低产品成本。d. 重视在产品、在制品等看护与管理工作,提高其产品合成率。e. 及时销售产成品,加快原材料资金周转,提高资金周转率、利用率和利润率。

(3) 设备及维修供应链构建

生产企业从事产品生产活动,必须构建设备及维修供应链,按设备定额购置设备,并加强对设备的维护、修理,确保产品生产过程的有序有效运行。

① 机械设备的特征

生产企业中机械设备属于固定资产,具有 3 个基本标准特征:a. 机械设备时间标准,使用年限较长,使用年限在 1 年以上。b. 机械设备价值标准,单位价值较高,要求单位价值达到一定数额。c. 物质形态标准,在使用过程中保持原物质形态不变。

企业的设备一般划分为两类:一类是生产经营用设备;一类是非生产经营设备。本书研究的主要是生产经营用设备。

生产经营用设备及维修供应链关系,基本与原材料供应链关系相同。

② 设备及维修供应链管理

生产企业设备及维修供应链的管理工作,其主要内容如下:a. 根据企业生产经营实际需要与机械设备配备定额,购置机械设备,既勿短缺,影响正常生产经营;又不重复、超量购置,造成积压,占用资金。b. 按机械设备储备定额,确定机械设备储备数量,以应付不时之需。c. 加强机械设备的维护、修理工作,以提高其完好率和生产服务能力。d. 执行机械设备使用计提折旧制度,建立折旧基金,保证机械设备报废时能得到如数更新再供应。

(4) 科学技术供应链构建

① 科学技术的性质特征

科学技术是最具创新性、功能性和发展性的第一生产力。任何生产企业要具备创新发展能力,必须向科技型企业转型。

科学技术是一种特殊的资产与产品,它必须附载于一定的载体,并与劳动者、劳动资料和劳动对象等载体一起使用时才能发挥其效能,创造价值和财富。科学技术商品是智力劳动的产品。科学技术具有的使用价值,是以技术、技艺、技巧等形式表现出来的,一般具有先进性。科学技术商品凝结着高智力劳动,具有价值的质和量,远远高于或大于一般商品的价值。科学技术商品的交易特点和交易方式。科学技术是无形的信息状态的知识性商品。科学技术附载的载体,有软载体、活载体和硬载体 3 种形式。

② 科学技术供应链关系

科学技术有 3 种载体,便产生科学技术商品的 3 种交易方式:

a. 软载体的科技交易,主要指图纸、资料、磁带、录像、网络信息等的技术交易。

b. 硬载体的科技交易,是指实物形态的机械设备和各种原材料等技术的交易。

c. 活载体的科技交易,一般指聘用附载专业技术人员所进行的科技交易。

上述不同的科技交易方式便形成各不相同的科学技术供应链。

a. 软载体科技供应链,由设计图纸等制作单位及个人→科技交易市场→企业购买→企业及岗位使用等链环构成。

b. 硬载体科技供应链,由先进的机械设备、原材料的生产企业→机械设备、原材料经销企业→企业采购→企业及岗位使用等链环构成。

c. 活载体科技供应链组成链环与人力资源供应链相同,只是交易对象为科技人员。

③ 科学技术供应链管理

生产企业科技供应链管理的主要工作如下:a. 引进的技术应是最新技术、尖端技术和适用技术;b. 引进的科技应以软件技术为主;c. 硬件技术引进应是成套设备和整个生产线,并与软件引进相结合;d. 要走"引进→消化→吸收→改革→创新"的引进科技之路;e. 要讲究引进技术的科技价值,防止盲目引进、重复引进;f. 重视知识产权保护问题,避免由此带来的损失。

(5) 产品销售供应链构建

生产企业产出产品以后,便要将产品从企业向批发商、零售商转移,最终送达消费者手中,获取产品销售收入。为此,生产企业必须构建畅通的产品销售供应链,保证产品顺利销售,实现产品价值,进入产品再生产过程。

产品销售供应链的问题,实质是构建产品销售渠道,选择渠道成员,共同完成产品由生产领域向流通领域和消费领域转移,并实现彼此盈利的销售任务。

① 产品销售渠道类型及成员

产品销售渠道,又称为分销渠道,是指产品所有权和产品实体从生产领域转移到消费领域所经过的路线或通道。销售渠道的起始点是生产者,最终点是消费者;中间有批发商、零售商、代理商和储运机构等,共同组成销售组织。

销售渠道,按是否使用中间商及数量,可分为直接销售渠道和间接销售渠道、宽销售渠道和窄销售渠道、长销售渠道和短销售渠道等。

图 3-4 中 A 为直接销售渠道;B、C、D、E 为间接销售渠道;A、B 为短销售渠道;C、D、E 为长销售渠道。宽销售渠道使用多个零售商、批发商;窄销售渠道仅限使用 1~2 个零售商、批发商。

产品销售组织由生产者、消费者、中间商、经纪商、储运机构、金融单位、新闻媒体等成员组成。产品销售组织成员中必有一个渠道首领。渠道首领要发挥协调渠道成员的利益关系,保证产品顺利流转的作用。渠道首领一般不用成员共同推举,也不用外界授衔委任,是一种客观存在着的营销组织成员,或是产品生产企业,或是批发商,或是储运机构。

② 构建产品销售供应链

根据产品销售渠道类型及成员,可构建不同类型的产品销售供应链,见图3-4。以下是最有利于生产企业的产品销售供应链:

生产企业(产品)──→生产厂商(原材料)销售供应链;

生产企业(产品)──→最终消费者(生活消费品)销售供应链;

生产企业(产品)──→零售商──→最终消费者销售供应链。

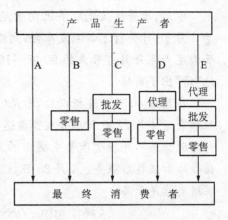

图6-7 产品销售渠道

第四节 生产企业质量管理与成本控制

生产型企业在产品生产过程中,一方面要确保生产供应链畅通,使产品生产有序有效地运行;另一方面要加强产品质量管理与成本控制,保证产品质量,确保产品适销对路,实现企业盈利目标。

一、生产企业质量管理

生产过程的组织与管理,一是要有效组织生产过程,进行合理的空间组织和时间组织,确保产品生产的顺利完成;二是要实行产品标准化生产,加强产品质量控制,生产出满足消费者需求的优质、廉价、安全的产品。这是生产型企业管理实务的重要内容之一。

【案例6-8】

乐普生取义逐索尼

1995年1月25日,顾客徐××在海南乐普生商厦购买一台索尼电视机。1996年11月1日晚打开电视机约20分钟后,突然"啪、啪"两声,声像全无。次日晨,徐某找到商厦,经检测认定,是显像管烧坏了。按国家规定,显像管作为彩电的最大部件,生产厂家在商品售出3年内要对质量负责。为此,乐普生商厦多次与索尼公司广州办事处联系,但对方均推诿而未予处理。

时值年尾,乐普生商厦为使顾客在节日看到电视,决定先出资更换修理。但索尼海口维修站却不愿以出厂价出售显像管。最后,乐普生维修部只好通过熟人从广州买到显像管,将电视机修好后送到顾客徐某手中。

以后,乐普生又先后多次向索尼方面提出索赔要求,都没有答复。为此,商厦于3月15日举行了新闻发布会,向媒体透露了这一事件,并毅然决定,宁可损失经营索尼产品每月可带来的80万~100万元的营业额,把索尼的所有产品毫不留情地"请"出了商场。

在经过40天的波折以后,索尼(香港)有限公司广州办事处主任高木卓及其两位代表于4月22日到乐普生商厦递交了《致徐××先生及海南乐普生商厦有限公司的歉意书》,并接受乐普生提出的三项条件,即公开道歉,赔偿有关费用损失,承诺今后加强售后服务。4月23日,《海南日报》刊登了歉意书,乐普生也随即恢复销售所有索尼产品。

(摘自 http://sxy.wzu.edu.cn/glx/list_detail.aspx? ID=849)

思考题:企业是否应履行社会责任?怎样履行?

(一)产品标准化

产品标准化生产

标准是以科学技术和实践经验等综合成果为基础,对重复性事物或概念所作的统一规定,并经主管部门批准,以特定形式发布,作为共同遵守的准则和依据。

产品标准是指对产品类别、品种、质量要求、检测方法、包装、运输和储存等所制定的技术规定。

产品标准化是指产品、服务的标准;制定、实施、管理标准已形成了体系和制度;遵守、管理标准已成为人们的自觉行动。

(1)产品标准化的功能

产品标准化的功能是:① 制定、实施产品标准,能保障产品质量,提升产品市场竞争力。② 能确保产品原材料(零件、部件)和机械设备的质量,提高其生产性能,能确保产品质量。③ 依据环境、环保要求,实行清洁生产,能防止或减轻环境污染,维护社会公众利益。④ 按资源消耗标准(定额),实行产品精准生产,降低产品成本中人工、原材料、机械设备等消耗费用,降低成本,提高经营效益。⑤ 实施产品标准化生产,能提高企业经营管理水平,实现企业利润目标,提升企业市场竞争力。

(2)产品标准化的内容

产品标准化包含:① 原材料质量标准化;② 产品质量标准化;③ 产品质量检测方法标准化等。如农产品标准化包括种用农产品质量标准化、农产品质量标准化和农产品质量检测方法标准化等。产品标准化一般由产品标准与技术操作规程组成。

(3)产品标准的分类

产品标准一般按标准形式和等级进行分类:

第六章 生产型企业管理实务

产品标准分类
- 按标准形式分
  - 标准文件——文字性规定
  - 实物标准——实物标准样品
- 按标准等级分
  - 国家标准——全国统一标准(GB)
  - 专业标准——行业统一标准(ZB)
  - 企业标准——地方专业标准(苏 Q/LS)

标准文件是以文字形式对产品的分类、各等级质量指标和检测方法等所作的法律规定。这是标准的主要形式。

实物标准是指对一些较难掌握和执行的标准内容,按照标准文件的规定要求而制定的实物标准样品。实物标准在执行中将试样与实物标准样品进行比照、判断。实物标准样品,国家贸易部每隔2年制发一次,粮食则每年制发一次。

国家标准是指对全国经济、技术发展有重大意义且必须在全国统一实行的标准。国家标准的代号是"GB",是"国标"二字汉语拼音第一个字母的缩写。编号采用顺序号,用阿拉伯数字表示,中间加短横线分开。如我国1996年发布的禾谷类农作物种子质量标准的代号为"GB 4401·1—1996"。

专业标准是指不宜或暂不宜订为国家标准而又必须在某个专业(行业)范围内全国统一的标准。专业标准的代号为"ZB",如"ZB 22003—85"等。

企业标准是指在无国家标准、专业标准情况下由企业或地方自行制定、发布的产品标准。为提升企业的市场竞争力,企业标准一般高于国家标准和专业标准。企业标准的代号,采用"苏 Q/LS"形式。"苏"代表省(市)简称;"Q"是企业"企"汉语拼音第一个字母的缩写;"LS"是商品"粮食"汉语拼音第一个字母的缩写。

简化、统一、协调、优化是产品标准化的原理。

(二) 产品质量控制

1. 产品质量保证体系

(1) 产品质量保证体系的基本运转方式

按照"计划(plan)—实施(do)—检查(check)—处理(action)"的管理循环(PDCA),在不停顿的周而复始的运转中提升质量管理水平,如图6-8所示。

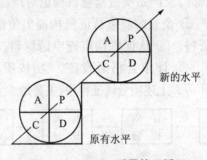

图6-8 PDCA质量管理循环

第一阶段——计划(plan),有4项工作:分析现状,找出存在的问题;分析产生质量问题的各种原因;从各种原因中找出主要影响因素;针对主要原因制定措施、计划。

第二阶段——实施(do),实施、执行质量计划,组织开展农产品生产经营。

第三阶段——检查(check),检查质量计划执行情况,了解实施效果,及时发现问题。

第四阶段——处理(action),对检查结果作出相应的处理。其主要工作:总结经验教训,巩固成果,处理差错;将未解决的遗留问题转入下一个管理循环作为计划目标。

(2) 实施产品质量管理的要求

产品全面质量管理应按"三全一多"的要求,实施"全部"的质量管理对象;"全面"的质量管理范围;"全员"参与质量管理;采用统计法、分层法、因素分析法、控制图法等多样的质量管理方法。"三全一多"质量管理以用户满意为目标。

2. 质量认证

质量认证,又称合格评定,简称认证,是指由第三方对产品、服务及生产过程的满足规定要求给出的书面保证的程序。

(1) 质量认证工作的重要性。生产型企业申请、接受第三方的产品质量认证,取得企业及产品经营的质量认证证书、环境认证证书、社会生产认证证书、社会责任认证证书等,是生产企业从事生产经营的必备条件、入市门槛和竞争资格。生产企业应十分重视并做好质量认证工作。

(2) 质量认证的基本原则:公正性;公开性;采用国际标准;自愿申请;严格监督;消除贸易壁垒等。

(3) 产品质量认证的主要内容。目前,生产企业申请的主要认证项目有:

质量管理体系标准 ISO 19001—2000;

环境管理体系标准 ISO 14001—1960;

安全与职业健康管理体系标准 HAS 18001—2001;

社会责任管理体系标准 SA 8000 等。

此外,行业行政管理部门及产品质量监管机构也对产品质量等实施评定。

(4) 质量认证的程序:① 企业向质量认证机构提出质量认证申请。② 企业提供接受质量认证所需的资料。③ 认证机构审查申请材料。④ 认证机构检验产品质量。⑤ 质量体系评审。⑥ 评审合格后发证。⑦ 按质量标准进行质量管理。⑧ 认证机构组织监督、年审等。上述质量认证程序,主要是4个步骤,如图3-3所示。

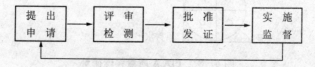

图 6-9 产品质量认证程序与步骤

二、企业生产成本监控

生产企业的成本控制与管理,是贯穿于产品生产过程始终的一项工作。控制产品生产成本,是生产企业实行低能耗生产,发展低碳经济的举措,是实现盈利目标的重要途径。

(一) 产品成本及费用项目

产品成本是指生产每一单位产品所消耗的生产资料和劳动报酬的费用支出总和。

1. 产品成本构成因素

产品成本是产品价值的重要组成部分。产品价值(W)的构成:① 已消耗的生产资料的价值(C)。② 劳动者为自己劳动所创造的价值(V)。③ 劳动者为社会劳动所创造的价值(M)。其中 $C+V$ 构成产品成本。

按照产品成本的性质与形态,生产企业的产品成本一般应是完全成本。完全成本由生产成本(产品生产成本)与销售成本(销售费用)构成。生产成本(产品生产成本)是在生产领域生产单位产品所发生的费用支出。销售成本(销售费用)是在流通领域实现产品向消费者转移所发生的费用支出。生产企业产品成本核算、控制与管理对象应是完全成本。

2. 产品成本费用项目

产品成本费用项目有直接费用和间接费用两大类,可归类如下:

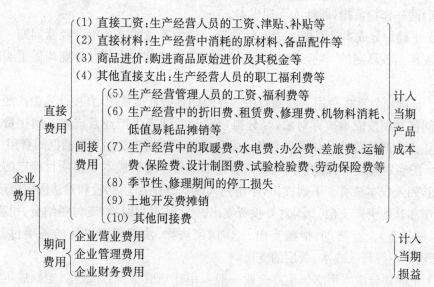

产品成本费用项目的确切内涵和核算要求,《企业财务会计制度》均作了具体规定。

(二) 产品成本核算

1. 生产企业成本核算制度

生产企业的产品成本核算,一般采用分级、分业核算与管理制度。

"分级"指企业、车间、生产线、岗位等单位的等级。

"分业"指某类零件、部件、产品等类别。

较大规模的生产企业均采用基层单位核算和企业核算的两级核算制度。

2. 产品成本核算的对象

生产企业产品成本核算的对象,包括成本及成本要素。其重点是:① 单位产品生产成本。② 单位产品销售成本(销售费用)。③ 单位产品完全成本。④ 原材料成本(费用)。⑤ 人工成本(费用)。⑥ 能耗成本(费用)。⑦ 设备消耗成本(费用)等。

3. 产品成本核算界限

在产品成本核算时,应划分如下界限:

(1) 正确划分生产成本和期间费用的界限。与产品生产有关的直接费用和间接费用,作为生产成本,进入成本核算。企业营业费用、管理费用和财务费用为期间费用,不作生产成本,计入当期损益。

(2) 正确划分本期成本、费用和下期成本、费用的界限。在成本计算期内发生的生产经营费用,计入本期成本。本年(或本期)发生延续至下年(或下期)的生产经营费用(含预提费用),下年(或下期)实际发生的费用与预提数的差额,由下年(或下期)同一作物负担,即计入下期成本。

(3) 正确划分成本计算期。成本计算期一般为产品的一个生产经营周期。也有以年度作为核算期的。《企业财务会计制度》对各产品成本的计算期均做了明确的规定。

(4) 正确划分直接费用与间接费用的界限。各项直接费用,直接计入生产经营成本。间接费用按成本核算对象,经分摊(分配)后计入生产经营成本。间接费用是指企业为生产经营产品和提供劳务而发生的费用。间接费用不包括期间费用。

(5) 正确划分成本、费用与非成本、费用的界限。按照成本费用项目确定的成本、费用,列入成本核算。下列支出,不得列入成本、费用:① 购置和建造固定资产、无形资产和其他资产支出。② 对外投资支出。③ 被没收财物,支付滞纳金、罚款、违约金、赔偿金,企业赞助、捐赠支出。④ 国家法律、法规规定以外的各项付款。⑤ 国家规定不得列入成本、费用的支出。

(6) 正确划分成本形态。生产企业一般采用计划成本、估计成本、定额成本和实际成本等成本形态。生产企业核算的是产品实际成本。生产企业不得以计划成本、估计成本和定额成本代替实际成本。如采用计划成本和定额成本,均应按成本计算期调整为实际成本。

4. 产品成本核算的程序与方法

(1) 产品成本核算程序

核算产品成本的一般程序是:确定核算对象→归集费用→分配间接费用→计算总成本→计算主要产品成本→计算次要产品成本→计算单位主要产品成本。

(2) 产品成本核算方法

① 确定成本核算对象。确定核算什么形态的成本,是核算稻谷单位(千克)成本,还是核算某件机械成本?

② 归集费用。按成本核算对象和成本费用项目,归集所有的费用。

③ 分摊(分配)间接费用。分摊间接费用一般标准和方法有:按直接生产人员分摊;按生产人员工资分摊;按直接材料成本分摊;按直接成本分摊;按产品产量分摊等。

④ 计算产品总成本。其公式如下:

$$产品总成本 = \sum 直接费用 + \sum 间接费用$$

⑤ 计算主要产品成本。其公式如下:

$$主要产品成本 = 产品总成本 - 次要产品成本$$

⑥ 计算次要产品成本。其计算方法有 2 种:估价法,即用次要产品价值代替其成本;比例法(系数法),即用次要产品成本占产品总成本的比重进行计算。其计算公式为:

$$次要产品成本 = 总成本 \times \frac{次要产品收入}{主要产品成本 + 次要产品收入}$$

⑦ 计算单位(千克)主要产品成本。其计算公式为:

$$千克主要产品成本 = \frac{主要产品成本(元)}{主要产品总重量(千克)}$$

$$单位面积主要产品成本 = \frac{主要产品成本(元)}{主要产品种植面积(公顷)}$$

(三) 产品成本控制

成本控制是指企业及管理者(成本控制主体)依据成本目标,对生产经营过程中各种成本影响因素(发生的各项费用支出)所进行的规划、协调、监控与纠正偏差等管理工作。

生产企业加强产品成本控制工作,是提升企业成本管理水平、降低成本、增加盈利、提升企业竞争力的一项发展战略任务。

1. 生产企业成本控制原则

(1) 全面性原则。因为成本涉及企业的所有部门与全体职工及成本形成的全过程,所以,成本控制应实行全员控制、全过程控制和全方位控制。

(2) 开源与节流相结合原则。成本控制首先要求厉行节约,精打细算,杜绝浪费，严格按照成本开支范围和各项规章制度进行监督和限制，即节流。但是，要进行观念更新，从单纯依靠节流的方法转变到开源和节流双管齐下的方法。这里特别强调，要抓好产品投产前的成本控制，开展价值工程活动，加强产品质量成本管理等，以充分挖掘企业内部潜力，在增产节约、增收节支方面狠下工夫。

（3）目标管理原则。成本控制是目标成本管理的一项重要内容，必须以目标成本为依据，对企业各项成本开支进行严格的限制、监督和指导，力求做到以最少的成本耗费获得最佳的经济效益。对目标成本，应层层分解、归口，具体落实到各车间、部门、工段、小组以至个人，形成一个成本控制系统，使成本控制真正落到实处，充分发挥各方面的主动性和积极性，全力以赴地去完成企业的总目标成本。

（4）责权利相结合原则。要使成本控制取得满意的效益，必须按照经济责任制的要求，使落实到每一个车间、部门、班组或个人的目标成本与其责任及履行职责的权力相一致。此外，为了充分调动控制人员的主观能动性，还必须定期对他们的实绩进行评价和考核，并同员工本身的经济利益密切挂钩。这样，才能做到奖优罚劣、奖惩分明，以保证对成本实行有效控制。

（5）例外管理原则。例外管理原则是指在日常实施全面控制中，重点关注异常关键性的成本差异。例外管理原则是成本效益原则和重要性原则在成本控制方面的体现。按照这一原则，企业管理人员应该突出重点，把精力集中在非正常的、不符合常规的关键性的差异上。对这类差异一定要查明原因，及时采取有效措施加以纠正，而对于其他的差异则可一般控制。这样，既可保证成本控制的目的得以实现，又可以大大降低成本控制的耗费。

不同企业确定"例外"的具体标准有所不同。在实践中，确定"例外"的标准有3项：重要性、一贯性和特殊性。重要性是根据成本差异金额的大小来决定的，通常用差异占原预算的百分比和一个最低金额加以限制。一贯性是指有些成本差异虽然未达到重要性标准，但却一贯在控制标准之下徘徊，则应引起管理人员的警惕。因为这种"例外"产生的是由于原定的标准已失效和成本控制不严造成的。对前者应及时调整标准；对后者应加强控制，加速纠偏。特殊性是指对企业的长期获利能力有重大影响的特殊的成本项目，其差异不论是否符合重要性标准，都应视为"例外"，并要追根溯源。

【案例6-9】

邯郸钢铁公司成本管理的经验

邯郸钢铁公司（以下简称邯钢）在实践中有效地对生产成本实施了控制。邯钢经验早已在全国范围内引起了广泛的关注。邯钢的基本经验可以概括为"模拟市场核算，实行成本否决"。邯钢成本管理模式，显著地提高了经营效率，取得了净增

10亿元的巨大经济效益。这个经验的主要内容和做法是：市场、倒推、否决、全员。

(1) 市场

市场是指模拟市场机制，把市场机制引入企业内部，以市场可以接受的产品价格为基准，考虑国内先进水平，提出目标利润。

(2) 倒推

倒推是指在目标成本计算过程和成本控制程序上采取倒推方法，即以最终产品的目标成本为起点，从后向前，逐步降低成本，挖掘企业潜在效益。

(3) 否决

否决是指实行"成本否决"的奖惩制度，即完不成成本指标，别的工作干得再好，也要否决当月全部奖金。

(4) 全员

全员是把目标成本指标层层分解到分厂、车间、工段、班组直到每一个人。全员目标成本控制的实质是实行"人本管理"。

从上可见，邯钢经验中的成本否决和全员参与，具有目标成本管理活动的主要特征。邯钢经验不仅在经营管理实践中有推广意义，从某种意义上讲也是一个目标成本控制的经验。它对成本控制理论也颇有研究价值。

(孙成志主编.企业生产管理.东北财经大学出版社，2009)

思考题：邯郸钢铁公司成本管理的经验其他公司可以借鉴吗？

2. 目标成本控制

生产企业的目标成本，一般是定额成本、标准成本、预算成本。

(1) 目标成本控制特点

目标成本控制是目标成本管理的中心环节。

① 目标成本控制概念

目标成本是根据市场销售价格和企业内部的目标利润等"倒算"的成本目标值。目标成本控制是以目标成本为依据，对企业生产经营活动中所发生的各种耗费以及影响成本的各种因素加以监控，发现实际成本与目标成本的差距，及时采取纠正措施，以保证目标成本的实现。目标成本控制是在目标成本分解的基础上进行的，一般是通过各级责任中心实行归口分级管理，既要依靠执行者自我控制，又要归口分级控制。经过层层监控，及时反馈信息，采取措施纠正偏差，实现目标成本。

② 目标成本控制的特点：a. 市场导向性。目标成本是由市场价格和目标利润"倒算"出来的，它体现了市场导向性。b. 企业目标性。目标成本是企业一项重要的经营管理目标，是企业预期确定要在一定时期内实现的成本目标，是企业成本管理的奋斗目标。c. 成本性。目标成本控制的指标是预先制定的产品成本，即用货币表现的费用支出。目标成本实体是成本，是一种不同于会计核算的经营管理型

成本。d. 全面性。目标产品成本发生于企业生产经营活动的全过程及各阶段与环节，对其所发生的成本支出必须进行成本控制。e. 人本性。目标成本控制实行以人为本的成本控制方法，充分发挥企业各层次员工的积极性，全员参与目标成本制定、实施、管理和控制等工作，促使员工共同去实现目标成本。f. 系统性。目标成本控制过程是一个由"确定目标，层层分解"、"实施目标，监控考绩"、"评定目标，奖惩兑现"3个环节构成的封闭系统。这一系统为目标成本控制取得成效奠定了基础。

(2) 制定目标成本的方法

制定目标成本，主要采用"倒算法"和"正算法"。

① "倒算法"。"倒算法"是根据用户可以接受的市场销售价格和目标利润倒算出目标成本。其公式为：

$$目标成本 = 目标销售收入 - 销售费用 - 目标利润 - 税金$$

式中

$$目标销售收入 = 用户可接受销售价格 \times 销售数量$$

$$销售费用 = \sum 实际销售费用$$

$$目标利润 = 目标销售收入 - 销售费用 - 税金$$

② "正算法"。"正算法"是直接制定出目标成本。首先，建立制定目标成本的领导机构来负责这项工作。其成员由企业领导、总会计师、设计、工艺、生产、供应、劳动定额、成本会计等组成。其次，由企业各有关部门提供产品设计图纸、工艺流程、材料和工时消耗定额、产品计划单价、预定工费分配率等"标准用量"和"价格"资料。接着，制定直接材料、直接工时、制造费用预算，并把上述材料综合，以企业或行业先进的成本水平为参照，计算制定目标成本方案初稿。最后，反复对目标成本方案初稿进行可行性分析论证，确定目标成本。在确定目标成本时，一定要剔除不可比价格因素，如原材料价格上涨等。

(3) 目标成本控制

目标成本控制是指事先制定目标成本，把目标成本与实际成本相比较以揭示成本差异，对差异进行因素分析，以此对造成偏差因素实施控制的一种成本控制系统。

目标成本控制的一般程序如下：① 制定单位产品的目标成本。② 计算某种产品目标成本。③ 汇总计算产品实际成本。④ 计算实际成本与目标成本的差额。⑤ 分析成本差异的因素。⑥ 提出目标成本控制报告。⑦ 实施目标成本控制。

上述目标成本控制运作程序是一个有机整体，各程序之间是互相促进、互相制约的关系。

3. 供应链中的成本控制

生产型企业的一个完整供应链由销售、生产和供应3个环节组成。因此，供应链中的成本控制主要抓销售、生产和供应等环节成本要素的控制。

(1) 供应链成本控制环节

① 销售环节控制。销售环节最接近顾客需求,要保证产品和服务在顾客需要时准时送达。销售过程的成本控制主要是对销售费用和产品销售成本以及服务的控制。通过控制销售费用绝对额的发生,并扩大产品销售量及增加销售额,以此降低单位产品中的销售费用,达到控制销售成本的目标。

② 生产环节控制。生产环节的成本控制主要是降低产成品生产加工成本,控制产品中直接原材料成本、直接人工成本和制造费用等。

③ 供应环节控制。供应环节的成本控制主要指对产品生产所需物资的采购、储备和发放等费用进行控制。包括对采购成本和储存成本的控制。采购成本包括购价、运杂费、合理途耗、入库前整理挑选和其他等费用。储存成本包括仓库折旧、大修理费用、固定工人工资和办公室固定费用、储备资金利息、搬运费、耗损等费用。

(2) 供应链中成本控制对象

① 控制采购成本。生产企业的采购费用约占销售收入的 40%~60%,是成本控制的重点。要通过规范企业采购行为,实行必要的招标采购;选择公正、公开、长期、互利的伙伴关系供应商,以降低采购成本。

② 控制设计成本。在成本起因与形成上,80%产品成本是在产品设计阶段确定的。因此,成本控制要从产品开发设计开始,在精心设计产品的同时便控制产品成本。

③ 控制生产成本。要控制生产制造过程的各种浪费,使产品的加工成本最低。

④ 控制销售成本。如前述,对产品销售费用及服务成本进行控制。

总之,通过对上述供应链环节及成本对象的控制,实现整条供应链的成本最小,盈利最大,以提升企业的竞争优势。

三、生产企业产品营销管理

市场的一切交易活动均围绕产品所有权及其价值与使用价值的让渡而展开。任何生产企业生产产品的目的是将产品推向市场,为消费者购买消费而实现盈利目标。为此,生产型企业在完成产品生产任务以后,必须立即组织开展产品营销工作,将产品让渡出去,实现产品的价值。

产品营销管理是指企业为实现产品价值目标,按照目标市场需求,对销售产品所开展的计划、组织、实施、协调、控制等管理工作。企业是市场营销的主体,产品是市场营销的物质实体,两者同时进入市场并接受市场的评判。

(一) 生产企业产品营销管理

生产企业产品营销管理的主要内容如下:

1. 确定企业营销管理任务

生产企业营销管理的实质是市场需求管理,即确定企业产品的需求对象、需求品种及数量、需求供应时间等市场需求,确定企业目标市场。

市场对企业产品的需求,可分为现实需求和潜在需求;过量需求、充分需求、一般需求、无需求、负需求;规则性需求与不规则需求等。生产企业应根据市场现实需求,组织当期产品生产与营销。根据市场潜在需求,规划以后时期产品生产与营销。

2. 企业产品营销过程组织

营销过程组织与管理的主要环节:① 市场需求调查,发现市场机会,找到"上帝"(顾客)及需求。② 分析评价市场机会,排除风险市场需求,选择可行市场需求。③ 细分市场,确定目标消费者群体。④ 市场定位,确定营销品种、规模、款式及服务等。⑤ 设计市场营销组合,采用营销策略。⑥ 制定产品营销计划。⑦ 产品营销计划组织实施。⑧ 产品营销控制与管理,完成营销目标任务。

3. 客户订单的履行与管理

生产企业营销管理中的一项重要任务是履行与管理客户订单。履行客户订单,对生产企业建立稳固的客户关系,保证企业市场份额,提升企业信誉,实现企业生产任务目标,具有重要意义。

客户订单的履行与管理工作的主要内容:① 依据客户订单按质、按量、按时生产目的物产品。② 依据客户订单要求,对待送交产品进行包装、装运等加工、服务。③ 依据客户订单交货日期与运送方式,送交客户验收。④ 做好售后服务工作。⑤ 力争客户续订后期订单。

(二) 生产企业营销组合策略运用

依据市场营销组合,生产企业的产品营销管理工作包括产品、价格、渠道、促销、公共关系和政治权力等内容。

1. 产品策略

依据产品开发设计内容,以顾客消费需求满意为目标,一般运用如下产品策略:① 按产品整体,为消费者提供整体及服务。② 按产品结构,为消费者提供所需的产品类别、品种、品质、规格、等级、花色、商标、包装、包扎、运送、服务、保证、维修等产品要素。③ 按消费者不断增长的需求,不时开发设计全新型、换代型、改进型和仿制型新产品。④ 按不同消费者的不同需求,为客户提供微型、简易、标准、安全、精美、优质、名牌、奇特、保健、环保、多功能、多型号、多款式、低能耗等产品。⑤ 按消费者对产品包装的需求,为客户提供满意的产品及包装。⑥ 按消费者对产品商标、品牌的需求,为客户提供满意的产品及商标、品牌。⑦ 按消费者对产品的消费需求,对产品进行加工服务,为客户提供满意的加工品及服务等。

第六章　生产型企业管理实务

2. 定价策略

产品价格是其价值的货币表现形式,既反映产品价值量,又反映产品供求和交换关系。产品价值以货币形态转化为生产成本、流通费用、税金和利润4个要素,即产品价格。

(1) 影响产品价格的因素

① 价格构成因素。产品价格构成因素中的任何一个因素发生升降变化,都会引起价格的上下波动。其具体变动规律如下:生产成本增加,则价格随之上升;反之,生产成本节约,则价格可随之下降。流通费用增加,则价格随之上升;反之,流通费用节约,则价格下降。税种减少,税率调降,并有减免税优惠,则价格下降;反之,则价格上升。企业追求利润增加,则价格上升;反之,企业只取合理利润或让利,则价格下降。

② 市场的供求变动。市场供求变动,必然引起农产品价格的上下波动。市场供大于求,则价格下降;市场供不应求,则价格上涨;市场供求相对平衡,则价格相对平稳。

③ 市场竞争因素。产品独家生产经营,没有竞争者,价格可定高些。有竞争者介入,产品价格会下跌。持续竞争,价格持续下降。与竞争者势均力敌,宜采用与竞争者相近或低于其价格的定价策略。面对实力雄厚的竞争者,宜采用避实就虚、薄利多销的定价策略。

④ 行政干预。国家的产品价格政策,财政、信贷政策等,也是影响产品价格的因素。国家对一些关系国计民生的重要产品,采取行政干预定价的方法:a. 产品专卖(专营),如国家对烟草及其制品实行专卖,由国家定价。b. 产品限价,国家对一些产品和生产资料,实行最高限价,以维护消费者利益。c. 产品保护价,国家对一些粮、棉等农产品实行保护价,以保护生产者的权益。

此外,产品价格还受产品比价、差价、消费心理、广告宣传等因素影响。

(2) 产品价格策略

定价策略是一种营销手段。定价策略种类甚多,提法各异,现介绍常用的定价策略。

① 心理定价策略,如整数定价、零头定价、声望定价、特价品定价、分级定价和习惯定价等策略。

② 折扣与折让策略,如现金折扣、数量折扣、职能折扣、季节折扣、推广折扣、运费折扣、跌价保证和交易折扣等策略。

③ 新产品定价策略,如新产品定价的撇取定价(取脂定价)、渗透定价(低价定价)和温和定价(折中定价)等策略。

④ 产品组合定价策略,如产品大类定价、任选品(名、特、优产品)定价和连带商品定价等策略。

生产企业运用产品定价策略,要根据市场供求和竞争变化以及自身的营销实力,在综合分析的基础上,灵活采用相应的定价策略,以完成销售任务并实现产品生产盈利目标。

3. 营销渠道策略

产品营销渠道是实现产品从生产者向消费者转移,使产品价值得以实现,使消费者获得产品使用价值,保证社会再生产顺利进行的重要环节。营销渠道的起始点是生产者,最终点是消费者,中间有批发商、零售商、代理商和储运机构等营销组织成员。

(1) 影响营销渠道的因素

① 产品因素。产品价格高低,产品的鲜嫩度、易腐性和耐储性,产品体积和重量的大小,产品规格和款式的稳定与否;产品的技术性能、使用要求的高低,产品寿命周期的长短等,都是影响产品营销渠道和营销组织成员的因素。生产企业应根据上述因素,采用不同的营销渠道类型和营销组织成员。

② 市场因素。顾客购买产品数量多少、产品季节性明显与否、目标市场集中与分散、地理分布宽广与狭小、潜在顾客多少等因素,将采用不同的营销渠道和营销组织成员。

③ 企业自身的因素。生产企业无资金建立销售网点,但有丰富的销售经验,有一定的储运能力,能为中间商提供服务,则可采用间接的长而宽的营销渠道;反之,则采用直接的短而窄的分销渠道与营销组织成员。

④ 社会政治因素。产品分销渠道受社会和行政干预等因素影响,如国家对部分产品实行管理和专卖制度等,其营销渠道和营销组织成员也将随之变化。

(2) 营销渠道策略

① 选择渠道类型策略。生产企业具有批发促销、储运等能力,可与生产厂商和消费者签订长期稳定的购买合同(订单),采用直接销售产品的短渠道和窄渠道策略。生产企业无能力将产品推销给零售商或用户,则选择批发商、储运机构等中间商,构建产品购销网络,采用长渠道和宽渠道策略。

② 广泛性营销渠道策略有3种形式:a. 生产企业广泛性采用中间商,密集性推销企业生产的产品;b. 生产企业选择性使用一部分中间商,采用特约经销方式推销企业生产的产品;c. 生产企业固定一家中间商,采用独家经营方式推销企业生产的产品。

③ 中间商类型策略。生产企业从批发商、零售商、代理商、经纪人等中间商中选择或不选择中间商,选择何种中间商,选择多少类型中间商,选择同类型中间商多少等,进行决策。

④ 渠道类型数量策略。生产企业一般有4种类型的营销渠道:自设销售门市部;通过代理商销售;通过批发商销售;通过零售商销售等。

第六章　生产型企业管理实务

⑤ 渠道成员协作策略。生产企业在营销渠道成员之间的协作方式：一是支援策略方式，包括资金信贷、承担运费、支付广告费用、利润分割等；二是支援幅度策略，即提供援助的数额水平。此协作一般有 3 种途径：a. 调整渠道成员，增加或减少，调换或取消；b. 调整渠道数量，增加或减少；c. 调整渠道类型，直接或间接等分销渠道。

渠道选择策略要根据具体情况灵活掌握，综合运用。

(3) 产品运输策略

生产企业的产品运输，随产品性质、体积、重量、鲜嫩度、易腐性、耐储性等特性，以及运输工具、运力及费用、方便性等情况，制定并选择相应的运输方式策略。

① 产品运输方式、运输工具等选择策略

产品的运输方式：陆运、水运、空运等运输；仓箱、管道、传送等运输；人力、畜力、水力、索道、滑行、风力、机械动力等运输；火车、轮船、汽车、木帆船、畜力车、人力车等运输。

② 产品运输路线选择策略

合理的产品运输路线有直达运输、直线运输、直达直线运输、双程运输、联运运输和"四就直拨"运输等。"四就直拨"指就产地直拨；就仓库直拨；就车站、码头直拨；就船、车过载。不合理的运输有对流运输、倒流运输、过远运输和迂回运输等。

在运输路线的选择上，要根据产品的季节、体积、数量、耐储性等特点，以及运输时间要求、运输费用等因素，对运输路线策略进行抉择。

4. 产品促销

促销，即促进产品销售，是市场营销组合的重要组成部分。通过促销活动，激发顾客的购买欲望，达到推销商品、树立企业形象之目的。

促进产品销售有 2 种方法：一是人员推销；二是非人员推销。非人员推销包括广告、营业推广、公共关系等。

(1) 人员推销

① 人员推销方式，一般有以下 3 种：a. 建立销售人员队伍。企业派推销人员，一是企业内销售人员，二是外勤推销人员，直接向消费者推销产品。b. 使用合同推销人员。雇请推销人员，签订推销合同，按代销商品数额给付佣金。c. 建立推销网络，包括电子商务网络推销等。

② 人员推销策略：a. 使用推销人员策略：推销员定地区策略；推销员定产品策略；推销员定顾客策略；推销员定地区、产品和顾客相结合的策略。b. 企业不派推销人员策略：建立销售网点；聘请当地经销商；开设门市部等。c. 推销技巧策略：运用"刺激……反应"、"需求……满足"、"配方"等策略以达到推销产品的目的。

(2) 广告

广告是企业借助于某种媒体，运用一定的形式向顾客传递商品和劳务信息的一种非人员促销手段。广告具有沟通供需信息、刺激顾客需求、介绍商品、指导消费、增强竞争力、树立产品及企业形象等功能。

因广告及广告媒体种类的不同,生产企业采用如下广告策略:

① 报道性广告策略。向顾客提供企业所生产的产品质量、用途、效能、价格等基本情况,为顾客认识产品提供信息服务,以诱导消费者的初级需求欲望。这一策略适用于新产品、优良产品的广告宣传等。

② 竞争性广告策略。宣传重点是介绍产品给消费者带来的各种效益。其广告形式采用比较方式,加深消费者对产品的印象。该策略适用于产品成长期和成熟期的广告宣传。

③ 声誉性广告策略。重点是宣传、树立企业和产品的良好形象,增加消费者的购买信任感。此策略适用于有一定影响和声誉商品的广告宣传。

④ 备忘性广告策略。宣传的重点应放在产品的商标和信誉上,帮助消费者识别和选择商标。该策略主要适用于成熟期中、后期的产品的广告宣传。

⑤ 季节性广告策略。因季节性变动而采取的广告策略,重点是推销季节性时令产品等。

⑥ 均衡性广告策略。展开全面的、长期的广告宣传,提高声誉,扩大市场占有率。此策略适用于资金雄厚、效益好的大型企业的广告宣传。

⑦ 节假日广告策略。在周末和节假日前进行广告宣传,以吸引顾客。此策略适用于零售商业企业的广告宣传。

生产企业应根据自身力量和广告目的,运用不同的广告策略。小企业,勿做大广告;地方产品,不做全国性广告。小企业广告采用地区重点策略、时间重点策略和商品重点策略等。

(3) 营业推广

营业推广,又叫销售促进,也称特种推销,是指企业用来刺激早期消费者需求所采用的促进购买行为的各种促销措施。如举办展销会、现场示范、咨询服务、赠送纪念品或货样等。

① 生产企业开展营业推广的目标:a. 针对现实顾客,鼓励和刺激顾客购买欲望,提高重复购买率,吸引潜在顾客。b. 针对营销者(中间商)。鼓励经销商大量进货经销,促成交易,加速货款回收。c. 针对推销人员。鼓励推销人员努力推销商品,积极开拓新市场,扩大销售量。

② 营业推广方式:产品展销、陈列;业务咨询、现场服务;代培人员;赠送物品、奖券和优惠券;对商品进行包装、装潢;有奖销售;交易推广,给予折扣、折让等优惠;招商洽谈,促成交易等。

③ 营业推广策略:a. 盈利策略。在营业推广中,对消费者和中间商促进商品销售的行为必须给予减价或赠送等优惠,坚持让对方获利的原则,进而达到"双

赢"。b. 有限时间策略。时不再来,机不可失,应在有限的时间内进行有效的推销。c. 有限规模策略。应根据自身的实力,选择合适的营业推广规模,确保营业推广效益。d. 最佳推广途径策略。选用费用省、效果好的营业推广方式、手段和途径。

(4) 公共关系

公共关系是指企业与公众沟通信息,建立了解信任关系,提高企业知名度和声誉,创造良好的市场营销环境的一种促销活动。公共关系的目标是提高企业知名度,加深消费者对企业及其产品的印象;激励企业全体职工,以增强凝聚力,提高劳动生产率。

① 公共关系的对象,包括内部公众和外部公众。内部公众,即本企业职工;外部公众,主要有金融、新闻媒介、政府、消费、科教、文体、睦邻等公众。

② 公共关系的活动方式

生产企业与社会团体、行业协会以及社会贤达、名流等,开展公共关系活动。其主要活动方式有:宣传报道;听取意见;建立联系;印发宣传资料;倡导、举办、参加社会福利慈善事业;资助公益活动;内部公关等形式。

③ 开展公共关系的策略

生产企业开展公共关系,一般采用如下策略:a. 实事求是地宣传、介绍企业情况。宣传介绍企业情况,一定要客观、真实,这样才能赢得公众的信任和理解;任何浮夸不实等吹嘘,都会引起公众反感而失去公众。b. 必须把维护和增进公众利益放在首位。公共关系的宗旨是增进了解,加深印象,树立企业及其产品的信誉,为扩大销售创造条件。为此,必须把公众利益放在首位。任何损害公众利益或把公众利益的位置安排不当的行为和做法,都将适得其反。c. 坚持长期目标与短期活动相结合。一方面,把长期目标分解成具体目标,落实到短期活动中去;另一方面,使短期活动成为长期目标的基础,为长期目标服务。d. 开展全方位公关与抓重点公关相结合。公共关系宣传,应立足于全社会,开展普遍宣传,争取社会舆论的支持,减少副作用,避免制约因素的影响。同时,也要突出重点,抓住关键公众,有针对性地开展公关工作,与其建立较为牢固的、持久的良好关系。

【案例 6-10】

雀巢启示录

1866年,伯奇兄弟在瑞士登记设立英瑞炼乳厂,1867年内斯尔设立内斯尔工厂,两个厂于1905年合并,称为雀巢炼乳公司。到如今,雀巢公司已成为瑞士最大的工业公司,也是全世界第二大食品垄断组织。

然而,雀巢的发展并非一帆风顺,它也曾差一点遭受灭顶之灾。

1977年,哥伦比亚总医院早产病房里的婴儿死亡率突然上升,究其原因在于雀巢工厂灭菌不严。原因尚未查明之前,已有25个婴儿死亡。同年,澳大利亚卫生部报告,由于给婴儿喂了雀巢生产的不洁奶制品,134名儿童患了严重疾病。据政府统计,雀巢有2 000多万磅受到污染的婴儿奶制品出口到了西南亚各国。

雀巢公司形势十分严峻。

随着《杀害婴儿的凶手》和《雀巢杀害童婴》两篇文章的发表,引起全世界的极大关注。雀巢诉讼案的出现,形成了两个强烈反对雀巢的组织——公司履行义务调查中心和婴儿食品行动联盟。最终导致全球性的对雀巢产品和服务的抵制。

毫无疑问,这次抵制活动影响是巨大的,不仅给公司直接造成了损失,还间接地使公众反对公司的观点更加明朗和具体化。

雀巢公司进退维谷,怎么办?

正如人们所预料的一样,雀巢公司为了对付外界攻击,不断作出各种辩解,结果弊多利少,它的公共形象越来越坏。

雀巢吸取了教训。越是辩解,公众的吼声更加激烈。最后雀巢采用了著名公共关系专家丹尼尔·丁·埃德尔曼的建议:保持低姿态,设法让人们予以理解。

此外,雀巢公司还总结出以下教训:

1. 公共形象的脆弱性。一个值得尊敬的形象,或者至少是一个不坏的形象,倏忽之间就可能被破坏。公司不应低估社会意识和活动家的力量。

2. 新闻机构的力量。一篇不利的报道既能炮制反面观点,又能加强这种反面观点的宣传。

3. 公共关系的误区。当公司多方面的活动成为指责的焦点时,公关部门的任务不是回答批评家们的问题,而是必须明确自己的职责。

(摘自 http://jpkc2.wzu.edu.cn/coursec/resource_case8.aspx)

思考题:雀巢公司的危机对你有什么启示?

复习思考题

1. 生产型企业有什么特征?
2. 设计与布置企业生产流水线有哪些步骤?
3. 产品生产流程设计的影响因素有哪些?
4. 简述再造流程的特征。
5. 成组技术的基本特点有哪些?
6. 简述编制企业生产计划的程序与步骤。
7. 产品标准化的内容有哪些?
8. 质量认证有哪些基本原则?
9. 目标成本控制的特点有哪些?
10. 生产企业营销组合策略有哪些?

第六章 生产型企业管理实务

延伸阅读

【材料一】

产品寿命周期战略

任何产品一般有自然寿命和市场寿命。产品的自然寿命(使用寿命),是指产品的具体使用时间,其使用价值消失,自然寿命即终结。产品的市场寿命(经济寿命),是指产品从开发成功在市场出现,直至被市场淘汰为止所经历的时间。产品寿命周期由孕育(开发)期、投入期、成长期、成熟期和衰退期5个阶段组成,如图4-3所示。

图中销售额曲线和利润额曲线,反映出产品寿命周期各阶段的销售和利润水平。

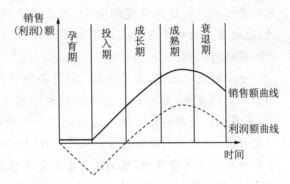
图6-10 产品寿命周期

产品市场寿命终结,会被新、优的产品所替代,以满足市场需求。

产品寿命周期战略,主要根据市场供求变化和竞争需要,分析自身农产品在现有市场的占有率和竞争能力,研究并制定农产品各生命周期阶段的开发战略:① 新产品开发时间,一般是投入一代新产品,即开发二代新产品。② 新产品进入与退出市场时间,提前或推迟进入或退出市场。③ 新产品进入市场的数量,增加或减少向市场的投放量。④ 新产品市场空间选择,保留现有市场或开辟新的外埠市场等。

【材料二】

ISO 9000 简介

ISO 9000 族标准是国际标准化组织颁布的在全世界范围内通用的关于质量管理和质量保证方面的系列标准,目前已被80多个国家认同或等效采用,该系列标准在全球具有广泛深刻的影响,有人称之为 ISO 9000 现象。ISO 9000 族标准主要是为了促进国际贸易而发布的,是买卖双方对质量的一种认可,是贸易活动中建立相互信任关系的基石。

众所周知,对产品提出性能、指标要求的产品标准包括很多企业标准和国家标准。但这些标准还不能完全解决客户的要求和需要。客户希望拿到的产品不仅要求当时检验是合格的，而且在产品的全部生产和使用过程中，对人、设备、方法和文件等一系列工作都提出了明确的要求，通过工作质量来保证产品实物质量，最大限度地降低它隐含的缺陷。现在许多国家把 ISO 9000 族标准转化为自己国家的标准，鼓励、支持企业按照这个标准来组织生产，进行销售。而作为买卖双方，特别是作为产品的需方，希望产品的质量当时是好的，在整个使用过程中，它的故障率也能降低到最低限度。即使有了缺陷，也能给用户提供及时的服务。在这些方面，ISO 9000 族标准都有规定要求。符合 ISO 9000 族标准已经成为在国际贸易上需方对卖方的一种最低限度的要求，就是说要做什么买卖，首先看你的质量保证能力，也就是你的水平是否达到了国际公认的 ISO 9000 质量保证体系的水平，然后才继续进行谈判。

一个现代的企业，为了使自己的产品能够占领市场并巩固市场，能够把自己产品打向国际市场，无论如何都要把质量管理水平提高一步。同时，基于客户的要求，很多企业也都高瞻远瞩地考虑到市场的情况，主动把工作规范在 ISO 9000 这个尺度上，逐步提高实物质量。由于 ISO 9000 体系是一个市场机制，很多国家为了保护自己的消费市场，鼓励消费者优先采购获 ISO 9000 认证的企业产品。可以说，通过 ISO 9000 认证已经成为企业证明自己产品质量、工作质量的一种护照。

ISO 9000 族标准中有关质量体系保证的标准有 3 个：ISO 9001、ISO 9002、ISO 9003。

ISO 9001 质量体系标准是设计、开发、生产、安装和服务的质量保证模式；

ISO 9002 质量体系标准是生产、安装和服务的质量保证模式；

ISO 9003 质量体系标准是最终检验和试验的质量保证模式。

近几年，全国各地正在大力推行 ISO 9000 族标准，开展以 ISO 9000 族标准为基础的质量体系咨询和认证。国务院《质量振兴纲要》的颁布，更引起广大企业和质量工作者对 ISO 9000 族标准的关心和重视。根据 ISO 9000—1 给出的定义，ISO 9000 族是指"由 ISO/TC 176 技术委员会制定的所有国际标准"。那么由 ISO/TC 176 技术委员会制定的标准目前有多少？众说不一。准确的说法应该是：由 ISO/TC 176 技术委员会制定并已由 ISO（国际标准化组织）正式颁布的国际标准有 19 项，ISO/TC 176 技术委员会正在制定还未经 ISO 颁布的国际标准有 7 项。对 ISO 已正式颁布的 ISO 9000 族 19 项国际标准，我国已全部将其等同转化为我国国家标准。其他还处在标准草案阶段的 7 项国际标准，我国也正在跟踪研究，一旦正式颁布，我国将及时将其等同转化为国家标准。正式颁布的 ISO 9000 族标准 GB/T 6583—1994(idtISO 8402:1994)质量管理和质量保证术语。GB/T 19000.1—1994(idtISO9000—1:1994)质量管理和质量保证标准。

第 1 部分　选择和使用指南。GB/T 19000.2—1994(idtISO 9000—2:1993)质量管理和质量保证标准

第六章 生产型企业管理实务

第 2 部分 GB/T 19001、GB/T 19002 和 GB/T 19003 实施通用指南。GB/T 19000.3—1994(idtISO 9000—3:1994)质量管理和质量保证标准

第 3 部分 GB/T 19001 在软件开发、供应和维护中的使用指南。GB/T 19000.4—1994(idtISO 9000—4:1993)质量管理和质量保证标准

第 4 部分 可信性大纲管理指南。GB/T 19000—1994(idtISO 9001:1994)质量体系设计、开发、生产、安装和服务的质量保证模式。GB/T 19002—1994(idtISO 9002:1994)质量体系生产、安装和服务的质量保证模式。GB/T 19003—1994(idtISO 9003:1994)质量体系最终检验和试验的质量保证模式。GB/T 19004.1—1994(idtISO 9004—1:1994)质量管理和质量体系要素

总之,未来的 ISO 9000 族标准的新结构将是以 ISO 9001 和 ISO 9004 两个标准为核心,包括少量的支持性标准。

(摘自 http://www.tech-food.com 中国食品科技网)

 案例分析

叶萍服装店的问题

私营企业"叶萍服装店"店主兼经理吕叶萍自 3 年前办起这家服装店以来,一直经营得很顺利。但是最近她不断收到许多顾客的口头或书面抱怨,反映该店在产品质量和交货方面都有很多问题,还常常碰上原材料不足的情况;有两家关键主顾甚至取消了对该店的大宗订货。这使她困惑不解,不明白她的生意究竟出了什么毛病。

小吕高中毕业后就迷上了服装裁剪缝制这门手艺,曾跟一位老裁缝学习与实践操练,并赢得过"巧手姑娘"的美誉。后来,她进入街道成衣厂当了一名集体所有制工人。她的经验、手艺和才能,使她很快脱颖而出,当上了厂服装设计组组长。

小吕十分喜爱这个工作,白天干活,晚上买来有关书籍自学,还自费先后参加了服装设计和剪裁训练班。进厂头 3 年,由于她业务好、爱学习,厂里交给她各式各样的任务,有些还相当艰巨,她都欣然接受并且完成得不错,因为她认为这对于她全面掌握成衣业务是个难得的好机会。她参加设计了妇女时装和童装,跟各种布匹供应商打交道,选购合适的衣料,与有特殊订货要求的客户磋商,讨价还价,洽谈合同,她还负责过特殊订货设计、剪裁和缝制间的协调工作,甚至协助过会计整理账目。进厂第四年,小吕觉得自己已经熟谙服装业务,可称"羽翼丰满",终于决定停薪留职自己筹资开办服装店。这样,经过积极准备,在当年 6 月正式办起了这家"叶萍服装店"。创业之初,一切从简,她自己任经理,包揽了内、外的全部管理工作,还兼任服装设计师;找来几位熟悉业务的待业人员,一个当秘书兼会计,一个负

责下样剪裁,另两人操作缝纫机。

小吕觉得一开始就在顾客中建立起信誉是至关重要的。由于过去在厂里她参加过跟顾客打交道的活动,一些老"关系户"对她的手艺有些了解,所以开店伊始就得到了几小笔订单。她兢兢业业地加工这几批衣服,力求做到优质低价,打响第一炮。头批主顾果然对"叶萍服装店"的活计十分满意。到翌年春天,小店已经以质量优异、价格公道并能承做特制服装赢得了声誉,订货额提高了60%,大主顾也由6家增加到了11家。为了配合生产的增长,小吕又增聘了一位剪裁师傅,并把缝纫机操作工从2人增加到4人。她自己主要还是搞服装设计,同顾客谈判特殊订货,以及走访各家供应商选购布料。生意在继续迅速扩展,到第三年春,订货额又增加了150%,并招来了8位成批订货的大主顾。考虑到业务的进一步增长,小吕又请了一位兼职会计员,负责顾客应付账款的造表、登记,以及编制职工工资表和发放工资;还增加了2位剪裁师傅和4名缝纫工。小吕自己则将更多的时间放在服装尤其是时装设计上,因为"叶萍服装店"已经以其优质的特制时装而声誉远扬;同时,她还去采购布料,走访可能的主顾,以争取更多的业务。

可是,到了第四年初夏,她开始听到了一些顾客的埋怨,反映产品质量有所下降,交货也不及时。这使小吕警觉起来,她十分关心主顾们的感觉,便通过打电话、走访和写信等方式,对出现的问题再三表示抱歉,并承诺保证改进。但是,以后的日子里,顾客们的牢骚反而越来越多了。有位老主顾甚至取消了一笔订货,并且扬言今后不再跟"叶萍服装店"做生意。另一位老主顾则说,情况若不见改善,他也要撤消订货,断绝往来。

为此,小吕召开了一次全体职工会议,向职员们说明了顾客反映的情况,并征求大家意见。职工们议论纷纷,有的说,缝纫机买来就是旧货,活又重,早就该维修了;有的说,买来的布料有不少疵点;还有的提醒说,有一种布料存货已经用光了。后来她又收到一张没署名的便条,说有几位工人午餐时间太长,干活还常常磨洋工,等等。因此,小吕认为如今真该请管理专家给她一些指点和帮助。有人告诉她,本地一所大学有一位管理学教授赵博士,对小型企业的经营管理经验丰富,造诣颇深。她决定登门请教,只要确实能改善店里的营业状况,即使付一笔咨询费也心甘情愿。

(摘自 http://jpkc2.wzu.edu.cn/coursec/resource_scene2.aspx)

思考题:如果你就是赵博士,根据案例所提供的情况,试分析"叶萍服装店"目前的经营到底出了什么问题以及原因何在?

第六章 生产型企业管理实务

 实 训

【内容一】

企业发展战略分析

全班同学每人找一个自己感兴趣的国内外知名企业,利用图书馆、上网等手段查阅有关资料,了解该企业发展战略,并完成一份分析报告。

【内容二】

制定一份学习计划

进入大学后,我们进入自我管理阶段。全班同学每人起草一份学习计划,在班级组织讨论,充实完善后,脚踏实地、有步骤地去实现它。

【内容三】

企业实地调查

全班同学利用课余时间,到实训基地或相关单位,了解该单位的组织结构、主要产品(服务)、生产或业务流程;了解或参与企业以下一个或几个方面的工作:业务活动、生产计划及其编制、生产作业、质量管理、设备管理、计量管理、仓库管理、采购管理、人力资源管理等,做到理论与实践相结合,并撰写一份企业调查报告,要求语言简练、准确;调查的资料可靠。

第七章

流通型企业管理实务

【重点知识要求】
1. 流通企业的一般特征
2. 伴随商品流通方式的演变,物流、商流和信息流地位的变化
3. 物流的概念及其与商流的关系
4. 流通型企业中的交易客体
5. 期货与现货交易的区别,期货交易的作用
6. 电子商务的产生、发展、特点、影响及安全体系
7. 流通型企业组织结构形式
8. 流通型企业的信息化

【重点能力要求】
1. 能够独立完成在线交易的全过程
2. 能够认识和使用现代流主要的信息技术
3. 能够对一般流通型企业客户关系进行管理

案例导入

宜家公司是瑞典一家著名的家庭装饰用品零售企业,它从最初的小型邮购家具公司一跃成为在世界各地拥有100多家连锁商店的大企业,年均增长率达15%。宜家的成功秘诀在于它独有的营销理念——"与顾客一起创造价值"。在这种理念的指导下,宜家公司把自己与顾客、供应商之间的买卖关系,发展成共同创造价值的关系,你中有我,我中有你,共同组成一个价值链。

其一,在于为顾客搭造创造价值的舞台

宜家认为,不论是生产者还是消费者,都有创造价值的能力。问题的关键在于,作为销售商如何为每一个消费者施展能力、创造价值搭造一个舞台。宜家不把向顾客提供产品和服务视为一种简单的交易,而是视为一种崭新的劳动分工:将一

第七章　流通型企业管理实务

些原来由加工者和零售商所做的工作交给顾客去做,公司方面则专心致志地向顾客提供价格低廉而质量优良的产品。宜家每年都要印刷几千万份、十多种语言的产品目录。尽管目录中只有公司1万多种产品的30%~40%,但每份目录同时又是宜家理念的宣传品和指导顾客创造价值的说明书。宜家销售的可随意拆卸、拼装的家具,一是品种多,有厨房、卫生间、书房、客厅摆放的,有分别适用于儿童和成人的,有用木材、金属等各种不同材料制作的。二是便于消费者根据自己的爱好进行再创造,比如,消费者可以自己设计家具的颜色,宜家负责提供所需的油漆。进入宜家的商场,顾客可以无偿使用商场提供的儿童车、托儿所、游乐场和残疾人轮椅,还可以得到产品目录、卷尺、铅笔和记录纸,以便选择家具时使用。

其二,在于供应商也是宜家的顾客

宜家不但支持顾客创造价值,而且支持自己的50多个国家的1 800个供应商创造价值。能够提供优质价廉产品的供应商一旦成为宜家系统的一部分,就等于进入了全球市场,而且能够获得宜家提供的多方面的支持和帮助。为整合多家供应商的生产,宜家拥有一个高效率的订货和发货系统——由14个仓库组成的世界网络。其优势在于作为公司的控制中心和供货枢纽,它们按照电脑优化的程序协调供求,帮助零售商预测需求和补充缺货。

全球市场的形成,"以顾客为中心"消费时代的到来,使企业面临着竞争者和消费者的双重压力,产品和服务的界限越来越难以界定。通过宜家的经营,我们可以看到,它不但在销售产品,更在销售服务,销售一种理念和文化。"与顾客一起创造价值"的经营理念,使宜家就像一个身怀绝技的导演,激发出顾客和供应商无穷的活力,共同演绎着一场变幻莫测、引人入胜的话剧——"创造价值"。

(蔡金香.瑞典宜家公司的营销理念.公关世界,2002(10))

思考题:如果你是宜家的竞争对手,你会采取什么竞争措施?

社会再生产全过程包括生产、分配、交换、消费4个环节。作为初始生产到最终消费的中间环节,流通主要发生在交换这个环节上,它是伴随人类社会分工而产生,并在商品经济的发展过程中,受工业化过程中一系列变革的影响,逐步演变成现代庞大的流通产业。

第一节　流通型企业管理概述

一、流通概述

流通这一经济现象是经济发展到一定阶段的产物。从简单的物物交换到以货币为媒介的一般商品流通,它是与人类社会的进步、社会分工的发展紧密联系的。原始社会生产力低下,人们的劳动成果几乎没有剩余,所以也就不存在什么商品流通。伴随人类历史向前的是社会大分工,第一次大分工使得农业从畜牧业中分离出来,第二次大分工是手工业从农业中分离出来,第三次大分工是商业与手工业的分离。这样的分工使得商品生产的规模开始形成,并且促进了商品交换。由此,商品交换进入了简单商品交换→简单商品流通→一般商品流通→发达商品流通的历史进程。

对于商品流通,马克思是这样去理解的,"每个商品的形态变化系列所形成的循环,同其他商品的循环不可分割地交错在一起,这全部过程就表现为商品流通"。并且,在书中他严格区分了"商品流通"和"产品交换"。前者是无休止的社会性的交换活动,它包含3个方面:商品流通、货币流通和资本流通;而后者则是一种偶然的个别的交换行为。

对于流通的理解主要有广义和狭义两种。广义的流通是社会总资金在整个社会再生产过程中的循环与周转,包括货币资金变为商品资金和商品资金变为货币资金。狭义的流通是指生产过程以外的商品买卖过程,以及与此相伴随的商品实物形态的运动过程。马克思认为:"流通本身只是交换的一定要素,或者也是从交换总体上看的交换。""一定的生产决定一定的消费、分配、交换和这些不同要素相互间的一定关系。当然,生产就其单方面形式来说也决定于其他要素。"

总而言之,流通源于分工和交换,承接生产与消费。

二、现代流通管理

管理是"每种结合的生产方式中必须进行的劳动",是由许多人进行协作劳动而产生的。经济发展带动的社会化大生产,使得共同生产这种劳动形式得以普及,这个时候就必须有管理。没有管理,生产和劳动会失去秩序、失去导向,从而造成社会低效率。

对于管理的理解,伴随社会分工和劳动协作关系的复杂,人们对于管理也越深入,管理的方式和手段也多种多样。根据对管理对象不同范围的研究,一般划分为国民经济管理、部门经济管理和企业管理。其中,企业管理属于微观经济层面的管理,是企业生产经营活动中各项管理活动的总称,主要包括生产与采购管理、运营管理、财务管理、人力资源管理和组织领导管理等。流通管理作为管理中的一个分支,与管理既有共性,即具有明显的系统特征,也有其个性。

一般而言,流通企业具备5个特点或者说是条件:

1. 经营上的独立性

经营上的独立性是指企业有独立经营活动的决策权和实施权。

第七章　流通型企业管理实务

2. 组织上的完整性

组织上的完整性是指流通企业作为一个经济实体,为保证经济活动有效运行,会把分散、个别的资源集中和组合起来,在组织机构内部通过分工协作,保证流通企业的经营活动有节奏、连续不断地进行。

3. 拥有必要的经营要素

拥有必要的经营要素是指作为从事商品交换的企业,必须具有为商品交换所必需的各类人员、资金、仓库和其他技术设备等。

4. 独立核算

独立核算是指流通企业能以收抵支,自负盈亏,并取得盈利。

5. 具有法人资格

法人是指依法成立并能独立行使法定权力和承担法律义务的社会组织,企业的法人资格是指法律上赋予企业以独立人格,使其具有权力能力和行为能力,享受权利和承担义务,同其他组织和消费者发生各种法律关系。这是企业独立性的法律保证,也是独立经营和独立核算的必要条件。

三、流通流程构成

有史以来的流通都是同商品经济联系在一起的,流通也就是商品流通。流通的对象既包括有形的商品,也包括无形的商品。随着商品流通交易的复杂程度提高,流通中所发生的商流、物流、信息流、资金流等也形成了自己的流通过程。商务是指以商品交换为中心的各种经济事务及管理活动,它包含商品从生产到交换、从交换到消费全过程中扣除纯生产和纯消费的各个方面。图7-1为常见的商务流程图。

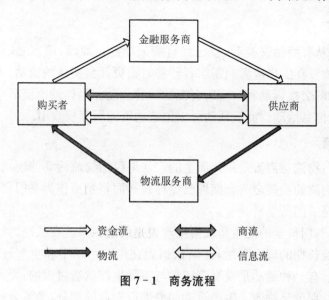

图7-1　商务流程

在本章的开始,提到当有商品交换现象出现,就进入了简单商品交换→简单商品流通→一般商品流通→发达商品流通这一演变历史。在商品流通的最初始阶段,采取的是"以物易物"的方式进行商品交换,此时主要发生商流和物流的活动,信息流相对较少,不突出。随着生产力的发展,交易规模扩大,一般等价物——货币——这一交易媒介出现,出现了"以钱买物"的方式,此刻人们在交易过程中遵从"一手交钱,一手交货"的现金买卖原则,这一阶段,资金流加入进来,起着一般媒介的作用。随着生产力的进一步发展,社会进步,商业信用发展起来,出现了银行——从事货币中介服务行业,使得商流和物流分离,产生了多种新的付款方式,比如,预付、定金、承兑、支票,还有分期付款和延期付款等。这样,信息流的重要性开始凸显。李琪(2002年)认为,在商品交换的不同阶段,买卖双方为了各自的利益,都要尽力去掌握对方和中介的有关商品交易的各种信息,如商品信息、支付能力、支付声誉、中介能力和中介信誉等,而中介方也必须掌握交易双方的各种信息。随着信息技术的高度发展,把商品流通带到了一个新境地,信息流明显处于最重要的地位,对整个流通过程形成控制。

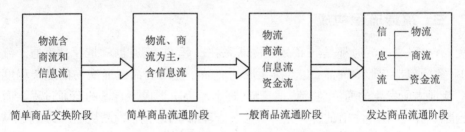

图7-2 商品流通过程中物流、商流和信息流地位演变图

(一) 商流

应该说自从有商品交换起,就已经有商流伴随。商流,简言之,是商品所有权的转移,它是物资在由供应者向需求者转移时物资社会实体的流动,主要表现为物资与其等价物的交换运动和物资所有权的转移运动。具体的商流活动包括买卖交易活动及商情信息活动。商流活动可以创造物资的所有权效用。

(二) 物流

一般而言,物流与商流是相伴而生的。如果仅指物流活动的现象,在有商品流通之前,现代物流的功能之一仓储就已经存在。而将物流作为一门科学,却仅有几十年的历史,是一门新学科。

物流作为一门科学的诞生是社会生产力发展的结果。在长期的社会发展过程中,不少学者经长期的理论酝酿,逐渐认识到在生产活动中和生产过程、生产工艺的组成领域里,有一种活动是没有直接参与实际生产制造过程的,而是与工艺有关但却另有特性,那就是物流。生产活动如果进行专业的细分,又可分成两个组成部分,一部分是生产工艺活动,一部分是物流活动。通过对物流这一概念的起源和发展进行探索,我们可以认识到物流的发展历程。

1. 传统物流(physical distribution)

物流的概念是随着交易对象和环境变化而发展的,因此需要从历史的角度来考察。物流在英语中最初为 Physical Distribution,Distribution 一词最早出现在美国。1921年阿奇·萧在《市场流通中的若干问题》(*Some Problem in Market Distribution*)一书中提出物流是与创造需求不同的一个问题,并提到物资经过时间或空间的转移,会产生附加价值。这里,market distribution 指的是商流;时间和空间的转移指的是销售过程的物流。1935年,美国销售协会最早对物流进行了定义:物流(physical distribution)是包含于销售之中的物质资料和服务,以及从生产地到消费地流动过程中伴随的种种活动。

【案例 7-1】

物流早期发展历史

在第一次世界大战的1918年,英国犹尼里佛的利费哈姆勋爵成立了即时送货股份有限公司。公司宗旨是在全国范围内把商品及时送到批发商、零售商以及用户的手中,这一举动被一些物流学者誉为有关物流活动的早期文献记载。20世纪30年代初,在一部关于市场营销的基础教科书中,开始涉及物流运输、物资储存等业务的实物供应(physical supply)这一名词,该书将市场营销定义为影响产品所有权转移和产品的实物流通活动。这里所说的所有权转移是指商流;实物流通是指物流。

日本在1964年开始使用物流这一概念。在使用物流这个术语以前,日本把与商品实体有关的各项业务,统称为流通技术。1956年日本生产本部派出流通技术专门考察团,由早稻田大学教授宇野正雄等一行7人去美国考察,弄清楚了日本以往叫做流通技术的内容,相当于美国叫做 physical distribution(实物分配)的内容,从此便把流通技术按照美国的简称,叫做 P·D,P·D 这个术语得到了广泛的使用。1964年,日本池田内阁中五年计划制定小组平原谈到 P·D 这一术语时说,"比起来,叫做"P·D"不如叫做"物的流通"更好。"1965年,日本在政府文件中正式采用物的流通这个术语,简称为物流。

思考题:物流定义有哪些演变?背景如何?

1981年,日本综合研究所编著的《物流手册》,对物流的表述是:物质资料从供给者向需要者的物理性移动,是创造时间性、场所性价值的经济活动。从物流的范畴来看,包括包装、装卸、保管、库存管理、流通加工、运输、配送等诸种活动。我国物流思想起源于孙中山主张贸畅其流,开始使用"物流"一词始于1979年。

【案例7-2】

物流术语·小曲折

1979年6月,我国物资工作者代表团赴日本参加第三届国际物流会议,回国后在考察报告中第一次引用和使用"物流"这一术语。当时商业部提出建立"物流"中心的问题,曾有人认为"物流"一词来自日本,有崇洋之嫌,乃改为建立储运中心。其实,储存和运输虽是物流的主体,但物流含义具有更广的外延,而且物流是日本引用的汉语,物流作为实物流通的简称,提法既科学合理,又确切易懂。不久仍恢复称为物流中心。1988年台湾也开始使用物流这一概念。1989年4月,第八届国际物流会议在北京召开,"物流"一词的使用日益普遍。

2. 现代物流(logistics)

在第二次世界大战期间,美国对军火等进行的战时供应中,首先采取了"后勤管理"(logistics management)这一名词,对军火的运输、补给、屯驻等进行全面管理。从此,后勤逐渐形成了单独的学科,并不断发展为后勤工程(logistics engineering)、后勤管理(logistics management)和后勤分配(logistics of distribution)。后勤管理的方法后被引入到商业部门,即商业后勤(business logistics),定义为包括原材料的流通、产品分配、运输、购买与库存控制、储存、用户服务等业务活动,其领域统括原材料物流、生产物流和销售物流。

在20世纪50年代到70年代期间,人们研究的对象主要是狭义的物流,是与商品销售有关的物流活动,是流通过程中的商品实体运动。因此通常采用的仍是 physical distribution 一词。一直到1986年,美国物流管理协会(NCPDM, National Council of Physical Distribution Management)改名为 CLM(The Council of Logistics Management),其理由是因为 physical distribution 的领域较狭窄,logistics 的概念则较宽广、连贯、整体。改名后的美国物流协会(CLM)对 Logistics 所做的定义是:"以适合于顾客的要求为目的,对原材料、在制品、制成品及其关联的信息,从生产地点到消费地点之间的流通与保管,为求有成本—效率的最佳效果而进行计划、执行、控制。"

现代物流包括信息业、配送业、多式联运业和商品交易业。现代物流水平是一个国家综合国力的标志。有数据表明,日本物流业每增长2.6%,可使国民经济增长1%。

【案例7-3】

物流费用冰山说

关于物流费用,有一种提法叫"物流冰山",其含义是说,人们对物流费用的总体内容并不掌握,提起物流费用大家只看到露出海面的冰山的一角,而潜藏在海水

第七章 流通型企业管理实务

下面的冰山主体却看不见,海水中的冰山才是物流费用的主要部分。

一般情况下,企业会计科目中,只把支付给外部运输企业、仓库企业的费用列入成本,实际上这些费用在整个物流费用中犹如冰山的一角。因为物流基础设施建设费,企业利用自己的车辆运输,利用自己的库存保管货物,由自己的工人进行包装、装卸等费用,都没计入物流费用科目内。一般来说,企业向外部支付的物流费是很小的一部分,真正的大头是企业内部发生的各种物流费用。基于这个现实,日本物流成本计算的权威早稻田大学教授西泽修先生提出了"物流冰山"说。

"物流冰山"说之所以成立,有3个方面的原因。① 物流成本的计算范围太大。包括:原材料物流,工厂内物流,从工厂到仓库、配送中心的物流,从配送中心到商店的物流等。这么大的范围,涉及的单位非常多,牵涉的面也特别广,很容易漏掉其中的某一部分。漏掉哪部分,计算哪部分,物流费用的大小相距甚远。② 运输、保管、包装、装卸、流通加工以及信息等各物流环节中,以哪几个环节作为物流成本的计算对象问题。如果只计算运输和保管费用,不计算其他费用,与运输、保管、装卸、包装、流通加工以及信息等全部费用的计算,两者的费用计算结果差别相当大。③ 把哪几种费用列入物流成本中去的问题。比如,向外部支付的运输费、保管费、装卸费等费用一般都容易列入物流成本;可是本企业内部发生的物流费用,如:与物流相关的人工费、物流设施建设费、设备购置费,以及折旧费、维修费、电费、燃料费等是否也列入物流成本中去等都与物流费用的大小直接相关。因而我们说物流费用确实犹如一座海里的冰山,露出水面的仅是冰山的一角。

(摘自 http://www.wx56.net/open/wx56.content_page_a?p_pk_no=36907)

思考题: "物流冰山"说是什么意思?

3. 商流和物流之间的联系与区别

(1)物流和商流之间的联系:一是它们都属于流通领域,是商品流通的两种不同形式,在功能上互相补充。通常是先发生商流后发生物流,在商流完成以后再进行物流。二是它们都是从供应者到需求者的流动,具有相同的出发点和归宿。

(2)物流和商流之间的区别:一是流动的实体不同。物流是物资的物质实体的流动,商流是物资的社会实体的流动。二是功能不同。物流创造物资的空间效用、时间效用,而商流创造物资的所有权效用。三是发生的先后和路径互不相同。在特殊情况下,没有物流的商流和没有商流的物流都是可能存在的。

总之,先有商流,然后才有物流。商流是物流的上游,没有上游就没有下游,所以要靠商流带动物流。但是如果没有物流,商流也无从实现,商流越兴旺,则物流愈发达;反之,如果物流服务滞后也会影响商流的发展。因此,两者之间是相辅相成,相互促进的。

(三)资金流

在流通过程中,任何买卖活动都会伴随有资金的往来,人类的交易活动按照支付方式经历了以物易物等四大阶段。在一般等价阶段,一般等价物可视为早期的货币,如贝壳、兽皮、羊等,后来又出现以金、银为主的金属货币。这些等价物由于其自然属性(不易分割、不便携带、不够稳定等)在流通过程中存在较多局限,促使人们寻找新的货币形式——纸币出现并替代。作为货币的管理机构——银行的出现进一步丰富了货币的存在和交易方式。交易方式——特别是新型的支付手段——电子支付方式的大规模使用,既使社会流通速度加快,也是交易规模不断扩大的现实要求,由此带动全球范围内的资金流动。

(四)信息流

信息是客观世界中各种事物的变化和特征的最新反映,也是经过传递后的再现。在流通活动中,信息包括商务信息、商务情报、商务数据、商务报告等,它是对企业各种商务关系和各种商务活动的客观描述,是企业商务运动变化的真实反映。信息流是由商流、物流和资金流引起,并反映其变化的商务信息、商务情报、商务数据、商务报告等在传送过程中形成的经济活动,是对商品运动状态的直接反映,信息的运动过程就是信息从发送者向接收者的正向运动和接收者对信息的反向运动的统一,集合了信息的产生、收集、传播、运用与反馈的整个过程。如图7-3所示。

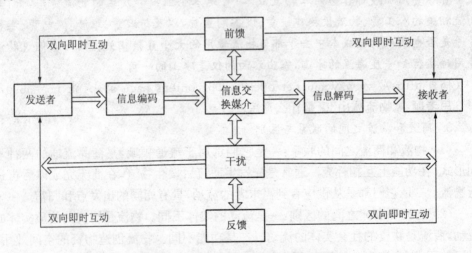

图7-3 流通过程中信息流运动过程

商务信息流产生的根本原因是生产和消费的不一致,因此要使供给和需求平衡,商品的供给和需求信息就必须对称,这样就自然产生了供给和需求信息传输与反馈的运动。流通过程信息流的主要功能包括联结、调控及决策功能。在现代商务信息条件下,信息流在流通过程中占据了主导地位,是商流、物流、资金流的先导和基础,可以说信息流主导了整个现代商务模式。

商流、物流、资金流和信息流是流通过程中的四大主要流程,"四流"互为依存,密不可分,相互作用。它们既有独立存在的一面,又有互动的一面。将商流、物流、资金流和信息流作为一个整体来考虑和对待，会产生更大的能量，创造更大的经济效益。

第二节　流通型企业与交易方式

一、流通型企业中的交易主体和客体

流通企业的产生根源于分工与交易的两难冲突。交易成本越低，分工发展越快，专业化利益相对越大；而分工越细、专业化水平越高，交易次数越多，交易形式也越复杂（如企业形式和政府形式的交易），交易成本越高，从而又限制了分工的发展。因此交易成本或交易效率的高低决定了分工和交换经济的发展。这一两难冲突是交易活动专业化、提高交换效率的流通企业产生的经济根源。流通企业的主要经济功能正在于降低交易成本，提高交易效率，从而推动交换经济发展和社会福利提高。流通企业的本质是交易的专业化生产者和提供者。

（一）流通型企业中的交易主体

1. 交易主体概述

企业是社会生产的微观组织形式，是国民经济的细胞。它是从事生产、流通等经济活动，为满足社会需要和适应市场要求生产某种产品或提供某种服务，依法自主经营、自负盈亏、自我发展、自我约束，具有法人资格的基本经济单位。在本书中，流通型企业交易主体主要指交通运输企业、邮政电信企业和贸易型企业等。

2. 交通运输企业

交通运输业作为一个独立的行业是商品生产发展到一定程度后的产物，它的存在源于运输业等一些新行业从农业、手工业和商业中的分离。尽管在人类生产活动的早期，生产者已经常扮演了运输者的角色（生产者往往把自己生产的产品运送至习惯的交换场所去出售），但这个角色是和生产者、运输者、贩卖者重合的，只有当运输业作为独立的生产活动进行，此时方形成真正意义上的运输业。

交通运输企业系统的输入是各种资源，比如人力、资金、运输工具、生产设备甚至信息等等。交通运输企业系统的输出主要是物质发生空间位移，改变他们存在的地点。

工业发展受交通运输发展状况的制约较大，交通运输网络的改善对工业发展的影响非常大，因此交通运输业的发展在很大程度上能体现一个国家或地区的经济发展水平。我们国家交通运输的发展是一种跨跃式发展，这不仅仅体现在公路、铁路等里程数据的增长上，更是交通运输资金保障能力明显提高，"中央投资、地方

集资、社会融资、利用外资"的多种交通投融资机制深化并采用。航空运输在新世纪以来所表现的迅猛发展尤为突出。

3. 邮政电信企业

信息在现代社会已经成为无可取代的重要资源,信息资源的开发与利用程度也已经成为生产力发展水平的重要体现。随着爆炸信息的到来,对信息的有效传递显得尤为重要,因此通信业的发展举足轻重,网络更是必不可少。我们在进行信息传递的时候主要涉及两种类型的对象:一是采用实物途径传递信息,即邮政通信;二是利用光、电等模拟或数字信号等进行传递,我们称之为电信通信。并且,后者的比重较大,是主体。总体来说,邮政电信企业是以信息传递业务为主要经营内容、为社会提供有偿信息传递服务的企业,是通信经济中直接从事生产经营活动的经济实体,是直接从事通信服务的法定生产者和经营者。

4. 贸易型企业

贸易型企业主要指从事商品批发、商品零售或者批发零售兼营的企业,是使商品发生交换,改变物质的所有权。科学技术和社会经济的发展,人民生活水平的提高,对消费的个性化要求增强,使得贸易型企业形式也表现得更为灵活,便利店(如苏果便利等)、百货商场、超级市场和连锁店大量出现。图7-4是1999年至2008年我国批发零售贸易业社会消费品零售额。

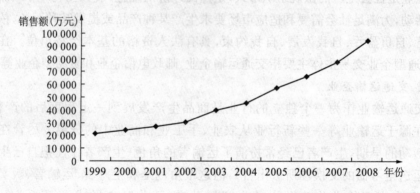

图7-4 全国批发零售贸易业社会消费品零售额

注意:这里的全国数据主要由以下地区组成:广东、江苏、山东、浙江、上海、辽宁、河北、河南、湖北、北京、福建、四川、湖南、黑龙江、吉林、安徽、广西、江西、山西、重庆、陕西、天津、云南、内蒙古、新疆、甘肃、贵州、海南、青海、宁夏、西藏,没有把中国香港、中国澳门、中国台湾地区的数据统计进来。

(二)流通型企业中的交易客体

1. 有形商品

有形商品是指交易中的交易对象是固定的、实物的商品,主要有消费品和生产

第七章　流通型企业管理实务

资料,例如书籍、运动用品。有形商品和服务的查询、订购、付款等活动在网上进行,但最终的交付不能通过网络实现,还是用物流完成转移,所以有形商品的流通构成物流,是商品流通的主体。

2. 无形商品

无形商品主要是服务性产品,指的是对一切有形资源通过物化和非物化转化形式使其具有价值和使用价值属性的非物质的劳动产品以及有偿经济的言行等,例如劳务、信息、电子客票、网上保险、计算机软件、音像制品、娱乐产品的消费、订票、付款、有偿律师辩护、有偿评估、有偿咨询等信息服务等。这里要指出的并非一切社会劳动服务皆是商品,如国家和政府的公务员服务,军队、警察为国家和社会的安全服务,中小学教师从事的国家义务教育服务等,皆不形成劳务商品。

有形商品与无形商品不同的是:其一,有形商品的生产和交换往往伴随着包装、储存、养护、运输、回收等辅助和延续性环节,而无形商品在其消费过程中则表现出消费的服务与消费的同步性;其二,有形商品的使用价值可以直接表现在商品的物质自然属性上,而无形商品则没有具体的物质自然属性的表现。

二、流通型企业的交易方式

(一) 交易方式概述

我们知道,交易是经营主体之间买卖的行为,它实现的形式和手段是多样的,这些形式和手段,称为交易方式,它是交易过程的外部表现形态。例如,交易对象的数量差异为标志,以大批量作为交易形式的交易,称为批发交易方式,一次交易量小且面向销售终端的交易则称为零售交易方式;根据商品实体运动的延迟时间差异,交易方式又可以分为现货、期货交易和电子商务方式;根据商品交易的中介手段,我们把交易方式区分为现金交易、信用交易和票据交易。之所以有多种不同功能的交易方式相继出现,是因为商品经济发展的不同阶段,一方面对交易活动的功能提出了不同的要求,另一方面也为新的交易方式的实现创造了条件。

这里借鉴徐天亮(1999 年)在《商品流通企业管理》一书中所阐述的观点来说明交易方式多样化的原因。他认为,在商品经济的初期阶段,由于生产力水平低,用于交换的社会产品十分有限,因而对交易功能的要求不高,这时的交易行为只能是小批量,以现金作为支付手段的零售交易方式。当社会经济进入商品经济的成熟阶段时,随着生产力水平的提高,交易批量增大,如果仍采用现金交易方式,就存在很大的不方便。而由于银行的发展,运用信用工具作为交易手段成为可能,因而信用交易方式应运而生。在商品经济发达的今天,生产力水平高,市场竞争激烈,企业经营活动的范围更广,企业遇到的风险也大,经营主体不仅希望能在很大范围内知道市场信息,而且还希望能减少风险,于是远期合同交易、期货交易为满足这种愿望而产生,这时的现代通信工具和商品储运技术的发展为这种交易方式提供了有利条件。

在这里,我们着重展开根据商品实体运动的延迟时间差异划分的交易方式:现货交易、期货交易和电子商务。

(二) 现货交易

现货交易也常被称作现期交易,是传统贸易主要采用的形式,买卖双方直接见面,就商品的买卖达成一致,然后成交,一手交钱,一手交货。当然,传统贸易的大宗商品交易多采用合同的方式进行,买卖双方按签订合同的内容在未来的时间进行商品交易。

现货交易很方便,但是缺点也不少,主要有:

(1) 价格形成不规范,风险不能转移

由于合同价格签署是根据当时的供求情况等因素定出的,而执行合同中市场价格发生变化是必然的,有利于一方,必然不利于另一方。同时,价格的形成在很大程度上受到地域的限制,很难形成公平的价格。

(2) 信用风险

价格风险产生的必然性影响合同执行的有效性,信用风险在这种情况下不可避免。

(3) 买卖双方很少,难以形成集中的市场

买卖双方单独协商讨价还价达成协议,谈判技巧和技巧掌握的多少对形成价格影响极大。

(4) 合同规范程度低

每次签合同都要重复寻找客户、询价、初步谈判、签约等一系列环节,都要就品种质量、时间、运输等因素争论不休,对大宗商品来说,这种签约和执行都很复杂,交易成本相应增加。

目前,现货交易方式在人们的日常生活中仍是主要的方式,但是它的缺点很明显,也不适合经济贸易活动的需要,所以采用期货交易越来越多。

(三) 期货交易

1. 期货交易概述

早在古希腊和古罗马时期,就出现了按照既定时间和场所开展的交易活动以及签订远期交货合约的做法。

成立于1570年的英国伦敦皇家交易所,是世界上第一个商品交易所,主要从事现货和先签订合同后交货的贸易,它是近代商品期货交易市场的雏形。到1848年,82位谷物交易商在现货交易所的基础上,自发组织创立了芝加哥期货交易所,这样,现代意义上的期货市场就产生了。此后的160多年里,期货交易市场迅猛发

第七章　流通型企业管理实务

展,先后成立了伦敦金属交易所、纽约商品交易所、芝加哥商品交易所、东京期货交易所等。

期货是在指定的未来日期交割的货物。期货交易是指通过商品交易所买进或卖出期货合约,这种期货合约已是商品交易所规定的标准化契约。商品期货合约交易只需支付押金,通常期货交易并不涉及实货所有权的转移,只是转嫁与这种所有权相关的由于商品价格变动带来的风险。

表 7-1　期货交易和现货交易的区别

	现货交易	期货交易
交易对象	商品本身,看货定价	期货标准合约
参与者	生产者、经营者和消费者	经纪人、套期保值者和投机者
交易目的	买者是为了获得商品所有权的转移,卖者是为了建立在商品价值基础上的利润	套期保值或投机获利
交易方式	直接钱、货交易或者通过谈判签订合同等任何方式	预先签订买卖合约,货款的支付和货物的交割要在约定的时间内按合约规定的价格和数量进行
交易场所	分散进行,在任何地点都可以成交,能确保交割即可	有专门的交易所,公开集中交易
保障制度	主要是法律手段,比如合同法等	法律手段和保证金制度
交易范围	能进入流通的一切合法商品	品种相对限制,主要有玉米、大豆等农产品,以及石油、金属等商品

2. 期货交易的功能与作用

(1) 基本经济功能

① 回避风险

生产经营者通过在期货市场进行套期保值业务来回避价格波动的风险。所谓套期保值交易,就是经营者利用期货市场上期货合约可以比较顺利地买进卖出这一特点,在期货市场上卖出或者买进相同数量该商品的期货合约。由于在期货市场和现货市场上买卖的是同类商品,该商品的现货价格和期货价格的走势基本一致,所以,现货市场上价格的不断变动对于经营者很不利。期货交易之所以越来越吸引经营者,正是因为这种转移价格风险的功能具有一种管理价格风险的机制。

② 发现价格

期货市场集中了大量的不同目的的交易者,确保了市场的集中性和流动性,同时,相关的规则和法律法规提供了严格的保障,这样,市场价格能有效地形成——能确保真实地反映供求双方的意向和预测。再进一步说,按照期货交易的价格报告制度,所有在交易市场上达成的每一笔新交易价格,都要向会员及其场内经纪人报告并公诸于众,这样,所有期货交易者及其场内经纪人都能及时了解期货市场上的行情变化,及时做出判断,并把这个自己根据供求关系的新变化所做出的判断输入到交易市场上去,最后反映到期货价格中去,进一步提高期货价格的真实性。

(2) 主要作用

① 调控社会经济发展的宏观经济,即调控社会生产和流通,减缓商品的价格波动幅度。期货市场上有大量的短期投资者,即投机者,他们迅速进出市场,贱买贵卖。当价格下跌时,投机者大量入市增加需求,使价格上升;反之,价格暴涨时投机者大量抛空,使供给增加,价格下跌。这样,就可以避免商品价格的大起大落。由于期货市场的价格对商品的社会价格有指导性的信息提示作用,从而达到调控社会商品价格波动的作用,如图7-5所示。

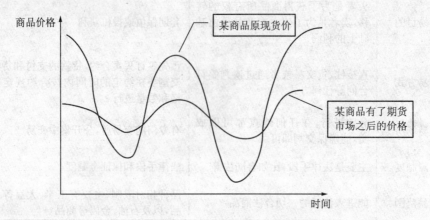

图7-5 期货可以调控社会商品价格波动

② 期货交易市场严格的规范和法律制度,维护了市场的权威形象和合同的履约率,它使市场交易方式和秩序都发生了革命。

③ 期货交易使得物流和商流分离,合同交割兑现时商品可以实现最优化配送,节约时间和成本费用。

④ 融入世界经济,促进资源在世界范围内的合理配置。

⑤ 消除资金短期闲置,使资金长期活用。

3. 期货合约

期货合约是期货交易的媒介物,更是期货交易的主要买卖对象或标的物,从一定意义上说,期货交易可视为一种货币与期货合约之间互相频繁换位的交易。所以,进行期货交易必须对期货合约有一定的了解。

期货合约,指的是在交易所达成的标准化的、受法律约束并规定在将来某一特定地点和时间交、收某一特定商品的合约。期货合约一般包含的内容和项目有:记载事项、合约品质与等级、交易时间和月份、价位变动单位、合约张数限量、对冲规定、价位跌幅或涨幅限额、每月交割期限、合约品质及等级标准的规定、交割程序、交割日期、卖方责任、买方责任、交割通知、付款方式、提运单位、重量误差范围、等级误差范围、交割地点、检验程序、提运证书、有效期、检验费用、违约罚款、其他事项。

期货合约的根本特征是标准化,包括:

(1) 数量和数量单位的标准化,期货交易所事先对每张期货合约所包含的商品数量及数量单位都做了规定。

(2) 商品质量等级的标准化,双方交易时无需再对商品的质量等级进行磋商和鉴定,交割时直接按规定的标准等级进行交割即可。

(3) 交割地点的标准化。

(4) 交割期的标准化,一般交割期限和日期的确定与该商品的生产时间相关联,比如农产品生产的季节性表现得非常明显。

4. 期货市场的管理

期货市场作为充分自由又高度法制化的市场,由许多要素组成,它们之间既相互制约,又相互依赖,为使期货市场正常运行和健康发展,必须加强对期货市场的管理。

首先,加强期货交易市场的自我管理,自我管理是期货市场管理的基础;其次,加强期货行业自律;最后,加强政府对期货市场的管理,主要通过制定法规、条例等来调整政策对期货市场的发展进行宏观调控,促使期货市场健康发展。

(四) 电子商务

1. 电子商务概述

(1) 电子商务的产生和发展

电子商务最早产生于20世纪60年代,发展于90年代,其产生和发展的重要条件主要是:

① 计算机的广泛应用

近30年来,计算机的处理速度越来越快,处理能力越来越强,价格越来越低,应用越来越广泛,这为电子商务的应用提供了基础。

② 网络的普及和成熟

由于Internet逐渐成为全球通信与交易的媒体,全球上网用户呈级数增长趋势,快捷、安全、低成本的特点为电子商务的发展提供了应用条件。

③ 信用卡的普及应用

信用卡以其方便、快捷、安全等优点而成为人们消费支付的重要手段,并由此形成了完善的全球性信用卡计算机网络支付与结算系统,使"一卡在手,走遍全球"成为可能,同时也为电子商务中的网上支付提供了重要手段。

④ 电子安全交易协议的制定

1997年5月31日,由美国VISA和Master Card国际组织等联合指定的SET(Secure Electronic Transfer Protocol)即电子安全交易协议的出台,以及该协议得到大多数厂商的认可和支持,为在开发网络上的电子商务提供了一个关键的安全环境。

⑤ 政府的支持与推动

自1997年欧盟发布了欧洲电子商务协议,随后美国发布了"全球电子商务纲要",电子商务越来越受到世界各国政府的重视,许多国家的政府开始尝试"网上采购",这为电子商务的发展提供了有力的支持。

(2) 电子商务定义

电子商务源于英文Electronic Commerce,简写为EC。顾名思义,其内容包含两个方面:一是电子方式;二是商贸活动。电子商务指的是利用简单、快捷、低成本的电子通讯方式,买卖双方不谋面地进行各种商贸活动。

电子商务可以通过多种电子通讯方式来完成。比如通过打电话或发传真的方式来与客户进行商贸活动,但是,现在人们所探讨的电子商务主要是以EDI(电子数据交换)和Internet来完成的,随着Internet技术的日益成熟,电子商务现在的发展主要是建立在Internet技术上的,所以也有人把电子商务简称为IC(Internet Commerce)。

从贸易活动的角度分析,电子商务可以在多个环节实现,由此也可以将电子商务框架理解为三个层次和两个支柱。

① 三个层次是:

a. 网络层,是实现电子商务的最底层基础设施,即信息基础设施。它是信息的传输系统,也是实现电子商务最基本的保证。主要包括电信网络、有线电视网络和计算机网络,现在常讲的"三网合一",也就是这三网。

b. 消息和信息发布层,是解决如何在网络上传输信息和传输何种信息的问题,主要有两种形式:非格式化的数据流和格式化的数据流。

c. 电子商务层,是实现网上的商务活动,如网上广告、网上零售、电子市场、网上拍卖、网上支付和视频点播等。

② 两个支柱是:

a. 政策及法律、法规,是进行商务活动所需要的一整套有形的法律和无形的法律,主要有关税和税制、知识产权保护、隐私及与电子商务相关的法律法规。

b. 技术标准,是信息发布、传递的基础,是网络上信息一致性的保证,网络协议是处于不同位置的计算机上企业事先约定好的通信规程。

要实现完整的电子商务还会涉及很多方面,除了买家、卖家外,还要有银行或金融机构、政府机构、认证机构、配送中心等机构的加入才行。由于参与电子商务中的各方是互不谋面的,因此整个电子商务过程并不是现实世界商务活动的翻版,网上银行、在线电子支付等条件和数据加密、电子签名等技术在电子商务中发挥着重要的不可或缺的作用。

(3) 电子商务的特点

① 普遍性:电子商务作为一种新型的交易方式,将生产企业、流通企业以及消费者和政府带入了一个网络经济、数字化生存的新天地。

② 方便性:在电子商务环境中,人们不再受地域的限制,客户能以非常简捷的方式完成过去较为繁杂的商务活动,比如,通过网络银行能够全天候地存取资金账户、查询信息等,同时使得企业对客户的服务质量可以大大提高。

③ 整体性:电子商务能够规范事务处理的工作流程,将人工操作和电子信息处理集成为一个不可分割的整体,这样不仅能提高人力和物力的利用,也可以提高系统运行的严密性。

④ 安全性:在电子商务中,安全性是一个至关重要的核心问题,它要求网络能提供一种端到端的安全解决方案,如加密机制、签名机制、安全管理、存取控制、防火墙、防病毒保护等等,这与传统的商务活动有着很大的不同。

⑤ 协调性:商务活动本身是一种协调过程,它需要客户与公司内部、生产商、批发商、零售商间的协调,在电子商务环境中,它更要求银行、配送中心、通讯部门、技术服务等多个部门的通力协作,往往电子商务的全过程是一气呵成的。

(4) 电子商务发展的两个阶段

① 20 世纪 60 年代~90 年代:基于 EDI 的电子商务

从技术角度来看,人类利用电子通讯的方式进行贸易活动已有几十年的历史了。早在 20 世纪 60 年代,人们就开始了用电报报文发送商务文件的工作;70 年代,人们又普遍采用方便、快捷的传真机来替代电报,但是由于传真文件是通过纸面打印来传递和管理信息的,不能将信息直接转入到信息系统中,因此人们开始采用 EDI(电子数据交换)作为企业间电子商务的应用技术。

EDI 在 20 世纪 60 年代末期产生于美国,当时的贸易商们在使用计算机处理各类商务文件的时候发现,由人工输入到一台计算机中的数据 70% 来源于另一台计算机输出的文件,由于过多的人为因素,影响了数据的准确性和工作效率的提高,人们开始尝试在贸易伙伴之间的计算机上使数据能够自动交换,EDI 应运而生。

EDI(Electronic Data Interchange):是将业务文件按一个公认的标准从一台计算机传输到另一台计算机上去的电子传输方法。由于 EDI 大大减少了纸张票据,因此，人们也形象地称之为"无纸贸易"或"无纸交易"。

从技术上讲，EDI 包括硬件与软件两大部分。硬件主要是计算机网络，软件包括计算机软件和 EDI 标准。

从硬件方面讲，20 世纪 90 年代之前的大多数 EDI 都不通过 Internet，而是通过租用的电脑线在专用网络上实现，这类专用的网络称为 VAN(Value-Addle Network，增值网)，这样做的目的主要是考虑到安全问题。但随着 Internet 安全性的日益提高，作为一个费用更低、覆盖面更广、服务更好的系统，其已表现出替代 VAN 而成为 EDI 的硬件载体的趋势，因此有人把通过 Internet 实现的 EDI 直接叫做 Internet EDI。

从软件方面看，EDI 所需要的软件主要是将用户数据库系统中的信息，翻译成 EDI 的标准格式以供传输交换。由于不同行业的企业是根据自己的业务特点来规定数据库的信息格式的，因此，当需要发送 EDI 文件时，从企业专有数据库中提取的信息，必须把它翻译成 EDI 的标准格式才能进行传输，这时就需要相关的 EDI 软件来帮忙了。

EDI 软件主要有以下几种：a. 转换软件(Mapper)：可以帮助用户将原有计算机系统的文件，转换成翻译软件能够理解的平面文件(Flat File)，或是将从翻译软件接收来的平面文件，转换成原计算机系统中的文件；b. 翻译软件(Translator)：将平面文件翻译成 EDI 标准格式，或将接收到的 EDI 标准格式翻译成平面文件；c. 通信软件：将 EDI 标准格式的文件外层加上通信信封(Envelope)，再送到 EDI 系统交换中心的邮箱(Mailbox)，或在 EDI 系统交换中心内将接收到的文件取回。

EDI 软件中除了计算机软件外还包括 EDI 标准。美国国家标准局曾制定了一个称为 X.12 的标准，用于美国国内。1987 年联合国主持制定了一个有关行政、商业及交通运输的电子数据交换标准，即国际标准——UN/EDIFACT(UN/EDI For Administration, Commerce and Transportation)。1997 年，X.12 被吸收到 EDIFACT，使国际间统一的标准进行电子数据交换已成为现实。

② 90 年代以来：基于国际互联网的电子商务

由于使用 VAN 的费用很高，仅大型企业才会使用，因此限制了基于 EDI 的电子商务应用范围的扩大。20 世纪 90 年代中期后，互联网迅速走向普及化，逐步地从大学、科研机构走向企业和百姓家庭，其功能也已从信息共享演变为一种大众化的信息传播工具。从 1991 年起，一直排斥在互联网之外的商业贸易活动正式进入这个王国，从而使电子商务成为互联网应用的最大热点，对企业也最具吸引力。

与基于 EDI 的电子商务相比，基于互联网的电子商务具有明显的优势：

a. 费用低廉。由于互联网是国际的开放性网络，使用费用很便宜，一般来说，其费用不到 VAN 的四分之一，这一优势使得许多企业尤其是中小企业对其非常感兴趣。

b. 覆盖面广。互联网几乎遍及全球的各个角落,用户通过普通电话线就可以方便地与贸易伙伴传递商业信息和文件。

c. 功能更全面。互联网可以全面支持不同类型的用户实现不同层次的商务目标,如发布电子商情、在线洽谈、建立虚拟商场或网上银行等。

d. 使用更灵活。基于互联网的电子商务可以不受特殊数据交换协议的限制,任何商业文件或单证可以直接通过填写与现行的纸面单证格式一致的屏幕单证来完成,不需要再进行翻译,任何人都能看懂或直接使用。

(5) 电子商务对社会经济产生的影响

随着电子商务魅力的日渐显露,虚拟企业、虚拟银行、网络营销、网上购物、网上支付、网络广告等一大批前所未闻的新词汇正在为人们所熟悉和认同,这些词汇同时也从另一个侧面反映了电子商务正在对社会和经济产生影响。

① 电子商务将改变商务活动的方式。传统的商务活动最典型的情景就是消费者在商场中筋疲力尽地寻找自己所需要的商品。现在,通过互联网,人们就可以进入网上商场浏览、采购各类产品,而且还能得到在线服务;商家们可以在网上与客户联系,利用网络进行货款结算服务;政府还可以方便地进行电子招标、政府采购等。

② 电子商务将改变人们的消费方式。网上购物的最大特征是消费者的主导性,购物意愿掌握在消费者手中;同时,消费者还能以一种轻松自由的自我服务的方式来完成交易,消费者主权可以在网络购物中充分体现出来。

③ 电子商务将改变企业的生产方式。由于电子商务是一种快捷、方便的购物手段,消费者的个性化、特殊化需要可以完全通过网络展示在生产厂商面前,为了取悦顾客,突出产品的设计风格,制造业中的许多企业纷纷发展和普及电子商务,如美国福特汽车公司在1998年3月将分布在全世界的12万个电脑工作站与公司的内部网连接起来,并将全世界的1.5万个经销商纳入内部网。福特公司的最终目的是实现能够按照用户的不同要求,做到按需供应汽车。

④ 电子商务将对传统行业带来一场革命。电子商务是在商务活动的全过程中,通过人与电子通讯方式的结合,极大地提高商务活动的效率,减少不必要的中间环节,传统的制造业借此进入小批量、多品种的时代,"零库存"成为可能;传统的零售业和批发业开创了"无店铺"、"网上营销"的新模式;各种线上服务为传统服务业提供了全新的服务方式。

⑤ 电子商务将带来一个全新的金融业。由于在线电子支付是电子商务的关键环节,也是电子商务得以顺利发展的基础条件,随着电子商务在电子交易环节上的突破,网上银行、银行卡支付网络、银行电子支付系统以及电子支票、电子现金等服务,将传统的金融业带入一个全新的领域。

1995年10月,全球第一家网上银行"安全第一网络银行"(Security First Network Bank,简称 SFNB)在美国诞生,这家银行没有建筑物,没有地址,营业厅就是首页画面,员工只有 10 人,与总资产超过 2 000 亿美元的美国花旗银行相比,SFNB 简直是微不足道。但与花旗银行不同的是,该银行所有交易都通过互联网进行,可实现的服务主要包括:a. 信息查询:可查询各种金融产品种类、银行介绍、最新信息、一般性问题、人员情况、个人理财、当前利率等;b. 利率牌价:可以直接查看利率牌价;c. 服务指标:告诉客户如何得到银行的服务,包括电子转账、信用卡、网上查询检查等;d. 安全服务:告诉客户如何保证安全以及银行采取的一些安全措施;e. 客户服务:由银行客户服务部的人员解答各种问题;f. 客户自助:客户在办理业务时,需要输入用户名及其密码方可进入系统等。1996 年该行存款金额达到 1 400 万美元。1998 年 10 月,在成功经营了 5 年之后,SFNB 正式成为拥有 1 860 亿美元资产的加拿大皇家银行金融集团旗下的全资子公司。从此 SFNB 获得了强大的资金支持,力图继续保持在纯网络银行领域内的领先地位。

⑥ 电子商务将转变政府的行为。政府承担着大量的社会、经济、文化的管理和服务的功能,尤其作为"看得见的手",在调节市场经济运行、防止市场失灵带来的不足方面起着很大的作用。在电子商务时代,当企业应用电子商务进行生产经营,银行是金融电子化,以及消费者实现网上消费的同时,将同样对政府管理行为提出新的要求,电子政府或称网上政府将随着电子商务发展而成为一个重要的社会角色。

总而言之,作为一种商务活动过程,电子商务将带来一场史无前例的革命,它对社会经济的影响会远远超过商务本身,除了上述这些影响外,它还将对就业、法律制度以及文化教育等带来巨大的影响。电子商务会将人类真正带入信息社会。

2. 电子商务的类型

(1) 按电子商务服务的领域范围主要分为以下几类:

① 企业对消费者(B to C)

企业对消费者,也称商家对个人客户或商业机构对消费者的电子商务,商业机构对消费者的电子商务基本等同于电子零售商业。Internet 上已遍布各种类型的商业中心,提供各种商品和服务,主要有鲜花、书籍、汽车等商品和服务。

② 企业对企业的电子商务(B to B)

商业机构对商业机构的电子商务是指商业机构(或企业、公司)使用 Internet 或各种商务向供应商(企业或公司)订货和付款。商业机构对商业机构的电子商务最快,已经运行了多年的,特别是通过增值网络上运行的电子数据交换,使企业对企业的电子商务得到了迅速扩大和推广。公司之间可能使用网络进行订货以及接受订货、合同等单证和付款。

③ 消费者对消费者的电子商务(C to C)

消费者对消费者的电子商务就是通过为买卖双方提供一个在线交易平台,买卖双方都是个人,就是个人与个人间的直接交易,如一些拍卖网站,卖方可以主动提供商品上网拍卖,而买方可以自行选择商品进行竞价。

④ 企业对政府的电子商务(B to G)

在企业对政府机构方面的电子商务可以覆盖公司与政府组织间的许多事务。目前我国有些地方政府已经推行网上采购。

具体的电子商务服务运用范围更广,比如企业内部(组织)电子商务、企业对雇员电子商务(B2E)、政府对公民等的电子商务(G2C)、交易所对交易所(E2E)、合作商务、移动商务等,这里不再赘述。

(2) 按商业活动运作方式可分为完全电子商务和不完全电子商务两类。

① 完全电子商务:即可以完全通过电子商务方式实现和完成整个交易过程的交易,不需要物流去实现物质的转移,亦即交易对象主要是由网络直接完成,如软件、音像产品等。

② 不完全电子商务:即指无法完全依靠电子商务方式实现和完成完整交易过程的交易,它需要依靠一些外部要素,如运输系统等来完成交易。

(3) 按开展电子交易的信息网络范围,可分为三类,即本地电子商务、远程国内电子商务和全球电子商务。

① 本地电子商务,通常是指利用本城市内或本地区内的信息网络实现的电子商务活动,电子交易的地域范围较小。本地电子商务系统是利用 Internet、Intranet 或专用网将下列系统联结在一起的网络系统:参加交易各方的电子商务信息系统,包括买方、卖方以及其他各方的电子商务信息系统;银行机构电子信息系统;保险公司信息系统;商品检验信息系统;税务管理信息系统;货物运输信息系统;本地区 EDI 中心系统(实际上,本地区 EDI 中心系统联结各个信息系统的中心)。本地电子商务系统是开展有远程国内电子商务和全球电子商务的基础系统。

② 远程国内电子商务是指在本国范围内进行的网上电子交易活动,其交易的地域范围较大,对软硬件和技术要求较高,要求在全国范围内实现商业电子化、自动化,实现金融电子化,交易各方具备一定的电子商务知识、能力和技术能力,并具有一定的管理水平和能力等。

③ 全球电子商务是指在全世界范围内进行的电子交易活动,参加电子交易各方通过因特网进行贸易。涉及有关交易各方的相关系统,如买方国家进出口公司系统、海关系统、银行系统、税务系统、运输系统、保险系统等。全球电子商务业务繁杂,数据来往频繁,要求电子商务系统严格、准确、安全、可靠,应制定出世界统一的电子商务标准和电子商务(贸易)协议,使全球电子商务得到顺利进行。

3. 电子商务安全体系

互联网的开放性和商业化一方面极大地促进了电子商务的发展,另一方面,因特网本身具有的开放性、全球性、低成本和高效率的特点使得电子商务很容易遭到别有用心者的恶意攻击和破坏,信息的泄露问题也变得日益严重。因此,如何建立一个安全、便捷的电子商务应用环境,成为人们日渐关注的问题。

(1) 电子商务面临的主要安全问题

① 信息泄露。攻击者可能通过截收装置截获机密信息,推断出有用信息,如消费者的银行账号、密码等,交易双方的内容被第三方窃取,交易一方提供给另一方的文件被第三方使用。

② 信息破坏。交易信息在网络上进行传输的过程中,被他人非法修改、删除或伪造,使信息失去了真实性和完整性。

③ 身份的识别。如果不进行身份的识别,第三方就有可能假冒交易一方的身份介入交易过程,破坏交易、破坏一方的信誉或盗取交易成果等。

④ 黑客。黑客利用自己在计算机方面的高超技能,对网络中的一些重要信息进行修改或伪造,造成重大的经济损失和极为恶劣的影响。

(2) 电子商务交易安全要素

① 系统的可靠性:系统的可靠性是指为了防止计算机失效、硬件故障、传输错误、计算机病毒等所产生的潜在威胁,可通过控制与预防等手段来确保系统的安全可靠性。

② 交易的真实性:交易的真实性是指交易者身份的真实性。电子商务的交易双方通常不在一个地方,交易可以完成的前提是确认对方的真实身份是否可靠。供货方要考虑在履行了交易合同之后是否能够收到对方的货款,采购方要考虑在其支付了货款后供货方能否及时保质保量的提供所采购的商品。

③ 资料的完整性:资料的完整性是指保证在网络上传输的资料信息不被篡改。电子商务减少了人为干扰的因素,但是由于在信息的传输过程中,有时会出现意外差错或欺诈行为,或数据传输过程中出现信息丢失等,都有可能导致贸易各方收到的信息不一致。这将影响贸易各方的交易与经营策略,保持资料的完整性是电子商务应用的基础。

④ 资料的安全性:资料的安全性指在交易的过程中数据传输的安全性,保证信息不会泄露给非授权方,不被非法窃取,确保只有合法用户才能看到真实的资料。

⑤ 交易的不可抵赖性:交易的不可抵赖性指保证发送方不能否认自己已发送的信息,同时接受方也不能否认自己接收到信息。交易双方在进行信息交换的过程中必须使用具有特点的、他人无法复制的信息,交易一旦达成,原发送方在发送数据后就不能抵赖,接收方接到数据后也不能抵赖。

(3) 电子商务的主要安全技术

为了满足电子商务交易安全要求,电子商务系统必须利用安全技术为电子商务活动参与者提供可靠的安全服务,具体可采用的安全技术主要有:

① 数字签名技术

"数字签名"是通过密码技术实现电子交易安全的形象说法,是电子签名的主要实现形式。它力图解决互联网交易面临的几个根本性问题:数据保密、数据不被篡改、交易方能互相验证身份、交易发起方对自己的数据不能否认。"数字签名"是目前电子商务、电子政务中应用最普遍、技术最成熟、可操作性最强的一种电子签名方法。它采用了规范化的程序和科学化的方法,用于鉴定签名人的身份以及对一项电子数据内容的认可。它还能验证出文件的原文在传输过程中有无变动,确保传输电子文件的完整性、真实性和不可抵赖性。

② 防火墙技术

防火墙是近期发展起来的一种保护计算机网络安全的技术性措施,它是一个用以阻止网络中的黑客访问某个机构网络的屏障,也可称之为控制进、出两个方向通信的门槛。在网络边界上通过建立起来的相应网络通信监控系统来隔离内部和外部网络,以阻挡外部网络的侵入。目前的防火墙主要有以下3种类型:包过滤防火墙、代理防火墙、双穴主机防火墙。

③ 包过滤技术

包过滤技术能够监视和跟踪系统、事件、安全记录和系统日志,以及网络中的数据包,识别出任何不希望有的活动,在入侵者对系统发生危害前,检测到入侵攻击,并利用报警与防护系统进行报警、阻断等响应。

④ 信息加密技术

保证电子商务安全的最重要的一点就是使用加密技术对敏感的信息进行加密,信息加密的目的是保护网内的数据、文件、口令和控制信息,保护网上传输的数据。

加密技术包括两个元素:算法和密钥。算法是将普通的文本(或者可以理解的信息)与一串数字(密钥)结合,产生不可理解的密文的步骤,密钥是用来对数据进行编码和解码的一种算法。在安全保密中,可通过适当的密钥加密技术和管理机制来保证网络的信息通讯安全。密钥加密技术的密码体制分为对称密钥体制和非对称密钥体制两种。相应地,对数据加密的技术分为两类,即对称加密(私人密钥加密)和非对称加密(公开密钥加密)。对称加密以数据加密标准(DES,Data Encryption Standard)算法为典型代表,非对称加密通常以 RSA 算法为代表。对称加密的加密密钥和解密密钥相同,而非对称加密的加密密钥和解密密钥不同,加密密钥可以公开,而解密密钥需要保密。

⑤ 安全认证技术

安全认证的主要作用是进行信息认证,信息认证的目的就是要确认信息发送者的身份,验证信息的完整性,即确认信息在传送或存储过程中未被篡改过。

⑥ 防病毒策略

病毒在网络中存储、传播、感染的途径多、速度快、方式各异,对网站的危害较大。因此,应利用全方位防病毒产品,实施"层层设防、集中控制、以防为主、防杀结合"的防病毒策略,构建全面的防病毒体系。

第三节 流通运营管理

一、流通型企业的组织管理与作业流程

(一)流通型企业组织结构设计应遵循的基本原则

在企业内部,用一定的分工协作、领导隶属等关系把企业全体成员组织起来,以实现企业经营目标,这个过程就是企业组织结构的建立。企业组织结构的设计是一个比较复杂的问题,它受市场需求、行业的特点、企业经营方式及地理环境等诸因素的影响。合理的组织结构能使每个工作人员都能明确自己的责任和权限,有利于发挥每个人的积极性和主动性,把分散的、孤立的力量结合成为集体的力量。流通型企业组织结构是随着企业经营活动的发展而逐渐发展完善的,经营活动越复杂,组织结构的作用就越重要。因此,确定和健全合理的组织结构对组织好商品流通、实现最佳经济效益具有十分重要的意义。

尽管各个企业所处的外部环境、自身的特点和基础、组织结构有所不同,但建立企业组织结构都要解决以下3个问题:① 企业内部要设置多少部门和管理层次。② 划分各部门、各层次的职权范围,明确权、责、利的关系。③ 规定各部门、各层次之间的指挥关系和隶属关系。流通型企业要建立科学合理的组织结构,在明确以经营为中心,从企业经营目标和任务出发,并遵循以下基本原则:

1. 精简原则

精简就是组织结构在符合经营需要的前提下,把人员和机构数量减少到最低限度。当然,企业组织结构是否精简,不能单纯用部门的多少和大小来衡量,也不能单纯地看管理人员、业务人员的比例,而应该把企业部门的大小、多少和企业经营规模结合起来,所以企业组织结构的精简关键在于精,做到以精求简,如果简而不精,不具备应有的经营管理能力,不能正常履行管理职能,就不符合组织结构的要求。

2. 统一原则

统一即企业要以经营为中心,权责利相统一。企业要以经营为中心,按具体工作的客观要求设置一定的岗位或机构。做到有岗必有责,有机构就要有具体的任务。同时也要明确每一个岗位或机构相应的权力,权责统一于一人,避免瞎指挥和

官僚主义。

3. 效能与效率的原则

效能是指组织机构实现企业经营目标的能力和程度。就是要求企业在数量、质量方面都能提高效率,取得最好的经济效果。效能和效率是衡量组织机构合理与否的综合标准。

此外,我们在设计流通型企业组织结构时,在职能划分上应有适当的伸缩性,保持结构一定的弹性,使职权划分的明确性和适当的弹性结合起来,以利于调节和稳定。

(二) 我国流通型企业现有组织结构形式

流通型企业的组织结构主要是指企业内部管理层次之间领导隶属关系,企业内部各个管理部门和管理层次不同的结合,形成各种不同的组织结构形式。目前,流通型企业现有组织结构形式主要有直线制、职能制、直线职能制、矩阵制结构以及适合跨国公司的多维组织结构。在第一章"延伸阅读部分组织结构的基本形式"中已经阐述,在这里不再重复。

(三) 国内连锁经营企业的组织结构和管理方式

1. 连锁经营概述

连锁经营是一种商业组织形式和经营制度,是指经营同类商品或服务的若干个企业,以一定的形式组成一个联合体,在整体规划下进行专业化分工,并在分工基础上实施集中化管理,把独立的经营活动组合成整体的规模经营,从而实现规模效益。

连锁店指的是同类产品或服务的若干企业,在总部的领导下,通过规范化经营,实现规模效益的经营形式和组织形态。对于连锁经营的规模,不同国家有不同的法律规定,欧美一般认为连锁店至少要有 10 家店铺。连锁经营是经营同类产品或服务的若干经营单位,以同一商标、统一管理或授予特许经营权方式组织起来,通过对企业形象和经营业务的标准化管理,共享规模效益,获取竞争优势的一种经营组织形式和经营制度。

采用连锁经营主要有以下优势:一是共享效应的存在,比如企业形象,连锁公司一旦创立了良好的企业形象,便能使所有的连锁店都共享由此带来的效益;其次是广告宣传可以共享;还有就是可以共享技术服务,对于总部来说,只需要设计出一套标准化的模式就可以普遍运营,大大降低连锁店的设计费用,并可以简化其经营业务。二是扩张效应,主要体现在可以广泛的吸引合作者,因为有连锁企业总部技术服务为后盾,经营成功率较高,从而风险投资较低。三是整合效应,这主要表现在可以提供统一的消费模式。

【案例7-4】

连锁经营的发展简史

连锁经营最早出现在美国,1859年第一家颇具规模的连锁商店——大美国茶叶公司由乔治·F·吉尔曼和乔治·亨廷顿·哈特福特在纽约创办。在6年时间里,该公司发展了26家正规店,全部经销茶叶。在1869年更名为"大西洋和太平洋茶叶公司",到1880年时已经发展到100多家分店的规模了。在同一时期的另一家通过连锁经营取得成功的公司是"胜家缝纫机公司",它于1865年开始采用"特许经营"分销网络的方式进行产品销售,收到很好的效果,迅速打开产品销路,成为该行业的领导者。20世纪50年代,麦当劳、肯德基引入连锁经营体系,公司得到迅速发展,同时完善了连锁经营业态。20世纪60~70年代,连锁经营以其特有的生命力冲破贸易保护主义的篱笆,从美国向世界各地蔓延。

经过一百多年的发展,这一经营形式在世界各地得到迅速推广,尤其是日本的连锁店的发展速度更为惊人。以7—11为例,1974年5月,日本的7—11第一家本土便利商店在东京都江东区开张;到2003年时,7—11的本土商店的总店数达到10 000家;2005年5月,它在广东省开出中国内地的第200家店。20世纪70年代以后,日本的连锁经营以零售业和饮食业为中心迅速发展起来,并形成了自己的连锁经营体系。从80年代起,全球连锁经营飞速发展,美国几乎每6.5分钟就有一家连锁店开业;马来西亚、新加坡连锁经营已上升为这些国家的国策。

在中国内地,中国连锁经营的起步应该是皮尔·卡丹专卖店在1984年落户北京。随后连锁作为一种企业组织形式在我国迅猛发展,尤其是以食品、零售、餐饮业等行业最具代表性,如上海"荣华鸡"、"华联",北京"福兰德"、"家家福",济南"百盛园"、"统一银座"等。

2001—2005年,是中国连锁业发展最快的几年。其中前4年,中国连锁百强企业的平均年店铺增长率达51%,年销售增长率达38%。

思考题:连锁经营模式快速发展的原因是什么?

2. 连锁经营的主要模式

连锁企业的分类根据不同的标准,可以分为不同的模式。当前最为常见的一种分类方法是根据所有权和经营管理权的集中程度来划分,包括直营连锁、自愿连锁、特许连锁。

(1) 直营连锁

直营连锁又称正规连锁,是世界上最早出现的连锁形式,也是连锁经营的基本形态,它(国际连锁店协会(IFA)定义)是指以单一资本直接经营11个商店以上的零售业或饮食业组织。日本通产省的定义是:处于同一流通阶段,经营同类商品和服务,并由同一经营资本及同一总部集中管理领导,进行共同经营活动,由两个以上单个店铺组成的组织化的零售企业集团。

直营连锁公司的店铺均由公司总部全资或控股开设,在总部的直接领导下统一经营。总部对各店铺实施人、财、物及商流、物流、信息流等方面的统一经营,总部完全控制店铺,所以有强大的议价能力,兼有批发功能和多店铺销售的效率,可以利用广告传媒,有明确的长期规划。但是,由于总部对于店铺的完全控制也使得店铺缺乏灵活性。

(2) 自愿连锁

所谓自愿连锁,是指一批所有权独立的商店,自愿归属于一个采购联合组织和一个服务管理中心领导,此中心负责提供销售计划、账目处理、商店布局和设计等其他服务项目,各个商店的所有权是独立的但又把自己视为组织成员。由于成员店所有权、经营权和财务权都是独立的,所以自愿连锁更加注重总部和加盟店的互相配合、互相协调。

(3) 特许连锁

说到特许连锁,关键在于总部的特许权的授予,根据国际特许协议,特许是一种主导企业(总部)与加盟者之间的持续契约关系。这个契约关系约定总部必须提供一项独特的商业特权,比如商标、产品、公司象征等给加盟店使用,并给予员工以训练、商品供销、组织结构、经营管理等指导和协助。当然,加盟店在享受总部赋予的权利外,也要付出相应的回报并且遵守总部的规定。

二、流通型企业人力资源管理

(一) 人力资源管理与人事管理

人力资源管理从管理范围看,有宏观和微观人力资源管理之分:宏观视角——人力资源管理是对一个国家或地区的人力资源实施的管理,它是在全社会范围内,对人力资源的计划、开发、配置和使用的过程,政府通过各种政策措施,为人力资源的形成、开发提供条件,对人力资源在全社会范围内的合理配置和有效使用进行协调和控制,调整和改善人力资源的整体状况,使之适应社会发展的要求,促进社会经济良性运行和健康发展。微观视角——人力资源管理是对某个组织的人力资源进行管理,比如各类企业、事业单位和政府部门。在这里,本书主要从微观视角展开,并且主要针对流通型企业。

人事管理是传统人力资源管理的代称,是有关人事方面的计划、组织、指挥、协调、信息和控制等一系列管理工作的总称。通过科学的方法、正确的用人原则和合理的管理制度,调整人与人、人与事、人与组织的关系,谋求对工作人员的体力、心力和智力作最适当的利用与最高的发挥,并保护其合法利益,主要从一些制度去反映,包括任免、录用、学习、考核、职称、工资福利待遇、奖惩及档案管理制度等。

【案例 7-5】

企业需要创造效益的人

大雄是财务部张经理手下的一名助理,平日工作不认真,全办公室同仁也都知道张经理对大雄非常不满意。本月大雄任职本公司刚好届满 1 年,按公司规定得做年度绩效考核,张经理在考绩表上把大雄评估得体无完肤,不仅不给予加薪,还建议公司最好是换人。人事部门接受张经理的建议。于是今天一上班,张经理让大雄收拾东西离开公司。可是大雄说什么也不答应:"我又没做错事,干嘛要我走?"大雄坐在办公室沙发上静坐抗议。

思考题:
1. 您对张经理有何建议?
2. 主管应如何处理不称职的员工?
3. 如何避免组织内不称职员工的发生?

(二)人力资源预测与规划

人力资源预测是指以人力资源现状为基础,在充分掌握相关资料的前提下,借助各种分析支持手段,对人力资源发展未来的状态作出估计、推测和判断。人力资源规划则是在人力资源预测的基础上,制订指导和调节人力资源发展的计划。二者是紧密联系的,并且前者服务于后者,而后者必须以前者为基础。

人力资源预测与规划的种类繁多,在实际工作中,可以根据具体需要灵活地加以选择。从预测与规划的时间期限上可分为近期、中期及远期预测与规划,从预测与规划的范围上又可分为宏观预测与规划和微观预测与规划,等等。在进行具体的预测工作时,可以根据实际需要对不同的内容加以选择和组合。主要有以下几种:

1. 人力资源需求预测

主要是从社会经济的发展,以及科学技术的进步,从不同层次和不同类型的人力资源所产生的需求出发,探索未来社会或用人单位对人力资源质与量方面的需求状况。

2. 人力资源增量预测

由于不同层次的人力资源供给状况与社会的教育培训能力有着密切的关系,所以,人力资源增量预测在一定程度上,也是涉及社会教育培训系统对不同层次人力资源培养能力的一种检验。它可以反映出在某个目标年度内,全社会新增人力资源的可能数量,并通过与人力资源新增需求量的比较,找出未来供需之间存在的可能差距,从而得出对不同层次人力资源供需协调进行动态调整的信息。

3. 人力资源存量预测

人力资源存量预测是对未来可能拥有的不同层次的人力资源数量进行预测。

不同层次的人力资源状况是随着时间的推移而自然地、连续地发生着补充、减员、专业转移、行业变动,以及自然流动等一系列变化的。

4. 人力资源结构预测

产业结构调整会引发人力资源结构变化。因此,对于未来不同层次人力资源的预测,不仅要对预测目标年度的不同层次人力资源数量和质量需求进行预测,而且要对不同层次人力资源的结构是否合理做出预测。以便解决和回答随着社会经济发展及产业结构调整,人力资源要做何种变动,需要培养和补充哪一层次、哪一种类型的人力资源等问题。

5. 人力资源特征预测

主要是针对未来不同层次人力资源在质的方面的需求所进行的预测。它主要根据未来社会的政治、经济、文化、科技等各方面的发展和有关因素变化,以及未来对不同层次人力资源构成的各种要素的要求,预测未来人力资源应具备何种素质特征,从而要求社会教育培训系统做出适应性调整,以便在人力资源的培养上能够适应未来社会发展的要求。

(三) 职务分析与岗位评价

职务分析是人力资源管理中最基本的工作之一,也是人力资源管理最基本的职能。它是一种系统地收集和分析与工作有关的各种详细信息的方法。这些信息将表明需要完成的各种工作的具体内容、特定性质和职责、工作权限、工作关系、工作要求和任职者的资格等。这些信息对于人力资源的其他管理工作来说是必不可少的。随着组织环境、客户需求、技术、组织战略的变化和组织人力资源队伍的变化,一项工作的内容也可能随着时间的推移而发生变化。在组织还没有建立工作内容和对任职资格的精确描述或原来的描述已经过时的情况下,就需要进行职务分析。

职务分析涉及两方面的工作。一是职务本身,即职位的研究。二是人员特征,即任职资格的研究。职务的实际情况被集中起来加以分析,并作为一项实际存在而不是应该存在的职务被记录下来。职务分析通常由人力资源管理专家(人力资源管理者、工作分析专家或咨询人员等)组织的主管人员和普通员工通过共同努力合作完成。职务分析是在工作设计、员工培训完成之后的工作进行过程中完成的。在下列情况下,组织最需要进行职务分析。第一,建立一个新组织;第二,战略调整,业务发展,使工作内容、性质发生变化;第三,由于技术创新,劳动生产率提高,需重新进行定岗、定员;第四,建立新制度的需要,如绩效考核、晋升、培训机制。

岗位评价是一种系统地测定每一岗位在其组织内部价值结构中所占位置的技术,这一活动是建立在职务分析的基础上进行的。它以岗位职责和任务在整个工作中的相对重要程度的评估结果为标准,以某具体岗位在正常情况下对任职者的要求进行的系统分析和对照为依据,而不考虑个人的工作能力或在工作中的表现。

(四)工作的绩效与绩效考评

管理大师彼得·F·德鲁克说过:"所有的组织都必须思考何为'绩效',这在以前简单明了,现在却不复如是。策略的拟定越来越需要对绩效的新定义。"目前针对绩效主要有3种观点:第一种认为绩效是工作结果或产出;第二种认为绩效是可以按照个体的能力进行测量的行动或行为;第三种认为绩效是人的素质,即员工做了什么和能做什么,这样绩效由评估历史转为关注未来。

绩效考评是指考核主体按照对工作目标或绩效标准,采取科学的考评办法,评定员工的工作任务完成情况,并且将评定结果反馈给员工的过程。通过考评,可以引导员工向实现组织目标的方向努力,对员工的工作起到检测及控制的作用。当然,绩效考评也是组织考核与员工之间的一种互动过程,可以实现管理者与员工的相互沟通。

绩效考评体系主要包括以下几个方面:

(1)考核目标,在设定目标时除了考虑其要发挥评判标准的作用外,还要注意发挥导向作用。

(2)考核对象,一般包括组织绩效考核和员工绩效考核,不同的考核对象取决于不同的考核目的,考核的结果对不同的考核对象产生的影响也不同。

(3)考核主体,主要指直接从事考核活动的人可以多种多样,比如上级、统计、本人、下级和客户等,在员工考核中,上级往往是最重要的考核主体。

(4)考核指标,这个主要决定对考核对象的哪些方面进行考核。无论是组织绩效考核还是员工绩效考核,绩效考核系统关心的是考核对象对公司战略目标有明显相关的行为因素,而不可能是全部因素。常见的关键因素可能包括生产环节、销售环节、员工素质、产品声誉等方面。

(5)考核方法,指的是具体实施考核过程的程序和办法,一般表现为各种考核日程表和考核表格。

三、流通型企业客户关系管理

客户关系管理最早产生于美国,20世纪90年代以后伴随着互联网和电子商务的大潮得到了迅速发展。客户关系管理借助于先进的信息技术和管理思想,通过对企业业务流程的重组来整合客户信息资源,并在企业内部实现客户信息和资源的共享,为客户提供一对一个性化服务,改进客户价值,提高客户满意度,增加企业赢利能力以及保持客户的忠诚度,吸引更多的客户,最终实现企业利润最大化。

(一)客户关系管理的内涵

客户关系管理的简称:CRM——Customer relationship management。在这

第七章 流通型企业管理实务

里,对于"customer"应该从更广泛的意义上去理解,它包括了过去购买或正在购买的消费者以及还没有购买但今后可能产生购买行为的潜在消费者。无论如何定义CRM,"以客户为中心"是其内涵和核心所在,通过满足客户个性化的需要,提高客户忠诚度,实现缩短销售周期、降低销售成本、增加收入、拓展市场、全面提升企业赢利能力和竞争能力的目的。客户关系管理的内涵主要包含3方面内容:顾客价值、关系价值和信息技术。如图7-6所示。

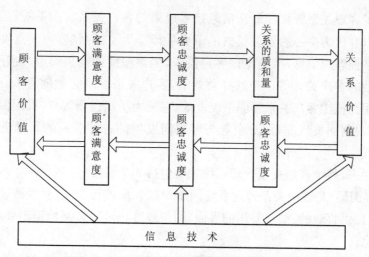

图7-6 客户关系管理的内涵

(二)客户关系管理的内容

客户关系管理是以客户为中心的包括销售、市场营销和客户服务的企业业务流程自动化系统,通过改进和提高客户满意度来提高企业的经营效率和盈利能力。主要内容包括:

1. 销售管理

客户关系管理能帮助销售部门有效地跟踪众多复杂的销售路径,用自动化的处理过程代替原有的手工操作过程,可以为每一个销售人员提供获取产品和市场竞争的信息,以便及时掌握市场动态。另外,销售管理还为使用者提供各种销售途径和工具,如电话销售、移动销售、远程销售、电子商务等。

2. 市场管理

客户关系管理具有市场分析、市场预测和市场活动管理功能。市场分析可以让市场人员识别和确定潜在的客户和目标群体。比如通过人口统计、地理区域、收入水平、以往的购买行为等信息,科学有效地制定产品的市场策略。

3. 客户服务

很多情况下,客户的保持及客户利润贡献度提高依赖优质的服务,因此客户服务对很多公司是极为重要的。在客户关系管理中,主要是通过呼叫中心和互联网实现的,系统中的客户数据使得通过多种渠道的纵横向销售成为可能。当把客户服务功能同销售、营销功能结合在一起时,对于企业意味着更多的机会,向客户销售更多的产品。典型的客户服务有:客户关怀、纠纷、订单跟踪、现场服务、问题及其解决方法的数据库,维修行为安排和调度、服务协议和合同、服务请求管理等。

(三) 客户关系管理系统及其实施

集成了客户关系管理和最新信息技术成果的客户关系管理系统,是帮助企业最终实现以客户为中心的管理模式的重要手段。为了提高"客户满意度",企业必须完整地掌握客户信息,准确把握客户需求,提供便捷的购买渠道、良好的售后服务与经常性的客户关怀等。在这种背景下,客户关系管理必然随着 Internet 技术的广泛应用而推出客户关系管理系统设计,它是为了赢得新客户,巩固保留既有客户,增进客户利润贡献度,而对企业与客户间发生的各种关系的管理进行的统一设计。

一般说来,整个客户关系管理系统主要包括 3 个层次:

(1) 界面层,是客户关系管理系统同用户或客户进行交互、获取或输出信息的接口,通过提供直观的、简单易用的界面,用户或客户可以方便地提出要求,得到所需要的信息。

(2) 功能层,由执行客户关系管理基本功能的各个系统构成,包括客户销售管理分系统、客户市场管理分系统、客户支持与服务管理分系统。

(3) 支持层,是指客户关系管理系统所用到的数据库管理系统、操作系统、网络通信协议等,支持层是整个客户关系管理系统正常运作的基础。

客户关系管理系统作为管理系统之一,侧重于企业前台销售市场的资源整合,其中心在客户。在客户关系管理软件系统实施过程中,因为市场竞争激烈,企业想要在短时间内研究、开发并实施客户关系管理系统,将会造成投入大而市场见效慢的结果,所以企业一般不会自主开发,而是选择一个适合自身情况而且功能强大的软件产品,并挑选一个合适的软件供应商或咨询公司帮助实施客户关系管理,常见的实施过程如图 7-7 所示。

(1) 项目准备:为客户关系管理项目立项准备,确定整个项目的实施范围。另外还需取得组织高层对客户关系管理的支持和承诺。

(2) 项目启动:这一阶段的主要任务是确定项目目标、建立项目组织、制定阶段性的项目计划和培训计划,并对相关资料进行整理归档和记录。

(3) 分析和诊断:这一阶段的主要任务是客户关系管理信息系统的安装和技术培训、系统的相关培训、基础数据的准备、现有政策和业务流程的分析和诊断。

(4) 业务流程描述:描述新业务流程,新流程是改进后的企业流程,应该符合

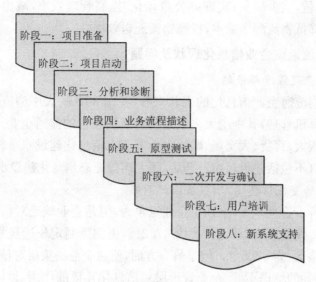

图 7-7　客户关系管理系统的实施过程

客户关系管理的思想和目标,着眼于提高客户满意度和忠诚度。

(5) 原型测试:在这一阶段主要完成三项任务,即客户关系管理基础数据的准备、原型测试准备和进行原型测试。

(6) 二次开发与确认:这一阶段的工作源于上一阶段的测试结果,视情节进行软件、业务流程、制度和组织结构等的更改。

(7) 用户培训:在系统得到修正并确定之后,就要对最终用户进行培训,对象包括具体操作人员,以及中高层管理人员。

(8) 新系统支持:新系统建立转入运行之后,需要不断进行调整并且监测新系统的运行状况,以确定是否达到预定目标。

四、流通型企业的信息化

现代流通业是一个高度依赖信息技术的行业。我国流通业信息化开始于1981年,进入21世纪,以光纤通信、局域网、广域网、Internet 为载体的现代通信技术、网络技术、数据管理技术得到极大发展,ERP、商业智能、供应链管理与客户关系管理等高端产品不断被流通业企业采用,极大地扩展了企业的信息化管理范围,使大批量、多品类的统一采购和分散销售得以实现,并代替了传统流通业的大量手工制单、只管金额不管商品和顾客的落后交易方式。IT 带来了新的管理变革和流程优化(BPR),极大地改变了我国流通业的面貌和内涵,使发展大规模连锁化的流通组织成为现实。当前企业迫切希望通过信息系统来解决的问题依次为,优化经营业务流程,降低公司的成本;通过客户关系挖掘,提供深层次客户竞争手段,维系老客户,稳定消费,形成竞争力;通过供应链集成,实现零库存,提高物流效率,降低成本,优化产品品位,减少缺货;实现办公自动化,提高管理效率,减少人员和优化机构;降低库存,降低物流配送成本,提高物流配送效率。

(一)我国流通型企业信息化现状及问题

1. 信息化普及程度越来越高

从目前国内流通企业信息化的现状来看,我国80%的大中型流通企业不同程度地采用了计算机管理,其中绝大多数是实行连锁经营的流通企业。各行业、各企业之间的差别很大,百货、大卖场、购物中心等业态信息化建设水平较高,而专业连锁店、家居建材(不包括建材超市)、药店、便利店等业态信息化建设水平相对较低。

2. 企业开始重视信息化,领导层认识不够

信息化提升了管理水平,增强了企业竞争力,但是企业缺乏对信息化的长远规划和实施方案。调研发现,百货占比为47.2%,更侧重制定长远规划和实施方案;而超市的占比略高,为52.8%。但是另一方面,流通企业决策层对信息化建设的认识不足,企业领导的意识不够,企业管理层对信息化建设的作用、目标等认识不足,将信息化实施当成面子工程。随着流通领域竞争的日趋激烈,应用现代流通业信息技术成为提升我国流通业企业的核心竞争力、降低企业运营成本、提高经济效益的重要战略。

3. 价格不再是影响信息化服务购买的首选因素

企业在选择信息化服务合作伙伴时最看重的因素,排在首位的为企业的技术实力、售后服务以及行业成功案例。价格排在其次,占39.4%。另外还要看产品的稳定性、可靠性以及专业理解程度。

4. 资金投入不足

我国流通企业信息化建设投入中,存在"重建设轻维护"、"重硬件轻软件"、"重网络轻资源"、"重技术轻管理"等倾向。按照企业类型来看,百货资金不足的问题比重超过半数(53.9%),明显高于超市(46.1%)。

5. 信息化专业人才严重匮乏,企业缺乏信息化培训机制

按照企业类型来看,百货缺乏企业信息化培训机制的占比为56.1%,而超市为43.9%,机制健全程度好于百货。

目前,我国流通企业的信息化建设已经进入快速发展时期。在激烈竞争的市场环境中,流通企业都把信息化作为获取企业竞争优势的有力武器,流通企业对于信息化的认知比前些年有了很大的进步,这是目前我国流通业信息化建设进入快车道的重要推动因素。

(二)与流通型企业相关的现代信息技术简介

现代信息技术发展速度之快、类别之广是短篇幅内难以讲述完整的,在这里主要介绍几种与流通型企业密切相关的技术。

第七章　流通型企业管理实务

1. 条码技术

条码是由一组粗细不同、若干个黑色的"条"和白色的"空"的单元所组成,其中,黑色条对光的反射率低而白色的空对光的反射率高,再加上条与空的宽度不同,就能使扫描光线产生不同的反射接收效果,在光电转换设备上转换成不同的电脉冲,形成了可以传输的电子信息。条码技术的优越性是可靠准确、采信和输入数据速度快、成本低、应用灵活、自由度大、设备小、易于制作等。

条码技术正在向广度和深度发展。各国还在研究和开发包容大量信息的二维条码新技术以及相应的扫描设备。现在,世界各国重视发展与条码技术相关的磁卡、光卡、智能IC卡技术。

2. 射频识别技术

射频识别(RFID)技术利用无线射频方式在阅读器和射频卡之间进行非接触双向数据传输,以达到目标识别和数据交换的目的。最基本的RFID系统由三部分组成:射频卡、阅读器和天线。

基本工作流程是:阅读器通过发射天线发送一定频率的射频信号,当射频卡进入发射天线工作区域时产生感应电流,射频卡获得能量被激活;射频卡将自身编码等信息通过卡内置发送天线发送出去;系统接收天线接收到从射频卡发送来的载波信号,经天线调节器传送到阅读器,阅读器对接收的信号进行解调和解码后送到后台主系统进行相关处理;主系统根据逻辑运算判断该卡的合法性,针对不同的设定做出相应的处理和控制,发出指令信号控制执行机构动作。

射频卡具有非接触、阅读速度快、无磨损、不受环境影响、寿命长、便于使用的特点和具有防冲突功能,能同时处理多张卡片。

条码技术和射频技术是流通型企业实现信息自动采集和输入的重要技术。

3. 电子数据交换

电子数据交换即EDI技术,根据联合国标准化组织的定义,是指将商业或行政事务处理,按照一个公认的标准,形成结构化的事务处理或信息数据结构,从计算机到计算机的数据传输。EDI是参与国际贸易竞争的重要手段。主要内容参见本章第二部分"流通型企业与交易方式"中的"电子商务"部分。

4. GPS技术

全球定位系统的含义是利用导航卫星进行测时和测距,以构成全球定位系统,简称GPS。GPS的定位原理是GPS导航仪接收信号以测量无线电信号的传输时间来量测距离,以距离来判定卫星在太空中的位置。

GPS全球卫星定位系统由3部分组成:① 空间部分:由24颗工作卫星组成,均匀分布在6个轨道面上。提供了在时间上连续的全球导航能力。② 地面控制部分:地面监控系统,由1个主控站、5个全球监测站和3个注入站组成。监测站将数据传送到主控站,主控站收集跟踪数据,计算出卫星的轨道和时钟参数,然后将结果送到注入站,注入站把导航数据及主控站指令注入到卫星。③ 用户设备部分：GPS 接收机。GPS 主要功能是能够捕获到待测卫星,并跟踪这些卫星的运行。当接收机捕获到数据,接收机中的微处理机进行定位计算,计算出用户所在地理位置的经纬度、高度、速度、时间等信息。

5. GIS 技术

地理信息系统(GIS),是指直接或间接地与地球上的空间位置有关的信息。GIS 的定义为:一种能把图形管理系统和数据管理系统有机地结合起来,对各种空间数据进行收集、存储、分析和可视化表达的信息处理与管理系统。

地理信息系统由硬件、软件、数据、人员和方法 5 部分组成。硬件主要包括计算机和网络设备,存储设备,数据输入、显示和输出的外围设备等。软件主要包括以下几类:操作系统软件、数据库管理软件、系统开发软件、GIS 软件等。数据是 GIS 的重要内容,也是 GIS 系统的灵魂和生命。人是 GIS 系统的能动部分。人员的技术水平和组织管理能力是决定系统建设成败的重要因素。

(三) 现代信息技术对流通型企业的影响及作用

现代信息技术极大地影响了人们的生活、企业的运作方式等等,比如电子数据交换系统的开发,使得商业合同的签订已经可以转化为信息流进行处理;安全电子交换协议和加密技术的发展,使得资金的收付可以通过金融机构采用电子货币的形式,在互联网上进行安全的传送。这些商务活动都不需要买卖双方面对面的进行,通过计算机网络上的各种信息交换软件就可以方便、快捷、安全的完成,从而实现了商流、物流、资金流的工具性替代,改变了传统的流通方式,使信息功能在商品流通中的作用发生了质的改变。电子商务作为信息技术的载体以及信息功能的重要表现形式,将对商务活动中的流通渠道、营销技术和供应链管理引发全方位的创新,从而带来更深层次的流通体系的变革,主要体现在以下几个方面：

1. 流通的直接性增强

传统的流通渠道模式中,有许多中间环节,企业的生产、流通都需要一个漫长的过程。在网络信息技术不断发展的今天,信息功能为生产者与消费者提供了及时、经济而又高效的交互式沟通环境和手段。特别是电子商务,它取消了工业经济的市场模式的诸多中间环节;从间接的中间渠道到直接的网络销售,从有形办公室到虚拟办公室,从纸币到电子货币,从中间管理制度到知识管理,从依靠硬件到依赖知识,从普通服务到网络增值服务,更加直截了当。

2. 市场细分

信息技术手段使得市场细分不单单是被动的产品细分,更重要的是分析顾客不断变化的需求之间的微小差别,达到对顾客进行不断的细分。也就是说,网络经济时代的产品细分可以建立在顾客细分的基础之上,与顾客直接接触,了解他们的

第七章 流通型企业管理实务

需求,根据需求的不同把顾客进行细分,针对不同顾客形成相应的产品细分。这种细分并不是固定不变的,而是随着市场的发展变化,这是和计算机行业的飞速发展相适应的。

3. 优良的供应链管理

供应链是指在生产及流通过程中,为将货物或服务提供给最终消费者,联结上游与下游创造价值而形成的组织网络。供应链管理指对商品、信息和资金在由供应商、制造商、分销商和顾客组成的网络中的流动的管理。对公司内和公司间的这些流动进行协调和集成是供应链有效管理的关键。信息时代的本质是交流和沟通,整个信息里包括外部用户的、内部运作和后端供应链的,而用户信息是一切调整、发展的出发点。所以,建立快速、方便的与用户进行沟通的机制,便成为构建有效价值链的关键和基础,其他系统都要围绕着用户的需求进行调整。

复习思考题

1. 流通企业的一般特征有哪些?
2. 相对于商品流通方式的演变,物流、商流和信息流地位是如何变化?
3. 电子商务概念、特点、影响及安全体系。
4. 期货与现货交易的区别是什么?开展期货交易有什么作用?
5. 现代主要使用的信息技术有哪些?对于企业增强了哪些优势?

延伸阅读

【材料一】

我国城市流通产业发展简况

在中国的国民经济运行和再生产过程中,城市作为中国经济社会发展的主要载体,在整个国民经济和社会发展以及人民生活中具有举足轻重的地位和作用。李岚清同志曾经指出:城市是商流、物流、信息流、资金流和人流的中心,并以此影响和带动农村的发展。流通越发达,城市就越繁荣,就越具有竞争力、生命力和辐射力。而城市流通是全国城乡和国内外流通的中心,是社会经济的支柱,是市场和政府调节经济的枢纽,因此认清中国城市流通业的现状和趋势,对于把握整个中国流通甚至经济全貌,对于进一步满足国民消费需求,对于研究国民经济的持续健康发展,都有重要意义。

一、中国城市流通产业发展的现状分析

1. 发展的背景和成因

国民经济的大发展,为城市流通提供了极好的发展机遇。改革开放20多年来,中国经济走上了腾飞之路,GDP 由 1978 年的 0.36 万亿元增到 1990 年的 1.85 万亿元,2009 年猛增到 34.05 万亿元,是中国经济史上发展最快的时期,是世界上经济增长最快的国家,这个速度是同期世界经济年均增速的 3 倍,创造了世界经济发展史上的奇迹。高速的经济增长使中国的生产力水平和国家实力显著提高,也为中国城市流通产业高速发展提供了充足的商品、设施、科技等良好的基础。

2. 改革开放政策的实施、市民收入的成倍增长增强了城市流通的活力和实力

中国政府实施了逐步放开市场、搞活商业的一系列政策,允许发展多种经济成分,允许外商进入开放城市,允许特区的流通业改革率先试行,放开绝大多数物价管制,弱化政府对市场和企业的干预等等,基本完成从计划经济商业向市场经济商业转换的过程;改革也为商业的发展创造了持续进步、宽松、开放、自由的市场环境。这些政策从体制、商品、市场等诸方面,解除了对中国城市流通业的禁锢,导致城市流通从业人员、经营网点、商品购销、服务特色迅速恢复和迅猛增加。市民收入增长迅速,是促进城市流通规模的另一决定因素。

3. 买方市场的形成为城市流通产业迅速扩展创造了物质条件

告别短缺时代是改革开放 20 年中国经济发生的最显著、最重要的变化之一。中国的改革开放,释放出工业、农业等各个经济领域的巨大潜力,造成流通供应量的急剧增加,主要产品产量与 1985 年相比均有了持续增长。在经济快速增长的过程中,中国的 60 多万种商品,除少数品种外,从总体上由短缺转为过剩。丰富的商品为城市国内外贸易集散创造了物质条件,为冲破计划分配商品体制和满足社会需求作出了贡献。

4. 零售、批发市场崛起,为城市流通营造了广阔空间,民营经济迅速崛起,成为中国城市流通的生力军和活力源

5. 城镇化的快速发展加快了城市流通产业的发展

随着中国农村经济的全面迅速发展,农民人口向城镇集中,城市化进程随之加快。城市产业和人口高度集中,规模经济优势强,"集聚效应"明显,在国民经济发展中起着骨干作用。随着大城市中心城市功能的不断完善和辐射能力的逐渐加强,对带动周边中小城市和地区的发展起到了越来越重要的作用。2008 年城市化率已达 33.28%,中国城市化已经驶入快车道。

6. 随着交通、通讯等环境的改善,我国的城市物流发展迅速,为城市流通产业的超速发展提供了有力支撑

城市物流网络是中国物流网络的主体。近几年来,国家、行业和企业投入了大量的资金与技术,着力于交通、通讯等环境的改善,形成了相当规模的物流基础设施,初步建立和发展了相应的物流设施网络。许多城市都在建立不同规模、不同类型的物流基地和园区。特别是北京、上海、天津、深圳、青岛、广州、宁波等一批大中

型城市,发展得非常快。这些设施在城市物流进而在全中国流通产业中的中心作用日趋明显,为今后的发展奠定了坚实的基础。

二、城市流通领域改革成果

1. 1978年至今,中国城市流通领域改革取得了巨大成就,可以概括为3个突破、1个结束、多个创新。

3个突破是指:第一,突破流通无用论、计划分配、城乡分管等传统理念,确立了交换在社会再生产过程中的本来地位,重视市场发育、重视自由流通、重视办活商业等新价值观;第二,突破行政性封闭式、垄断性流通模式,初步建立了纵横交错、四通八达、内外交融、自由开放的流通体系;第三,突破了商品无档次、经营无特色、购物无环境的局面,建立了多形式、多渠道、多层次、多业态的模式。

1个结束是指:结束了长期商品匮乏、店铺短缺、划片定点、凭票凭证、定量供应、服务缺位的计划供应时代。迎来了店铺趋向饱和,顾客购物方便,服务大改观的商业时代。

多个创新是指:率先在城市报进连锁、代理、信息、管理、产权制度的创新,流通体制的转换,市场竞争的深入,强烈地呼唤创新意识,引发了一场流通革命。

2. 以城市为主导的大流通格局正在形成

在经济发展过程中,城乡通开、行业延伸的大市场、大流通格局初步形成。一是商品流通规模不断扩大。二是连锁经营在城市零售业、餐饮业迅速展开。同时,物流配送、电子商务开始起步。汽车代理经营由中心城市向中小城市扩展。二是市场体系逐步扩大。集市、商品城、批发市场、期货市场、要素市场互为依托,快速发展,形成新型的市场体系。四是新建改建了一批现代化的储备粮、储备棉、储备糖库和大型批发市场、物流配送中心等基础设施。

商品流通地区结构的调整,优化了社会流通要素的区域分布,中心城市的导向作用日益凸现,形成了新的导向机制:通过市场、信息、资金等导向,引导周边地区的生产和消费,建立有效的供求关系;推动了经济的良性发展;大中城市正在利用资源、技术、设施等优势,面向区域或者全国组织商品流通,形成了新的导向体系。

3. 城市流通产业多元化发展

在整个流通经济中,国有经济仍然是老大。除了餐饮业的企业和产业活动单位数量被非国有经济夺去"冠军"外,其他指标在10类企业中,国有企业仍是第一名,仍有很大的实力。城市流通行业是我国开放最早、进入门槛最低、竞争最充分的行业之一,也是非国有经济发展最快的行业之一。贸易、餐饮业的统计数据显示了国有经济和非国有经济"平分天下"的局面。

混合型企业和私营企业崛起。在非国有流通经济中,原有的集体企业数量仍占15.1%,有限责任公司和股份有限公司及私营企业发展特别快。三个行业小计,有限责任公司已发展到4 851家,从业74.6万人;私营企业3 695家,从业35.4万人。形成了以国有企业为主的5种主要流通力量。

(摘自《中国流通产业发展报告》,有修改和删减)

【材料二】

为什么要推出玉米期货

期货市场作为衍生品市场在世界上已有150多年的历史,发展到今天它已是现代市场体系不可或缺的重要构成。

期货市场至少有3个功能:一是发现某种商品的未来价格。例如,大连商品交易所现在买卖的大豆合约,就包括未来一年半的大豆价格预期。二是可以为生产和经营者提供套期保值,从而规避市场风险的平台。三是让少数有钱人到市场进行风险投资,同时分散并承担现货市场转移过来的风险。

无论是在我国,还是在世界上,玉米这个品种及其市场表现,兼备了期货市场优秀品种的基本特征。

首先,玉米是我国农业最大的粮食品种之一。资料显示,玉米占我国粮食总产量的四分之一,年产1.2亿吨,是居世界第二位的玉米生产大国。在我国东北、华北等玉米主产区,有5亿多农民种植玉米。因此,玉米期货的现货资源十分丰富,市场流量充足。作为目前国内期货市场具有最大规模现货的品种,玉米可为期货提供足够的现货支持。用期货的眼光看,一般说来,现货量大的交易品种难以被操纵,交易风险小。小品种则容易出现大的市场风险。

其次,玉米始终是消费和需求旺盛、市场流通量最大的粮食品种之一,因而也是市场上最具魅力的期货品种。2003年,我国玉米出口量为1 639万吨,国内流通量7 000万吨左右。由于畜牧业、饲料加工业发展迅速,玉米产业的链条逐步从农村延续到城市,从农业扩展到工业。它不仅关系到几亿农民的生产生活,还关系到饲料业、食品加工等诸多行业。玉米产业的规模扩大和玉米市场化程度的提高,在客观上加剧了玉米市场的竞争与风险,同时也必将衬托出玉米期货的市场魅力。为了降低玉米这个大产业的市场风险,非常有必要把它纳入到期货这个可以进行风险管理的市场。

第三,政府、农民和企业迫切需要利用期货市场为玉米生产、流通服务。记者从东北三省有关部门了解到,早在几年前,吉林、辽宁、黑龙江和内蒙古三省一区政府,曾几次联合签署文件上报国务院,请求尽快恢复玉米期货交易。因为东北地区的玉米产量占全国40%以上。随着粮食购销市场的放开,国家取消价格保护政策,使农民种植玉米的收益因受市场波动加大而缺少保障,因而这方面迫切需要政府提供市场化服务。

总之,玉米市场的开放、期货市场的规范,都使玉米期货上市交易的时机和条件变得水到渠成。而玉米期货的上市则有利于完善粮食市场体系,形成合理的市场价格,以市场信息引导农民调整种植结构,帮助农民解决卖粮难的问题。同时,它还能够帮助粮食流通企业通过套期保值减少经营风险。

(摘自 http://news.sina.com.cn/o/2004-08-26/09273498953s.shtml,有删减)

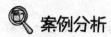 案例分析

沃尔玛的成功营销之道

我们都是在为顾客服务,也许你会想到你是在为你的上司或经理工作,但事实上他也和你一样,在我们的组织之外有个大老板,那就是顾客,顾客至上。

——沃尔玛创始人山姆·沃尔顿(Samuel Moore Walton)

位居全球500强之首的超级零售巨子沃尔玛拥有分布在世界各地的4 000余家店铺,100余万员工,年销售额达到2 000多亿美元。沃尔玛有3大基本信仰贯彻在所有的工作和活动中,对其获得今天的殊荣起到了重要的作用:尊重个人,服务顾客,追求卓越。同时,沃尔玛拥有先进的管理手段也使其拥有不败金身。

表7-2 2007年相关零售商排名

排名	中文常用名称	总部所在地	主要业务	营业收入(百万美元)
1	沃尔玛	美国	一般商品零售	351 139.00
32	家乐福	法国	食品、药品店	99 014.70
55	特易购	英国	食品、药品店	79 978.80
62	麦德龙	德国	食品、药品店	75 131.00

尊重个人——成功的基石

在沃尔玛,沃尔玛的主管和经理不是老板,而是教练,所有的人都在努力营造一种友好、愉快、和谐的工作氛围。沃尔玛坚信,领导不仅要精通业务,而且还要有能力帮助手下的员工成长。每一位员工都会被视为合伙人,通过培训、表扬及建设性的反馈意见,帮助新的同事认识、发掘自己的潜能,沃尔玛拥有一套完整强大的培训体系,不断通过培训来帮助沃尔玛的员工成长,留住并且吸纳越来越多的优秀人才。尊重每位员工的意见,是沃尔玛公司独特的管理理念。员工的任何想法都可以在其特殊的门户开放政策下向主管反映,如果员工对反映的结果不满意的话,他们可以跟任何级别的上司继续反映。沃尔玛坚信,开放式的管理在开放的气氛中可以鼓励员工更多地提出工作中存在的问题,更多地关心公司,帮助公司不断发展。如果员工始终了解公司的目标以及如何去实现这些目标,工作会做得更加出

色。沃尔玛认为:善待每一位员工就是善待每一位顾客。

和下属分享利益,视下属为伙伴。

沃尔顿主张以合伙制的方式来领导企业,鼓励员工持有公司的股份,这样员工也会把老板视为同伴,从而创造出超乎想象的业绩。

激励员工

不光是物质刺激,要不断出新点子,激励、挑战你的下属。每天都要想一些新的、比较有趣的办法来鼓励员工,创造出一种奋发向上的氛围。

交流沟通

凡事都要与同事沟通,他们知道得越多,就越能理解,也就越关心企业的发展。一旦他们开始关心企业的发展,什么困难也不能阻挡他们。

精神鼓励

金钱可以买到忠诚,但人更需要精神鼓励。应当感谢员工对公司的贡献,任何东西都不能代替几句精心措辞、适时而真诚的感激言辞。

成功了要高兴,失败了则不要灰心

不要对自己过于严肃,尽量放松,这样你周围的人也会放松,充满乐趣,显示激情。当工作出现失败时,穿上一套戏装,唱一首乐呵呵的歌曲,其他人也会跟你一起歌唱。

倾听每一个人的意见,让大家畅所欲言

第一线的员工最了解实际情况,要尽量倾听他们反映的问题和提出的建议,这是全面质量管理的内涵所在。

服务顾客——文化的基础

卓越的顾客服务是沃尔玛区别于所有其他公司的特色所在,沃尔玛的创办人山姆·沃尔顿说过:"顾客能够解雇我们公司的每一个人,他们只需要到其他地方去花钱,就可做到这一点。"在沃尔玛,只有顾客才是老板,顾客永远是对的。"要为顾客提供比满意更满意的服务",沃尔玛公司真的做到了这一点。沃尔玛不仅把"顾客第一"作为口号,而且把它作为贯彻始终的经营理念,使之成为企业文化的重要组成部分。所以,沃尔玛所有的策略都是为了满足顾客的需求。不管什么时候,你只要走进任何一家沃尔玛连锁店,你肯定会得到你希望的真正的服务。尽管沃尔玛各连锁店的生意都非常好,店员非常忙碌,但当天的事情在太阳下山之前必须干完是每个店员必须达到的标准。不管是乡下的连锁店还是闹市区的连锁店,只要顾客提出要求,店员就必须在当天满足顾客。沃尔玛认为,顾客生活在一个日益繁忙的世界里,每个人都在为自己的生计奔忙,作为商家,只有实行日落原则才能及时满足顾客之需,坚持日落原则就是坚持沃尔玛的经营宗旨。沃尔玛公司还有一个著名的"三米原则",即沃尔玛公司要求员工无论何时,只要顾客出现在三米距离范围内,员工必须微笑着看着顾客的眼睛,主动打招呼,鼓励他们向你咨询和求

第七章 流通型企业管理实务

助。同时,对顾客的微笑还有量化的标准,即对顾客露出你的"八颗牙齿"。沃尔玛这些"超过期望"的服务,不仅赢得了顾客的热情称赞和滚滚财源,而且为企业赢得了价值无限的"口碑",为企业长远发展奠定了坚实的基础。向顾客提供比满意更满意的服务。沃尔玛要求员工,向每一位顾客提供比满意更满意的服务。也就是说,一项服务光让顾客满意还不够,还应当想方设法,提供让顾客感到惊喜的服务。山姆·沃尔顿说:"让我们成为顾客最好的朋友,微笑着迎接光顾本店的所有顾客,向他们提供我们所能给予的服务,不断改进服务,这种服务应当超过顾客原来的期待,沃尔玛应当是最好的,它应当能够提供比任何其他商店更多更好的服务。"

在经营策略上,沃尔玛首创"平价销售"法,在零售店里打出"天天平价"的广告,同一种商品在沃尔玛要比其他商店便宜得多。公司每星期六早上召开经理人员会议,如果有分店报告某商品在其他商店比沃尔玛便宜,则立即决定降价,沃尔玛的口号是"为顾客节省每一美元"。事实上,沃尔玛提倡的是低成本、低费用结构、低价格的经营思想,一般零售商的利润都在45%左右,而沃尔玛只要30%就可以了。为顾客提供平价服务是沃尔玛的最大特色。提到平价服务,人们往往首先想到的是价格低廉,但沃尔玛更看重服务的质量。沃尔玛认为,价格低廉是平价的重要内容,但降低价格的同时,不能降低服务。为顾客提供超值的服务,才是平价的精髓所在,在顾客花费一定的条件下,如能享受到超值服务,实际上就是获得了平价服务。

(摘自 http://jpkc1.szpt.edu.cn/syqy/article_content.asp?id=5402,有修改和删减)

 实 训

【内容一】

购物流程体验

访问淘宝网(www.taobao.com),亲身体验购物流程。思考对于消费者而言,网上购物的理由是什么?请列出不少于5个。

登录互联网上某个搜索引擎网站,了解并体验搜索引擎的流程。推荐网站:www.google.com,www.baidu.com。思考区分淘宝网的搜索引擎和专门搜索引擎网站的区别与联系。

【内容二】

接触信息化

自己访问任意一个主要功能是除购物以外的电子商务网站,享受一下互联网带来的服务和便利,并分析信息化带来的利与弊。

【内容三】

信息技术的应用调研

选择一些流通型企业,分别收集条码、RFID 和 EDI 等现代信息技术在企业管理中应用的案例,并分析该技术的适用对象和功能有哪些,形成 500 字的小论文。

第八章

服务型企业管理实务

【重点知识要求】
1. 理解服务的概念、性质和分类
2. 了解服务在国民经济中的作用
3. 掌握服务流程设计的方法
4. 了解服务组织设施的设计与选址
5. 掌握服务接触的三元组合
6. 了解服务交锋的管理
7. 掌握服务质量的内涵以及分析方法
8. 掌握服务补救的方法
9. 掌握排队管理的方法
10. 理解服务的发展趋势

【重点能力要求】
1. 培养构建服务型企业服务流程的能力
2. 培养通过市场调查确定服务型企业选址的能力
3. 培养提高服务型企业服务质量水平的能力

案例导入

　　支付宝诞生于被称为中国"支付元年"的 2004 年末。当时，刚刚创立不久的淘宝网发现，支付的瓶颈是阻碍网上购物发展的重要因素之一：无论是线下的银行汇款还是货到付款的方式，都很难解决买卖双方的互信问题，买方担心给钱之后收不到货，卖方担心发货之后收不到钱。作为淘宝网上交易双方信用的第三方担保平台，支付宝由此应运而生。如果买家在淘宝网上看到了一件喜欢的商品拍下后，他可以先表示同意把购买商品的款项打到支付宝账户中，并通知卖家发货，等到收到商品之后，确认无疑再通知支付宝把钱打到卖家的账户中。在整个过程中，货款会在支付宝的平台上停留最长7天,这是由支付宝作为一个买卖双方都愿意信任的中间方,代为保管货款,而且如果货品有问题,支付宝还承担赔付责任。

随着支付宝成为交易双方普遍接受的标准,中国网络购物市场的成长大大加速了,淘宝网的交易量一路高歌猛进。2004年12月8日,浙江支付宝网络科技有限公司成立,支付宝正式从淘宝网独立,而且整个业务流程与淘宝网的业务流程剥离。支付宝网站上线并独立运营,支付宝开始从第三方担保平台逐渐向在线支付平台转变。

支付宝最先切入的外部重点市场是那些信息化程度相对较高的行业,例如,网络游戏、B2C平台,电子机票等。到2007年时,随着国内电子商务环境的日臻成熟,支付宝成功地切入了不同行业,外部客户对支付宝的交易量贡献率已经上升至30%。

除了主动支付行为之外,支付宝还考虑为被动支付行为提供服务。主动行为就是用户自己发起的支付行动。而被动行为则不同,是在某些理由牵动下,必须要完成支付的行动,比如,信用卡还款、各种缴费活动等。对某些项目,如公共事业缴费项目、信用卡还款业务等,支付宝直接开放给消费者,用户不需要登录即可使用。

公益捐款是互联网上的特殊"交易"。拥有4.2亿用户的中国互联网成为平民慈善的重要阵地,而新兴的电子支付则在其中发挥了不可替代的重要作用。2008年的汶川地震网上救援行动,支付宝网络平台受捐金额达到2 100万元。

根据易观国际最新发布的《中国第三方支付市场蓝皮书》显示,中国第三方支付市场2009年度交易规模已经接近6 000亿元,成为中国金融支付体系中重要的组成部分。而支付宝用了5年时间,将自己做成了一个占据中国第三方支付市场半壁江山的"庞然大物"——用户数超过3亿、日交易额接近14亿元人民币。

思考题:支付宝公司提供的主要产品是什么?支付宝公司的产品有哪些特点?你如何评价支付宝公司为网络经济发展做出的贡献?你如何看待支付宝给社会生活带来的影响。

无论是支付宝,还是阿里巴巴、淘宝、开心网、腾讯、360,都代表着一种新的企业服务的形式。它们以"黑马"的姿势崛起于现代社会,迅速成为大多数人从虚拟到现实生活和工作的方式。我们对企业类型的认识被一次次拓宽,对于服务型企业经营管理的研究也在逐步深入。管理生产型企业与管理服务型企业不同,其原因归根结底是因为它们的生产行为、产品特点和运营特征等各方面都有差异。那么,什么是服务?什么是服务型企业?

第八章 服务型企业管理实务

第一节 服务型企业管理概述

一、服务的概念

社会由人组成,人的社会性要求人与人之间互相帮助,并由此互相依赖。服务就是满足社会或他人需求的活动。社会分工越细,人与人之间的交流合作越紧密,服务的重要性就越突出。在现代生活中,一部分人不从事工农业生产,只为他人提供非工农业产品的效用或有益活动,人们便把这种现象称为服务。

本章研究的是服务型企业的经营管理,因此我们把服务表述为:服务,是一个经济主体使另一个经济主体增加价值,并主要以活动形式表现的使用价值。

该定义反映了3个要点:第一,服务首先具有使用价值,是一种无形产品;第二,服务是交易对象,应当反映不同经济主体之间的关系,如果是同一经济主体内部发生的经济关系,比如为自己做家务等,就不能叫做服务;第三,服务是运动形态的客观使用价值,一般不表现为静态的客观对象。

这里再说明一下服务与劳务的区别。服务与劳务,二者的英文单词是一样的,都是 servicc,所以有些观点将它们看做是等同的。在中国经济学家的看法中,比较普遍的观点是服务即劳务。但是,服务与劳务,虽然形式上都是人的某种劳动活动的表现,但实质不同。从事或提供服务活动的个人或企业,必须拥有一定的生产资料,如服务设施、工具、原料等。而劳务的提供者,只要具备一定的劳动能力,就能够为消费者提供劳动活动,通俗地说就是出卖劳动力。服务与劳务的主要区别在于:第一,服务是社会劳动分工的产物,是生产力发展的表现;而劳务是人们将自己的劳动能力提供给他人驱使,是生产关系发展的表现。第二,在生产活动过程中,服务生产的特点是服务生产者必须具备劳动者、劳动资料,其劳动对象则由消费者来提供或指定;劳务生产的特点则是,劳务生产者仅具备有劳动者,劳动对象和劳动资料均由消费者提供。因此,服务和劳务是性质不同的两个经济范畴。

二、服务的特性

对服务的定义揭示了服务与有形产品之间的区别,将这些区别进一步研究,可以归纳出服务具有无形性、不可分割性、差异性、不可储存性等特殊性质。

(一) 无形性

大多数服务都是无形的,这是服务作为产出与有形产品最本质、最重要的区别。商品是有形的物品,可以触摸它、感觉它,甚至闻到它的气味,比如一个衣柜;

服务则是无形的,它可以借助于实物或在实物中得以实现,但其自身是无形的,比如家具卖场的员工为顾客提供的咨询。消费者在购买服务产品之前无法通过视觉、味觉、触觉等感觉器官去感受服务。大多数服务是一种操作过程,比如法律咨询,通常是提出建议,并且代表当事人出庭。这种服务通常没有有形产出,即便有的话,那也不是服务本身所致,而是在向消费者提供服务的过程中产生的。

从顾客的角度来说,其购买服务的目的是要得到一种解决问题的工具,得到一种功能,而不是物品本身。对于大多数服务而言,购买服务并不等价于拥有其所有权。而购买商品则是拥有了所有权。

服务的无形性也给顾客带来了一定的风险。在购买有形产品时,顾客可以在购买前观察、触摸和测试产品;而对于服务,顾客必须依赖服务企业的声誉。在很多服务领域,为确保服务水准,政府要干预。通过登记注册、签发执照和管制,政府可以向消费者承诺,某些服务企业的培训和服务测试水准达到特定标准。比如,导游要通过国家导游资格考试并取得导游证才能带团,医生必须有执照才能行医。

(二)不可分割性

大多数情况下,服务的提供与消费是同时进行、不可分割的。而对于大多数商品而言,这两个过程可以而且通常是分开的。玻璃花瓶是在燥热、肮脏、嘈杂的工厂中制造出来的,而购买者并不注意这一点,因为他们首先看到的是放在百货商店环境优雅的专柜中的成品。

不可分割性的第二种形式,是消费者不能脱离服务过程。大多数服务都不能存储到以后消费,消费者必须当场享受服务。顾客的参与要求企业必须注意服务设施的物质环境,如果服务设施的设计符合消费者的需要,就可以提高服务质量。在提供服务时值得重视的一点是,顾客在服务过程中可以发挥积极的作用。一些例子可以说明,顾客的知识、经验、动机乃至诚实都会直接影响服务系统的效果。比如教学效果很大程度上取决于学生自身的努力和参与。服务产品不同,顾客参与的程度也有所不同。豪华餐厅与快餐店要求的顾客参与程度差别很大。有些快餐店设置了自助点餐系统,要求客人自助点餐、自己去取已经做好的菜肴、吃完之后自己清理桌子。相应的,企业减少服务员的数量,而客人得到了便宜的食物和快捷的服务。

不可分割性的第三种形式是对某些服务的共同消费。有些服务是大量消费者同时分享的。例如,一场音乐会或是参加旅行团旅游都是针对一群消费者的。在此类服务中,虽然每个人的体验可能有所不同,但任何一个顾客陶醉或疯狂的举动都会影响到所有人的情绪。因此,在有些服务中,个人的经历与周围消费者息息相关。

服务的生产与消费同时进行也减少了许多事先进行质量控制的机会。有形的产品可以事先检测合格之后再到市场上销售,服务则必须依靠其他指标来保证其质量。这为服务质量控制增加了难度。

(三) 差异性

差异性是指服务产品无法像有形产品那样实现标准化,每次服务给顾客带来的效用、顾客每次感知到的服务质量都可能不同。

服务人员的心理状态、服务技能、努力程度会出现变化,所以即使同一个服务人员提供的服务在质量上也可能会有差异。而顾客的知识水平、个人爱好不同,也会使得他们对同一个服务人员提供的服务感受到的效果不同。同样的导游讲解,有的游客听得津津有味、深有同感,有的游客则不感兴趣。由于服务人员与顾客之间存在相互作用,即使同一个服务员和同一个顾客,在不同的服务消费过程中,顾客感知到的服务质量也可能存在差异。所以,服务企业所保证的服务质量可能会与顾客实际体验到的服务质量相差甚远,归根结底就是因为员工和顾客都是人而不是机器。

管理者为了尽量保证服务质量的一致性,会竭力消除异质性。但是,就个性化服务而言,服务质量的差异性会被视为优质服务的组成部分。

(四) 不可储存性

不可储存性是大多数服务产品的一个显著特性,与无形性有着密切的关系。有形产品可以依靠存货来缓冲以适应市场的需求变化,而服务产品只有在出现需求的时候才能被生产,所以只能依靠顾客等候来实现这个功能。生产型企业要进行库存控制,服务型企业则是进行"排队"管理。

在旅游业中,饭店的房间、餐馆的餐位、飞机上的舱位都是不能储存的。如果不能及时销售,那么以后也永远不能补偿。因此服务型企业力求每天都能将产品销售出去。

如果需求稳定的话,服务的不可储存性并不会构成大的问题,因为可以预测需求并安排足够的员工来提供所需服务。但是需求往往会出现波动。

【案例 8-1】

航空公司的超额预订

对于航空公司来讲,每架飞机的座位数都是固定的,也即供给固定。而有研究指出,航空公司的座位利用率只要提高 1%~2% 就可以让一家亏损的公司转为赢利。因此,航空公司在提高每一班飞机的上座率上投注了大量的热情。由于经常会有顾客订票后却因为这样那样的原因而未能成行,对于航空公司来说,如果能利用这部分座位,自然会给企业增加很多收益。因此,他们往往采取超额预订的做法。但是,如果航空公司不走运,顾客全部来了怎么办?此时航空公司不得不和顾客进行协商,支付一定的费用请超额的顾客转到下一个航班。例如,航空公司会发起一场拍卖,向推迟行程的顾客提供优惠(通常是免费升舱和机票折扣),优惠条件不断上升,直到愿意接受的顾客数量达到起飞的要求。

(吴何主编.现代企业管理:激励·绩效与价值创造.中国市场出版社,2010)

思考题:
1. 这种方法可以为其他服务型企业提供什么启示?
2. 请设计一个类似的方法,来增加某一种类型的服务的销售量,进而获得最大收益。

三、服务的分类

服务本身千差万别,千姿百态,因此服务分类研究的意见也难以统一。对此,有的学者描述为:对服务进行分类所面临的挑战与困难,不亚于对地球上的生物进行分类。著名学者洛伍克曾在1988年对当时的服务分类进行了归纳,因分类标准过于分散,形成了太多的服务分类。下面就几种重要的服务分类方法进行分析讨论。

(一) 托马斯分类法

美国哈佛大学托马斯(Dan R. E. Thomas)教授认为服务可以划分为两种类型,一类是设备提供的服务,一类是人工提供的服务。按照这种分类方法,服务企业可以分为劳动密集型和资本密集型两类。两类企业可以相互转变,不少服务组织提供的服务既可以是人工的也可以是设备的。例如银行的提款业务,既可以使用自动柜员机,也可以在柜面由营业员取款。资本密集型服务组织和劳动密集型服务组织应采取不同的策略。

表 8-1　资本密集型服务组织与劳动密集型服务组织采取的策略

策　略	生产型企业	资本密集型服务组织	劳动密集型服务组织
规模化	做　大	做　大	单体较小,发展连锁
专利技术	开　发	保　持	利　用
差异化	采　用	采　用	采　用
低成本	采　用	采　用	采　用
价格竞争	采　用	适当采用	不宜采用
创新活动	多	多,但模仿多	多,但模仿多
扩　张	积极收购	有选择地收购	不宜收购

(二) 蔡斯分类法

美国亚利桑那大学蔡斯(Richard B. Chase)教授根据顾客和服务体系接触程度划分服务体系,如表 8-2 所示。

表 8-2 蔡斯分类法划分的服务体系类别

接触程度高	纯服务体系 　　保健中心 　　旅馆 　　公交公司 　　餐馆 　　学校 　　私人服务 混合服务体系 　　银行储蓄所 　　计算机公司办事处 　　房地产公司办事处 　　邮政所 　　殡仪馆 准制造体系 　　银行总行 　　计算机公司总部 　　批发公司总部 　　邮电总局
接触程度低	制造业 　　耐用品生产厂家 　　食品加工厂 　　矿业公司 　　化工厂

根据蔡斯的分类标准,可以将服务分为纯服务、混合服务和准制造三类。高接触的服务中,顾客参与服务生产过程,对服务需求时间、服务内容和服务质量影响较大。低接触的服务中,顾客与服务提供者之间交往较少,对服务过程和服务质量的影响不大。准制造服务过程中顾客与服务人员几乎没有接触或很少接触,服务过程可采取类似制造业的方式进行。

这种分类体系充分考虑了在整个服务过程中顾客的参与程度。因为消费者直接参与服务生产过程,对服务企业而言,增大了对需求适应、服务质量、服务形式、服务生产率等方面进行控制的管理难度。对于接触程度不同的服务企业,应该有不同的管理重点和管理方式。

（三）施曼纳分类法

美国印第安纳大学商学院教授罗杰·施曼纳(Roger W. Schmenner)在蔡斯分类法的基础上增加了劳动密集程度的衡量因素,采用二维模型对服务进行分类,即服务组织的劳动密集程度和服务人员与顾客相互交往的程度和服务定制化(个性化)程度。施曼纳认为服务企业的主要特点在于劳动密集,多数服务企业固定资产投资较少,人工成本投入较多。因此,他将劳动密集程度定义为服务过程中发生的人工成本与固定资产价值之比。施曼纳选用了顾客和服务人员相互交往程度与服务定制化程度作为区分服务类型的另一个指标,认为顾客与服务人员相互交往程度和服务定制化程度两者之间既有联系又有区别。区别在于前者是指顾客是否积极地参与服务过程,经常要求服务人员增减服务工作;后者则是指服务人员是否尽量满足顾客的特殊要求。顾客对这两个方面可以作出综合评价,许多服务企业的定制化和相互交往程度相当一致,而有些服务企业的相互交往程度指标与定制化程度指标不一致。

表 8-3　施曼纳服务分类结构图

劳动密集程度	相互交往和定制化程度 低————————→高	
低	服务工厂: 航空公司 运输公司 饭店、度假地和娱乐场所	服务作坊: 医院 机动车修理厂 其他维修服务
高	大众服务: 零售业 批发业 学校 商业银行的零售业务	专业服务: 医生 律师 会计师 建筑师

(四) 罗伍劳克分类法

美国著名学者克里斯托弗·罗伍劳克(Christopher H. Lovelock)在其1983年发表的一篇获奖论文中,建议采用六种不同的方法对服务进行分类。这6种分类标准分别是服务对象、行为性质、关系模式、互动频率、定制化程度和需求波动程度。在已有的分类体系中,罗伍劳克分类法最为全面和系统。下面对其中5种进行分析。

1. 依据服务行为的性质分类

服务行为的性质主要是由两个维度决定的:服务的直接接受者和服务的有形性。这样可以得到4种可能类型:

(1) 有形行为作用在人身上的服务。如航空运输、理发、医疗等。在传递服务的整个过程中,都需要顾客在场才能接受这种服务所带来的预期效用。

(2) 无形行为作用在人身上的服务(针对人的思维的服务)。如教育、文娱表演、法律咨询等。这种服务形式下,顾客既可以在服务现场,也可以不在服务现场,而在其他某个服务设施内,通过诸如无线电波、电子通讯方式等远距离接受服务。

(3) 有形行为作用在物上的服务。如房屋清洁、家具维修、环境保护等。这类服务小,被处理的物体对象必须在服务现场,顾客可以不在现场。

(4) 无形行为作用在物上的服务。如金融服务、保险服务、信息处理等。理论上讲,顾客在这类服务开始之后,即可离开服务现场。

2. 依据服务组织与顾客的关系分类

如表 8-4 所示,依据服务组织与顾客之间的关系和服务传递性两个维度,可以将服务分成 4 种类型:对会员(或近似会员)的持续性服务、对大众的持续性服务、对会员(或近似会员)的间隔性服务、对大众的间隔性服务。

表 8-4　依据顾客关系和服务传递特征的分类

服务传递特征	服务组织与顾客关系的类型	
	"会员"关系	没有正式关系
持续性服务	保险 有线电视用户 学校招生 银行	广播电台 警察治安 公共高速公路 灯塔
间隔性服务	长途电话 剧院套餐订购 保修期内的修理 月票	汽车租赁 邮递服务 收费公路 电影院 餐厅

3. 依据服务定制与判断分类

在罗伍劳克建立服务分类体系的年代,只有少数商品是按顾客的要求定做的,多数是按计划批量生产,现货供应。尽管这样做能在及时性指标上达到最优,但在满足顾客需求的多样化方面却多有不足。发展到今天,制造产品和服务都在追求充分满足不同顾客的多样化消费需求,采用定制生产和定制服务手段,努力使顾客获得最大价值。尤其对于服务来说,其价值是在消费的同时被创造出来,顾客经常参与服务过程,并在其中发挥重要作用,客观上存在定制服务来满足顾客需求的机会。

表 8-5　依据服务定制程度和服务人员自行判断程度的分类

		服务定制的程度	
		高	低
服务人员为满足顾客需求行为作出判断的程度	高	高判断高定制: 　专业服务 　旅游服务 　特色餐馆 　外壳 　美容师 　教育(辅导)	高判断低定制: 　学校教育 　面对大量固定群体的食堂服务 　预防性健康计划
	低	低判断高定制: 　电话服务 　饭店服务 　零售银行 　家庭餐馆	低判断低定制: 　公共交通 　快餐店 　电器的常规维修 　电影院 　演唱会

4. 依据服务供需关系的分类

从服务需求的波动程度和供给受服务能力的限制程度可以将服务分成四类：需求波动大，但是高峰期不会出现供不应求的服务；需求波动小，通常不会出现供不应求的服务；需求波动大，高峰期常常出现供不应求的服务；需求波动小，但企业自身能力不足的服务。

表8-6 依据服务供需关系的分类

供给受能力限制的程度		需求随时间波动的程度	
		大	小
	最高需求能被满足	需求波动大，但是满足要求： 电力 天然气 电话 宽带 医院	需求波动小，能满足要求： 保险 法律服务 银行业 洗衣服务
	最高需求超过服务能力	需求波动大，常常供不应求 会计服务 客运 旅游 剧院	需求波动小，但仍供不应求： 与上面的服务类型相似但是企业的基本能力不足

5. 依据服务的可获性和服务交互性质的分类

如表8-7所示，从服务的可获性和服务交互性质可以将服务分为六类：需要顾客到单一场所购买的服务；顾客可以到多个场所购买的服务；由服务提供者到指定场所进行的服务；有服务提供者到多个场所进行的服务；由单一场所向顾客提供的远程服务；由多个场所向顾客提供的远程服务。

表8-7 依据服务的可获性和服务交互性质的分类

顾客与服务企业交互的性质	服务网点	
	单一场所	多个场所
顾客去服务场所	景点 饭店	公共汽车站台 快餐连锁店
上门服务	出租车 家政服务	邮递 紧急开锁服务
远程交易	信用卡服务 电视台	广播网 电话公司

对顾客来说，到某一个服务点接受服务，可能会带来不便，服务组织可以在若

第八章 服务型企业管理实务

干个网点为顾客服务,或者使用远程交易的方式为顾客服务。

四、服务、服务产品、服务型企业、服务业、第三产业概念辨析

服务,是一个经济主体使另一个经济主体增加价值,并主要以活动形式表现的使用价值。

服务产品。菲利普·科特勒从营销学的角度为产品下的定义是"任何能用以满足人类某种需要或欲望的东西都是产品"。顾客购买实物产品和服务不是购买它们的属性和特色,而是购买它们能给予顾客的利益和消费价值。服务型企业向顾客提供的产品是以"服务组合"(Service Package)的形式出现的,其中包括显性服务、支持设施、隐性服务和辅助物品。

服务型企业。这是按照生产经营过程划分的企业类型的一种,与生产型企业、流通型企业相对而言。这类企业没有完整的生产过程,不改变投入运营的产品形式和本质,也不发生产品所有权的转移,只是靠投入的活劳动实现货币的增量。主要有金融业、经纪业、法律服务业、信息咨询业、会展业、旅游业、房产业、物业管理业、广告服务业、后勤业等行业,如各种旅游服务企业、经纪公司、咨询公司等。服务型企业属于盈利性服务组织,但社会上还存在很多非营利性服务组织,如学校、公共事业机构、科研组织等。盈利性服务组织的经营管理对非营利性服务组织的经营管理同样具有参考价值。

服务业,也即服务产业。产业是"生产相似或相同的产品的一系列企业"。服务业可视为从事服务的生产、营销、经营或分配的营利或非营利的个人或组织的总称,这类企业的收益主要来自于提供服务的所得。

第三产业。2003年5月我国发布的新的产业分类标准——《国民经济行业分类》(GB/T 4754—2002)对我国三次产业划分如下:第一产业是指农、林、牧、渔业。第二产业是指采矿业,制造业,电力、燃气及水的生产和供应业,建筑业。第三产业是指除第一、第二产业以外的其他行业。第三产业包括:交通运输、仓储和邮政业,信息传输、计算机服务和软件业,批发和零售业,住宿和餐饮业,金融业,房地产业,租赁和商务服务业,科学研究、技术服务和地质勘查业,水利、环境和公共设施管理业,居民服务和其他服务业,教育,卫生、社会保障和社会福利业,文化、体育和娱乐业,公共管理和社会组织,国际组织。

通常在统计服务业的各种统计量时,我们认为第三产业(广义)与服务业是一致的,其内涵并没有太大的区别。不过,仅仅看名称就可以知道,第三产业是与第一、第二产业相对应的概念,而服务业是与农业、工业相对应的概念。服务业所包括的行业比第三产业要少一些;第三产业概念的经济结构含义主要是相对于国内经济的,而服务业概念的经济结构含义是面向国内与国际两个市场的。

从包含的行业的数量多少看,服务型企业少于服务业。

五、服务在国民经济中的作用

在经历了以农业、矿业为主的农业经济社会和以大规模制造业为主的工业经济社会后,服务经济逐步成为一国国民经济和世界经济的核心。

以美国为例,20 世纪初,服务业劳动力仅占总劳动力的不到 30%;到了 50 年代,服务业所雇用人数已超过总劳动力的 50%,在 GNP 中的比例也超过了 50%;如今,服务业在国民经济中占据了举足轻重的地位,平均每 4 个美国人中,就有 3 个在服务业工作。

显然,我们已无法将今天的美国仅称为工业化国家,也不能把美国社会简单地称作工业化社会。经济学家在 20 世纪 70 年代提出了"后工业化社会"和"服务经济"的概念,指出服务业的发展正在推动社会经济的进步,而 90 年代提出的"资讯时代"、"知识经济"等概念,也与服务业的发展息息相关。大部分发达国家或地区的发展历程也呈现了类似的结果,服务业的产业比重和劳动力就业比重均大大超出农业与工业所占的比重。显然,这些国家或地区已率先进入了后工业化时代,而大部分发展中国家还处于追赶这一过程的阶段中。

由于服务业在 GNP 中所占的比重越来越高,服务业的发展水平对综合生产力的水平影响很大。而且很多服务业对第一和第二产业的发展也造成了巨大的影响。现在的服务业聚集了大量的优秀人才,服务型企业的经营管理经验对经济的影响往往比制造业的发明更深、更广。在国际贸易中,服务业也占了重要地位。已经有人提出,服务业将决定国家竞争力。

第二节 构建服务型企业

理解了服务的相关概念之后,下面从软件和硬件两个方面来论述构建服务型企业的方法。"软件"主要是指服务流程的设计和服务组织的构架,"硬件"主要包括服务设施的设计和服务场所位置的选择。

一、服务传递系统设计

(一)服务流程设计

流程是指系统将输入转化为输出的过程,并力争使输出的价值高于输入的价值。服务流程就是服务组织向顾客提供的整个服务过程和完成这个过程所需要素的组合方式,如服务行为、工作方式、服务程序和路线、设施布局、材料配送等。从运作管理的角度出发,服务流程可以视为服务组织对服务对象——顾客和必需的

第八章 服务型企业管理实务

信息与材料进行"处理"过程的组成方式。如图 8-1 所示。

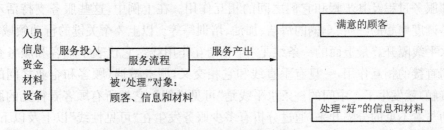

图 8-1 服务流程示意图

企业的成功不仅依赖于产品的创新,同样也有赖于流程的创新。对于技术较为成熟的产业,流程的创新尤为重要。2007 年春天,中国很多地方的银行网点出现了严重的排队现象。建设银行在成都锦城支行试行新的服务流程,大堂经理不仅引导客流,还对所有的服务窗口实施管理。如果排队客户多了,大堂经理会增加柜员数量、调整柜员岗位,并将复杂业务分流到专门窗口办理。试点后,这家支行的客户排队时间减少了 68.2%。

1. 服务蓝图

(1) 服务蓝图的概念

服务蓝图又称服务流程图,它是一种以简洁明确的方式将服务理念和设计思路转化为服务传递系统的图示方法。经过服务蓝图的描述,不仅服务被合理地分解成服务提供过程的步骤、任务及完成任务的方法,而且,更为重要的是,顾客同企业及服务人员的接触点被识别,从而可以从这些接触点出发来改进服务质量。

(2) 服务蓝图的构成

服务蓝图的主要组成部分如图 8-2 所示,整个蓝图被 3 条线分成 4 个部分,自上而下它们分别是顾客行为、前台接触员工行为、后台接触员工行为以及支持过程。最上面的一部分是顾客行为,这一部分紧紧围绕着顾客在采购、消费和评价服务过程中所采取的一系列步骤、所做的一系列选择、所表现的一系列行为以及它们之间的相互作用来展开。例如,在一个出租车预约服务的例子中,顾客行为可能包括叫车的决策、打电话、等车、告知目的地、结算和下车。接下来和顾客行为相平行的那一部分是两种类型的接触员工行为:前台员工行为和后台员工行为。接触人员的行为和步骤中顾客看得见的部分是前台员工行为,例如,在上述出租车服务的例子中,驾驶员的行为中顾客看得见的部分是乘客上车后的问址、选路、开计价器、车辆行驶过程中的驾驶,到达下车地点的停车、报价、打印,结算车费时的唱票、找零、给票,乘客下车时的提醒、检查与告别。而那些顾客看不见的、支持前台活动的非接触员工行为是后台员工行为,在上述的例子中,电话接线员的接电话、某驾驶员接受调度中心的呼叫及时赶往约定地点就属于后台员工行为。最后一部分是服务的支持过程,这一部分覆盖了在传递服务过程中所发生的支持接触员工的各种内部服务过程及其步骤和它们之间的相互作用。在上例中,这些服务支持活动可以是调度中心的呼叫、车辆的清洁、加油、培训等等。以上4个关键的行动领域被3条水平线隔开。最上面的一条线是"外部相互作用线",它代表了顾客和服务企业之间直接的相互作用,一旦有垂直线和它相交叉,服务遭遇(顾客和企业之间的直接接触)就发生了。中间的一条水平线是"可见性线",它把所有顾客看得见的服务活动与看不见的分隔开来,通过分析有多少服务发生在"可见性线"以上及以下,就可一眼看出是否已向顾客提供了较多的服务证据。可见性线也区分了哪些活动是接触员工在前台做的,而哪些活动又是他们在台后做的。第三条线是"内部相互作用线",它把接触员工的活动同对它的服务支持活动分隔开来,如有垂直线和它相交叉则意味着发生了内部服务遭遇。

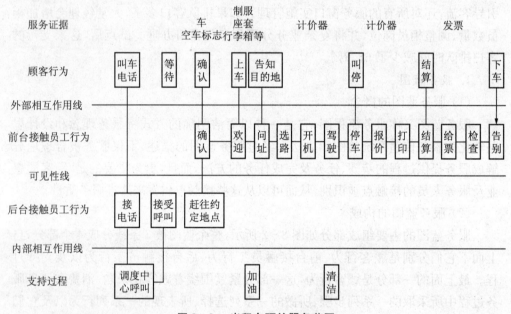

图8-2 出租车预约服务蓝图

另外,在有些服务蓝图的最上部可能会出现有关服务证据方面的内容,它表示顾客在整个服务体验过程的各步骤中所看到的或所接受到的服务的有形证据,如车、驾驶员的制服、计价器、发票等。

(3) 服务蓝图的作用

服务蓝图的作用主要表现为以下几个方面:① 建立服务蓝图的过程就是企业从顾客的角度重新认识所提供服务的过程,从而促进企业更好地满足顾客的需要,而不仅仅是提供服务。② 通过建立服务蓝图,研究恰好在可见性线上下两侧的那些前、后台接触员工行为,我们可以发现是谁何时、如何同顾客接触,接触的频次是

第八章 服务型企业管理实务

多少,这有助于增强员工的顾客意识和顾客导向,从而有助于提高服务质量。③ 服务蓝图揭示了组成服务的各要素和提供服务的步骤,这有助于理解内部支持过程和非接触员工在服务提供过程中的角色和作用,从而激发他们为顾客提供高质量服务的积极性和主动性;也有助于明确各部门的职责和协调性,从而有效地克服了部门之间的藩篱和隔阂,避免部门主义。④ 蓝图中的外部相互作用线指出了顾客的角色,以及在哪些地方顾客能感受到质量;而可见性线则促使公司谨慎确定哪些员工将和顾客接触,是谁向顾客提供服务证据,哪些东西可以成为服务证据,从而促进合理的服务设计,明确质量控制活动的重点。⑤ 服务蓝图有助于识别失败点和服务活动链的薄弱环节,从而为质量改进努力指明方向。

(4) 绘制服务蓝图的基本步骤

尽管不同的企业、同一企业所提供的不同服务、甚至就同一服务描绘蓝图的不同目的都会引起蓝图的不同,但是建立服务蓝图的过程大致上还是有一些共同步骤可循的,以图 8-2 所示的出租车预约服务为例,可以根据以下步骤建立蓝图。

步骤 1:识别欲建立蓝图的服务过程,明确对象。

步骤 2:从顾客的角度用流程图的形式来表示服务过程。首先要明确顾客是谁,明确顾客体验服务的过程,这一点非常重要,也很有帮助。然后用图表列出顾客在购买、消费和评价服务的过程中所采取的或所经历的选择或行动。

步骤 3:图示前、后台接触员工行为。首先画外部相互作用线和可见性线,然后图示从一线员工的角度所理解的服务过程,区分前台(可见)员工行为和后台(不可见)员工行为。

步骤 4:图示内部支持活动。

步骤 5:在每一个顾客行动步骤中加入服务证据。

服务蓝图是服务系统的简化形式,能给管理者提供较多的决策信息,管理者应学会正确解读服务蓝图。

2. 服务流程的选择

(1) 通过服务流程选择进行战略定位

服务对象、服务要求、竞争态势等因素要求服务型企业在服务流程的选择上作出战略性的决策。准确的定位是在充分考虑服务所需的复杂性(难度)和多样性(选择性)的基础上决定的。

在所有的服务行业中,当企业在与他们的竞争对手相比较定位时,流程结构图可向各个方向移动。例如,H&R 公司通过向寻求标准退税帮助的人提供低差异的报税服务,赢得了大量的中产阶级纳税人。由于实施低差异战略,企业可以雇用不很熟练的员工从事重复性工作,其结果是降低了成本。

(2) 服务流程设计的分类

服务流程可以基本分成两类,即服务差异高的和服务差异低的(差异化和标准化)流程。

差异化服务(高差异性)完成工作需要较多的灵活性和判断力,在顾客和服务人员之间要适时地进行信息沟通。因为此类服务过程无固定模式可循,且未被严格界定,因此需要高水平的技巧和分析技能。为了使客户满意,服务人员应被授予较大的自主决策权。标准化服务(低差异性)是通过范围狭窄的集中的服务获得高销售量。这是一项日常工作,要求工作人员有较低的技能即可。由于服务性质的简单重复性,自动化更多地用来代替人力(如使用售货机、自动洗车)。减少服务人员的判断是实现稳定的服务质量的一种方法,但这也可能会产生一些负面的后果。这些概念在后面的讨论中被称为服务设计的生产线方法。

流程服务对象也可以分成3类:顾客、信息、有形物品。

服务对象为顾客的时候,服务的结果会使人体(身体状况、外形、地理位置等)发生一定的改变。例如美容美发。因为这类服务中,服务人员与顾客和设施在较长时间内有紧密接触,所以要求服务人员能够提供技术服务并掌握一定的人际沟通技巧,同时服务设施也要使顾客感到舒适、愉悦。当服务对象是信息的时候,主要是作用于顾客的无形资产,如处理顾客的钱财、文件、数据等。所有服务系统都会处理信息(即接收、处理和操纵数据)。有时,这是一种后台行为,例如在银行处理支票。在有的服务中,信息的沟通是通过间接的电子方式进行的,例如电话查账。工作人员可能会在电子屏幕前花上若干小时来进行例行的工作。有的服务如咨询顾问,顾客与工作人员之间直接接触以进行信息交流。对于那些高技能的员工,处理非常规问题的挑战对于顾客的满意是非常重要的。当服务对象是有形物品的时候,要求由顾客来提供物品,但是顾客不一定要在场。如家电维修、服装洗涤等。在很多情况下,顾客将自己的物品留给服务组织或者由服务组织上门服务,顾客只需要给出足够的进行服务的信息和指示。例如请家政人员上门进行家政服务,户主只需要说明要求,而不需要留在家里。

顾客与服务者的接触可以分为无接触、间接接触和直接接触3类。银行是这3种方式都存在的例子。例如,提出一项汽车贷款申请需要与负责人直接会晤,贷款的支付可以通过电子转账完成,而贷款的财务计账由银行后台人员完成。直接接触又分为自助式服务和全面服务接触。自助服务很有吸引力,因为客户只需要在必要的时候提供必要的劳动,借助服务中技术的高效应用,就可以获得快捷的服务,如自动售卖机。当顾客愿意与服务人员直接接触时,服务人员要注意处理问题的过程,这对于保证服务的成功十分重要。顾客亲自出现在服务过程中会导致许多新的问题,具体可用表8-8来说明。

第八章 服务型企业管理实务

表8-8 服务流程分类

分类	低差异性(标准服务)			高差异性(定制服务)		
	产品加工	信息或形象处理	人员处理	产品加工	信息或形象处理	人员处理
无顾客参与	干洗、自动贩卖机	检查信用卡账单		汽车维修、裁衣服	计算机程序设计、建筑设计	
间接的顾客参与		用家庭计算机订货,电话账户余额确认			航空管理员监督飞机着陆、电视拍卖会上出价、银行业务	
直接的顾客参与 顾客与服务人员之间无交互作用(自助)	操作自动贩卖机、组装预制家具	从自动取款机中提取现金、在无人照相厅里拍照	操作电梯、乘坐自动扶梯	便餐车提供正餐样品、装包货物	在医疗中心处理病例、在图书馆收集信息	驾驶一辆租用的汽车、使用健康俱乐部设备
直接的顾客参与 顾客与服务人员之间有交互作用	餐馆用餐服务、汽车清洗	召开讲座、处理常规银行交易会员升级	提供公共交通、为群众种疫苗	家庭地毯清洗、景观美化服务	肖像绘画、提供顾问咨询	理发、做外科手术

3. 服务流程设计的方法

服务流程的设计是从服务提供系统的总体出发,确定服务提供的基本方式和生产特征。总体来说有3种方法:一是在极端情况下,按生产线的方式提供服务。此时,为保证稳定的质量和高效的运转,例行工作在一种受控的环境中完成。二是鼓励顾客积极参与,允许顾客在服务过程中扮演积极的角色。这对公司和顾客都会有很多好处。三是折中的方法,将服务分为高顾客参与和低顾客参与,即前场服务和后场服务。在后场,服务营运可如同工厂一般,采用工业化方法,充分利用现代技术;在前场,则采用以顾客为中心的方法,根据顾客的要求和喜好提供较为个性化的服务。它适用于许多类型的服务营运,尤其适合如银行、邮电等前后场区分较为明显的行业。

必须注意,这几种方法也可以结合起来使用。

(1) 工业化方法

这种方法也称生产线方法,其理论基础来自于 Theodore Levin 的"服务工业化"观点,中心思想是应用制造业的经验来管理服务运营。主要目的是从系统化、标准化出发,将小规模、个人化、无定性的服务系统改造为大规模、标准化、较稳定的服务系统,以提高服务效率和服务质量。采用这种工业化方式的服务型企业可以取得成本领先的竞争优势。

麦当劳公司是将工业化方式应用到服务业的典范。原料(如汉堡包调料)在别处经过测量和预包装处理,员工不必为原料的多少、质量和一致性而操心。此外专门有储存设施来处理半成品,在服务过程中不需要对酒水饮料和食品提供额外的存放空间。

这套系统的整体设计从开始到结束,即从汉堡包的预包装到能使顾客方便清理餐桌上明显的废料盒,每一个细节都进行了仔细的策划与设计。服务系统设计的工业化方式试图将成功的制造业观念引用到服务业。下列一些特征是这种方法成功的关键所在。

① 个人有限的自主权

汽车装配线上的工人任务明确并使用指定的工具来完成工作。员工拥有一定程度的自主权会生产出更具个性化的汽车,但会丧失汽车总体的一致性。对于标准化的常规服务,服务行为的一致性受到顾客关注。顾客希望在任何一个特许场所都能获得相同质量的服务(如巨无霸汉堡包彼此一致)。然而,如果需要更多的个性化服务,对员工的授权就变得十分必要。

② 严格细致的劳动分工

工业化方式建议将总的工作分为一组简单的工作。这种工作分类使得员工可以发展专门化的劳动技能(即并不是每一位麦当劳员工都需要成为厨师)。另外,劳动分工的同时实行按劳取酬。

③ 用技术代替人力

逐步运用设备代替人力已成为制造业发展的源泉。这个方法也可应用于服务业,比如用自动记账机代替银行出纳员。大量的业务可以通过系统的"软"技术来完成。例如,在飞机的厨房里放一面镜子,可以给乘务员巧妙的暗示,使他们在不经意间保持良好的形象。

④ 服务标准化

麦当劳有限的几种食品保证了快捷性。限制服务项目数量为预测和事先规划创造了机会。服务变成了事先已设定好的常规工作,这便于顾客有序流动。标准化有利于稳定服务质量,因为过程变得容易控制。

(2) 定制化方法

随着服务业的发展和创新,企业体会到工业化设计思想往往只适用于技术密集型、标准化、较大规模的服务类型,而许多服务类型要求较多标准化、个性化的服务,顾客也越来越重视个性化、高级与符合个人喜好的服务。因此,企业开始更重视定制化(customizatlon)(也称顾客化)的设计,把顾客作为一种生产资源来对待,尽量满足顾客的偏好,并提高服务系统的营运效率。

定制化设计方法基于对顾客行为的以下几点认识:第一,顾客对了解服务营运流程有一定兴趣,不希望仅仅被动地接受服务;第二,顾客希望能参与服务的具体营运中,使自己能主动控制服务过程,并使服务更符合自己的偏好;第三,顾客愿意自己承担一部分工作,以节省时间、减少费用,获得更大的自由;第四,顾客希望并且主动规避服务的高峰期和拥挤的服务设施,有助于服务产能的动态平衡。

基于以上对顾客行为的分析,服务设计的定制化方法的主要内容如下:

① 根据所提供的服务类型,研究目标顾客的需求和心理特质,分析其偏好。

② 分析顾客在服务提供过程中的行为,考虑各种可能出现的情况(如前来提款的顾客可能是小孩或残疾人士,可能对自动提款机有畏惧心理,以及服务提供系统出现故障时的各种反应等)。

③ 对服务提供的整个流程进行分析,确定哪些工作可由顾客承担,或者可以让顾客拥有更大的控制权。

④ 确定顾客在不同的服务提供环节中所能达到的参与程度。

⑤ 对服务过程进行时间、地点等分析,找出耗时过多或造成顾客不满意的环节所在(如找出银行柜员耗时多、效率低的动作)。

⑥ 根据以上分析,重新设计或改进服务提供系统,使其为顾客的参与和控制留下更大的空间,并能够使订制化的服务高效率地进行。

⑦ 安排顾客学习。由于顾客需要在服务提供过程中更多地参与并发挥自主权和控制权,所以必须巧妙地使顾客能够快速、简易地掌握各种所需的技能和知识,以避免由于顾客的参与而造成系统营运的效率降低。

⑧ 举办有关活动和采取一定措施,吸引、帮助顾客主动参与服务的提供过程。

⑨ 为服务员工制定相关的服务措施和操作规范,使其在订制化的服务中发挥更积极、有效的作用。

⑩ 制定有关的管理措施,以对服务过程实施监督和控制,提高服务品质,改进服务效率。

从上述内容可以看出,要使定制化的设计方法能够达到预期的目的——改进服务品质和提高服务效率,关键在于充分了解顾客心理和行为,并以此为服务设计和管理的依据点。

与工业化方法相比,定制化方法更能满足顾客的偏好,并通过顾客的参与和主动调节供需平衡而使服务效率在某些方面得到改善。但总体来说,服务的个性化会影响服务系统的整体营运效率。所以,要对顾客的参与环节和参与程度进行重点把握,以实现满足个性化需求和提高服务效率的综合目的。

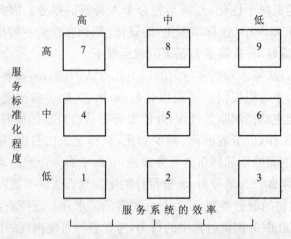

图8-3 标准化与顾客参与程度对服务系统效率的影响

(3) 技术核心分离方法

为了满足顾客对服务的多样化需求,同时又能利用工业化方法所带来的高效益,一些服务业在实务上发展了技术核心分离服务设计方法,将服务系统分为与顾客的高接触部分和低接触部分,即前场和后场。前场与顾客高度接触,应当采用以顾客为中心的设计观点,适应不同顾客的个性化需求,灵活处理服务中可能出现的各种问题,以达到较高的顾客满意度;而在后场,由于避免了与顾客接触造成的不确定性,可以按照工业化的方法设计"技术核心",如使用自动化设备、确定标准化流程、建立严格分工等,以达到较高的营运效率。前、后场之间,应当有衔接部分,用于资讯和物料的交换,并对前场的个性化工作进行初步加工,以利于后场的批量处理。例如,在航空业中,售票、机内服务属于前场营运,必须充分考虑不同顾客的个性化需求;而飞机维修、导航以及机上所需物料的准备则属于后场营运,要求集中高效处理。机场内的许多工作都是建立前场与后场之间的衔接,进行资讯和物料的交换。

按照与顾客接触程度的不同,还可以把服务系统分为三类:① 接触程度较高的纯服务类型,如诊所、咨询、个人服务等,这些服务类型一般只有单纯的前场服务。② 接触程度较低的制造型服务类型,如信息软件等类型以后场营运为主。③ 两者兼而有之的混合服务类型,如银行、邮政等服务类型中,前场与后场营运皆占较大的比例。

技术核心分离设计主要有以下几个步骤:

① 对服务系统进行全面的观察和分析,区分高接触部分与低接触部分,分析各种工作和相应人员的特点,确定各自的归属。

② 在两个子系统内部,分别找出最关键的营运目标,并据此确认各子系统,以

第八章　服务型企业管理实务

及下属各单位的工作任务。

③ 确认并建立两个子系统之间的衔接,以提高两者的协调性。

④ 设计高接触部分。在这部分的设计中,应当仔细评估与顾客接触各个环节的重要程度,能够提高服务水准和满意度的接触环节应当加强,如鼓励员工去发现顾客的真实需要,认真听取顾客的批评和意见等;而影响服务效率的不必要接触则应减少,如将部分人工服务改为自动化服务(自动售票机、自动贩卖机及自动查询系统等)。

⑤ 设计低接触部分。这一部分主要遵循工业化设计的概念,采用新技术和自动化设备,制定时间、费用标准,进行工作设计,对系统的资源、流程和产出进行精确的控制。将后场部分与前场部分分开,并整合后场工作,以降低费用,提高效率。

⑥ 以整合性的眼光对组成服务的各个模块进行全面观察和评估,找出衔接不善或未能使系统的综合营运水准(服务品质与营运效率)达到理想目标的环节,全面改善整个服务系统。

使用这种方法要注意确定服务系统各部分与顾客接触的程度,如果在区分高接触部分和低接触部分的时候出现较大失误,有可能使技术核心分离方法完全失去作用。同时,也要注意前后场这两个部分的衔接。在某些服务类型中,前、后场的边界部分很容易找出,可以沿用传统的管理和设计方法,如邮政中的前场接待与后场分拣、收发。而有的服务类型就不易确定前后场的边界,如餐饮业中,结账、开票、收拾餐桌等工作应属于后场工作,但它们与前场接待工作的联系极为密切,几乎同时进行,对服务结果有着迅速、直接的影响。除此之外,如何实现物料与资讯在两者之间的及时、准确传送,如何明确环境、顾客、前场、后场之间的相互作用关系,如何应用整体强化的方法,使服务系统的服务营运效率达到较高的水准,也是设计时考虑的重点。

(二) 服务组织

传统的组织结构通常被描述为"分层框图结构",其中人们关注的是个体的权力大小,而不是整个组织的关系。一个传统的以职能部门为基础的组织还可能导致没有约束的、充满矛盾的组织文化的增多,产生很多独立的小团体,并存在象牙塔现象(远离现实生活)。在这样的组织里,员工总是更在意他的上司而不是顾客,员工的工作只是针对各自的领域,而不是整个公司的利益。

1. 有效的服务组织

服务价值链理论的结论是:顾客忠诚带来盈利与发展,顾客满意带来忠诚,价值带来顾客满意,雇员生产力影响价值,雇员忠诚度影响雇员生产力,雇员满意度影响雇员忠诚度,内部质量影响雇员满意度。因此内部质量,即领导对下属员工的服务是利润链成功的基础,没有满意的员工,就没有满意的顾客。这个价值链揭示了营销、生产和人力资源职能之间的相互依赖关系。

2. 服务型企业组织结构

服务型企业属于服务业,属于第三产业。传统的服务型企业的组织结构设计沿用了生产型企业的组织结构模式,已渐渐不适应服务业快速发展的要求。下面探讨一些现代服务型企业的组织结构模式:

(1) "无限扁平"组织形式

采用高科技技术,特别是计算机和信息技术成果,服务型企业可以近乎无限的扩大管理跨度。

长期以来,大多数企业管理学家认为管理人员只能有效地管理7~9名下属。然而,采用高新科技成果之后,许多服务型企业的管理跨度已扩大到20~25人,有些服务型企业的管理跨度高达数百人。因此,奎因(Jamesb Quinx)认为,"管理跨度"的概念已经过时,也许应该改用"沟通跨度"或"协调跨度"概念。

许多服务型企业都采用扁平组织结构。例如,美林公司(Merrill Lynch)在美国的480多个办事处都与公司总部的主机联机,17 000多名经纪人都能直接与公司总部的专家联系。采用电子计算机和电信技术成果,美林公司既能发挥大型金融企业的竞争实力和规模经济效果,又能使每位经纪人按照客户的要求做好金融服务工作。从经营的角度来看,美林公司的组织结构是无限扁平的,公司总部能满足所有经纪人的要求。在这类"无限扁平"的组织结构中,直线管理人员极少向下属员工发号施令,管理部门变成员工的信息来源及整个企业内部沟通活动的协调处和员工的问讯处。各个基层单位与公司总部联机,并不是为了汇报请示,而是为了从公司总部获得特殊信息,以便更好地做好经营管理工作。

服务型企业无限扩大管理跨度的条件有:

① 精心设计的信息系统。
② 在各个销售点,服务人员和顾客之间的相互交往都很重要。
③ 各个基层单位都能单独经营,不存在互相依赖关系。
④ 分散经营的各个基层单位与信息中心之间的联系主要是信息联系。
⑤ 信息中心可以根据决策规则或例行程序,指导各个基层单位的经营活动。

"无限扁平"组织形式的主要特点是各个基层单位可在限制性条件或决策规则的约束之下独立经营,企业内部的沟通主要是各个基层单位与总部信息中心之间的沟通或各个基层单位内部的沟通,各个基层单位之间的横向联系并不重要。

(2) "网络"组织形式

如果高度分散经营的基层单位必须经常直接联系,服务型企业就会采用"网络"组织形式,这种组织形式也被称为"蜘蛛网"组织形式。

在"蜘蛛网"组织结构中,不存在或几乎不存在正式的权力机构或"发号施令"

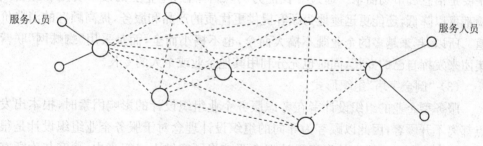

图 8-4 "网络"组织形式

等级层次。各个基层单位(网络节点)相互提供信息。除此之外,各个基层单位完全独立经营,跨国科研、诉讼、投资银行业务、审计、咨询、技术开发等合作项目的组织形式与真正的"蜘蛛网"组织形式非常接近。在这类组织结构中,各个独立的基层单位基本上掌握整个组织积累的全部知识,大部分时间拥有很大的自主权,不必接受正式权力机构的管辖。如果这类组织有一个中央机构,这个中央机构并不产生信息,而是从各个基层单位收集信息,为各个基层单位交换信息。在各个基层单位,可能存在有限的几个管理层次。如果各个基层单位必须接受中央权力机构的领导,这个权力机构往往是一个特设委员会、特别工作小组或协调委员会。

美国安达信公司(Arthur Anderson & Co.)为世界各地客户提供会计、审计、税务、管理咨询等专业服务。该公司的 51 000 多名员工分布于 54 个国家和地区的 243 个办事处,每个办事处都尽量减少管理层次。

安达信公司使用光纤传像系统,将世界各地的办事处连接起来。这个光纤传像系统可以传递数据和音响。该公司还为主要客户建立数据库,储存客户有关资料,并为员工配备审计参考资料磁盘(辐射固定存储器),磁盘上存有最新的税务、客户、特殊问题解决方法、财务会计准则、法庭判决、职业守则等资料。随身携带这个磁盘,审计人员就能随时查阅整个图书馆资料。同时,各个办事处可以通过光纤传像系统直接检索公司总部数据库的有关资料。

安达信公司的每位专业人员既可以通过"电子布告"公布疑难问题,向其他专业人员询问解决办法,也可以通过公司总部精心编制的"主题文件"索引,在计算机系统中输入某一问题的独特解决方法,供其他专业人员参考。采用实时信息系统之后,每一位专业人员都能充分利用整个公司积累的知识,迅速地解决客户面临的经营问题,为客户提供更优质的服务。

"蜘蛛网"组织结构具有小型、灵活、高度分散经营等特点,各个基层单位有很大的自主权。近年来,在计算机软件开发、出版、生物技术、建筑等行业出现了一大批"蜘蛛网"型的联营集团。在这些集团中,各个知识密集型联营单位基本上都是独立经营,充分发挥各自的特长,集中精力做好某一项或某几项工作。联系他们的主要是信息和市场需求。通过寻找优秀的联营单位,本企业的成本费用和经营风险都可以降低,还能更迅速地为顾客提供更优质的产品和服务,提高顾客的消费价值。所以,越来越多的企业既不搞大而全,也不搞小而全,而是采用"蜘蛛网"联营集团来发挥自己的专长,同时也充分利用其他企业或个人的专长。

(3)"倒金字塔"组织形式

服务型企业的组织设计者在考虑服务企业组织设计的影响因素时,根本出发点都离不开顾客,因此以顾客为导向的组织设计理念对于服务企业组织设计是很重要的。以顾客为导向的组织设计理念要求将顾客纳入组织当中,顾客与为顾客提供直接服务的一线员工成为组织战略的决定者,组织中的其他部门扮演服务角色,也就是说组织结构呈现一种倒金字塔形状,如图8-5所示。

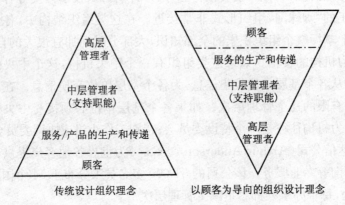

图8-5 金字塔结构与倒金字塔结构

与传统的金字塔形组织结构相比,倒金字塔形组织结构有以下3个特点:

① 优先权的变化。组织金字塔结构的倒置,并不仅仅是形状的变化,它意味着企业战略前途的决定因素发生了变化。中、高层管理者不再是战略前途的决定者,而只是服务活动的支持者;顾客、服务过程所需的资源、信息,成为企业发展战略的重要决定性因素。

② 对于顾客的责任和业务决策从管理层手中转移到了参与服务接触过程的员工手中。但是从组织行为学角度讲,任何一个人都不会轻易放弃自己手中的权力,所以这一点对于现存组织从传统组织结构向以顾客为导向的组织设计结构方向转变提出了很大的挑战。

③ 新的组织设计理念意味着金字塔结构必须扁平化。这是责任和权力从部门转移到服务接触过程的必然结果。因为,这种变化会导致信息传递和权力传递的减少,也就是很多中间层次将会失去存在的价值。

二、服务设施的设计与选址

如果把服务流程的设计看作服务型企业的"软件"设计,那么服务设施的设计与选址则可以看作企业的"硬件"设计。服务设施,即服务支持设施,从服务组合的概念来看,它也是服务组合四要素之一。因此,服务设施的设计也是服务产品设计的一个方面,主要目的是为服务活动和顾客消费创造一个适宜的空间环境。

(一)服务设施设计概述

1. 服务场景

当顾客处于不同的场所消费服务的时候,建筑物外形和内部消费环境本身会给顾客带来良好或者糟糕的感受。所以服务设施设计就是为服务活动的开展以及顾客的消费营造一个"服务场景",通过"服务证据"使无形服务有形化,最终提高服务价值并赢得顾客的满意。

(1)服务证据

服务证据是服务型企业可以证明其服务产品特征和价值的凭证,是顾客可以通过感觉器官感知到的服务产品特征和价值的线索。在服务证据中,有一些是可以通过视觉、触觉去看到和摸到的,这是有形证据,比如餐椅的外观、舒适程度;还有一些服务证据无法通过五官感觉到,还要通过思考和感受才能得到,比如服务人员的关怀和体贴。站在顾客的角度看,服务证据可以分成四类:

① 服务设施。这是显然的服务证据,顾客可以看得见、摸得着。如餐厅的店堂面积、墙壁颜色、结构、灯饰、餐桌椅、餐具等。服务型企业通过对布局设计和装饰设计两种手段来创造一个良好的顾客消费环境和一线员工的工作环境。

② 物质产品。服务过程中的物质产品也是服务证据。例如在餐厅服务中,菜肴酒水是餐厅为顾客提供的物质产品。菜肴的色、香、味、形、器构成了该餐厅服务质量的直接证据。

③ 人。服务过程中活动着的人也是服务证据。包括服务人员、顾客本人和其他顾客。服务人员和顾客之间的互动接触,形成了服务活动过程;服务员、顾客本人和其他顾客在一个特别设计的店堂内互动接触,形成一个特别的消费氛围。

④ 过程。服务活动过程本身也是一种服务证据。它包括服务行为事件及操作步骤,服务操作技术、操作标准及其活动,服务操作者及其表演,参与服务活动的顾客。

在顾客接触服务企业的过程中,服务证据无处不在。

(2)服务场景

服务场景是经过有形展示(布局和装饰)以后的服务设施。按照空间结构,服务设施可以分为内部设施和外部设施,或称为前台设施和后台设施。不同的设施部分的功能要求不同,其设计的重点和要求也不同。按照构成要素,服务场景包括所有客观的、能被该服务型企业控制以强化或约束员工与顾客行为的有形要素。服务场景可以分成3个要素构成:

① 周边条件。这是指服务场景中的各种背景因素,包括温度、湿度、空气质量、噪音、音乐、气味、颜色等。例如,麦当劳利用快节奏音乐加快顾客的就餐速度,利用黄色刺激顾客的胃来增加销售量。

② 空间/功能。空间既包括空间特性,即建筑物体量大小、空间形状和空间分割等,也包括空间布局,即机械设备、设施和家具陈设的摆放。功能是指设施方便顾客和员工使用或者满足他们需求的能力。

③ 标志、象征及制品。服务场景中的很多要素都以清楚或含蓄的信号向顾客传达企业的定位和个性,传达一种期望和可以被接受的行为标准。标志主要包括店名标志、指向标志、行为规范标志、其他标志物等。建筑物使用的材料以及环境中其他展示物的材料都具有象征意义。比如饭店里光洁的意大利进口石材地板,餐厅里厚厚的羊毛地毯等都暗示着高服务标准的服务价格。制品就是装饰挂件,它是在象征物的基础上进一步强化服务概念和服务特色。在北京开设的美国著名品牌硬石餐厅,墙壁上挂满了各式各样的电子吉他和美国数十年来著名的吉他手的照片,强调了硬石餐厅的摇滚乐文化和吉他文化。

2. 服务设施设计的影响因素

(1) 服务组织的性质和目标

核心服务的性质应该决定其设计的参数。例如,消防站必须有足够的空间安置消防车辆、值班人员和维护用设备。银行必须要设计得能容纳某些型号的保管库。内科医生的办公室虽然形状和大小各异,但都必须设计得能在某种程度上保护病人的隐私。

除了这些基本的需要,设施设计还能对定义服务做进一步的贡献。外部设计也可以为服务的内在性质提供暗示。人们会期望看到银行有宏伟的大楼、光洁的大理石地面、身着制服的工作人员、柜台、自动柜员机、保安等。学校可以是朴素大方的,当然附近应该有运动场所。

(2) 地面和空间的限制

用于服务设施的土地资源通常受到很多限制,比如成本、规划要求以及实际面积,良好的设计必须考虑到所有这些限制。在市区,土地是超值的,建筑物只能向上发展,为了有效地利用相对较小的空间,组织必须在它们的设计中表现出巨大的创造性和灵活性。例如,在一些市区(如杭州),麦当劳已经扩建了第二层楼以增加就餐面积,一楼只作销售大厅。

许多地方,尤其是在城市里,关于土地的使用有规划方面的严格法令,对于建筑的外观和结构也有相应的管理条例。街边停车场的空间也需要留出来。一般来说,电影院、正餐厅、健身会馆等服务设施对停车场的要求比较高。在任何情况下都应为将来的扩展留出空间。

(3) 柔性

设施设计时要考虑业务未来发展变化的要求,"为未来而设计"。也就是说,一旦业务发生变化,服务设施应该容易改造,以提高其适应性,包括可变化的营业面积和可增加的业务功能。许多餐厅使用隔扇分隔餐厅包厢,在需要的时候可以将其撤掉而将几间包厢并成一个大的餐厅。饭店设有多功能厅,可以根据需要变成宴会厅、会场或者舞厅。面对未来的设计最初可能需要一些额外的花费,但它会在长期运作中节约财务资源。

(4) 美学因素

设施的设计能否为顾客提供美感享受是吸引顾客的重要因素,也影响了顾客对服务水平的评价。如中国国家大剧院的建筑屋面呈半椭圆形,由具有柔和的色调和光泽的钛金属覆盖,前后两侧有两个类似三角形的玻璃幕墙切面,整个建筑漂浮于人造水面之上,行人需从一条80米长的水下通道进入演出大厅,给人以新颖、前卫、独特、浪漫之感。而大剧院的墙面丝绸铺设面积达到4 000平方米,红色、丝绸都体现了强烈的中国特色,同时也是非常美的。

(5) 社会与环境

服务设施的建立不应该与社区和环境的利益相悖。在景区核心区域,不应该兴建餐厅或者饭店,以免对景区环境造成不良影响。

(二)服务设施选址

现代饭店管理之父,美国的斯塔特勒曾经说过:"对于任何饭店来说,经营成功取决于3个因素:第一是位置,第二是位置,第三是位置。"李嘉诚也曾经说过:"航运业成功取决于三个因素,第一是码头,第二是码头,第三是码头。"可见,选址对服务型企业的重要性。设施选址包括两个层次的问题:第一,选位,即选择什么地区(区域)设置设施。第二,定址。地区选定之后,具体选择在该地区的什么位置设置设施。选址是生产经营活动的第一步,具有很大风险。一旦地址选定,企业的外部环境就基本确定,企业的不动资产也固定下来了,同时它的经营费用也大致限定。由于不动资产难以转移,外部环境无法控制,如果选址有误,就会给以后的经营活动埋下隐患,很难挽回,企业会陷入进退两难的境地。

1. 服务设施选址的影响因素

服务设施的选址考虑的主要是市场因素、运营环境、成本效率、品牌塑造、竞争等因素,甚至是中国人的风水因素。

(1) 接近顾客

对于需要顾客到服务设施接受服务以及需要服务企业派人到顾客住址提供服

务这两类情况,都要求服务设施和顾客住址比较近,而且越近越好。所以,各式各样的服务店铺都喜欢设在繁华的街道、居民小区、大学的周边、写字楼的旁边等。

(2) 环境适应性

环境是服务型企业在运营过程中所触及的各种因素的综合,包括自然、地理、经济、政治、法律、文化等因素,商业氛围,产业关系,劳动力素质,消费偏好等。企业与环境的关系主要是企业适应环境,因此,服务型企业应该把服务设施选择在环境因素较好,同时持欢迎态度的城市或社区。

(3) 成本效率

服务设施投资还要考虑成本和收益,以及一次性投资额。很多服务业务由于网络技术的发展可以减少营业点的面积和数量。服务型企业员工上下班的成本也要考虑在内,如果离员工的家太远,成本也会提高。

(4) 网络管理和品牌塑造

连锁公司在一个地区尽可能多地开设营业点可以带来很多好处,如便于配送原料和商品,便于集中管理控制,便于集中营销形成地域性名牌等。例如麦当劳、肯德基等连锁餐厅。

(5) 竞争

商业性服务设施的选址必须考虑竞争问题。明智的做法是设法避免激烈的竞争,或有效防御激烈的竞争。例如五星级饭店在自己的侧翼开设餐厅出售快餐,这样可以避免竞争对手的进入。

(6) 风水

"风水"是研究人类与环境关系的综合性学问,是中国历史上人类生存的方法论和世界观,其中包含着很深的哲学和科学的成分。比如,风水要求在选址的时候要依山傍水、观形察势、坐北朝南等。

2. 服务设施选址的一般步骤

选址没有固定不变的程序。一般步骤为:选择某一个地区;商圈分析;客源、客流量分析;选择适当的地点;比较不同方案,得出最佳结果。

(1) 选择某一个地区

按照企业发展战略,选择若干地区新建设施或扩建设施要综合考虑经济因素、政治因素、社会因素和自然因素等,最后确定某一个地区。可以选择在城市、农村或城郊设厂。

城市人口稠密,人才集中,交通便利,通信发达,各种企业聚集,协作方便,动力供应便利,资金容易筹集,基础设施齐备。但是,城市高楼林立,地价昂贵,生活水平高,对环境保护要求高。综合比较,以下情况较适宜在城市设址:① 企业规模不大,需大量受过良好教育和培训的员工。② 设施占用空间少,最好能设置于多层建筑内。③ 对环境污染小。

第八章 服务型企业管理实务

在农村设址与在城市设址的优缺点相反,适合于:① 企业规模大,需占用大量土地。② 生产对环境污染较大,如噪音。③ 需大量非技术性粗工。④ 有高度制造机密,需与周围隔离。

城郊具有城市和农村的优点,且由于现代交通和通信发达,将是越来越多的企业的投资热点。

(2) 商圈分析

商圈是指以服务现场所在位置为中心,将向四周辐射所能吸引到的最远顾客距离联结,形成的一个封闭曲线形态。简单地说,也就是来店顾客所覆盖的地理范围。

为便于分析,我们把商圈视为以服务组织所在位置为中心的同心圆形,并把商圈分为3个层次:核心商圈、次级商圈、边缘商圈。由于服务场所位置、服务类型、规模的差异,商圈的范围、形态及商圈内顾客分布密度都存在差异,但是还是有一般规律可循的。

例如,位于居民区商业街的早餐店或美发店,其商圈面积较小,从结构看,核心商圈顾客密度最大,即其主要客源来自于周边的居民;次级商圈相对密度较小。而位于城市商业中心区的餐厅或美发店,其商圈辐射范围较大,从结构看,核心商圈的顾客密度较小并且不是主要客源,次级商圈和边缘商圈的人数多,辐射距离远,特别是同时处于主要地铁口或交通要道的餐厅,其边缘商团可能辐射到全城。对于一些著名的和独一无二的旅游景点如迪斯尼乐园、深圳的世界之窗,借助于品牌的广泛传播,其边缘商圈可能跨越了地理的界限,扩展到全世界。

(3) 客源和客流分析

商圈内客源的构成可以分为以下3个部分:第一,居住人口。指那些居住在服务传递地点附近的常住人口,这部分人口是核心商圈基本顾客的主要来源。如超级市场、学校、医院、餐馆等的基本顾客都是附近的常住人口。第二,工作人口。指那些并不居住在服务地点附近但是在附近工作的人口。这部分人口中不少利用休息时间或在上下班前后前来接受服务。如一位白领上班女士利用午休时间来到附近的美容店接受服务,或在下班后在附近的咖啡厅约朋友一起喝咖啡。星巴克咖啡厅开设在办公写字楼密集处的分店,就是以这部分工作人口为主要目标顾客。第三,流动人口。指在交通要道、繁华商业中心、公共活动场所来往的人口,他们构成了在此处经营的服务组织(如零售、餐饮、娱乐)的主要客源。某处的流动人口越多,在此处经营的服务组织可以捕获的潜在顾客越多,同时竞争者云集,寸土寸金,竞争激烈,这要求营销者高度讲求竞争策略,寻求经营特色。

客流量大小是很多服务组织经营成功的关键因素,客流包括现有客流和潜在客流。对于零售店和咖啡馆,总是力图选择潜在客流最多、最集中的位置,以便顾客能就近购买服务。但是,对于一些专业性服务组织如会计、经纪等,客流规模的大小也许没有意义。

不同地点的客流量虽然可能相同,但客流目的、流向、滞留时间可能差异很大,在进行选址时要考虑以下几条基本规律:

① 城市交通主要干道两侧车流量大,但是停留困难。客流速度快,滞留时间短。

② 理想的商业街应该便于步行购物者穿越,车流量小,流速快,街道中间没有隔离护栏,街道宽度介于两车道和四车道之间。

③ 同一条街道两侧的客流量由于受到交通条件、人行道宽度、采光、公共场所设施、日照方向等因素影响而有所差异。

④ 交叉路口由于视野开阔,并汇集了两条街道的客流,对多种类型的服务都是最佳开业地点,称为黄金角位。

⑤ 有些街道由于交通的单行限制等原因,客流主要来自街道一端,表现为一端客流集中,纵深处逐渐减少的特征,这时候选址应优先考虑客流集中的一端。

⑥ 有的街道中间地段的客流规模大于两端,此时应优先考虑选择中间地段以便捕获更多的潜在顾客。

⑦ 受到生理结构的影响,在环形商业布局中,顾客到达后习惯于向右转并以逆时针方向前进。

(4) 选择适当的地点

地区选定之后,在经过了商圈分析与客源和客流分析后要确定在哪片土地建立设施。这时要针对企业的特点,更深入地分析研究各种有关因素。具体要求有:

① 尽可能全面地考虑选址地点的情况,尽量做到最优的选择。为了尽可能接近最多的目标顾客,适应潜在顾客的分布和流向,方便顾客接受服务,扩大潜在客源,大部分服务组织都将地点选择在城市繁华商业中心、人流必经的城市要道和交通枢纽、城市住宅区附近和市郊的交通要道、村镇等地区,从而形成了以下几类主要的选择:城市中央商业区、城市交通要道和交通枢纽的商业区、城区居民区的中心商业街、郊区购物中心、办公写字楼附近的高档商业区。

② 整理选址地点环境的费用。不能只考虑基础设施的建设费用,还要考虑周围环境、道路、供水、下水道及废料堆放处理的场地等费用。尤其在远离城市的地方设址,公共设施缺乏,一切都需自理,所需费用往往很大。

③ 员工生活方便。在远离城市的地区设址,还要考虑员工的住房问题。在城市或在城郊设址,要考虑员工上下班的交通问题。

(5) 比较不同方案,选出最佳结果

在进行了以上众多的分析比较后,企业要根据目前自身的发展状况,结合制定的中、长、远期目标从众多的选址方案中选出最优的一个,进行后续工作。

第八章　服务型企业管理实务

(三) 服务设施布局

对于服务设施来说,其布局或布置对顾客和服务者提供方便方面非常重要。一个合理正确的布局,会提高服务效率,而一个蹩脚的布局可能会因服务人员从事与服务无关的行为而浪费大量的时间。同样,顾客也会浪费大量时间并忍受布局蹩脚的设施带来的烦恼。

1. 服务设施布局的原则

(1) 设施布局的安全性。包括防火安全要求,如消防通道和防火标志的设置;卫生安全要求,不能留下容易生虫、蝇的死角;设施对人身体的安全,不能出现倒塌、容易碰伤人的地方。

(2) 服务设施的可进入性。所有服务设施都要有较好的可进入性,便于使用、清洁、保养和维修。

(3) 便于管理和控制。服务设施布局应当便于各部门之间的沟通,便于管理人员的控制。

(4) 空间的有效利用率。使每平方米的面积获得最大的盈利能力。

(5) 服务路线的清晰和便捷。服务流程要一目了然,而且要使服务效率最大化。

(6) 拥有足够的服务窗口和明确的进出口。

(7) 为员工提供满意的物质条件。包括良好的照明设备、温度控制装置、低噪音、自助餐厅、卫生间和安全通道。

(8) 方便与顾客沟通,便于顾客监督。

(9) 留出足够的顾客等待服务的设施空间,留出一定的顾客休息的设施空间。

(10) 为顾客、员工和管理人员提供舒适的室内环境。

(11) 部门安排和商品摆放合理,顾客能轻易地看到你想让他们看到的东西。

2. 不同类型服务组织的设施布局

服务设施的布局有 2 种基本形式:一是产品布局;二是过程布局。产品布局适合于标准化服务,要求各组成部分之间的平衡。过程布局主要针对个性化服务,各组成部分之间相对位置非常重要,以确保顾客在各部分之间的移动距离最小为前提。

(1) 产品布局

所谓产品布局是指用来向大批消费者逐一提供专门性服务的场所设施配置方式。产品布局类似于制造业的生产装配线问题,产品通过一系列固定的步骤组装而成。对于一些标准的服务,也可以被分解为一系列相对独立的步骤或操作,这些步骤或操作是顾客必须经历的。比如自助餐厅,就餐者在那里按顺序自己搭配食品。安排这样的服务需要在服务者之间分配任务以使生成的工作步骤需要近似相等的时间。为每个顾客花费时间最多的工作成为瓶颈并且限定了服务线的能力。对服务线能力的任何改变都需要注意瓶颈作业,要注意服务过程各步骤之间的平衡。

如果出现了瓶颈即服务线失去了平衡,可通过下列几种方法进行调整:为这项工作增加工人以减少作业时间;或者重组任务以形成新的作业分配平衡服务线。一条良好、平衡的服务线应该使所有工作的持续时间接近相等以避免在工作转移过程中出现不必要的空闲或等待。

(2) 过程布局

过程布局研究的是相似过程之间的妥善安排。根据设施的类型布局,联系密切的设施相距较近,即同类的或联系密切的尽量放在一起。这样,员工执行相似任务或承担相同责任的员工应该相距较近,顾客在各部分之间的移动距离最短,可以减少员工或顾客的行进距离,节省时间。

大多数服务企业采用的都是这种方法,这样做可以在同一时间内对各种服务内容进行处理,所以,对于那些诸如法律事务所、保险公司和旅行社等服务部门特别有效,因为它们面对的顾客是需求各异的。除此之外,医院或是诊所也是应用这个方法的很好场所,对于源源不断的病人,每个人的需求都不一样,但是,他们却又都要经过一套固定的程式,比如挂号、登记、化验、就诊、重病护理、取药和打针,等等。

过程布局方法的最大优点是设备使用的灵活性以及安排员工工作的灵活性。比如,在一家医院可能会安排几位产科医生值班,以便处理早产儿。然而,如果在紧急情况下暂时无法找到专门的医生,只要有这方面技术的医生就应该担当起这份责任。在整个服务过程中,如果个性化程度越高,对服务的要求也就越高。

在过程布局方案中,最常用的一种方法就是将服务部门或服务中心放在最便于提供服务的地方。这就要求将涉及跨部门操作的人员或是文案工作的各部门依次排列。按这种方式操作,可能发生的成本主要有:① 一段时间内各个部门间人员或文件的流量。② 各个部门之间的距离。③ 办公室设施布局。

当今社会,办公人员在一个国家的就业人口中所占比重越来越大,因此,如何通过合理、有效的办公室设施布局提高工作效率、提高员工的劳动生产率就显得尤为重要。

办公场所应具有的特点:

① 办公室工作的处理对象主要是信息以及组织内外的来访者,因此,信息的传递和交流方便与否,来访者办事是否方便、快捷,就是设施布局主要的考虑因素。

② 在办公室中工作效率的高低往往取决于人的工作速度,而办公室布局又会对人的工作速度产生极大的影响。

③ 在办公室布局中,同一类工作任务可选用的办公室布置方式有多种,包括房

间的分隔方式、每人工作空间的分隔方式、办公家具的选择与布置形式等。

④ 在办公室中，组织结构、各个部门的配置方式、部门之间的相互联系和相对位置的要求对办公室的布局有着更重要的影响作用。

办公场所设备的配置问题实质上就是人的交流和文件的交流。办公场所设备在配置过程中要考虑的问题可以归纳如下：

① 要便于团队内部员工交流或团队与其他团队间的交往。
② 常有顾客出入的办公场所要布置得美观。
③ 为需要的企业设置会议室。
④ 单个办公室的设计要做到能反映出所属人员的工作地位。
⑤ 办公室的走廊要进行专门设计，以方便员工出入，同时要避免从他人办公室穿越。
⑥ 办公室要配备一个电脑信息交流中心以便能及时准确地掌握信息。
⑦ 公用设备要摆放在方便使用的地方，同时为文具和易耗品的存放留出场地。

一般会有如下各种不同的工作区间配置：全开放式的环境中办公桌并排相连；利用书架、花草、文件柜分隔形成的办公区；利用金属、玻璃分隔形成的办公区；从地板到天花板完全隔开的办公区；作为大楼建设组成部分的办公室。

为了使办公区垂直面上得到有效的利用，有些公司的设计师尽量向上扩展办公室而不是向外，这样做能尽可能减小每个工作间的占地面积。

第三节　服务运营管理

服务型企业设计并建设好之后，接下来是如何运营的问题。服务型企业与生产型企业在运营方面有着很大的区别，下面从8个方面来谈谈服务型企业的运营管理。

一、服务接触

大多数服务型企业需要服务提供者和顾客之间发生接触，这种接触发生在服务蓝图的"可视线"上方，属于前台范围。服务接触是一个复杂的过程，据迪斯尼估计，到其主题乐园游玩的游客，平均发生74种服务接触。服务接触是顾客对服务进行体验和评价的重要时刻。Richard Normann把这种决定顾客头脑中对服务质量优劣的评价的交互作用称为关键时刻（moment of truth）。通常，这种短暂的接触往往发生在顾客评估服务的一瞬间，同时也形成了对服务质量好坏的评价。例如，乘客乘飞机旅行可以有一系列的服务接触，从开始打电话预订机票到候机厅里接受行李检查，以及在乘机飞行之中的服务体验，到达目的地后取回行李的过程。通过这一系列的服务接触，最终决定了该航空公司在顾客心目中信誉的好坏。

(一) 服务接触的三元组合

1. 服务接触的概念

舒斯塔克(1985年)为服务接触做了定义:"顾客与服务企业直接互动的一段时间"。包括顾客与服务企业的员工、物资设备和设施以及其他有形因素的互动。因此,不仅面对面的服务属于服务接触,柔和的灯光、流淌的背景音乐都可以成为服务企业与顾客的"服务接触"。但是,在服务接触过程中,真正重要的问题是如何在向顾客提供的服务的重要时刻,即上面所说的"关键时刻",要处理好这种与顾客面对面的接触。

2. 服务接触的三元组合

在每一次服务接触中,能够起能动作用的主体主要有3个:顾客,直接提供服务的人员以及服务组织本身。服务接触中的每一个关键时刻都涉及这三者中的至少两者之间的交互作用。图8-6描述了服务接触中的三元组合,反映三个主体中的两两关系,并提出了冲突的可能来源。

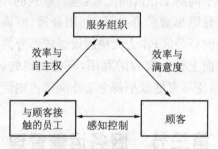

图8-6 服务接触三元组合

服务组织为了提高服务效率,降低成本,会对服务流程进行详细的规定,而这会限制向顾客提供服务的员工的自主权和判断力;这些规定还可能忽略顾客的个性化要求,导致服务流程缺乏针对性,导致顾客不满意。在服务人员与顾客面对面的接触过程中,双方都可能试图对接触过程进行控制:服务人员希望通过控制进程从而使自己的工作更易进行,而顾客希望通过控制接触过程来获得更多的收益和便利。因此,虽然理想的情况是三个主体协同工作,但是现实中这三个主体可能发生冲突,常常是一个主体出于自身利益的诉求而支配了服务接触。

满意和有效的服务接触应该保证三方控制需要的平衡。当顾客接触人员得到合适的培训,同时顾客的期望在服务传递过程中得到有效的沟通时,组织为了保持经济有效性而对效率的需求也可以得到满足。

(二) 服务交锋

1. 服务交锋的概念

服务交锋可以定义为:"顾客与服务组织的任何一方面进行接触并得到关于服

第八章　服务型企业管理实务

务质量的印象的那段时间或过程。"服务交锋时刻又被称为"关键时刻"(moment of truth),其含义是顾客对服务企业的印象和评价往往决定于某一个瞬间或服务过程中某一件非常具体的事件。

服务交锋可以发生在任何时间、任何地点。一些非常明显的服务交锋是:一位顾客进入一个服务设施,要求服务人员提供向导,被递过来一张表格要求填写,或在服务过程中与服务人员发生其他接触。服务管理人员需要牢记的最重要的事情是,在服务交锋中不管顾客是与组织中的什么人接触,顾客都会把该服务人员当作整个服务组织。绝大多数顾客将他所接受的一次失败或质量不好的服务与该公司是失败的或质量不好的等同起来。

2. 服务交锋的特点

对于大多数服务组织来说,服务交锋的开始与结束存在于顾客与服务人员之间。我们可以把这些服务交锋看做人与人的相互作用。这些服务交锋具有以下特点:

(1) 服务交锋具有明确的目的

不管是起因于谁,所有的服务交锋都有预先的目的。一个病人走进医院是为了得到诊治,电视中的广告是为了现有的和潜在的顾客。

(2) 服务提供者不是利他的(没有私心的)

对于服务提供者来说,服务交锋是其日常工作的一部分。服务提供者的最基本目的是完成他为此才能得到报酬的职责。因此,对于他来说,服务交锋只是一项"工作",他有可能对每一个顾客都重复地、机械地完成他的份内工作,而不考虑每位顾客的不同需求。

(3) 不需要预先相识

在绝大多数情况下,顾客和服务提供者互不相识。在很多情况下,即使没有互相进行介绍,在服务过程中双方也不会感到不舒服,例如在影院窗口买票,公共汽车上乘客向司机问路,快餐店里顾客买一个汉堡包。这些服务交锋通常不会产生长期结果。但是,也有一些服务交锋不仅需要彼此之间的正式介绍,还需要给予更多的信息,通常是由顾客给予更多的信息。例如,一个牙科病人第一次去看病时,不仅需要告诉医生他的名字,还需要告诉医生他的住址、电话、年龄、过敏史、医疗保险公司、以往的牙科治疗情况等。结果病人和牙科医生不再是陌生人。

(4) 服务交锋的范围有限

虽然刚见面的问候、礼貌和一些简短的交谈都是某些服务交锋的一部分,但是花费在非服务任务上的时间通常是很短的,顾客与服务提供者之间的交谈一般仅限于服务有关的内容。

(5) 与任务相关的信息交换占优势

大多数有服务人员在其中的服务交锋都需要进行信息交换。虽然有时也包括一些与任务无关的信息的交换,但与任务相关信息具有优先权。例如,在一个美发沙龙中,顾客和发型师之间的大多数谈话可能是关于天气和时尚的。但是,首先需要提供诸如顾客想使他的头发剪多短、想要什么样的发型、是否需要护理等任务相关信息。在有些情况下,二者可能很难分离。例如,一个旅行社在为一对夫妇制定度假计划时,除了谈论有关度假地点等安排以外,旅行社的人员可能还会谈起自己以往在这些地方的度假情况。这些谈话可以被看作与任务无关的谈话,也可以看作为顾客提供了有用的信息。

(6) 顾客与服务提供者的角色有明确定义

在服务交锋中,为了达到有效的和高效的服务结果,顾客与服务提供者都需要有明确的行为规则。有些规则可以从经验中学到,另外一些情况下需要服务提供者引导顾客了解规则。例如,在医生和病人的服务交锋中,病人回答医生提出的问题并被要求听从医生的指示。

(7) 可能发生身份的临时改变

有些服务交锋的一个重要特点是,服务交锋中双方正常的社会身份(甚至是引以为豪的较高的社会身份)被临时改变。例如,具有较高的社会身份的律师可能会为一个身份极为低下的罪犯提供服务;一个大学教授在大街上可能因为交通违章被交警拦住。

(8) 其他顾客对服务交锋的影响

许多服务同时为多人提供,如导游讲解、体育赛事、文娱表演等。在这些服务接触中,某些顾客的行为会对其他顾客的服务互动结果产生影响。比如在剧院欣赏音乐剧的时候,有顾客的手机发出来铃声,并且这个顾客大声地接了这个电话,这会使其他欣赏音乐剧的顾客产生非常不愉快的感觉。对于服务管理者来说,必须使其中的每一个顾客的服务交锋都变得愉快。

服务交锋可能是一个简单的过程,也可能是一个复杂的过程。通常,它们包括的不是一个事件,而是一系列事件,其中涉及服务组织的多个方面,会体现出多种服务交锋的特点。

3. 服务交锋的构成要素

服务交锋主要由4个要素构成:顾客,服务员工,服务提供系统,有形展示。这4个要素就构成了服务交锋管理的主要对象。

(1) 顾客

顾客是服务交锋中的最主要要素。服务交锋的终极目标是顾客满意,顾客对服务质量的评价、对服务的整体满意度、是否下次再来的决定等,主要取决于他在服务交锋期间的感受。因此,完整的服务产品和服务提供系统的设计必须考虑以一种最有效和最高效的方式来满足顾客的要求。顾客是人,希望受到礼貌待遇和尊重,还希望得到和其他顾客相同的待遇,得到同等水平的服务。无论什么性质的服务,这都是服务交锋最起码、最基本的要求。

但是,在许多情况下,服务组织连这最起码的要求都做不到,尤其是在"服务于人、作用于人"的服务交锋中。这其中的主要原因是,顾客身处服务设施中,且可能需要停留相当一段时间,这给了顾客很多机会观察服务提供情况并对服务质量做出评价。因此,顾客的舒适感、安全、整体感觉应该是服务组织主要的考虑因素。如果是顾客的资产要被处理、顾客在服务过程中可以不在场,这时服务组织的焦点应该放在高效运营上,以便给顾客带来最大的便利,同时使顾客为此耗费的时间最短。当顾客被期望在服务过程中提供其劳力时,顾客可能希望从中得到一些利益。在这些情况下,服务组织应该提供清楚的指导和说明,告诉顾客做什么和如何做,确保需要顾客自己使用的设备是完好的并易于操作。如果不能很好地指导顾客,有可能导致服务效率低下,以及不满意的服务交锋。另一方面,顾客的行为也可能对服务交锋的结果产生重要影响。如果顾客没有提供必要的信息,没有遵从一定的指令,或随意按照自己的想法行事,他有可能给服务提供者的工作带来很多困难,从而使服务交锋中的双方,甚至其他顾客,都经历不满意的过程。

(2) 服务员工

这里的服务员工是指直接与顾客打交道的那些人员,他们是服务交锋中另一个重要的人的因素。作为人,服务员工也希望得到顾客和其他服务员工的礼貌对待,希望得到顾客和服务组织管理者的好评;为了完成服务任务,他必须拥有必要的知识和经过适当的培训。但是,这对于成功的服务交锋仍然是不充分的。

当服务包含对顾客(如,外科手术)或其资产(如,干洗)的一定风险时,服务员工必须向顾客展示比技术能力更多的东西,他必须有能力和技巧使顾客对服务过程放心。这意味着他必须有人际交往能力。

此外,服务交锋对于服务员工来说,是其日常工作中千百次服务交锋中的一次。常年完成同样的任务使得服务员工往往只重视服务交锋的效率和有效性,千篇一律地对待顾客,而不是把每一个顾客看做一个具有个性的个体,考虑有的顾客可能缺乏经验,有的顾客有焦虑心情,有的顾客担心服务情况,有的顾客可能有特殊要求,等等。很多情况下,除了服务技能、服务效率,顾客对服务员工所表现出来的诸如友善、温暖、关怀和富有情感等人际交往技能也非常在意,甚至往往是这些因素决定了一次服务交锋的成败。

一方面,使顾客满意是服务组织最重要的任务。但是,另一方面,使员工满意也是非常重要的。美国最成功的航空公司之一西南航空公司的CEO Herb Kelleher 曾说:"企业经营中向来难以回答的一个问题是应该把谁放在首位?员工、顾客还是股东?但是这对于我从来就不是一个问题。对于我来说,员工第一。如果他们满意、具有献身精神、精力充沛,他们就会为顾客提供最好的服务;如果顾客就此满意了,他们就还会再来;最终股东也会满意。"

(3) 服务提供系统

服务提供系统包括设施设备、各种用品、服务程序和步骤，以及规则、规定和组织的文化。但服务提供系统影响服务交锋的，实际上只是顾客能够看到、接触到的那一部分。这一部分也可称为可视部分（The Line of Visibility），类似于服务蓝图中的"前台部分"。这部分的设计和运行必须从顾客的角度出发。而在后台，服务系统的设计主要考虑如何支持前台的运营。一旦建立了这样的前提，就不会妨碍后台设计将焦点放在运营效率上。

(4) 有形展示

有形展示包括一项服务和服务组织可能形成顾客体验的可触的所有方面。后台设施或顾客不可视部分的设施不属于有形展示的部分，因为它们不会直接形成顾客的体验。有形展示包括服务企业所在的建筑物的外形设计、停车场、周边风景，以及建筑物内的家具摆设、设备、灯光、温度、噪音水平和清洁程度等，还包括服务过程中使用的消耗品、使用手册、服务人员的着装等可触的东西。

有形展示对于服务交锋的成功是非常重要的，尤其是在顾客必须到场的服务类型中。在这些服务类型中，顾客满意与否通常都在在场的时间内形成。

有形展示不仅有可能影响顾客，还有可能影响服务员工的行为。服务员工要在服务设施内度过他们绝大多数的工作时间，因此他们的工作满意度以及工作动力和工作绩效也受有形展示的影响。有形展示的设计还应该考虑到如何能够使员工无障碍地执行任务，使顾客和所要执行的任务顺利地通过系统。

（三）服务利润链

服务利润链提出了一系列相关因素之间的关系，如获利性、顾客忠诚度、员工满意度、保留率和生产率。

1. 内部质量驱动员工满意

内部质量描述了员工的工作环境，它包括员工的挑选和开发、奖酬和认可、对服务信息的获得、技术和工作设计。例如，ＵＳＡＡ是一家面向军官的金融服务公司，其电话服务部门得到了一套先进的信息系统的支持。当一个顾客拥有会员号码后，该系统就可在监视器上显示顾客完整的信息档案。该公司位于圣安东尼奥郊区，占地几公顷，很像一所学院的校园。该公司拥有专门用于培训的75间教室。培训是每个员工工作经历的一部分。

2. 员工满意度带来高员工保留率及生产率

在大多数服务工作中，员工跳槽的真正成本是生产率的损失和顾客满意度的降低。在个性化的服务企业中，低员工流动率是与高的顾客满意度密切相关的。员工的满意度也对生产率产生影响。西南航空公司一直是利润最高的航空公司，部分原因是该公司拥有较高的员工保留率，其低于5%的员工流动率在该行业是最

第八章 服务型企业管理实务

低的。

3. 高员工保留率和生产率创造高服务价值

尽管西南航空公司不指定座位、提供餐饭、与其他航线共享售票系统,但是顾客对该公司的评价仍很高。顾客看中的是频繁的离港班次、准时服务、友好的员工及低的票价(低于市场60%~70%的票价)。该公司可以实行低票价的部分原因是,训练有素、灵活性强的员工可以执行几种类型的工作,并能够在15分钟或15分钟以内转机。

4. 高服务价值获得顾客满意度

对于顾客来说,服务价值可以通过比较获得服务所付出的总成本与得到的总利益来衡量。"进取公司",一家伤害保险公司,通过让保单持有者毫不费力地快速办理手续和赔付为顾客创造价值。一旦出事,该公司的人员迅速飞抵事故现场,马上办理赔偿,提供支持性服务,减少了法律费用,实际上让受损方得到了更多的实惠。

5. 顾客满意培养顾客忠诚

施乐公司等对其顾客进行过一次调查,使用的是5分制,从"非常不满意"到"非常满意"。调查发现,"非常满意"的顾客再购买施乐产品的可能性是"满意"顾客的6倍。该公司称这些非常满意的顾客为"传道者",因为他们会转变那些不接受公司产品的人的看法。另一极端为"恐怖分子",这些非常不满意的顾客会产生不好的口碑,应竭力避免产生这类顾客。

6. 顾客忠诚导致获利性提升与成长

因为顾客忠诚度增加5%,利润可以增长25%~85%,因此,市场份额的质量(可根据顾客忠诚度来衡量)应受到与市场份额的数量一样的关注。例如,Banc One是总部设在俄亥俄州哥伦布市的一家盈利很好的银行,它开发了一个先进的系统来跟踪顾客的忠诚度。忠诚度由顾客使用的服务数量以及他们与银行之间关系的深度来衡量。

【案例8-2】

发生在日本的"关键时刻"

奥尔布莱希特和扎姆克(1985年)讲述了一件他们的朋友经历的事。当时他们的这位朋友正独自在日本旅行。

在日本的一个火车站,我的这位朋友用有限的日语询问,他应该乘坐哪一趟列车从他当时所在的札幌前往东京。柜台后面的职员为他写下了所有相关信息,其中包括发车和到站时间、车次和站台号等。这位日本职员甚至还专门用英语和日语两种语言书写,以防我的朋友迷路,或需要出示这张纸以获得其他日本人的帮助。这就是关键时刻,而且它还只是当天发生的许多关键时刻之一。就在那一刻,我的这位朋友对这家列车公司产生了良好的印象,至少是对那位职员留有深刻的印象。他一边离开一边想着:"这真是一次令人愉快的经历,还真是有不厌其烦、乐于助人的热心人啊!"然而故事并未到此结束。几分钟后当他在候车大厅里等车的时候,他看到那位给他提供过信息的职员正急匆匆地在候车大厅的人群中寻找他。当最终找到他的时候,那位职员又做着手势要拿回那张纸条。他在纸条上写了些什么,然后又把纸条交给我的朋友,接着迅速鞠了一下躬,急匆匆地赶回他的岗位。原来那位职员又想出了一条更快更方便的乘车路线,于是赶回来以便更正纸条上的信息!

这些"关键时刻"既能够"营造"一次美好的服务体验,当然相反的"关键时刻"也可以造成一次不愉快的服务体验。

(王丽华编著. 服务管理. 中国旅游出版社,2007)

思考题:发生在日本的"关键时刻"对你有何启示?你遇到过哪些"关键时刻"?

二、服务质量

质量管理是企业管理的一个重要的方面,服务型企业的质量管理更有其独特之处。

(一)服务质量的内涵

1. 服务质量的概念

质量的一般概念是指产品或服务满足顾客需求的能力。美国的服务管理研究组合 PZB——帕拉苏拉曼(A. Parasuraman)、泽丝曼尔(V. A. Zeithaml)和贝里(L. L. Berry)——提出了自己的质量观:因为服务的无形性、不可分割性、不可保存性和多变性等特性的影响,已有的关于产品或商品质量的定义,不能直接用来定义服务质量。

有形产品的质量通常包括 4 个方面:无瑕疵,符合某种规范和标准,对顾客需求的满足程度,"内部失败"和"外部失败"的发生率。而服务产品通常是一种行为,由顾客体验并形成主观感受,是一种"符合期望"的质量。因此,我们认为服务质量是顾客的主观感受,它取决于服务期望与服务绩效的对比。从组织角度看,服务质量是指其满足或超过顾客需求的能力。

2. 服务质量的构成

PZB 提出服务质量是顾客期望与感知的对比,感知服务由服务的技术含量、职能含量、形象质量和关键时刻表现构成。服务质量指的是顾客总的感知服务质量。

(1)技术质量

技术质量也称产出质量,是指服务的结果,即顾客从服务中最终得到的利益。例如律师为顾客办理了财产转让手续,医生让病人康复。技术质量是顾客比较容易感知和评价的。

(2) 职能质量

职能质量也称过程质量,是指服务传递的过程中顾客所感受到的服务人员在履行职责时的行为、态度、穿着和仪表等给顾客带来的利益。职能质量完全取决于顾客的主观感受,难以进行客观的统一评价。技术质量与职能质量构成了感知服务质量的基本内容。

(3) 形象质量

形象质量是指企业在社会公众心目中形成的总体印象,包括企业的整体形象和企业所在地区的形象两个层次。如果企业拥有良好的形象质量,偶尔发生的失误也会得到顾客的谅解。

(4) 关键时刻

这是企业向顾客展示自己服务质量的良机。

3. 服务质量评价要素

PZB提出了服务质量的评价要素,按照对顾客感知的服务质量影响重要程度由高到低分别是可靠性、响应性、保证性、移情性和有形性。如图8-9所示。

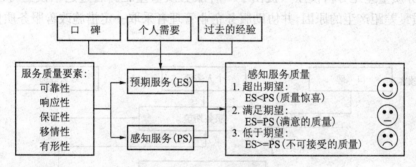

图8-7 感知服务质量模型

(1) 可靠性。服务业中的可靠性是指可靠、准确地履行所保证的服务的能力。这意味着服务企业一次性服务到位,也意味着服务企业兑现其所有的保证。每次都能保证吃到相同口感的汉堡包是麦当劳为顾客提供的可靠的服务。可靠性延伸至后台办公室,在那里要求准确地开列账单和记录。

(2) 响应性(或反应性)。指帮助顾客并迅速提供服务的愿望。这表示员工主动积极地提供服务。它包括服务的及时性,例如,提供快速的服务,铃响三声之内接起电话,在半小时之内将顾客所点食物送至顾客家等。

(3) 保证性(或保障性)。是指员工表达出的自信与可信的知识、礼节和能力。这与员工的知识、能力、得体相关,也与他们传递信任和信心的能力相关。所谓能力是指员工拥有必需的技能和知识来履行服务。得体包括与顾客直接接触的员工表现的礼貌、尊重、体谅和友好,还包括服务员工的诚信、可信度和忠实的表现。

(4)移情性。是设身处地地为顾客着想和对顾客给予特别的关注。移情性表现为对顾客的关心和细致入微的个体关怀。它包括与服务提供者的可接近性和便捷性,还包括员工努力去了解顾客和顾客的需求。例如,航空公司为误机的顾客着想并努力找出解决问题的方法。

(5)有形性。是指文体凭证、文体设施、服务人员,还有用于服务的工具、设备以及服务中与顾客的实体接触,顾客对服务质量的评价很大程度上依赖于这些有形的方面。同时,有形的服务环境也表现了企业和服务人员的服务态度和能力。

以上所述是顾客对服务质量判断的共性的几个方面。对具体的某一项服务的质量的深层解释还需仔细审视它的特征,研究顾客对服务的预期。例如,银行系统的服务质量全国消费者调查指出,金融机构的服务质量包括 8 个方面:便捷性、环境亲和性、清晰性、干练性、得体性、特色性、可靠性和反应性。

(二)服务质量管理的内容与方法

1. 服务质量差距分析模型

PZB 在顾客感知服务质量概念基础上,通过对若干服务行业的实证研究,构建了"服务质量差距分析模型",提出了 5 种服务质量差距。通过这个模型可以分析服务质量差距产生的原因,并协助服务企业管理者采取一定措施改善服务质量。

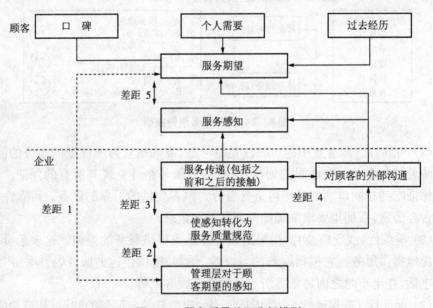

图 8-8 服务质量差距分析模型

差距 1 是顾客期望与管理者对这些期望的感知之间的差距。导致这一差距的原因是,管理者对顾客如何形成他们的期望缺乏了解,直接与顾客打交道的员工与上层管理人员的交流不够,以及过多的管理层次割裂了直接与顾客打交道的员工与上层管理人员之间的关系。其中顾客期望的形成来源包括广告、过去的经历、个人需要和朋友介绍等。而造成这个差距的主要原因则是缺乏营销导向的研究,表现为对市场营销研究不够,对研究成果应用不够,以及管理者与顾客之间的交互活动不够。缩小这一差距的战略包括:改进市场调查、增进管理者和员工之间的交流、减少管理层次、缩短与顾客的距离。

差距2是错误的服务质量标准。管理者所认为的顾客期望和他们在服务传递所表现的实际水准之间的差异导致了该差距。这种差距出现的原因是:对服务质量的不适当保证,对可行性缺乏了解,工作的标准化程度不够,以及缺乏一个明确的目标。

差距3是服务履行的差距。服务规范与实际提供的服务之间的差异是产生这一缺口的原因。总的来说,这是因为员工不能或者不愿意按照服务规范提供服务。具体原因则各有不同,如缺乏团队、服务角色不明确、员工对工作不适应、训练不足和不合理的工作设计等。

差距4是实际传递的服务和对外沟通间的差距。组织在对外沟通中可能提出过过度的承诺,而又没有与一线的服务人员进行很好的沟通。造成这一差距的主要原因有两个:一是经营部门、营销部门和人力资源管理部门之间横向交流不够;二是组织对外交流中的过度保证。

差距5服务预期与服务感知的差距。差距1到差距4导致了差距5的出现。顾客的感知受到很多因素的影响,包括口口相传的交流、个体的需要、既往的经验以及与服务企业之间的交流。这个差距的影响是深远的,因为,如果顾客感知得到的服务没有能够达到顾客的预期,那么他们将会很失望,很不满。反过来,如果感知到的服务超过了顾客的预期,他不仅会满意,而且会很高兴。

2. 服务质量测量方法

(1) SERVQUAL 模型

SERVQUAL模型是目前从顾客角度评价服务质量的最有影响力的模型,在1988年由PZB提出。它是一份包括22项测试问题的调查问卷,被应用于服务业评价顾客感知服务质量。表8-10中列出了利用这种方法评价服务质量时使用的标准问卷。其中,第一部分评价顾客对某类服务(如经济型旅馆)的服务期望,第二部分反映顾客对某个服务企业的感知。调查表中的22个陈述分别描述了服务质量的5个方面,即可靠性、响应性、保证性、移情性和有形性。

表 8-9　SERVQUAL 调查问卷

问卷一

说明：这项调查旨在了解您对于某类服务的看法。您认为提供_____服务的企业在多大程度上符合下列陈述描述的特征。用 7—1 的标度选出您认为最适合的,完全同意选 7,完全不同意选 1。如果感觉适中,请选择中间的数字。您的回答没有对错,我们最关心的是您对服务的看法。

E1　他们应该有先进的设备。（　　）
E2　他们的设备应该有明显的吸引力。（　　）
E3　他们的雇员应穿着得体、整洁。（　　）
E4　这些公司设备的外表应与提供的服务相匹配。（　　）
E5　他们承诺了在某时做某事时,他们应该做到。（　　）
E6　当顾客遇到困难时,这些公司应表现出同情心。（　　）
E7　这些公司应是可靠的。（　　）
E8　他们应在承诺的时间提供服务。（　　）
E9　他们应记录准确。（　　）
E10　不能指望他们告诉顾客提供服务的确切时间。（　　）
E11　期望他们提供及时的服务是不现实的。（　　）
E12　员工不总是愿意帮助顾客。（　　）
E13　如果因为工作太忙而不能立即回答顾客的请求,也可以理解。（　　）
E14　员工应是值得信赖的。（　　）
E15　顾客应在与公司的交往中放心。（　　）
E16　员工应有礼貌。（　　）
E17　公司应给员工充分支持,以使他们工作得更好。（　　）
E18　不应指望公司给予顾客个别的关心。（　　）
E19　不应指望这些企业的员工给予顾客个性化的关注。（　　）
E20　期望员工了解顾客的需求是不现实的。（　　）
E21　期望这些公司把顾客最关心的事放在心上是不现实的。（　　）
E22　不应指望营业时间便利所有的顾客。（　　）

问卷二

说明：下列陈述与您对_____公司的看法有关。请表示您对每个陈述同意的程度。完全同意选 7,完全不同意选 1。您的回答没有对错,我们想了解的是您对_____公司的看法。

P1　该公司应该有先进的设备。（　　）
P2　该公司的设备应该有明显的吸引力。（　　）
P3　该公司的雇员应穿着得体、整洁。（　　）
P4　该公司设备的外表应与其提供的服务相匹配。（　　）
P5　该公司承诺了在某时做某事,他们就应该做到。（　　）
P6　当顾客遇到困难时,该公司应表现出同情心。（　　）
P7　该公司应是可靠的。（　　）
P8　该公司应在承诺的时间提供服务。（　　）
P9　该公司应记录准确。（　　）
P10　该公司不能告诉顾客提供服务的确切时间。（　　）
P11　期望该公司提供及时的服务是不现实的。（　　）
P12　该公司的员工不总是愿意帮助顾客。（　　）

第八章 服务型企业管理实务

续 表

P13 该公司的员工因为工作太忙而不能立即回答顾客的请求。（ ）
P14 该公司的员工是值得信赖的。（ ）
P15 顾客应在与该公司的交往中放心。（ ）
P16 该公司的员工有礼貌。（ ）
P17 为使工作做得更好，该公司的员工得到了公司的充分支持。（ ）
P18 该公司没有给顾客个别的关心。（ ）
P19 该公司员工没有给顾客个性化的关注。（ ）
P20 期望该公司员工了解顾客需求是不现实的。（ ）
P21 期望该公司把顾客最关心的事放在心上是不现实的。（ ）
P22 该公司的营业时间不是便利所有顾客的。（ ）

注：① 本问卷采用7分制，7表示完全同意，1表示完全不同意。中间分表示不同的程度。问卷中的问题随机排列。② 对这些陈述的评分是反向的，在数据分析前应转为正向得分。

(2) 服务质量测量的程序

服务质量的测量一般采取评分量化的方式进行，具体程序分成3步：

① 测量顾客的预期服务质量 ES；
② 测量顾客的感知服务质量 PS；
③ 确定服务质量 SQ，即：服务质量＝预期服务质量－感知服务质量

对服务质量的评分量化方法具体步骤如下：

① 选取服务质量的评价标准：可靠性、响应性、保证性、移情性和有形性。
② 根据各条标准在所调查的服务行业的地位确定各自权重：3,2,2,2,1……
③ 对各条标准设计4～5个具体问题：先进的设备、同情心、穿着得体、整洁等。
④ 制作问卷。
⑤ 发放问卷，请顾客逐条评分。
⑥ 对问卷进行综合统计。
⑦ 分别测算出预期质量和感知质量。
⑧ 求出差距值，差距值越大，表明感知质量离预期质量差距越大，服务质量越差。相反，则服务质量越好。
⑨ 对这些陈述的评分是反向的，需要通过计算绝对值转为正向得分。

【案例8-3】

超越你的期望

曼谷东方饭店是举世公认的世界最佳酒店，曾连续10年被纽约《机构投资者》杂志评为"世界最佳酒店"、"最佳商务酒店"、"最佳个人旅馆"等桂冠也是非它莫属。

有一次，国内某酒店两位老总在东方饭店参加培训，培训完后，因为他们两人

并不怎么喜欢出去玩,又有一个共同的爱好下中国象棋,又刚好带了一副象棋,于是他们在床上对战起来。第二天,当他们从外面回来时,两张床之间加了一张小几,原本扔在床头柜上的象棋已经摆放在小几上了。

一年后,两位老总又参加总经理培训,又住进了东方饭店。当他们在前台办好手续走进客房时,眼前让做了多年酒店的他们呆了一下:在两张床之间摆着一张小几,小几上摆着一副水晶象棋⋯⋯

思考题:曼谷东方饭店的服务技巧有哪些方面值得称道?你认为服务型企业应该如何超越顾客的期望?

三、服务补救

在服务过程中,服务的失误或客户的不满意是难以避免的,但是如果能立即并有效地进行服务补救,则更可以显示出服务的提供者对服务质量的重视,由此更能保证客户的满意度与忠诚度。有效的服务补救系统应保证客户得到额外补偿的价值,使客户更加满意,进而成为忠诚的客户。

(一) 服务失误

1. 服务失误的定义

服务在本质上是一种无形过程或行为,生产和消费不可分离,但同时顾客积极地参与服务的生产和传递过程,这些特性决定了对服务失误的定义较有形产品的缺陷困难得多。服务提供者与服务接受者身份的不同决定了他们对服务失误的定义有所不同。对企业来讲,服务失误意味着所提供的服务未能达到企业所规定的要求;而对顾客来讲,服务失误意味着所接受到的服务没有达到预期的程度。企业导向的服务失误定义与顾客导向的服务失误定义的关键差别在于,后者考虑到了顾客可以对同样的服务感知到不同的质量水平,从而对是否发生服务失误有自己的评价。因此,学者们对服务失误的定义一般都是从顾客感知的角度出发,Bitner、Booms等学者(1990年)将服务失误定义为:在服务提供过程中,在服务接触的任一点上,如果顾客认为其需求未被满足,或是低于其预期水平,那么顾客就有可能认为出现了服务失误。

【案例8-4】

两个银行服务失误的例子

一、账户金额错误

据《法制日报》2006年6月27日报道:北京邮电大学2002级400多名大学生在入学时向工商银行申请了助学贷款,但在毕业时却发现,同样的贷款却需要支付不同的利息,其中差额高达上千元。甚至有人贷款2.4万元,但利息却高达1.2万

第八章 服务型企业管理实务

元。工商银行北京分行承认因"操作失误"导致差异,并对此表示歉意。因业务量大而算错小数点,这绝不是一个简单的失误,它涉及银行信用问题。信用是银行的生命,银行只有以零容忍的严厉对待这次偶然出现的失误,才能维持客户对银行的信用。

银行提供的服务直接涉及顾客的经济利益,如果其提供的基本服务的载体——账户出现了问题,那么这种失误不能不认为是严重的,给顾客带来的损害也是直接的。

二、银行服务不到位

各家银行对办理相同的业务有着不同的规定和程序,如办理开户手续,有的银行是在专门的柜台填写单据,然后再到营业窗口办理开户手续,有的银行是直接在营业窗口填写单据和办理手续。但是,有的银行并没有张贴通知进行提示,旁边也没有工作人员进行说明,那么,顾客在不知情的情况下在营业窗口排队,等候办理开户手续,等轮到自己的时候,却因为没有填写单据而不得不退出队伍,填写好单据后再重新排队,严重浪费了时间,也引起办理业务的顾客的强烈不满。

这个失误主要表现在客户时间的浪费上,即超过了应使用的时间才能把业务办理好。业务最终办理了,但却使顾客加大了"机会成本",是对顾客利益的一种损害。当然,这种损害带有隐蔽性,也不容易被识别,一般不认为是银行服务失误,这些服务失误人们大部分时候是敢怒不敢言。

思考题: 两种失误有何区别?服务型企业应该怎样预防这两种错误的发生?

2. 顾客对服务失误的可能反应

当发生服务失误时,顾客会产生各种反应,他们可能会选择采取行动或表示沉默。许多顾客对其不满采取消极态度,选择沉默或只是说说而已,并不向企业进行投诉,所以,当企业没有收到顾客抱怨时,并不代表没有服务失误,顾客应对服务失误的消极行为对企业今后的成功是一种潜在的威胁。

根据人们对服务失误的反应,可将其划分为4种反应类型:

(1) 消极者,这类顾客极少采取行动。与那些进行负面宣传的人相比,他们不大可能对服务人员说任何事,也不大可能向第三方进行抱怨。他们怀疑抱怨的有效性,认为结果与花费的时间和努力相比不值得,有时其个人价值观或标准会抵制抱怨。

(2) 发言者,这类顾客乐于向服务人员抱怨,但他们不大可能传播负面消息,改变供应商,或向第三方讲述不满。这些顾客应被认为是服务提供者的最好朋友,他们倾向于认为抱怨对社会有益,所以从不犹豫说出自己的感受。他们也认为向服务人员抱怨的结果非常积极。

(3) 发怒者,这类顾客与其他类型的顾客相比更有可能极力向朋友、亲戚传播负面消息并改变供应商。他们不可能给服务提供者第二次机会,取而代之的是转向原供应商的竞争对手。

（4）积极分子，这类顾客的特点是在各方面更加具有抱怨的习性：他们向供应商抱怨，还会告诉其他人，并且比其他类型的顾客更有可能向第三方抱怨。抱怨符合他们的个人标准。他们对所有类型抱怨的潜在正面结果都感到非常乐观。

3. 服务失误的影响

服务失误的发生，首先对企业本身会造成不可磨灭的负面效应，但同时对努力改进服务的企业而言，也有其正面的积极的价值存在。

（1）负面效应

在发生服务失误后，顾客将会因失误而导致情绪不满，进而造成以下失误成本：第一，顾客抱怨，顾客可能因失误发生而会有负面的情绪反应，例如口头抱怨、表情愤怒不悦、行动抗议、破坏报复等；第二，顾客变节，顾客可能因情绪不满而离去或是转移至其他竞争者去消费；第三，负面口碑，在顾客经历失误体验后，将其不好的服务表现传播给周围亲友，借以达到间接抵制；第四，非预期的失误成本，企业在面临非预期的失误下，往往须花费额外的金钱进行赔偿或以其他的时间、人力去进行补救；第五，丧失潜在商机，此现象绝大部分是由顾客对商家进行负面口碑的传播所造成的无形影响，例如商誉、企业形象、顾客组织承诺、顾客忠诚度等下降，而管理者往往忽略其影响深度，故常于无形中丧失即将获得的潜在商机。

（2）正面效应

虽然服务失误所造成的后续补救花费可能很贵，但可以将其视为检视服务流程品质与效率的机会。如果企业把握机会加以改善，将会使更多的顾客对企业感到满意。因此，从良性循环的观点来看，服务传递系统的改善将会使处理失误的成本降低。在维持既有顾客方面，抱怨的提出正好给予企业进行补救的绝佳机会。研究显示，曾经遭遇良好补救的顾客，其再购意愿、忠诚度远比没有遭遇任何失误的顾客还要高，也即所谓"补救悖论"。

（二）顾客抱怨

1. 顾客抱怨的分类

当顾客决定就服务失误的发生进行抱怨时，会理性地选择抱怨的形式。Ralph L. Day 将顾客抱怨行动分为公开行动和私下行动两大类，又进一步将公开行动细化为向企业要求补偿、采取法律行动和向消费者协会投诉，将私下行动细化为抵制产品和向亲友倾诉。

就采取何种形式的公开行动，顾客会依据归因结果来选择。一般而言，当顾客认为服务失误是由员工个人因素所引发时，顾客倾向于采取向企业抱怨的公开行动，因为顾客相信整体表现出色的企业会为员工个人的不合理言行负责。反之，当顾客认为服务失误是由企业整体表现不佳所引发时，顾客不相信对企业抱怨会取得什么好的结果,故其更倾向于采取法律行动或向消费者协会投诉。

2. 顾客抱怨的意义

人们一般认为"没有消息就是好消息",其实不然,顾客的抱怨对企业来说是非常重要的,因为它可以提供改正错误,改善过程、系统和满足客户的机会。如果客户保持沉默,服务提供者根本就不知道客户抱怨的原因。据来自最新技术协助调查机构(TARP)的资料证实:不满的客户中只有4%会进行确切的投诉,其他96%有意见的客户只是不满,平均9%～10%的人将其不满告诉他人;对在服务中有小损失且保持沉默的不满客户,其重购比例只有37%;对在服务中有大损失且保持沉默的不满客户,其重购比例只有9%。如果顾客直接向企业提出抱怨,企业就有机会对失误进行良好的补救,并由此增加顾客满意度,建立顾客关系,防止顾客转换品牌。如果顾客不进行抱怨,企业就失去了发现并改正问题的机会,而且这些不满意的顾客很可能把这种不满告诉更多的人。

所以,企业应该鼓励顾客直接向企业提出抱怨,然后对其抱怨给予妥善处理。事实上,直接提出抱怨的顾客中有70%的人会重复购买,而如果这些抱怨者得到满意的对待,这个比例就会上升到95%。不满意的顾客可能重新感到满意,从而变得更加忠诚,而随之而来的正面口碑对于吸引潜在顾客产生的作用是难以估量的。由此可见,良好的抱怨处理能够增加顾客的满意度,提高顾客继续惠顾的倾向性,并使他们随之进行正面的口头宣传。

另外,顾客抱怨具有重要的宏观意义。从社会经济的角度而言,顾客抱怨可作为生产者的讯号,将资源进行更为有效的配置;从公共政策的角度而言,顾客抱怨可以协助消费者权益保护等相关法律制度的健全。可见,对顾客抱怨的有效处理,具有相当重要的经济意义和社会意义。

3. 顾客抱怨时的期望

顾客面对服务失误,花费时间和精力进行投诉行动时,他们的期望最主要的是公平和正义,即能够得到迅速而公平的补偿。这种公平主要体现为结果公平、过程公平和相互对待公平。

(1) 结果公平

顾客希望补救的结果或得到的赔偿能与其不满意水平相匹配。这意味着顾客希望自己遭受的损失能够至少得到对等的补偿,还意味着对每一位顾客的补偿都要公平,要一视同仁。补偿的形式可能有货币补偿、正式道歉、未来的免费服务、折价等。补偿要适度,不能过度补偿。

(2) 过程公平

顾客期望投诉渠道畅通,投诉方便,并能得到快速处理。顾客希望服务组织有明确的投诉受理部门和方便顾客的投诉政策。顾客希望第一位接受投诉的员工能够全程负责,并希望在明确的期限内得到处理。如果顾客不知道该向谁投诉或者各个部门相互推卸责任或者应付拖延,顾客就会感到迷惑不解或感觉受到轻视。

过程公平的特点是清晰、快速、无争吵,过程不公平的特点是含糊、缓慢、拖延、不方便或要求必须提供证据等。

(3) 相互对待公平

顾客希望有礼貌地和诚实地对待顾客的投诉。如果顾客在投诉的时候,遇到的员工表现出对顾客的遭遇漠不关心、不耐烦、勉强的态度,顾客会因自尊心受挫而愤怒。即使投诉已经得到迅速解决,顾客也会感到强烈的不满。

(三) 服务补救

1. 服务补救的定义和内容

(1) 服务补救的定义

服务补救有广义和狭义之分。狭义的服务补救是指服务提供者在发生服务失误后所做出的一种即时和主动性反应;广义的服务补救强调的是从服务全过程,通过有效实施服务补救策略,来重视提高整个服务系统运作水平的目标。

服务补救提倡的是一种更广、更全面的服务质量管理思想,它强调的是:服务全过程,售前服务、售中服务和售后服务;服务全方位,企业外部和企业内部;服务全员,企业内部员工和顾客。通过有效实施服务补救策略来重视提高整个服务系统运作水平,从而提高顾客的满意度和忠诚度,为企业创造良好的经济效益。

(2) 服务补救的内容

服务补救的内容包含 4 个要素:物质补偿、响应速度、道歉和补救主动性。道歉和一些赔偿(如折扣、退款或小礼品)对顾客在发生服务失误后的反应有积极的影响。组织对服务失误的快速响应能提高顾客对服务供应商的评价。服务补救的主动与否,即无论是由顾客抱怨才得到服务组织的响应,还是组织意识到服务失误后主动实施服务补救策略,都会导致顾客对服务的不同评价。Smith 在 1999 年的实证研究表明,在发生结果失误后进行物质补偿更容易获得较高的顾客满意度,而在发生过程失误时,物质补偿与顾客满意度的关系并不显著,道歉反而显得更为有效。另外,无论是哪种类型的服务失误,对失误的迅速响应和主动补救对顾客满意度都有积极的影响。

2. 服务补救的意义

(1) 提高顾客忠诚度,维持企业利润

失去顾客的代价是高昂的,因为经常寻找新顾客的成本很高。各种各样的统计表明吸引一位新顾客的成本是维持旧顾客的 3~5 倍。一方面,得到新顾客需要大量的广告和销售费用;另一方面,忠实的顾客产生可观的销售额,他们需要较低的交易成本和沟通成本,而且还会用口头宣传为饭店带来新的顾客。

(2) 改善服务系统,提高企业整体服务质量

第八章　服务型企业管理实务

美国的雷蒙德 P. 菲斯克等人认为,企业应当把服务补救提升到战略的高度。因为服务补救除了能提高企业收益,还能被用来提升企业服务的整体质量,从而达到提高企业利润的目的。服务补救对解决单个顾客的抱怨、维持单个顾客的忠诚度具有直接的效果。更为重要的是,通过信息收集和整理,可以帮助企业建立一个有关服务质量的大型数据库,用来改善整体服务系统,提高服务质量,培养众多顾客的忠诚度,实现企业的盈利目标。

3. 服务补救系统

成功的服务补救系统应当由以下 3 个部分构成:服务失误预警系统、服务补救实施系统和服务改进系统。

(1) 服务失误预警系统

服务失误预警系统是整个服务补救系统的先导系统,它贯穿于整个企业服务过程。这个子系统一般包括检测、识别、诊断几个部分。这个子系统通过对服务系统不间断地监控,以期及时发现服务失误,为进一步采取服务补救行为提供帮助。尤其是那些顾客还没有抱怨的隐性服务失误。

(2) 服务补救实施系统

服务补救实施系统是当服务失误预警系统识别服务失误后,企业及时采取服务补救措施、执行服务补救工作的过程。一般包括鼓励顾客抱怨,倡导并授权员工观察和调查,通过道歉、解释、紧急复原、补偿、跟踪总结等进行服务补救工作。

由于服务补救的时机不同,企业服务补救实施系统一般有 3 种类型:管理型的服务补救系统、防御型的服务补救系统和进攻型的服务补救系统。管理型的服务补救系统中服务补救活动与顾客抱怨管理承担着类似的功能,是一种反应式的服务补救,是当服务失误发生后,企业才采取补救行动,这样很难达到预期效果。防御型的服务补救系统是一种被动式的服务补救,它将企业服务补救活动纳入服务主要过程的最后。从及时性上来看,尽管这种服务补救活动比起管理型的服务补救系统下的反应要快得多,但服务补救活动的内容仍然没有和原来的服务主要活动过程结合成为一个整体,仍不能最大限度地消除服务失误的影响。进攻型的服务补救系统是通过适时的服务补救尽可能地减少服务失误的影响,它将服务补救活动不仅融入了企业服务过程中,并且深入到每一个服务情节中,即一旦发生服务失误,则立即会在这一个服务情节中马上展开服务补救活动来进行弥补。

(3) 服务改进系统

服务改进系统是服务补救工作中从服务补救经验中不断学习、不断完善服务系统的过程,其作用在于不断地从服务补救的经验中学习,并且将所获得的经验迅速地运用于提高企业的后续服务质量。

4. 服务补救的实施

(1) 服务补救的原则

解决服务失误需要依靠有效的服务补救系统,下面是建立这一系统的原则:

① 发现服务失误或其他质量问题是企业的职责。如果企业没有做到这一点,顾客就可以直接地指出服务问题或者进行公开的抱怨。

② 如果有必要让顾客提出正式的意见,意见的处理程序和方式应当尽可能便于顾客表达意见。

③ 服务提供者在进行服务补救时,要时刻让顾客了解进展情况。

④ 主动解决服务失误。

⑤ 出现失误,绝对不能拖延,要立即对顾客作出赔偿。

⑥ 关注服务失误对顾客的精神所造成的伤害。

⑦ 向顾客道歉的同时还需要对顾客的损失作出恰当的赔偿。

⑧ 建立有效的服务补救系统,授权员工解决服务失误。

⑨ 任命一个专门负责服务补救的经理来支持服务补救系统的高效运行。

(2) 服务补救的方法

一般来说,服务补救有 4 种基本方法:逐件处理、系统响应、早期干预和替代品服务补救法。逐件处理法强调顾客的投诉各不相同。这种方法容易执行且成本较低,但是,它也具有随意性,这种方法的随意性会产生不公平。系统响应法使用规定来处理顾客投诉。由于采用了识别关键失败点和优先选择适当补救标准这一计划性方法,因此比逐件处理法更加可靠。只要系统不断更新,这种方法就非常有益,因为它提供了一致及时的响应。早期干预法是系统响应法的另一种类型,它试图在影响顾客以前干预和解决服务流程问题。替代品服务补救法通过提供替代品来实施服务补救。

(3) 服务补救的程序

服务的失误是不会自动修复的,解决服务失误必须依靠有效的服务补救系统,而不仅仅是与顾客接触的员工。下面是服务补救的一般程序:

① 核算成本

顾客和企业都要为服务失误付出成本。顾客的成本包括给企业写信或打电话所花费的时间和金钱,以及精神上的苦痛。企业付出的成本是赔款、重复服务,性质严重的还可能面临起诉,受到罚款,最大的成本或许是永远失去了顾客。

② 征求顾客的意见

绝大多数顾客都不会把他们糟糕的服务体验告诉企业,他们会投向企业竞争对手的怀抱。所以,当服务错误和服务失误出现后,一定要主动地向顾客征求意见,了解服务失误原因、服务系统失误的原因以及顾客不满意的原因等。

③ 预测弥补失误的需求

服务失误可以在任何时间、任何地点发生。但是,通过对服务过程、人力资源、服务系统和顾客需要的详尽分析,寻找服务失误的"高发地带",并为弥补失误早做安排。

④ 快速采取措施

服务补救越慢,对组织的坏口碑传播得就越快。若服务企业能快速地纠正自己的失误,就可能给顾客留下好的印象,使他们忘记不悦。

⑤ 培训员工

与顾客接触的员工必须明确为什么要关注服务失误,为什么要对其作出及时的补救,也必须明白他们所担负的职责。培训的内容应该包括交流技巧、创造性思维和快速决策,还要求员工学会善解人意。

⑥ 对一线员工授权

如果员工每次处理投诉的时候都要反复查对条例手册,征求上司的同意,那么,在顾客看来,就不可能会有快速的、令人满意的投诉处理结果。此外,员工解决顾客问题的热情也会很快消失。因此,必须对员工进行授权,并使其了解到关于服务补救的信息和赔偿方法等,使之具备及时服务补救的能力。

⑦ 问题要有终结

顾客都会希望看到企业承认服务失误并知道企业正采取什么措施解决这一问题以及处理的结果是怎样的。如果不能当场解决服务失误,就应当坦诚地告诉顾客。当问题得到解决后,应当告诉顾客解决的结果,同时告诉顾客,企业从这次服务失误中得到的经验教训以及将来如何避免此类事情的发生。

⑧ 吸取经验、教训

企业要能够创造性地运用服务补救系统从组织内部和外部等各个方面来查找服务失误、质量问题及其他错误出现的原因。对于组织来说,寻找到失误根源并对服务流程作出相应的修正是一项非常重要的工作。只有如此,才能避免此类事情的再度发生。

四、排队管理

排队问题是现代社会经济生活中普遍存在的一种现象,服务型企业中也大量存在排队现象,如到银行办理存取款业务,到医院看病,购票,乘坐飞机、火车等交通工具等。据统计,一个美国人一生中用于排队的时间长达5年。

出现排队现象的原因是服务机构(服务台、服务员等)的能力不能满足服务的需求,使得到达的顾客不能立即得到服务。由于顾客的到达规律和提供服务所需消耗的时间难以精确测定,所以完全消除排队现象几乎是不可能的。

排队现象的存在常使服务企业处于两难境地。如果扩大服务能力,需要投入资金增添设备,假如新增能力不能得到有效的利用,则会产生因设备闲置引起的浪费,增大运营成本;若不扩大服务能力,排队现象严重则会造成顾客流失,丧失获得利润的机会。

(一) 排队系统

1. 排队系统的概念和形式

(1) 排队系统的概念

排队是等待一个或多个服务台提供服务的一列顾客。但是，排队并不一定是有形的，排队也可能是被电话接线员告知"请稍候"的拨打电话者。一般认为，服务台就是顾客接受服务的独立场所。

(2) 排队系统的形式

典型的排队是人们排成一队等待服务，这种现象经常可以在超级市场的收银台和银行的出纳窗口见到，但是排队系统还有其他形式：

① 服务台在同一时间可以服务于多个顾客。例如公共汽车、飞机和电梯这些交通系统都是批量服务的。

② 消费者不一定需要到达服务设施，在某些系统中，实际上是服务台来到消费者面前。这种排队形式有：火警、匪警和救护车等城市服务。

③ 服务可能包括一系列排队或更复杂的排队网络组成的几个阶段。例如，像上海世博会中的韩国馆，排队时间通常达到 4 小时。游客排队就被分成几个阶段，这样，游客可以分批进入馆中参观，并且在等待过程中得到消遣（例如，首先是在门外的路上排队，然后是在有遮阳棚的路上等候，最后进入韩国馆建筑。等候的过程中可以观看韩国旅游的宣传片，也可以利用自助视频拍摄设备进行简单的形象设计）。

2. 排队系统的构成

排队系统由需求群体、到达过程、排队结构、排队规则和服务过程 5 个要素构成。

寻求服务的顾客构成需求群体。顾客到达率由到达过程决定。如果服务台正好空闲，那么顾客就会立即得到服务；如果服务台不空闲，顾客则需排队等待，而排队有多种不同结构。这时，若等待的队伍很长，或者队伍移动得很慢，一些顾客就可能不加入队伍，转而到其他地方去寻求服务。还有一些已经排在队伍中的顾客，可能不愿继续等待，从而退出队伍，即在接受服务之前离去。当服务台出现空闲，就会从等待的队伍中挑选一位顾客进行服务，于是服务又开始了。这种选取顾客的政策就是排队规则。服务机构可能设有一个或多个服务台，也可能没有服务台（即自我服务），或者包括排成纵列或平行的多个服务台的复杂组合。服务结束之后，顾客离开服务机构。这时，顾客有可能重新加入要求服务的群体，在今后某一时间再来寻求服务，也可能从此消失，不再回来。

(1) 需求群体

需求群体不一定是同质的，它可能包含若干个亚群体。例如，到达一个诊所的

第八章 服务型企业管理实务

顾客可以分为未经预约的病人、预约的病人和急诊病人。每一类病人提出的服务需求都不同,但更重要的是,每一类病人预期的等待时间有显著区别。

(2) 到达过程

要想对一个服务系统进行任何分析,首先必须清楚地了解服务需求的时间分布和空间分布。典型的方法是通过记录实际到达次数来收集数据。这些数据将用来计算到达的时间间隔。

服务需求密度的不同会直接影响对服务能力的要求。在可能的情况下,应当调整服务能力,使之与服务需求的变化相匹配,有时可以通过改变员工配备来实现。另一种战略是请顾客进行预约或预定,从而使服务需求变得比较平缓。电话公司使用差别定价的方法,鼓励人们在非高峰时间内打电话,电影院早晨 10 点之前的场次实行票价折扣。使服务需求平缓和调整供给都是十分重要的内容。

(3) 排队结构

排队结构是指排队的数量、位置、空间要求及其对顾客行为的影响。图 8-9 列出了在银行、邮局或机场的检票口等设置多个服务台的地方,可供选择的 3 种排队结构。

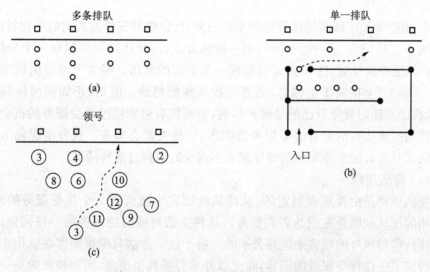

图 8-9 等待区域排队结构的备选方案

图 8-9(a)中有多条队伍,到达的顾客必须决定要加入哪一条队伍。但是这个决定并不是不可撤销的,因为顾客可以再转移到另一条队伍的尾端。这种队伍转换行为称为移动。有时顾客会恼火地发现自己排的这条队不如旁边的队伍移动得快,不过多条队伍的排队结构确实具有以下优点:

① 可以提供差别服务。超级市场的快速结账口就是一个例子。购买少量商品的顾客可以在快速结账口得到较快的服务,避免了为很少的商品而等待很长的

时间。

② 可以进行劳动分工。例如,服务到车上的路边银行安排比较有经验的出纳员负责商业窗口。

③ 顾客可以选择其偏好的某一特定服务台。

④ 有助于减少不加入队伍的现象。如果顾客到达时,看到只在一个服务台前排了一条长长的队伍,他们通常会认为需要等待很长时间,于是会决定不加入队伍。

图 8-9(b)描绘出另一种常见的排队方式。用红色天鹅绒的栏索连接在铜柱之间,使到达的顾客排成一条蜿蜒曲折的队伍。一旦有一个服务台出现空闲,队首的第一位顾客就上前接受服务。这种方式在银行大厅、邮局和游乐场中都很常见。它的优点是:

① 这种方式使所有顾客都遵循先到达者先服务的规则,从而保证了公平性。

② 只有一条队伍,因此,顾客不会因看到别人加入的队伍移动得更快而着急。

③ 只在队伍的尾端有一个入口,这使得插队和退出队伍变得困难。

④ 当每位顾客进行交易的时候,他身后没有人紧邻着他,所以提高了服务的私密性。

⑤ 由于缩短了顾客排队等待的平均时间,所以这种安排方式的效率比较高。

图 8-9(c)显示了一种不同的单一排队方式,即到达的顾客领取一个号码,标明他在队伍中的位置,这样就无须形成一条正式的队伍。顾客可以自由地四处走动,与人聊天,坐在椅子上休息,或者寻找其他的消遣。但是,正如前面提到的那样,顾客必须随时警觉自己的号码被叫到,否则就有可能错过接受服务的机会。如果等待场所无法容纳所有需要服务的顾客,一些人就会离去。这种情况称为有限的排队。只有有限个停车位的餐厅都或多或少的遇到过这种情况。

(4) 排队规则

排队规则是由管理者制定的、从排队的顾客中挑选下一个接受服务的政策。最常用的排队规则是先到达者先服务。这种方法对所有的顾客均一视同仁,因而对于排队等待服务的顾客来说是公平的。由于这一方法只根据顾客在队伍中的位置来确定下一位接受服务的顾客,除此以外不需要其他信息,因而被视为是一种静态的规则。

动态的排队规则基于顾客的某些属性(特征)或等待队伍的状况。例如,先根据某一属性对到达的任务进行优先级别的分类,然后再在每个优先级别中使用先到达者先服务的法则。医疗室中通常会优先治疗那些能够从立即救护中获益最多的病人。

最具动态响应性的排队规则是最高优先权法则。根据最高优先权法则,一项正在进行的服务会被中断,先为刚刚到达的、但具有最高优先权的顾客提供服务。

第八章 服务型企业管理实务

例如火警或救护车等紧急服务通常采用这种规则。一辆救护车正在运送一般性转院的病人,当突然接到一个心脏病突发患者的求救电话时,会立即改变任务的优先顺序。

排队规则会极大地影响等待中的顾客离开队伍的可能性。正是基于这一原因,服务机构应当使到达的顾客得到有关预期等待时间的信息,并且使每一位等待的顾客都能获得定期更新的信息。一些连锁快餐店(如麦当劳)采用一种更直接的方式来避免顾客退出队伍。一旦柜台前排起长队,一位服务生就会到队伍中来,请等待的顾客点餐。

其他的排队规则还有:预订优先、紧急优先、最大盈利顾客优先、最大订单优先、最优顾客优先、最长队列中等待时间和最短允诺日期。在使用任何法则前必须考虑两大现实问题:一是确保顾客了解并遵守法则;二是保证有一个能使雇员对队列进行管理的系统。

(5) 服务过程

影响服务行为的因素有:服务时间的分布、服务台的设置、管理政策和提供服务者的行为。不同服务企业提供的服务时间的分布可能是各种形状的。

提供服务者对待顾客的行为方式对于组织的成功至关重要。当等待的队伍很长时,它带来的压力会迫使提供服务者加快速度,花在每位顾客身上的时间因而减少,这时候服务者的态度会从彬彬有礼、从容不迫变得粗俗无礼、有失常态。加快服务的压力会提高为顾客服务的速度,然而这是以牺牲质量为代价的。只要一个服务者有这样的压力,他的行为就会给系统中的其他服务者带来不利的影响。

3. 排队系统的主要运行指标

(1) 顾客等待时间

顾客等待时间是排队系统运行中最重要的一个指标。顾客在接受服务时都有排队等待的心理准备,但他们对等候的时间有 3 个标准:理想时间、可以忍受时间和不能忍受时间。

理想的等待时间会大大提升顾客的满意度,从而增强企业的竞争优势;而不能忍受的等待时间会引起顾客的反感,造成顾客的不满和流失。所以,服务企业在排队管理中应保证顾客的等待时间在可以忍受的限度内,力争实现顾客最理想的等待时间。研究表明,在服务传递过程中,顾客等候服务的时间是个关系到顾客的感觉、顾客印象、服务企业形象以及顾客满意度的重要因素。

(2) 队长

过长的排队需要较大的场地和设施支持,不但造成空间的拥挤和混乱,使顾客认为会有较长的等候时间,还会使员工产生压抑感。过度的队长会减少员工接待顾客的热情,从而直接影响服务质量。

(3) 服务能力利用率

服务企业在计划服务能力大小时要考虑时刻变化的服务能力利用率与服务质量之间的关系。在美国,许多服务业都把员工时间利用率定在70%,使员工能够持续保持最佳的工作水平。当服务能力利用率达到最大的服务能力的70%时,服务的效果最好,同时也避免了服务人员无所事事和对顾客的服务不够两个弊端。此外,由于仍然留有服务余量,管理者也不必担心出现大量顾客时会拥挤不堪,服务人员忙不过来。

(二)排队等待

1. 顾客的等待心理以及常见的应对策略

(1) 消除顾客空洞无聊的感觉。假如一个人在排队时无所事事就会觉得时间过得很慢,因此应该使顾客有事可做或者分散其注意力。比如在理发店、医院候诊处向等待服务的顾客提供一些杂志、报纸等;在电梯的附近安装一些镜子,让等电梯的人对着镜子观察自己的服饰举止,观察其他等电梯的人,从而缓和等待电梯时的焦虑心态。

(2) 在排队过程中的不确定性的等待比已知的和有限的等待时间要显得长。比如在等待一个不知将要晚点多长时间的航班或者火车时,由于顾客既不知航班或火车几点出发,又不能随便离开候机室或候车室,会使顾客感到枯燥和焦虑,也无法分散顾客对飞机或火车晚点的注意力,会感到等待时间很长。因此服务机构应该在出现意外情况时及时向顾客通报,以使顾客心中有数,消除顾客的焦虑感。

(3) 不公正的等待比公正的等待显得长。如果遇到顾客排队秩序混乱,有插队现象发生,排在后面的顾客会产生极大的不公平感,因而会感到排队时间很长。对于这类情况,除了加强排队秩序管理外,一个有效的方法是发号。例如顾客在餐厅吃饭的时候碰到客满,餐厅按照先后顺序发给等候的客人号码,并留下顾客的电话号码。顾客可以在附近做别的事情直到餐厅打电话给他为止。这样不仅让顾客感到公平和轻松,还能为商场增加收入。

(4) 孤独的等待比人多时的等待显得长。人们都有这方面的体会,当与自己的亲友、同事一起走一段比较长的路时不会感到路程太长,当一个人走同样长的路时会感到漫长,所以在设计等待环境时,应该给顾客创造便于相互交流的条件。

(5) 排队环境对顾客排队的感觉有一定的影响。在恶劣的环境下的等待比在良好的环境下的等待显得长。因此应该改进环境,比如提供较舒适的座位、将等待场所的墙壁涂上柔和的色彩、播放轻松的背景音乐,使环境变得令人心情舒畅。

(6) 让进入排队系统的顾客尽快感到服务已经开始。比如在餐馆比较繁忙的时段,一旦顾客就座,服务小姐应立即送上茶水和毛巾,并将菜单交给顾客。这样尽管上菜时间推迟一些也不会对顾客的满意程度造成太大的影响,因为入座并端上茶水标志服务已经开始,分散了顾客对等待的注意力。

(7) 有人关心的等候比无人关心的等候时间过得更快。有的餐厅为等待的顾客提供饮料和瓜子等小吃,表示他们对顾客的关心和感谢。顾客感受到企业的关心,知道他们没有被企业忘记,因而即使等待的时间长一点,他们也觉得可以原谅和容忍。决不能让顾客看到服务员并未在工作或者正在做与服务无关的工作。

2. 改善排队管理工作的策略

针对以上顾客在等待时的心理特点,提出以下改善排队管理工作的策略:

(1) 制定一个改善服务的长期计划,这是增强服务能力和推进服务管理工作的基础。

(2) 测量出一个顾客可以接受的等待时间,并以此为标准来管理顾客的排队等待。

(3) 对顾客进行分类服务,如果某类顾客所需服务时间比较短,那可以将他们单独列为一列,而不是和其他人排在一个队里忍受漫长的等待。

(4) 对服务人员进行培训,不仅使他们的服务技术熟练,还要使他们的态度友好,并学会消减顾客不满情绪的技巧。

(5) 鼓励顾客在非高峰期到达,并采取恰当的方式告知他们。

(6) 鼓励服务创新,包括提供网络服务以及一些环节采用自动化设备等。

第四节 向世界级的服务发展

随着全球化时代的到来,步制造业的后尘,服务型企业也将面临国际竞争。持续的生产力和质量改进以及服务扩张是应对全球化竞争的两个策略。

一、信息技术与服务

信息革命席卷全球,没有哪个行业、哪个企业能够避开信息技术的影响。企业管理者也越来越认识到信息技术的重要性。

从广义上来说,技术是一切人类文明成果的实际应用。技术包括实现一定目标所需要的资源和知识。千百年来,人类总是在不断地努力实现各种目标和解决各种各样的问题,当科学应用于这样的目的时,相应区域的技术便产生了。在今天,信息技术可能是对服务的生成和提供影响最大的技术。

(一) 信息技术在服务管理中的应用

信息技术在服务管理中主要应用于以下4个方面:

1. 作用于顾客

"作用于顾客"是一种典型的人对人服务,例如医疗保健、美容服务、教育以及娱乐行业。这些都是一些正在蓬勃成长的行业,也是在管理上面临很大挑战的一些行业。一个明显的例子是机场。有人描述道:"在高峰时段,在机场排队办理行李托运和登机手续所花费的时间几乎与飞行时间一样长。"利用信息技术,有可能很好地解决这些问题。

美国的阿拉斯加航空公司就是一个很好的例子。它们解决问题的方法的核心是:利用信息技术,让不同的乘客通过不同的渠道完成登机手续。例如,通过因特网购买了电子机票的乘客可以在机场被称为"kiosk"内的计算机上自动办理登机手续,这只需要 1 分钟的时间。有时候,这些计算机还可以发放带有条形码的行李牌。阿拉斯加航空公司使用的另一项革新技术是"可移动的乘客服务代理人"。他们随身携带手持电脑和袖珍打印机,可以在机场内的任何一个地方随时为乘客办理登机手续并发放登机牌。信息技术的这些应用使得乘客极大地节省了排队等待的时间。

2. 作用于顾客的财产(或物品)

2010 年 7 月 1 日沪宁高铁开通,自动检票机取代人工检票,大大提升了检票速度。高铁车票都带有磁性,旅客检票进站时,只需要将车票插入位于闸机下方的验票口,等待车票通过验证后,再从位于闸机上方的出票口将票取出,便可安全通过闸机门。整个过程仅 3～4 秒。

3. 处理信息

信息技术用于改进服务的第三个应用领域是数据和信息的处理,这个方面的应用非常重要。美国有一家为现役和退休军人提供汽车和家庭保险服务的保险公司,名为"联合汽车服务协会"(USAA)。对于 USAA 的顾客来说,如果现在要买一辆新车,想加入保险,或增加驱动器,或改变通信地址,需要做的仅仅是给 USAA 打一个电话——平均只需要 5 分钟。大约第二天凌晨 4 点,保单就会寄出。在这 5 分钟的电话时间里,公司的服务代表就可以完成所有的事情,而这些事情在过去需要 55 个步骤、若干名经手人、耗时两个星期以及很多的钱。

对于需要处理大量数据、单据等业务的企业来说,信息技术更凸现威力。

4. 创造新服务

信息技术有可能通过开发新产品或新流程创造全新的服务。电视机的产生促成了电视节目服务的发展以及有线电视服务,录像机的问世带来了录像带租赁服务的发展。知识和信息是很多新服务的精华。例如,软件、在线计算机游戏、视频分享、网上购物、远程教育、疾病远程诊断等,都是信息技术发展的产物。

(二)利用信息技术提高服务竞争力

信息技术对提高企业竞争力的作用主要表现在以下 3 个方面:

1. 形成竞争障碍

服务业的进入障碍相对较低,但通过信息技术可以形成阻碍竞争者进入的市场障碍。航空公司利用信息技术建立的订票系统可以为旅行社等中介机构以及个人消费者提供即时订票服务,还可以利用信息系统制定"常飞者奖励计划",对那些经常乘坐该航空公司的顾客,利用数据库累积其消费情况,给予免费旅行等奖励。一个形成了这种优势的航空公司不是很容易被其他公司模仿的,顾客一旦成了该航空公司的"常飞者",积累了一定的消费分数,就不会轻易转向其他航空公司。

2. 扩大收益和提高效率

在现代服务业中,有一部分产业本身的产品就是信息资源,因此,利用信息技术加快信息资源的开发整合,研究客户的消费行为以及进行客户关系管理,成了一些服务行业收益的生命线。例如,信息咨询、中介等行业。信息技术使服务业功能更加丰富,内容更为广泛,分工更为细致、专业,形成更多的新兴行业和就业机会。

3. 形成数据资产

服务企业拥有的大量数据是企业的宝贵财富,例如,很多公司利用信息技术销售其拥有的商业信息。美国供热、管道和电力系统的公司向从事家庭供热、管理和电力系统维修的公司购买信息,以评价其产品的性能;运通公司拥有其持卡人消费习惯的数据,并将这些信息出售给零售商。另一个例子是"微观营销"。当今利用信息技术中的数据挖掘工具来分析顾客购买行为、消费行为从而获得收益的企业更是不计其数,在一些运用成功的企业,所积累起来的数据已经成了企业非常宝贵的财富。

二、服务扩张

(一) 全球化

在中国城市中随处可见的肯德基、麦当劳、希尔顿等国际连锁服务企业表明,服务企业跨国经营已成为一种普遍现象。

1. 服务企业经营全球化的动力

(1) 市场动力

形成市场全球化动力的原因是多种多样的。首先,世界各国消费者具有的一些共同需要为一些公司的跨国经营提供了可能;其次,全球性顾客的需要带动了服务企业向全球化发展;最后,全球渠道的形成带动了跨国经营公司向相关服务领域拓展。

(2) 竞争动力

当一个国家的竞争趋于饱和的时候,为了规避激烈的竞争并开发新市场,服务企业自发开始开拓海外市场。麦当劳、肯德基、汉堡王等美国快餐公司在很大程度上是因为国内市场的饱和和激烈的竞争而走向海外的。

(3) 技术动力

信息技术的发展也促进了服务企业的全球化发展,尤其是那些以信息为基础的服务,如管理咨询、投资银行等。

(4) 成本动力

国际连锁酒店经常通过签订管理合同或特许经营的方式开拓海外市场,这样可以降低场地、设施、设备等先期投资成本所导致的进入壁垒。然而,以劳动力为基础的服务业,劳动力的成本优势对于跨国经营基本不存在。因为使用当地的劳动力来服务当地的消费者,其劳动力成本水平和企业收入水平的关系基本上是相对固定的。所以成本动力主要表现在固定成本水平较高的服务行业。

(5) 政府动力

各级政府处于吸引投资、扩大本地就业、学习国际先进经验、激活当地经济等方面的考虑,也会通过一些优惠政策来吸引国际性企业。

2. 服务企业全球化经营需要考虑的因素

(1) 文化的继承性

服务企业在进行跨国经营时,总是希望把企业原有的文化转移或继承到东道国新开设的营业单位中。麦当劳在全球开设了 3 万多家连锁店,其质量、服务、清洁方面的标准总是能得到很好的贯彻。美国的快餐文化,也能够被全球消费者接受,尤其得到儿童消费者的喜爱。

(2) 文化的适应性

服务企业对于东道国的文化适应常常需要更改一些服务概念。例如,麦当劳在中国的连锁店推出了烩饭,在德国提供啤酒(很多德国人不喜欢吃汉堡包的同时喝可乐)。

3. 全球化经营的策略

有 5 种基本的全球化策略:多国扩张,进口顾客,跟随顾客,分解服务,超越时空。这 5 种策略并不相互排斥,可以搭配使用。

(1) 多国扩张

服务企业利用自己的国际化品牌、成功的管理模式、庞大的预订或采购网络等来吸引当地投资者,按照标准化的经营管理模式不断服务或克隆店铺。采用多国扩张除了需要考虑文化适应问题外,还要考虑如何管理庞大的店铺网络。

(2) 进口顾客

单场所、多种服务的战略要获得成功,要求顾客必须愿意旅行很长距离并逗留较长时间,或者可以用电信替代亲自前往。如果某地有一独特的旅游景点(如阿尔卑斯山),那么服务将围绕着它展开。例如,冬天接待滑雪者,夏天接待山地自行车爱好者。旅游景点具有空间的不可移动性,所以只能采取进口顾客的策略吸引全球的旅游者。作为配套,需要开发与顾客接触员工的外语技能和文化敏感性。

(3) 跟随顾客

第八章　服务型企业管理实务

很多服务公司在海外开设办事处,目的并不是服务于当地市场,而是跟随原来在国内的老客户,继续为他们提供服务。如果要吸引当地业务,则需要对服务组合的许多方面进行调整,同时,还需要聘用熟悉当地业务的人员。

(4) 分解服务

分解服务是指分解以前的价值链,服务企业将集中于价值链中的某一个环节。这个环节通常是信息密集或技术密集、有利润可赚、通常不需要面对面接触顾客的那部分。例如很多美国的信用卡公司将呼叫服务承包给印度的呼叫中心。

(5) 超越时空

卫星通讯技术和互联网技术的发展为实施超越时空策略奠定了基础。超越时空可以使人们避开时间和国内时区的限制,包括基本的国内工作时间规定和条例。Quarterdeck是加利福尼亚的一家软件公司,向比它们更靠东部的美国客户提供技术支持。他们先将早晨的电话询价传递到设在欧洲的技术服务中心——爱尔兰Quarterdeck公司,这样当加利福尼亚的单位下班后,公司仍能随时向东海岸的客户提供服务。

(二) 连锁化

服务产品的无形性以及生产与消费的同时性等特点,使得大量的服务企业需要顾客上门来消费服务。所以,店铺式服务企业的销售范围是十分有限的,其最佳跨区域经营方式是连锁经营。

1. 连锁经营的类型

(1) 直营连锁

又称正规连锁或自营连锁,是指连锁总公司自行投资、自己拥有并且自己派人经营的连锁店。

(2) 特许经营

又称连锁加盟、加盟连锁、特许加盟、特许经营等。其基本含义是总公司授权,加盟商投资并经营。具体来说,是指特许者将自己拥有的商标、商号、专利和专有技术、经营模式、产品等以合同的形式授予被特许者使用,并给予被特许者经营上的指导和协助;被特许者按照合同规定,在特许者统一的经营模式下从事经营活动,自觉接受特许者的监督检查,并向特许者支付一定的费用。

(3) 自由连锁

也称自愿连锁、合作集团等。其基本含义是,分散在各地的众多的服务企业,为了达到共享规模利益的目的,自愿组成一个组织,实时联购分销、统一管理。在这个组织体系下,各零售商既维持各自的独立性,又缔结成永久性的连锁关系。

在上述3种基本类型中,特许经营以其需要资金少、扩展速度快等优势成为最盛行、最成功的一种连锁经营类型。

2. 总公司推广连锁经营的策略

（1）标准示范店策略

许多连锁公司都建立了一些被称为标准店、样板店、旗舰店等的连锁店，它们经营规范，店铺形象好，经营效益好，因而为加盟申请者或潜在加盟者留下非常好的印象，增强它们加盟该连锁体系的信心。

（2）鼓励老加盟者渗透新市场策略

老加盟者一般都是比较成功的，而且积累了丰富的连锁店运营经验。总公司会采取适当的优惠政策鼓励他们去新市场开店，不仅能提高成功的可能性，也能节约总公司单独开发新市场的各种成本。

（3）高密集度策略

高密集度策略是指在一个特定的市场区域大量开店，使品牌能够在短时间内成为区域名品，而且在配送、管理、监督等方面享有规模优势。

（4）"不从零开始"策略

肯德基从21世纪初首先推出了"不从零开始"的特许连锁概念，含义是肯德基把经营稳定、效益良好的店铺转让给加盟者，使加盟者不从零开始经营。相应地，加盟者需要向总公司支付更高的加盟金。

（5）利用区域开发、代理制、二级特许等迅速扩张的策略

区域开发是指特许者赋予被特许者在规定区域、规定时间内开设规定数量的加盟店的权利。由被特许者（区域开发商）投资、建立、拥有和经营加盟店，被特许者不得再行使转让特许权。为了获得区域开发权，区域开发商要支付一笔费用。

代理制是指特许代理商作为特许者的一个服务机构，代表特许者招募加盟者，为加盟者提供指导、培训、咨询、监督和支持。

二级特许是指特许者赋予被特许者在指定区域销售特许权的权利。被特许者可以再被特许区域内再次销售特许经营权。

（6）收购兼并策略

当市场上已经有了许多小型服务企业，同时因为竞争激烈，留给连锁公司开发和利用的店铺位置越来越有限，收购兼并就成了连锁公司发展壮大的必然方式。

复习思考题

1. 谈谈你心目中的服务定义。
2. 服务有哪些特性？
3. 服务流程设计有哪些方法？分别适合于哪些企业？
4. "无限扁平"组织形式和"蜘蛛网"组织形式有何区别？服务型企业扁平化的手段有哪些？

第八章　服务型企业管理实务

5. 哪些因素影响服务设施的设计?
6. 什么是服务交锋?它的构成因素和特点是什么?
7. 简述服务质量评价要素。
8. PZB 的"服务质量差距分析模型"主要内容是什么?
9. 应该怎样处理顾客的抱怨?
10. 服务补救的方法和程序是什么?
11. 从心理学角度谈谈排队管理的方法。
12. 试论 5 种全球化策略的运用。

 延伸阅读

【材料一】

麦当劳的选址

在选址问题上,麦当劳有一本专门的规范手册作为指导,一切都已经非常程序化。可以说,麦当劳商铺的选址是万无一失的。

一、麦当劳的选址原则
1. 以目标消费群为中心
2. 兼顾现实和未来
3. 讲究醒目
4. 不急于求成
5. 优势互补

二、麦当劳的选址步骤
1. 市场调查,资料信息收集:人口、经济水平、消费能力、发展规模和潜力、商圈等级等。
2. 评估不同商圈中的物业:人流测试、顾客能力对比、可见度考量等。
3. 结合长短期目标做出决策:考虑投资回报的水平、注重中长期的稳定收入、达到投资收益的目的等。

三、地区评估
地区评估是麦当劳选址前要做的重要工作。麦当劳的地区评估主要步骤如下:
1. 确定商圈范围。在考虑餐厅的设址前需先估计当地的市场潜能。麦当劳把在制定经营策略时就确定商圈的方法称为绘制商圈地图。

商圈地图的画法首先是确定商圈范围。一般情况下,麦当劳的商圈范围是以这个餐厅为中心,1~2 公里为半径所画的圆形区域。如果这个餐厅设有汽车走廊,则可以把半径延伸到 4 公里,把整个商圈分割为主商圈和副商圈。商圈的范围一般不要越过公路、铁路、立交桥、地下道、大水沟,因为顾客大多不愿绕过这些不方便的阻隔去消费。

商圈确定以后,麦当劳的市场分析专家便通过分析商圈的特征来制定公司的地区分布战略,即详细统计并分析商圈内的人口特征、住宅特点、集会场所、交通及人流状况、消费倾向、同类商店的分布等,进而评估商圈的优缺点,预计设店后的收入和支出,对可能获得的净利润进行分析。

2. 抽样统计。麦当劳在分析商圈特征时,还会在商圈内设置几个抽样点进行抽样统计,目的是取得基准数据,以确定顾客的准确数字。

一般来说,麦当劳的抽样统计将一周分为三段:周一至周五为一段,周六为一段,周日则和节日归为一段,从每天早晨 7 时至午夜 12 点,以每两个小时为单位,计算通过的人流数以及汽车和自行车数。人流数还应进一步分为男、女、青少年、上下班的人群等,并换算为每 15 分钟一组的数据。

3. 实地调查。实地调查分为两种,一种以车站为中心,另一种以商业区为中心。

以车站为中心的调查方法是指麦当劳的工作人员到车站前记录车牌号码、乘公共汽车来了解交通路线,或者从车站购票处取得购买月票者的地址作为参考。

以商业区为中心的调查是指麦当劳的工作人员需调查当地商会的活动计划和活动状况,调查抛弃在路过的购物纸袋和商业印刷品以及观察人们常去哪些商店或超级市场,从中准确地掌握当地的购物行动圈。

四、不打急进牌

麦当劳的选址一向十分谨慎和挑剔,它的原则就是"不打急进牌"。无论是商业繁华地段还是郊区,麦当劳的选址都经过了精确计算和测量。

1. 选择成熟的商圈。麦当劳选址从不片面追求网点数量的扩张,其选址的基本原则是尽可能方便顾客的光临。在选址之前,麦当劳会对店址进行长期严密的市场调查与评估。

2. 确保长期经营。麦当劳餐厅的策略是长期经营,其布点的一大原则就是"20 年不变"。所以麦当劳公司会对每个准备建店的地点进行 3 个月到 6 个月的考察后再做决策评估。考察的重点是城市发展规划,包括看布点处是否会出现市政拆迁和周围人口搬迁,是否会进入城市规划中的红线范围等。考察后,麦当劳将有发展前途的商街和商圈、新辟的学院区、住宅区列入其布点重点考虑的范围,而对于进入红线的或老化的商圈坚决不设点,纯住宅区也基本不设点,因为纯住宅区居民消费的次数有限。

正因为麦当劳具有敏锐的选址眼光,所以它们很少失败,这种选址策略不仅保证了生意兴隆,而且使别的商家对麦当劳也产生了信心。

第八章　服务型企业管理实务

【材料二】

从 IT 技术到知识管理

企业信息管理的另一个趋势是从 IT 技术转向知识管理。知识是指经过智力加工的、对企业业务活动具备相关性和有用的信息。通过对信息进行必要的处理,知识对于企业决策具有更直接的作用。例如,一份推广计划中所包含的数据来自传统的信息系统,但为什么选取这些数据则属于知识的范畴。如果企业能够将推广计划的前提设定、原则、讨论过程等知识加以总结和信息化,则对于日后相同的决策问题将提供极大的便利。越来越多的企业认识到,只有能够解读和运用的信息才能为顾客创造价值,对企业的效能做出贡献。企业不仅要建立关于事实数据的数据库,还要建立如何运用数据的知识管理系统。这样,在来自不同部门和员工的指示流向企业数据库的同时,其他部门和员工也可以从这些知识中收益。跨国公司通过有效的知识管理,可以充分享受多元文化的创造性,将全球各地的最佳实践迅速地推广到整个公司范围内,形成世界级竞争优势。

总部位于美国纽约的埃森哲是一家全球性的管理顾问、技术服务和外包企业,拥有 15.8 万名员工,分布在 49 个国家的 150 多个城市。这家公司最重要的资产之一是它所拥有的知识,特别是商业流程和项目管理方面的经验和专长。

为了有效地提高公司业务的效率,分享知识和改进组织内学习,埃森哲于 1992 年创建了 Knowledge Exchange 系统。起初,这一系统只是将公司历年积累的数千份关于顾客、项目和公司流程的资料按主题词整理,供后来承办类似项目的员工参考。

2006 年,埃森哲公司运用微软公司的技术建立了新的公司门户(Accenture portal)。新系统的目标是不仅要做到在需要的时间和地点向员工提供有价值的信息,而且还要进一步将这些信息和员工的具体需要相配合。全球员工都可以通过登录公司的门户用关键词搜索相关的案例,获得更深入的信息分析。现在,平均每天有 4 500 名员工使用这个系统,下载文件量达到 5 000 份。通过这一系统,员工不仅可以根据关键词搜索相关的资料、工具和知识,还可以找到这一领域中的专家进行求助,加入兴趣主题社区,参与讨论,从而在必要时可以通过一个系统将分布在各处的资源动员起来为顾客服务。公司还将员工培训计划同这一系统结合起来。由于这一系统能够对员工当前的工作和职业发展作出个人定制化的、深入的反应,因此培训的效果也得到了提高。

今天,Knowledge Exchange 系统已经成为埃森哲最重要的知识资产。埃森哲认为,知识管理是"将观念转化为商业价值的引擎"。这家公司已经连续 9 次荣获全球最受尊敬知识型企业的称号。

(吴何著主编.现代企业管理:激励、绩效与价值创造.中国市场出版社,2010)

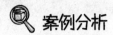 案例分析

"变态"的服务——海底捞火锅店

2006年,在中国拥有"必胜客"、"肯德基"的百胜集团组织200多名区域经理到海底捞参观取经。石景山海底捞火锅店在"北京最佳餐厅"榜上名列第四,钓鱼台国宾馆列第五位。海底捞靠什么招数赢得"见多识广"的首都火锅爱好者的青睐?

"这里的服务很'变态'!"

——每家海底捞可以帮助顾客泊车;在周一到周五中午就餐,还提供免费擦车服务。有网友留言:"泊车小弟的笑容也很温暖,完全不以车型来决定笑容的真诚与温暖程度。"

——等位区内虽然人声鼎沸,但人们的脸上看不到任何焦急和不耐烦的情绪。海底捞提供等位顾客免费的水果、饮料和零食,并通过电视机屏幕提供座位信息。如果顾客是多人一起来的,服务员还会主动送上扑克牌和跳棋供大家打发时间。等位区还提供免费的美甲和擦皮鞋服务。

——当你坐定准备点餐的时候,围裙、热毛巾已经一一奉送到眼前了。服务员会为披长发的女士递上皮筋(还是粉色的)和发夹,以免头发垂落到食物里;戴眼镜的朋友则可以得到擦镜布,这是为了避免热气模糊眼镜;服务员看到有手机放在台面上,会不声不响地拿来小塑料袋装好手机,以防手机沾上油污。

——每隔15分钟,会有服务员主动更换你面前的热毛巾,如果顾客带了孩子,服务员还会帮助喂孩子吃饭,陪孩子在儿童天地玩游戏;抽烟的人,服务员会奉上一个烟嘴,并告知烟焦油有害健康,最好使用烟嘴过滤;饮料是5元一位畅饮,只要有路过的服务员看到你的杯子里饮料下降一点都会主动加满;餐后会送上免费的水果和银耳羹;吃完了继续想聊天的顾客,服务员会端上菊花茶和爆米花,让客人慢慢聊;听到顾客中有人过生日,服务员会主动赠送一些小礼物,有时是长寿面,有时是生日蛋糕,还会给客人唱生日歌。如果顾客点的菜太多,服务员会善意地提醒已经够吃;随行的人数较少,服务员还会建议点半份。

——当顾客上桌之后,海底捞就不会再让顾客焦急地等待了,点菜后10分钟内就可以动筷子。服务员手脚麻利,有问必答。假如是在包间用餐,会有一名固定的服务生服务。如果顾客想将菜品用相机拍下来,热情的服务生还会主动帮你托着菜盘,丝毫不会反感或禁止拍照。

——大部分顾客来到海底捞都必点一道菜,这就是抻面,不单为了吃,更为了观赏。年轻的师傅会把4元一根的抻面舞得像艺术体操的缎带,还不时抛向某个客人,与顾客互动,表演欲极强。顾客会很感动一个年轻人在平凡的工作中所散发

第八章　服务型企业管理实务

出来的来自内心的快乐。餐后,服务员马上送上口香糖,一路遇到的所有服务员都会向你微笑道别。

问题:海底捞火锅店如何进行排队管理?这家餐厅成功的秘诀是什么?可以为其他服务型企业提供哪些借鉴?

实　训

【内容一】

构建服务流程

1. 教师将全班学生按 6 人一组分成若干组。
2. 教师指定一个服务型企业的服务内容。
3. 要求每个小组设计服务流程,并说明理由。

【内容二】

设计服务型企业设施布局

1. 将全班同学分成 2 组。
2. 其中一组同学确定一个服务型企业的服务内容,并将教室布置成最合适的设施布局。
3. 2 组同学利用这个设施布局来模拟提供和接受服务的双方,其中布置设施的同学为服务的提供者,另一组同学为接受服务。
4. 接受服务的同学对这个设施布局提出改进意见。

【内容三】

服务质量调查

1. 选定一家服务型企业,主动与其联系。
2. 与企业充分沟通,在 PZB 的 SERVQUAL 调查问卷的基础上设计适合该企业服务质量测量调查问卷。
3. 对该企业的顾客进行问卷调查。要求每位同学有效回收的问卷不少于 2 份。
4. 对问卷调查结果进行统计分析,得出该企业服务质量。

参考文献

[1] 凯瑟琳·巴特尔. 管理学. 南京:南京大学出版社,2009
[2] 张晨辉等. 新编实用管理心理学. 北京:清华大学出版社,2007
[3] 赵倩,夏松. 管理学新编. 南京:东南大学出版社,2010
[4] 徐小平等. 管理学. 北京:科学出版社,2010
[5] 李昱. 管理学. 武汉:武汉大学出版社,2009
[6] 吴志清. 管理学基础. 北京:机械工业出版社,2007
[7] 苏慧文登. 管理学原理与案例. 青岛:中国海洋大学出版社,2007
[8] 陈建萍. 企业管理学——理论、案例与实训. 北京:中国人民大学出版社,2008
[9] 肖祥伟等. 企业管理理论与实务. 广州:中山大学出版社,2010
[10] 胡君等. 新编管理学原理. 北京:北京理工大学出版社,2009
[11] 单凤儒. 管理学基础. 北京:高等教育出版社,2009
[12] 潘虹尧. 企业管理实务. 北京:机械工业出版社,2010
[13] 杜玉梅. 企业管理. 上海:上海财经大学出版社,2010
[14] 周鸿. 管理学——原理与方法. 北京:机械工业出版社,2007
[15] 张双喜等. 管理学. 北京:北京理工大学出版社,2009
[16] 周三多. 管理学——原理与方法. 上海:复旦大学出版社,2007
[17] 徐沁. 现代企业管理——理论与应用. 北京:清华大学出版社,2010
[18] 杨杜等. 企业管理基础工作创新——理论、实务、案例. 北京:经济管理出版社,2007
[19] 邬适融等. 现代企业管理——理念、方法、技术. 北京:清华大学出版社,2009
[20] 王关义等. 现代企业管理. 北京:清华大学出版社,2010
[21] 张正博等. 管理学原理与企业实务. 上海:立信会计出版社,2005
[22] 胡昌平. 管理学基础. 武汉:武汉大学出版社,2010
[23] 芮明杰. 管理学——现代的观点. 上海:上海人民出版社,2003
[24] 企业经营管理实务课程建设团队. 企业经营管理实务. 西安:西安交通大学出版社,2010
[25] 方正松等. 商品流通企业管理. 北京:中国财政经济出版社,1996

[26] 中共中央马克思恩格斯列宁斯大林著作编译局编译.马克思恩格斯选集(第2卷).北京:人民出版社,1995
[27] 李琪等.电子商务概论.北京:人民邮电出版社,2002
[28] 马克思.资本论.北京:人民出版社,1975
[29] 胡红林等.人力资源管理.黑龙江:黑龙江人民出版社,2006
[30] 黄宗捷等.电子商务概论.北京:中国财政经济出版社,2002
[31] 王良元.通信企业管理.北京:北京邮电大学出版社,2005
[32] 徐天亮.商品流通企业管理.武汉:华中科技大学出版社,1999
[33] 倪梦燕.期货交易——期货交易概述与实务指南.北京:国际文化出版社,1994
[34] 徐一夫等.期货交易导论.沈阳:辽宁大学出版社,1994
[35] 周苏.电子商务概论.武汉:武汉大学出版社,2008
[36] 潘大钧.现代商业管理概论.北京:机械工业出版社,1989
[37] 常亚平等.人力资源管理.武汉:武汉理工大学出版社,2006
[38] 王丽华.服务管理.北京:中国旅游出版社,2007
[39] 冯俊.服务企业管理.北京:科学出版社,2007
[40] 吴何.现代企业管理:激励、绩效与价值创造.北京:中国市场出版社,2010
[41] 朱欣民.西方企业服务管理方略.成都:四川大学出版社,1996
[42] 邹乐群.服务营销与服务管理.长沙:国防科技大学出版社,2002
[43] 柴小青.服务管理教程.北京:中国人民大学出版社,2003
[44] 张宁俊.服务管理:基于质量与能力的竞争研究.北京:经济管理出版社,2006
[45] 于干千,秦德智.服务管理.昆明:云南大学出版社,2006
[46] 杨俊.服务补救运作机理.北京:中国经济出版社,2006
[47] 刘丽文,杨军.服务业营运管理.北京:中国税务出版社,2005
[48] (美)霍夫曼(Hoffman.)等著;胡介埙译.服务营销精要:概念、策略和案例(第二版).大连:东北财经大学出版社,2004
[49] 刘丽文.服务运营管理.北京:清华大学出版社,2004
[50] 于干千,秦德智.服务企业经营管理学.北京:中国林业出版社,2008
[51] 蒋三庚.现代服务业研究.北京:中国经济出版社,2006
[52] 菲茨西蒙斯等著;张金成等译.服务管理:运营、战略和信息技术(第二版).北京:机械工业出版社,2001
[53] 陈荣秋,马士华编著.生产运作管理(第三版).北京:机械工业出版社,2010
[54] 孙成志,刘明霞编著.企业生产管理.大连:东北财经大学出版社,2009